개정
증보판

소프트웨어공학 이야기

소프트웨어공학 이야기 개정증보판

2020년 1월 30일 초판 발행
2023년 7월 20일 2판 발행
2024년 6월 21일 개정증보판 발행

저 자: 차성덕
발행인: 송 준
발행처: 도서출판 홍릉
주 소: 01093 서울시 강북구 인수봉로 50길 10
등 록: 1976년 10월 21일 제5-66호

전 화: 02-999-2274~5, 903-7037
팩 스: 02-905-6729
e-mail: hongpub@hongpub.co.kr
http://www.hongpub.co.kr
ISBN: 979-11-5600-207-9(93000)

정 가: 34,000원

소프트웨어공학 이야기

개정 증보판

차성덕 저

도서출판 홍릉

저자소개

차성덕 scha@korea.ac.kr

- 캘리포니아주립대학교 어바인분교 (UC Irvine), 정보 및 컴퓨터과학 (박사)
- The Aerospace Corporation 연구원
- 한국과학기술원 (카이스트) 전산학과 교수 (1994~2008)
- ADD 국방소프트웨어 특화연구센터장 (2006~2008)
- Microsoft Imagine Cup World Final 심사위원 (2005~2009)
- 고려대학교 고신뢰소프트웨어공학 연구센터장 (2009~2012)
- 대전지방검찰청, 공정거래위원회 및 삼성전자 VD사업부 자문교수
- Embry-Riddle Aeronautical University (US) 및 University of Canterbury (NZ) 초빙교수
- 고려대학교 정보대학 컴퓨터학과 정교수 (2008~)

개정증보판 서문

2025년의 정년퇴임을 앞두고 정들었던 대학 강단과의 이별을 준비하면서, 후학들에게 그리고 현장에서 소프트웨어 개발을 하고 있는 개발자들에게 도움이 될 것으로 생각되는 소프트웨어 공학의 핵심적인 이야기들을 제가 이해하고 전달할 수 있는 범위내에서 소개하고 떠나고 싶었습니다. 학부 전공자 외에도 이미 현장에서 소프트웨어 개발자로 일하고 있지만 재학중에 전산학을 전공하지 않았거나 소프트웨어공학 과목을 수강하지 않았던 사람들도 이 책의 중요한 독자들입니다.

소프트웨어공학 과목을 수강하는 학부생들을 주대상으로 생각하고 저술한 교재의 초판을 2019년에 출판한 이후에도 내용을 추가하고 보완하기 위한 노력을 지속적으로 해왔습니다. 2015년 이후 발표된 논문들을 다시 검토하면서 빠르게 변하는 컴퓨터과학의 최신 기술 중 현장의 개발자들이나 학부생들에게 유익한 내용을 소개하고자 노력하였습니다. 소프트웨어공학도 발표되는 논문도 많고 세부 분야 또한 매우 다양합니다. 제가 가진 전문지식의 영역을 벗어나기 때문에 전달할 수 없는 분야도 많지만, 현장의 소중한 경험을 다룬 논문들은 가능하면 포함되도록 노력하였습니다. 개발자들에게 도움이 되는 실무적인 내용을 많이 제공하는 IEEE Software 외에도 소프트웨어 공학 분야의 top tier 학술대회인 ICSE(International Conference on Software Engineering), ASE(Automated Software Engineering), 그리고 ESEC/FSE(European Software Engineering Conference and Symposium on the Foundations of Software Engineering)에서 엄격한 심사과정을 통과하여 발표된 research track 논문들을 주 대상으로 삼았습니다.

접근방법은 이전과 동일합니다. 제가 생각하기에 가장 중요하고 핵심적인 내용을 가능한 쉽고 평이한 언어로 소개하려고 노력하였고, 가능하다면 예제를 첨부하였으며, 좀 더 깊은 이해를 원하면 참고할 수 있는 논문을 소개하였습니다. 책에 설명을 위해서 포함된 그림의 대부분은 인용된 논문에 포함된 것입니다. 일부 사진은 제가 직접 찍었거나 가지고 있는 사진들입니다.

이 책의 내용을 이해하는 것에 그치지 말고, 내가 개발자, 또는 프로젝트 매니저, 또는 경영진의 입장이라면 어떻게 대처할지를 상상해 보면서 — 흔히 role playing이라고 표현합니다 — 더 좋은 대안은 없을지 고민해 볼 것을 추천합니다. 이러한 지식이 여러분이 참여하는 소프트웨어 개발현장에서 어떻게 효과적으로 적용될 수 있을지를 생각하도록 추천합니다. 내용의 단순한 암기는, 적어도 소프트웨어공학에서는, 여러분의 진정한 지식이 아니라고 생각합니다. 소프트웨어의 개발에 관한 한 일류회사라고 모두가 인정하는 구글에서 (또는 마이크로소프트에서, 또는 어느 회사에서) 이렇게 하니까 우리도 "무작정" 따라서 해야 할 이유는 없습니다. 같은 문제에서도 다른 접근방법이 더 효과적일 수도 있으니까요. 자신에게 그리고 동료들에게 왜 이런 접근방법을 선택했는지를 설명하고 설득할 수 있는 실력이 진정한 소프트웨어공학 내공이라고 믿습니다. 이 책에 담긴 저의 작은 노력의 결실이 학부에서 컴퓨터학을 전공하는 학생들에게 그리고 산업현장에서 일하는 소프트웨어 개발자들에게 도움이 될 수 있기를 바랍니다.

개정증보판 역시 아직도 미완성인 상태입니다만, 남은 일들은 저보다 역량이 더 뛰어나신 다른 동료나 후학들에게 넘기고 저는 홀가분한 마음으로 정년퇴임을 맞이합니다. 그리고 이 책의 추천사를 써 주신 분들께 감사의 인사를 전합니다. 소프트웨어공학 연구에 대한 열정의 모범을 보여주신 강교철교수님, 30년에 가까운 시간을 같은 분야의 연구자로 그리고 14년은 KAIST의 동료교수로 지낸 배두환교수님, 처음에는 사제간의 관계로 만났지만 뛰어난 동료인 KAIST와 고려대학교의 졸업생들을 대표하여 함께 추천사를 써 준 김태효대표(포멀웍스), 민상윤대표(솔루션링크), 배현섭대표(슈어소프트)에게 진심으로 감사의 뜻을 전합니다.

지금은 하늘나라에 계신 부모님께서는 저에게 조금이라도 더 좋은 교육기회를 주시기 위해서 일생을 헌신하셨습니다. 부모님의 희생과 은혜에 감사드리며 존경과 사랑을 전합니다. 그리고 마지막으로 제가 소프트웨어공학이라는 분야를 1981년 UC Irvine에서 처음 공부하기 시작하던 때부터 지금까지 변함없이 전폭적으로 응원해 준 아내 윤덕, 그리고 각자 자신의 분야에서 성실하게 살아가는 제 자녀들인 문수, 성수, 혜수에게, 며느리 예진에게, 그리고 코로나 팬데믹중에 태어나 제게 큰 기쁨이 되고 사랑스럽게 자라는 제 손녀 사랑이에게 감사와 사랑을 전합니다.

추천사

■

지난 20-30년간 컴퓨터의 계산속도와 용량이 기하급수적으로 향상되고 소프트웨어 기술 또한 급속히 발전함에 따라 컴퓨터 시스템의 응용분야는 날로 확장되고 있으며 우리는 알게 모르게 computer-embedded society에 살고 있다. 아마도 우리는 컴퓨터가 지배하는 세상에서 하나의 component들로 살고 있는지도 모르겠다. 자동차 운전은 거의 완전 자동화에 가까워지고 있으며, 아직은 완벽하지 않으나, ChatGPT, Copilot 등은 이미 소프트웨어 프로그램도 개발할 수 있을 정도로 발전하고 있다. 곧 회계사, 판사, 의사 등 지식 기반 전문직도 AI 기반 시스템으로 대체될 날이 멀지 않아 보인다. 그러나 이 모든 것을 가능하게 하는 것은 컴퓨터와 컴퓨터에 기능을 구현하는 소프트웨어다. 우리가 컴퓨터에 의존하면 할수록 시스템의 기능적인 측면뿐만 아니라 안전, 보안 등 비기능적인 요소의 중요성은 더욱더 강조되고 있다. 은행에 저축된 개인의 자산이 보호되어야 하고 자동으로 운전되는 자동차가 사고를 유발해서는 안되겠다.

그동안 이러한 문제를 해결하기 위하여 많은 소프트웨어 공학 관련 서적이 나왔으나 이들 대부분은 그동안 나온 기술을 정리하여 나열하고 소개하는 정도에 그쳤으며 주어진 프로젝트 상황에 어떤 개발프로세스 혹은 기술이 적합한지 알기가 매우 어려웠다. 특히 비기능적인 요소를 분석하는 방법이 전체 개발프로세스에서 어떻게 적용되는지를 일관성을 가지고 소개하는 서적은 매우 드문 형편이다.

조금은 늦은 감이 없지 않으나 그래도 개발 초기부터 개발 완료 시점까지 전 소프트웨어 개발과정에 거쳐 기능 및 비기능적 요소를 검증하며 Quality-embedded software를 개발하는 방법을 일관성 있게 소개하는 서적이 나왔다는 것은 소프트웨어 공학을 전공한 사람으로서 매우 기쁘고 다행으로 생각한다. 특히 저자의 근 30여년 이상의 연구 결과와 후학을 지도한 교육 경험, 많은 기업체의 다양한 문제를 접한 풍부한 경험이 녹아 들어 적절한 예제로 쉽게 기술을 소개한 부분이 독자들에게 많은 도움이 되리라 생각한다.

포항공대 명예교수 강교철

■

먼저 차성덕 교수님의 "소프트웨어공학 이야기" 최종판 발간을 진심으로 축하 드립니다. 저는 차성덕 교수님을 알고 지낸지 거의 30년 가까이 되었습니다. 같은 분야의 연구와 교육을 같이 해 온 동료로 매우 소중한 인연을 지금도 같이 하고 있다는 것이 매우 기쁩니다. 또한 이 책의 소개를 할 수 있다는 것을 커다란 영광으로 생각합니다.

지난 10여년간 인터넷에 많은 단편적인 지식들이 넘쳐나는 시대에 살면서, 책을 쓴다는 것이 매우 힘들고 어려운 일이라고 생각해 왔습니다. 그런데, 차성덕 교수님의 "소프트웨어공학 이야기"는 어느 책들과는 달리 차교수님이 지난 30여년간 소프트웨어 연구 및 인재 양성뿐 아니라 산업계에서 겪었던 실제 이야기들을 묶어서 발간한 책으로 기존에 출판된 책들과 인터넷에 존재하는 단편적인 지식들과는 내용면에서 커다란 차이가 있다고 생각합니다. 4차 산업 시대에 경쟁력을 갖기 위해서는 기존의 알려진 문제를 해결한 'know-how'만으로는 안된다고 생각합니다. 특히, 대형 소프트웨어 시스템을 개발해야 하는 개발자들은 요구 사항 분석, 설계, 시험 등 코딩 이외의 여러 주요 단계들에서 닥치게 될 새로운 문제를 접하게 될 것입니다. 이 때에 필요한 것은 단편적인 지식들이 아닌 지혜, 즉 원리에 대한 근본적인 이해를 통한 새로운 문제 해결 능력이 그 어느 때보다도 더 필요한 시점이라고 생각합니다. 차성덕 교수님의 역작인 "소프트웨어공학 이야기"는 우리에게 앞으로 다가올 미래의 새로운 소프트웨어 문제를 어떻게 해결할 수 있는지에 대한 해법을 제시하는 매우 귀중한 책이라고 생각하여 여러분에게 적극적으로 권해 드립니다.

다시 한 번 차성덕 교수님의 "소프트웨어공학 이야기" 출간을 진심으로 축하드립니다.

KAIST 명예교수 배두환

■

사회 안전을 위해 소프트웨어 품질이 무엇보다 중요한 지금, 차성덕 교수님께서 새롭게 집필하신 "소프트웨어공학 이야기"의 출판 소식을 듣고, 우리들은 반가운 마음으로 보내주신 저서를 읽어 내려갔습니다. 이번 저서의 목차들만 보더라도 그동안 국내외에서 출간된 소프트웨어공학 서적 중 가장 포괄적이고, 현장 중심적이며, 최신화 내용을 다루는 소프트웨어 공학 저서 중 하나라고 생각됩니다.

"소프트웨어공학 이야기"를 읽으면서, 세부 주제들과 내용들의 행간 스며있는 차성덕 교수님의 정성을 바로 알 수 있었습니다. 저서 곳곳에 소프트웨어 공학이라는 분야에 생소한 학부생부터 산업 실무자들에 대한 배려가 스며 있음을 알 수 있고, 동시에 우리나라 다음 세대 소프트웨어 개발자들과 소프트웨어 산업의 발전에 대한 간절한 소망 또한 느끼게 합니다. 국내 소프트웨어 공학의 1.5세대에 속하는 우리들이, 1세대 프론티어로서 평생을 바치신 차성덕 교수님을 비롯한 여러 교수님들과 지난 수십년 동안 같은 시간을 함께 보낼 수 있었다는 것은 소프트웨어 공학도로서 큰 행운이자 영광이라고 생각합니다.

본 저서에는 차성덕 교수님을 포함한 소프트웨어 공학 1세대와 우리1.5세대들이 지난 수십년 동안 열정 가운데 나누었던 많은 공학 내용들이 차성덕 교수님의 Insight를 통하여 가지런히 정리되어 있습니다. 30년 전후 소프트웨어 공학에 대한 큰 수요를 만들어낸 비즈니스 어플리케이션 도메인부터 최신 자율주행 무빌리티 도메인을 포함한 다양한 분야에서 논의되었던 소프트웨어 공학의 요소들을 매우 충실히 다루고 있습니다. 학교부터 산업체까지 다양한 곳에서 소프트웨어 공학을 접하는데 큰 도움이 되리라 믿습니다.

연구와 집필활동에 늘 지치지 않는 모습으로 모범을 보여주신 차성덕 교수님께 박수와 감사를 드립니다. 앞으로도 교수님의 더 많은 집필 활동을 기대합니다. 이번 출판을 계기로 4차산업혁명 시대에 가운데 있는 대한민국 소프트웨어 공학의 더 큰 발전과 소프트웨어 산업의 부흥을 기대합니다.

김태효(포멀웍스), 민상윤(솔루션링크) , 배현섭(슈어소프트)

차례

01

서론

이 책은 학부과정에서 컴퓨터공학을 전공하거나 소프트웨어공학을 공부하는 학부생들에게 한 학기의 (16주/ 48시간) 제한된 강의시간에, 소프트웨어공학을 강의할 경우를 가정하고 교재 또는 참고도서로 활용될 수 있도록 계획하였습니다. 각 주제에 대한 에세이는 가능하면 독립적으로 구성하였고, 너무 길지 않게 내용의 깊이도 조절하였으며, 읽는 동안 지루하지 않도록 노력하였습니다.

소프트웨어개발에 관련된 직업을 택하기 원하는 타전공의 학부생들에게도 이 책은 유익할 것으로 생각합니다. 소프트웨어 개발자에 대한 사회적인 수요가 워낙 많다 보니 타 전공자들도 소프트웨어 개발을 직업으로 선택하는 경우가 많습니다. 많은 대학에서 컴퓨터공학을 부전공 또는 복수전공으로 선택하는 학생이 많습니다. 제가 1994년부터 2008년초까지 근무했던 카이스트도 무학년 무학과라도 부르는 제도를 시행하고 있어서 누구나 원하면 그리고 일정한 자격을 갖추면 언제든지 소속 전공이나 학과를 바꿀 수 있도록 허용하는데, 최근에는 전산학부를 선택하는 학부생이 제일 많다고 들었습니다. 조심스러운 예측이긴 합니다만 이러한 추세는 앞으로도 계속될 것으로 생각됩니다.

산업현장에서 소프트웨어를 개발하는 일에 종사하고 있지만 소프트웨어공학에 대한 교육을 받을 기회가 없었던 개발자들에게도 이 책은 도움이 될 것으로 생각합니다. 소프트웨어 개발자중에서 컴퓨터공학을 전공한 사람은 의외로 소수에 속합니다.

소프트웨어공학은 컴퓨터학과 교과목들 중에서도 전공필수가 아닌 전공선택으로 지정되어 있는 경우가 많고, 전공자들 중에서도 소프트웨어공학을 수강하는 비율은 30% 정도에서 50% 정도에 불과합니다. 그러나 컴퓨터학과 졸업생들의 상당수가 소프트웨어 개발자로 활동한다는 점을 생각하면, 가능한 높은 품질의 소프트웨어 제품을 어떻게 효율적으로 개발할 수 있는지에 대한 방법론을 연구하는 소프트웨어 공학은 꼭 필요한 지식이라고 생각합니다.

좀 더 깊이 있는 지식을 얻을 수 있는 방법으로 관련 논문을 소개하는데, 길이도 적당하고 (최대 8~10 페이지 정도) 소프트웨어개발을 담당하는 실무자들의 업무능력을 향상시키는데 도움을 줄 수 있도록 기획된 IEEE Software 등의 관련자료를 주로 추천하였습니다. 그 외에도 ICSE, FSE, ASE 등 최고의 명성을 지닌 소프트웨어공학 학회에서 엄격한 심사를 거쳐서 발표된 최신 논문중 학부생들이나 개발자들이 알면 좋을 내용을 소개하는 내용도 포함하였습니다. 꼭 필요하다고 생각하는 경우에는 IEEE TSE Transactions on Software Engineering 등 탑저널에 발표된 내용도 포함하였습니다.

이 책은 소프트웨어공학의 모든 분야에 대해 다루고 있지 않다는 점도 분명하게 밝히고자 합니다. 이 책을 쓴 저 자신도 소프트웨어공학의 모든 세부 분야에 대해 전문가가 아니며, 소프트웨어 개발자들 또한 세부 주제에 대해 다 알아야 한다고 생각하지 않습니다. 표지도 스스로 한계를 인정하는 뜻에서 이를 암시하는 그림으로 선택한 이유이기도 합니다.

Eclipse 등의 통합개발환경에서 개발자가 다음에 사용할 확률이 높은 API를 추천해 주는 Recommender 시스템부터 오픈소스에 있는 많은 패턴들을 학습하여 개발자가 다음에 구현할 것으로 예상되는 메소드를 자동적으로 구현해 주는 연구들도 진행되고 있습니다. ChatGPT나 Copilot 등을 잘 이용하면 자연어 명세로부터 상당한 완성도를 가진 코드를 완성해 주는 것도 가능합니다. 딥러닝 기술의 눈부신 발전이 개발자들의 생산성을 획기적으로 높여주는 기회가 될 수 있다는 장미빛 전망과 함께 "그저 그런 실력을 가진" 개발자는 역할이 줄어들고 도태될 것이라는 우려도 있습니다. 인공지능을 비롯한 컴퓨터공학의 기술혁신을 긍정적으로 활용하려면 개발자들의 지속적인 학습과 자기개발 노력이 필요한 이유입니다.

소프트웨어공학은 높은 품질의 소프트웨어를 효율적으로 개발하는 방법을 탐구하는 주제의 특성상 매우 다양하고 광범위한 분야를 포함합니다. 소프트웨어 공학 분야의 교재로 가장 잘 알려진 저서의 하나인 Sommerville이 쓴 책에도 개발방법론 및 요구공학부터 디자인, 테스팅 및 품질보증, 그리고 유지보수를 포함하는 각 단계별 세부적인 기법외에도 소프트웨어 안전성, 보안, 재사용, 실시간 시스템 소프트웨어 개발, 소프트웨어 프로젝트 관리등 다양한 분야를 포함하고 있습니다. 일부 주제는 모든 개발자들이 알아야 하는 소프트웨어공학의 핵심개념이기는 하지만 보편적으로 잘 알려져 있고, 도구를 제대로 사용하는 방법을 익히는 것만으로 충분하다고 판단되어 일부러 생략한 주제도 있습니다. 형상관리 기법이 이에 해당합니다.

마지막으로 소프트웨어공학을 자신의 전문 연구영역으로 정하고 각 세부주제를 더 깊이 알고 싶은 분들께는 저와 UC Irvine의 명예교수이시며 소프트웨어공학 분야의 최고 석학 중 한 분이신 Richard N. Taylor 교수님, 그리고 소프트웨어공학분야의 원로연구자중 한 분이신 강교철교수님이 editor로, 그리고 소프트웨어공학의 각 세부분야의 최고 전문가들이 저자로 참여하여 2019년에

Springer에서 출판된 Handbook of Software Engineering을 추천합니다.

소프트웨어공학이라는 분야가 전산학의 한 연구분야로 인정받고 본격적인 연구가 시작된 것이 1968년입니다. NATO 주관으로 열린 학회에서 Software Crisis라는 용어가 처음 사용이 되었고 이런 위기를 극복하기 위해 연구가 시작되었습니다. 지난 50년동안 소프트웨어공학의 각 분야에서는 어떤 획기적인 연구결과가 있었으며, 어떤 논문이 해당 분야의 발전에 큰 기여를 한 중요한 논문인지(e.g., seminal or most influential papers), 각 분야의 핵심 개념에 대한 소개와 함께, 앞으로 10년에서 15년사이에 연구자들의 주된 관심을 받게 될 유망한 연구주제는 무엇인지를 40~50페이지 내외로 배울 수 있는 좋은 학습 자료입니다. 그리고 요구공학부터 테스팅, 소프트웨어 유지보수 및 보안, 클라우드 환경에서의 소프트웨어공학 이슈 등 각 세부분야에 대한 전통적인 주제부터 새롭게 떠 오르는 연구분야까지 다루고 있습니다. 소프트웨어 공학 분야의 박사과정 연구를 시작하는 사람들에게 특히 도움이 될 것으로 생각하지만, 산업체에서 활동하시는 분들도 이 책을 통하여 각 분야에 대한 깊이 있는 설명을 기대할 수 있습니다.

02

소프트웨어공학이란 무엇인가?

소프트웨어공학은 소프트웨어 개발의 전 과정을 공학적인 방법으로 체계적으로 개발하기 위한 학문인데, 얼핏 들으면 원론적인 이야기 또는 "뜬 구름 잡는 듯한" 이야기로 들릴 것이다. 다른 전문가들의 정의 또한 별로 다르지 않다.

- "The application of a systematic, disciplined, quantifiable approach to the development, operation, and maintenance of software" — IEEE *Standard Glossary of Software Engineering Terminology*
- "the establishment and use of sound engineering principles in order to economically obtain software that is reliable and works efficiently on real machines" — Fritz Bauer

이러한 정의를 읽어보면 소프트웨어공학이 너무 광범위한 내용을 다루고 있는 것처럼 보일 수 있지만, 이런 이유로 소프트웨어공학을 배울만한 필요가 없거나 고유의 전문성이 없는 분야로 단정하는 것은 잘못된 그리고 짧은 지식에 기반한 성급한 판단이라고 확신한다. 마지막에 소개된 Bauer의 정의처럼 "economically obtain software that is reliable and works efficiently on real machines"라는 목표

Parnas 박사께서 고려대학교를 2009년에 방문하셔서 세미나를 하시고 찍은 사진이다.

를 달성하기 위해서는 모든 소프트웨어 개발자 및 프로젝트 관리자들이 소프트웨어공학에 대한 기본적이고 핵심적인 개념을 잘 알고 있어야 한다고 믿는다. iOS, Android, ChatGPT, Blockchain 등 많은 사람들이 널리 사용하는 제품이나 서비스들의 핵심적인 기능이 소프트웨어로 구현되므로 소프트웨어의 품질과 개발과정 생산성이 핵심 경쟁력이 되는 것은 너무나 당연한 이야기이다.

개인적으로는 소프트웨어공학 태동기부터 활발하게 연구를 진행하신 David Parnas 박사님의 “Multi-person construction of multi-version software”이란 정의를 제일 좋아한다. 소프트웨어 개발방법론이나 객체지향 개념의 기반 이론이 되는 정보은닉(Information Hiding) 개념을 제안하신 석학이신 그 분의 소프트웨어공학에 대한 정의는 너무나 간결하고 명쾌해서 경이로움마저 들게 하는 뛰어난 통찰력이다. 소수의 개발자가 상대적으로 짧은 기간에 개발을 완료할 수 있는 소프트웨어 개발에서 품질이나 생산성은 거의 대부분 개발자들의 실력에 좌우되는 것이 당연하다. Multi-person construction은 수백명 또는 수천명의 개발자들이 긴밀하게 협력해야만 개발이 가능한 정도로 복잡한 소프트웨어 개발에 꼭 필요한 기술을 연구하는 분야라는 뜻이다.

품질과 생산성이라는 “두마리 토끼”를 동시에 잡고자 하는 소프트웨어공학 연구에서 엄청난 규모와 복잡도를 어떻게 다루는지가 성공과 실패를 결정하는 요건임은 너무도 분명한 상식이다. 소스코드가 수백만줄 또는 수천만 줄이 넘는 소프트웨어는 흔히 볼 수 있으며, 많은 경우 개발자들이 여러 나라에 분산된 사무실에서 협업을 하면서 개발을 한다. GitHub에서 진행되는 수많은 오픈소스 프로젝트가 대표적인 예제이다. 또 다른 예제로, 구글은 다양한 서비스에 필요한 모든 소스코드를 하나의 코드관리 시스템에서 통합해서 관리하는데 30억 줄이 넘는다고 한다. 페이스북의 모바일 관련 앱과 관련된 소프트웨어는 수천만 줄이("10s of millions lines") 넘는다고 한다. "how many lines of code"라는 인터넷 검색어로 찾을 수 있는 자료[1]를 보면 전문가들도 깜짝 놀랄 정도이다. 미래에 개발될 소프트웨어가 지금보다 훨씬 크고 복잡해 질 것이라는 예상 또한 상식에 속한다. 자율주행 자동차에 필요한 소프트웨어가 그렇고, TV나 휴대폰에 내장되는 소프트웨어가 그러하다. 그러니 Multi-person construction이 필요한 복잡한 소프트웨어 개발에 공학적인 기법이 필요한 것이다.

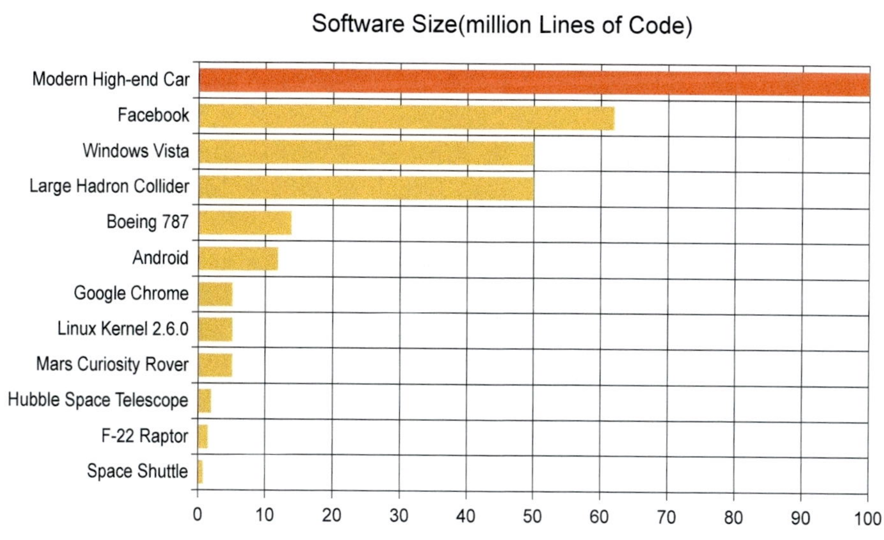

자료출처: https://twitter.com/richrogers_/status/958112741218111489

1. 인터넷검색을 통해서 접하게 되는 자료들이 엄밀한 검증과정을 거친 자료가 아니지만 많은 사이트에서 비슷한 (또는 동일한) 수치를 담고 있다는 점과 각종 시스템의 규모가 어느 규모로 증가하는지에 대한 상대적인 비교를 할 수 있다는 점에서는 그 가치를 인정할 만하다고 생각된다.

인공지능 전문가들도 깜짝 놀랄 속도로 발전하고 있는 ChatGPT, GPT4를 비롯한 수많은 기술들을 생각하면 “보통 사람들이 일상생활에서 늘 사용하게 될” 소프트웨어의 규모는 규모나 복잡도가 상상하기 어려울 정도로 지속적으로 그리고 비약적으로 늘어나고 있다는 점은 너무도 분명하다. (Copilot 등의 기술을 잘 이용하면 코딩 작업의 대부분도 자동화 할 수 있다는 전망도 있고, 이러한 인공지능 기술이 소프트웨어 개발자의 “경쟁력”에 미치는 영향은 실로 지대한 것은 분명하지만 아직은 불투명한 면 또한 많으므로 이에 대한 토론은 생략하기로 하자.)

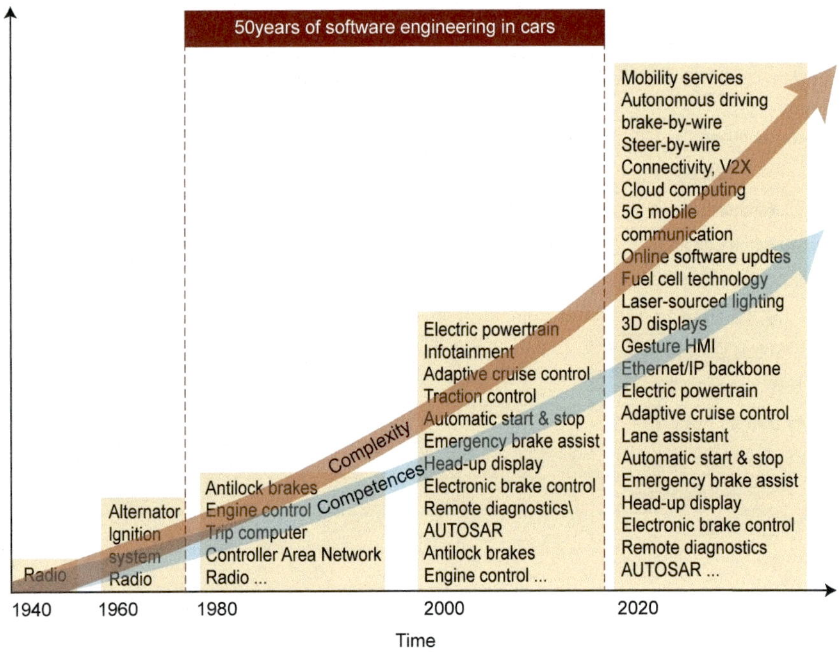

AUTOSAR = Automotive Open System Architecture, HMI = human-machine interface, V2X = vehicle-to-venhicle and vehicle-to-infrastructure.

Automotive electronics as an example of 50 years of software engineering

산업체에서 개발되는 소프트웨어의 엄청난 규모나 복잡도를 잘 보여주는 예제 중 하나로 automotive software를 들 수 있다. 지난 50년간의 소프트웨어공학 기술발전과 도전을 설명한 논문[2]에서 Ebert는 Engine Control, Antilock Breaking System(ABS) 등으로 시작된 소프트웨어를 이용한 기능의 구현이 Adaptive Cruise Control(ACC) 시스템 등을 거쳐서 거의 모든 기능으로 확대되고 있음을 잘 보여주고 있고, 대부분의 운전자들은 실제로 이런 기술발전의 혜택을 누리면서 살고 있다. 2018년도에 발표된 자료는 고급 자동차에는 통상적으로 1억줄이 넘는 소프트웨어가 탑재되고 있다고 한다. 가까운 미래에 시판될 차량에 각종 센서 및 첨단 제어 장치가 추가되고 Level 3 또는 4의 자율주행기능이 추가로 구현된다면 그 규모는 더욱 더 증가할 것이다.

각각의 기능을 구현하는데 필요한 소프트웨어의 규모나 복잡도가 증가하면서 발생할 수 있는 품질의 결함도 소프트웨어 개발자에게는 큰 도전이며, system of systems라는 연구 주제에서도 다루듯이 여러 기능들이 서로 영향을 주고 받는 과정에서 미처 생각하지 못했던 각종 돌발상황이 발생할 수 있다는 점을 기억해야 한다. 브레이크를 제어하는 ABS와 ACC 소프트웨어를 생각하면 소프트웨어공학에서 "feature interaction problem"이라고 부르는 개념을 왜 소프트웨어 개발자들이 잘 알아야 하는지 납득할 수 있을 것이다.

하나의 시스템에 대한 전문지식도 필요하지만 전체 시스템이 어떻게 구성되고 서로 의존하거나 영향을 받을 수 있는지를 종합적으로 분석하고 전체 시스템의 안전성과 품질이 적절하게 확보될 수 있는 방법을 찾아내는 것이 소프트웨어 개발자중에서도 흔히 Architect라고 부르는 역할을 맡은 사람에게 필요한 역량이다.

1990년대까지만 해도 마이크로소프트사는 소프트웨어 개발의 효율성을 극대화하기 위하여 과거에는 본사가 있는 Redmond, WA에서 대부분의 개발을 했다고 한다. 충분히 합리적인 전략이지만, 항상 가능한 것은 아니다. 삼성전자, LG전자 등 많은 기업들은 전 세계 여러 곳에서 연구소를 운영하며 분산된 환경에서 소프트웨

2. Ebert, 50 Years of Software Engineering: Progress and Perils, IEEE Software, Sep/Oct 2018

어 개발을 하고 있으며, 구글도 전세계에 흩어진 지사에 근무하는 개발자들이 협업을 통해서 제품을 개발한다고 알려져 있다. 크고 복잡한 소프트웨어 제품은 개발자들이 아무리 뛰어난 능력을 가지고 있어도 소수만으로 완성할 수 없다는 것은 너무나도 분명하다. 또한 소프트웨어 개발방법론은 여러가지가 있을 수 있으며 프로젝트에 따라 또는 조직에 따라 구체적인 방법은 다 다를 것이다.

Multi-person construction만큼이나 중요한 개념이 Multi-version software이다. 즉, 상용 소프트웨어 개발은 한 번의 개발로 모든 일이 끝나는 단발성의 작업이 아니기 때문에 개발을 완료한 후에도 지속적으로 유지, 보수, 확장을 필요로 하는 일이다. 소프트웨어 유지보수 또는 Evolution이 소프트웨어공학 연구의 중요한 분야 중 하나인 이유이다. 마이크로소프트사의 오피스 프로그램이 처음 출시된 것이 1988년이니 벌써 35년이 넘는 오랜 시간 동안 기능이 추가되고 알려진 버그를 수정하고 새로운 운영체제 환경에 맞게 변경되고 있는데 체계적인 과정이 없다면 가능하지도 효율적이지도 않았을 것이다.

Multi-version의 또 다른 측면은 하나의 소프트웨어 제품이 출시될 때에도 여러 버전의 형태로 출시되는 경우가 많다는 뜻이다. 오피스제품군의 특정 릴리즈에도 여러 개의 버전이 있어서 가격도 다르고, 기능도 약간씩 차이가 있고, 지역에 따라서도 필요한 기능이 상이하다. 이는 휴대폰, TV 등 소프트웨어가 내장되어 있는 많은 디지털제품에서도 발견되는 일반적인 현상이다. 휴대폰에서 알람기능을 수행하는 소프트웨어를 예로 들자면, 이슬람 문화권에 출시되는 제품에서는 정해진 기도시간에 맞추어 자동적으로 알람을 울려주는 기능이 도움이 되고 필요하겠지만 다른 문화권에서는 그런 기능을 요구하지도 사용하지도 않을 가능성이 높다. 하나의 제품에도 여러 버전과 지역에 따라 다른 기능을 가진 소프트웨어가 필요하고, 지역별로 필요한 모듈을 통합하여 테스팅하고 출시하여야 하는 이유이다. 이런 복잡한 과정을 거쳐야 하는 소프트웨어 개발이 체계적이어야 하는 것은 너무도 당연한 일이며, 이러한 과정에서 발생할 수 있는 문제들을 찾아내고 효율적인 해결방법을 고민하는 것이 소프트웨어 공학이고, 그래서 Parnas 박사는 소프트웨어공학의 핵심을 Multi-person과 Multi-version이라는 두 단어로 요약한 것이다.

소프트웨어공학을 처음 접하는 사람은 다음과 같은 질문을 당연히 갖게 될 것이다. 소프트웨어의 특성상 적용되는 분야가 너무도 다르고 (예를 들면 가전제품, 공장자동화, 자율주행자동차, 게임, 전자정부 시스템 등 …), 사용되는 세부적인 기술과 프로그래밍언어도 다르고, 현재 널리 사용되는 Visual Studio, Eclipse, GitHub 등의 개발환경도 미래에는 달라질 가능성이 높은데 이런 모든 상황에 잘 맞는 소프트웨어공학 기법이라는 것이 과연 존재할까? 상황에 따라 다른 기법을 적용해야 한다면 후보가 될 수 있는 기법들을 모두 배워야만 하는 것일까? 어떤 기법이 내가 속해있는 조직에서 유용할지 미리 알 수 있는 방법은 있을까?

모든 상황에 잘 맞는 완벽하고 전지전능한 소프트웨어공학 기법이란 이전에도 존재하지 않았고, 앞으로도 아마도 존재하지 않을 것이다. 그러나 다양한 소프트웨어 개발환경에서 시간을 초월하여 공통적으로 적용되는 유익한 지식들은 분명히 존재하며, 이것이 소프트웨어공학의 핵심개념이다. 소프트웨어 프로젝트는 체계적으로 계획이 수립되어야 하고, 누락된 요구사항이 없는지 서로 모순되는 요구사항이 없는지 분석하여 오류들을 가능한 일찍 발견하고 수정해야만 한다. 그렇지 않으면 개발 후반부에 이러한 오류들이 발견될 터인데 그럴수록 수정하는 비용이 더 증가하기 때문이다. 만일 그런 오류가 제품이 출시된 이후에 소비자들이 사용하는 중에 발견된다면 결과는 매우 심각해질 수 있으며 수정에 필요한 비용은 훨씬 더 많이 들 것이 분명하다. 그 외에도 제품의 신뢰도 하락 등으로 인한 간접적인 비용이 더 크다고 볼 수 있다. 암에 걸리지 않는 것이 최선이겠지만 만일 암세포가 내 몸속에 있다면 가능한 일찍 발견하여 치료하면 완치의 가능성이 더 높아지는 것과 같은 이치인 것이다.

소프트웨어공학의 세부분야는 참으로 다양하다. 소프트웨어 개발계획을 잘 수립하고 프로젝트 진행과정을 효율적으로 관리하기 위한 기법을 연구하는 분야가 소프트웨어 프로젝트 관리 기술인 것이며, 요구사항을 기술하고 분석하는 기법을 다루는 분야가 요구공학 기법인 것이다. 그 외에도 테스팅 및 품질보증 기법을 다루는 분야도 별도의 소프트웨어공학 연구 분야이다. 소프트웨어 개발방법론부터 각 단계별로 적용가능한 기술까지, 그리고 안전성, 보안등을 포함하는 소프트웨어가 필요로 하는 여러 가지 품질을 확보하기 위한 방법, 생산성을 높이기 위한 방법으로 제시된 재사용부터 제품공학(Product Line Engineering) 방법론까지, 분산환경 및 클라우드 환경에서의 소프트웨어 개발방법론, 그리고 소프트웨어 프로젝트 관리에 관련된 Project Management부터 Cost Estimation 방법 등 참으로 다양하다. 그러나 소프트웨어공학의 모든 분야를 다루기에는 너무 많고 모든 개발자들이 다 알아야 할 이유도 없다. 핵심적인 소프트웨어공학의 개념을 위주로 "탐사여행"을 시작해 보자.

03

왜 소프트웨어공학을 잘 알아야 하는가?

대학에서 소프트웨어공학 과목을 강의하고 연구를 수행하는 일을 직업으로 가진 사람이 소프트웨어공학이 중요한 분야라고 하면 "이기적이고, 너무나도 뻔한" 주장으로만 들리겠지만, 현업에 종사하고 있는 개발자들을 대상으로 강의를 할 기회가 있을 때 더 활발한 토론이 일어나고 수강생들과의 교감도 잘 이루어진다고 느낀다. 이전에 소프트웨어공학을 배우지 않았더라도, 현장에서 개발기간에 대한 압박을 항상 경험하고 있으며, 여러가지 노력에도 불구하고 쉽게 해결되지 않는 품질문제 때문에 고생을 많이 했기 때문일 것이다. 그렇기에 소프트웨어공학의 핵심 개념을 더 쉽게 이해하고 더 깊게 공감을 할 수 있다는 생각이다.

대학의 교육과정에서 소프트웨어공학에 대한 교육을 얼마나 강조하고 있는지 컴퓨터공학계의 가장 권위있는 학술단체인 ACM(Association of Computing Machinery)과 IEEE Computer Society에서 컴퓨터공학 교과과정으로 추천하는 자료를 분석해 보자. 2001년부터 시작하여, 2008년, 2013년에 개정된 이후, 10년만에 개정되고 있는 “Computer Science Curricula 2023” 보고서[3]는 컴퓨터학과 학부의 교과과정을 다음과 같이 추천하고 있다.

Knowledge Area	CS 2013		CS2023	
	Tier1	Tier2	CS Core	KA Core
Algorithmic Foundations (AL)	19	9	32	32
Architecture and Organization (AR)	0	16	9	16
Artificial Intelligence (AI)	0	10	11	12
Data Management (DM)	1	9	9	23
Foundations of Programming Languages (FPL)	8	20	23	21
Graphics and Interactive Techniques (GIT)	2	1	4	76*
Human–Computer Interaction (HCI)	4	4	8	16
Mathematical and Statistical Foundations (MSF)	37	4	55	
Networking and Communication (NC)	3	7	7	24
Operating Systems (OS)	4	11	8	20
Parallel and Distributed Computing (PDC)	5	10	9	26
Security (SEC)	3	6	6	
Society, Ethics and Professionalism (SEP)	11	5	17	14
Software Development Fundamentals (SDF)	43	0	43	0
Software Engineering (SE)	6	22	6	23
Specialized Platform Development (SPD)	0	0	3	
Systems Fundamentals (SF)	18	9	18	9
Computational Science (CN)	1	0	Dropped	
Total	165	143	268	N/A

3. https://csed.acm.org/wp-content/uploads/2023/09/Version-Gamma.pdf 아직은 개정작업이 진행중이어서 beta, gamma 등의 버전이 명시되어 있지만 동향을 파악하기에는 무리가 없어 보인다. 이전에는 2001년, 2008년, 그리고 2013년의 자료를 비교하였으나 분야의 명칭이 약간 변경되면서 직접적이고 정량적인 비교가 어려워서, 2023년 리포트와 마찬가지로 2013년과 2023년의 차이만을 비교하기로 하자.

2013년 교과과정은 Tier 1, Tier 2를 구분하는데 컴퓨터학과 교육과정은 Tier 1의 내용을 100% 포함하고, Tier 2의 내용을 80% 정도를 포함하도록 권고하고 있는데, 2023년 추천교과과정은 "해바라기 모델"을 사용하여 CS Core는 모든 컴퓨터학과 졸업생들이 반드시 알아야 할 내용들이며, KA Knowledge Area core는 특정 분야를 집중적으로 다루는 과목을 위하여 추천하는 시간이다.

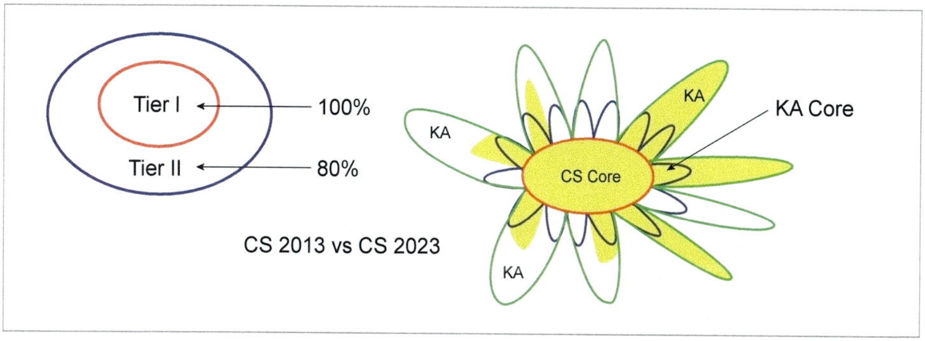

2016년 3월에 있었던 알파고와 프로기사 이세돌과의 세기적인 바둑대결 이후 자동차부터 휴대폰, 가전제품 등 거의 모든 산업분야에서 혁명적이라는 표현이 무색하지 않을 정도로 막강한 파급력과 놀라운 속도로 발전중인 인공지능 교육도 2013년 과정의 Tier 1 과정에서는 없었다가, 2023년 교육과정에서 모두가 배워야 할 주제로 추가되어 11시간의 교육을 권장하고 있다. 빅데이터등의 활용분야가 확대되면서 Data Management에 대한 강조가 확대된 점, 그리고 Foundations of Programming Languages과 Mathematical and Statistical Foundations(MSF) 분야를 2013년 교과과정에 비해 특별히 강조하고 있다. Graphics와 Interactive Technique의 경우 4시간동안 핵심적인 개념이나 기법을 공부하지만, 심화과정은 Animation 또는 Visualization and Image Processing 분야로 특화할 수 있으므로 더 많은 시간을 추천하는 것에 비하면 AI 심화학습에 추천하는 시간이 부족하다고 생각할 수도 있겠다. 그러나 딥러닝 등의 기술을 제대로 이해하는데 필요한 내용의 상당부분이 Algorithmic Foundations 그리고 MSF에 포함된다는 점을 생각하면 이러한

교과과정의 변화의 취지를 이해할 수도 있겠다.

소프트웨어공학에서 다루는 내용은 주로 SDF(Software Development Fundamentals) 그리고 SE(Software Engineering) 분야에 포함되어 있다. SDF에서 다루는 주요 내용인 소프트웨어 개발 프로세스, 객체지향 개발방법론은 학부 소프트웨어공학에서도 중요하게 다뤄지는 내용이기 때문이다. 그렇다면 2023년도의 교과과정에서 SDF에 배정된 43시간 중의 일부 (예를 들어서 1/3에서 1/2 정도) 그리고 소프트웨어공학에 배정된 6시간을 합치면 20시간 정도를 소프트웨어공학 또는 그와 밀접하게 관련된 내용에 집중하도록 추천하는 것을 알 수 있다.

가까운 미래에는 ChatGPT 또는 Copilot으로 대표되는 인공지능 기술이 검색을 대체할 것으로 생각하는 사람들이 많고, 웬만한 소프트웨어 개발은 사람이 직접하지 않고 ChatGPT 등을 사용하면 자동으로 할 수 있을 것 같은 세상에 살고 있다. 이러한 기술이 소프트웨어 개발자들에게 중장기적으로 미칠 영향에 대한 의견은 전문가들도 의견이 다르겠지만, ChatGPT나 Copilot을 개발자들이 도구로 활용할 수 있는 기술을 습득하는 것은 꼭 필요할 것이며, 개발자들의 능력에 따른 "빈익빈 부익부" 현상은 아마도 더 심화되지 않을까 생각된다. 다른 표현으로 하자면 초급 개발자의 입지는 점점 줄어들고 실력있는 고급 개발자들은 "더욱 더 귀한 몸"이 되지 않을까 예상된다.

그러나 인공지능과 소프트웨어공학은 제한된 교과과정의 시간을 놓고 서로 경쟁하고 다투는 분야가 아니라는 점을 이해하는 것이 더욱 중요하다. 어떤 인공지능 기술이든 소프트웨어로 구현되어야 하는 것은 너무도 당연한 것이며, 탄탄한 소프트웨어공학 기술에 기반해야만 높은 품질을 가진 인공지능 기술이 탑재된 제품을 출시할 수 있는 것이다. 이러한 제품이 경쟁력을 가지고 부가가치를 창출하려면 소프트웨어 개발과정에서의 생산성 또한 중요한 것이다. 이는 인공지능뿐 아니라 빅데이터 또는 보안 등 컴퓨터공학의 모든 분야에서 마찬가지이다.

산업체에서 각종 첨단제품의 생산에 포함되는 소프트웨어를 개발하는 엔지니어는 자동차, 원자력, 조선 등 해당 분야에 대한 지식 외에도 소프트웨어공학에 대한 기본적인 이해가 필요하다. 자율주행 자동차의 소프트웨어를 개발하는 엔지니어라면 어느 정도의 기계공학 또는 전자제어에 대한 지식을 가지고 있어야만 관련업무를 담당할 수 있을 것이다. 마찬가지로 원자력발전소의 안전계통 시스템 RPS(Reactor Protection System)를 개발하는 소프트웨어 엔지니어라면 적어도 원자력공학 전문가들과 기술적인 대화를 통해 문제의 본질을 이해할 수 있을 정도의 도메인지식은 가지고 있어야 업무를 제대로 수행할 수 있을 것이다.

이런 이유로 저자는 학부 과정에서 컴퓨터공학을 전공하는 모든 학생들은 소프트웨어공학의 기본적이고 핵심적인 개념을 제대로 이해해야 한다고 확신한다. 핵심개념을 이해한다고 해서 소프트웨어공학 전문가로 인정받을 수 있는 것은 아니며 소프트웨어공학 전문가로서의 고유의 전문영역은 분명하게 존재한다. 수요가 높은 것도 사실이다. 소프트웨어 개발 프로세스 개선의 전문가로 활동할 수 있고, 아키텍트로 활동할 수도 있으며, 소프트웨어 테스팅의 전문가로도 활동할 수 있다. 또는 안전성이 중요한 시스템의 분석을 전문으로 하는 Software Safety Expert로 전문분야를 선택할 수도 있겠다. 최근에는 정적분석 기법을 이용한 소프트웨어의 오류의 자동 검증 및 수정이라는 분야에서 소프트웨어공학과 프로그래밍 언어 분야라는 다른 두 개의 연구분야의 경계가 없어지고 있다는 생각이다.

모든 소프트웨어 개발자들이 소프트웨어공학의 핵심개념을 잘 알아야 하는 또 다른 이유는 소프트웨어 산업의 "승자독식"이라는 특성때문이다. 후발주자로 시작한 경쟁업체는 1등 업체와 비교해서 비교적 대등한 기능과 품질을 가지고 있어도 생존을 걱정해야 하며, 설령 망하지는 않더라도 항상 고전을 면치 못하는 것이 소프트웨어 산업의 특성이다. "1등이 대부분의 이익을 차지하고, 2등은 기억해 주는 사람이 별로 없는" 추세는 과거에도, 지금도, 그리고 아마 미래에도 계속될 것이다. 많은 예제를 들 수 있겠으나, 마이크로소프트의 오피스를 생각해 보면 구글에서 유사한 기능을 가진 소프트웨어를 무료로 제공하지만 마이크로소프트의 오피스는 여전히 전세계에서 독점적인 점유율과 매출을 올리고 있다. 오라클에서도 Star Office(한때는 Open Office라고도 불린) 제품을 출시하고 무료로 배포하면서 확산을 시도했으나 실패하고 제품개발을 중단한 사례가 있다.

온라인광고 및 검색엔진에서는 구글, 온라인 상거래에서는 Amazon이 이러한 독점적인 지위를 누리고 있으며, 이들의 핵심역량은 소프트웨어에서 나온다. Tesla, YouTube, Uber, Airbnb, Photoshop, Android 등 사례는 많다. 그래서 Bill Gates는 마이크로소프트가 모바일 기기의 운영체제 경쟁에서 안드로이드에 완패당한 것을 본인의 경력에서 최대의 실수라고 고백하였을 것이다.[4] 마이크로소프트는 Open AI와의 발빠른 협력과 천문학적인 자본투자를 통해 ChatGPT 등의 생성형 AI 기술을 Bing 검색엔진 및 Office을 비롯한 전 제품군에서 제공하면서 AI 산업화 시대의 기술발전을 선도하는 리더의 하나로 부각되고 있다. 그러나 Bing의 검색시장 점유율은 낮은 수준에 머물고 있으며, 검색시장에서 구글의 영향력이 아직도 90% 이상이라는 최근의 기사는 소프트웨어 산업에서 1등 제품이나 서비스의 위상이 얼마나 견고하고 막강한지 잘 보여주고 있다.

제품이나 서비스의 경쟁력이 소프트웨어의 품질로 판가름나는 산업에서 소프트웨어개발의 생산성 또한 똑같이 중요하다. 그래서 모든 소프트웨어 개발회사가 유능한 개발 인력을 확보하기 위해서 노력하는 것이다. 개발자들의 능력은 많은 차이가 있고, 일부에서는 그 차이가 최대 28배까지 된다는 주장[5]을 하기도 한다.

많은 제품에서 생산원가의 상당부분을 이제는 소프트웨어가 차지한다는 것은 일반인들도 잘 아는 상식이 되었다. F-22, F-35 등의 최첨단 전투기의 개발비용에서 소프트웨어가 차지하는 비중이 80% 이상이라고 하며, 자동차 및 연관 산업의 경

4. https://edition.cnn.com/2019/06/24/tech/bill-gates-android/index.html
5. Robert Glass, Facts and Fallacies of Software Engineering, Addison Wesley, 2002

쟁력 또한 소프트웨어가 결정적인 역할을 한다. 소프트웨어로 구현되어 자동차에 적용된 기술의 동향만 생각해 봐도 소프트웨어의 경쟁력이 어느 산업에서나 경쟁력의 기준이 되고 있음이 분명하다. Tesla의 시가총액이 도요다, 벤츠, BMW, 폭스바겐, 혼다, 포드, 제너럴모터스등 자동차산업의 전통적인 우량기업(?)의 시가 총

Largest automakers by market capitalization

companies: **63** total market cap: **$2.202 T**

Rank by: Market Cap | Earnings | Revenue | P/E ratio | Dividend % | Operating Margin | Employees

Rank	Name	Market Cap	Price	Today	Price (30 days)	Country
1	Tesla TSLA	$825.39 B	$260.05	▾ 0.43%		USA
2	Toyota TM	$234.20 B	$173.04	▴ 2.12%		Japan
3	BYD 002594.SZ	$91.82 B	$32.42	▾ 0.48%		China
4	Porsche P911.DE	$84.29 B	$92.53	▾ 1.98%		Germany
5	Mercedes-Benz MBG.DE	$73.02 B	$67.55	▾ 0.79%		Germany
6	BMW BMW.DE	$65.64 B	$98.88	▾ 1.16%		Germany
7	Volkswagen VOW3.DE	$61.76 B	$111.68	▾ 0.99%		Germany
8	Stellantis STLA	$58.27 B	$18.89	▴ 0.75%		Netherlands
9	Ferrari RACE	$54.21 B	$299.95	▴ 0.12%		Italy
10	Honda HMC	$53.19 B	$32.27	▴ 1.38%		Japan
11	Ford F	$47.62 B	$11.90	▾ 0.75%		USA
12	General Motors GM	$41.70 B	$30.31	▾ 2.35%		USA
13	Maruti Suzuki India MARUTI.NS	$37.08 B	$122.75	▴ 0.79%		India
14	Li Auto LI	$34.22 B	$34.19	▾ 2.79%		China
15	Hyundai HYMTF	$32.23 B	$38.08	▴ 1.55%		S. Korea

액을 모두 다 합친 액수를 능가한다는 현실[6]은 정말 놀랍지 않은가? 이런 일이 가능하다고 10년전에 누가 상상이나 했을까? 테슬라 경쟁력은 도대체 어디서 나올까? 전부는 아닐지 몰라도 상당부분은 자율주행기능을 비롯한 소프트웨어 기술우위에서 나온다고 보여진다. 그렇다면 10년후에도 테슬라가 지금과 같은 지위를 유지할 수 있을까? 중국 자동차회사인 BYD가 포르쉐, 벤츠, BMW, 폭스바겐보다 더 가치가 있는 회사가 될거라고 5년전만 해도 누가 예상했을까? 계속되는 자동차의 기술혁신에서 소프트웨어는 주도적인 역할을 할 것은 분명해 보인다. 그래서 GM의 CEO인 Mary Barra는 GM을 자동차 회사가 아닌 “tech company”로 바꾸려고 하는 것이다.

이전과 달리 최근에 개발되는 소프트웨어는 프로젝트의 규모나 복잡도가 이전에 개발되던 소프트웨어와는 비교를 할 수 없을 정도로 대규모인 경우가 많으므로, 많은 그리고 유능한 개발자를 필요로 한다. 그래서 능력이 뛰어난 소프트웨어 엔지니어는 많은 회사에서 서로 모시고 가려는 “귀하신 몸”이 된 것이다. 이렇게 비싼 몸 값을 자랑하는 인력들이 모여서 개발하는 소프트웨어 기반의 제품의 경쟁력은 품질과 개발의 효율성에서 판가름 나게 되어 있는 것이다. 마이크로소프트, 구글, 메타 등 글로벌 소프트웨어 기업들은 모두 최정상급의 소프트웨어공학 기술을 보유하고 있으며 관련 연구 또한 매우 활발하다 그러니 고품질의 소프트웨어를 경제적으로 개발하는 방법을 연구하는 소프트웨어공학에 대한 기본지식을 모든 개발자들이 잘 알아야 하는 것이다.

6. https://companiesmarketcap.com/automakers/largest-automakers-by-market-cap/ 이 사이트를 보면 최신의 자료를 확인할 수 있다. 첨부된 그림은 2023년 10월 6일의 자료.

04

소프트웨어의 오류와 심각한 사고, 더 이상 남의 이야기가 아니다

2019년 상반기에 소프트웨어와 관련된 가장 논란이 된 뉴스의 하나로 보잉의 최신 여객기인 737 Max 8 항공기가 취항 후 6개월이 되지도 않은 짧은 기간에 2018년 10월 그리고 2019년 3월에 두 건의 추락사고가 있었고 이로 인해서 탑승객과 승무원 346명이 사망했으며, 2020년 12월까지 전 세계에서 이 항공기의 운항이 금지되었다. 사고 전에 받았던 1,000대가 넘는 737 Max 8 항공기 선주문에서 450여 대의 주문이 취소되었고, 직접적인 피해금액이 200억불이고(1달러당 1,300원의 환율을 가정한다면 26조원) 그 외에도 간접비용이 600억불에 달할 것이라는 언론 보도가 있었다. 그 외에도 보잉은 미국정부와 2021년 1월에 25억불의 벌금을 내는데 합의하면서 fraud에 관련된 소송을 취하했다고 한다. 보잉사에 대한 항공사들의 신뢰도 추락으로 인해 737 Max 8 외에도 다른 항공기 주문이 취소되거나 감소한 것까지 생각한다면, 737 Max 8 사고로 인한 보잉사의 금전 손해[7]는 상상하기 힘들 정도라고 하겠다.

비행기의 안전을 심사하고 운항 여부를 승인하는 정부기관인 FAA(Federal Aviation

7. https://en.wikipedia.org/wiki/Financial_impact_of_the_Boeing_737_MAX_groundings

Administration)와 보잉은 737 Max 8 항공기 사고의 중요한 원인으로 MCAS(Maneuvering Characteristics Augmentation System) 시스템을 지목하는 듯하다. 기존의 보잉 737여객기에는 없었던 MCAS는 비행기의 안전성을 향상시키기 위한 목적으로 새로 도입된 소프트웨어 기반의 시스템인데, MCAS 시스템의 오작동과 더불어 입력 중 하나인 센서의 오작동을 극복할 수 있는 방법에 대한 조종사 교육 및 훈련이 부족했던 것이 사고의 중요한 원인의 하나로 의심을 받고 있다. 최첨단의 안전장치를 갖추었다고 자부하던 보잉 737 Max 8 항공기가 안전장치의 오작동으로 인해 추락하였다는 점은 아이러니가 아닐 수 없다.

소프트웨어가 사고의 주요한 원인으로 지목되는 사례는 사실 너무 많아서 일일이 열거하기도 힘들다. 소프트웨어의 오류로 인하여 인명사고가 발생하거나 심각한 금전적인 피해를 입은 경우는 Boeing 737 Max 8에 국한된 것이 아니며, 이전에도 많은 사고가 있었고 앞으로도 이런 종류의 사고는 계속 발생할 것이다. 소프트웨어의 오류로 인한 피해는 아무 때나, 어디에서나, 그리고 누구에게나 발생할 수 있다는 점에서 더 이상 남의 이야기로 가볍게 생각할 수 없는 현실이 되었다.

아직 본격적인 상용화 또는 대중화 단계에 진입하지 않았지만 자율주행 자동차의 소프트웨어 오류로 인한 사고 또한 여러 번 발생하였다[8]. 2025년까지 자율자동차 시장은 360억불이라는 엄청난 규모로 성장할 것이라는 긍정적인 뉴스도 있고, Waymo를 비롯해서 Tesla 및 Uber 등에서 보고한 자율자동차의 시험주행 성적표를 보면 전반적으로 안전한 것이 분명하다. 하지만 Uber 자율주행 자동차의 사고로 보행자가 사망한 사고도 있었으며, Tesla의 autopilot 소프트웨어 오류로 인한 사고도 있었고, Waymo 또한 이런 사고에서 자유롭지 못한 것이 사실이다. 2023년 10월에는 샌프란시스코에서 운영중이던 GM의 Cruise 무인택시가 사고를 내서 운행면허[9]가 취소된 일도 있다. 이런 종류의 사고는 유사한 기능을 개발 중인 많은

8. https://carsurance.net/blog/self-driving-car-statistics/
9. https://www.wired.com/story/cruise-robotaxi-self-driving-permit-revoked-california/

회사에서도 언제든지 발생할 수 있다는 점을 기억해야 한다. 이런 위험이 자동차의 자율주행 기능에만 국한된 것은 아니다. 자동차의 안전 및 주행에 관련된 기능의 상당 부분을 소프트웨어 및 전자제어 기능으로 대체하면서 소프트웨어의 오류로 의심되는 사고가 여러 번 있었다. 상당기간 문제가 되었고 지금도 뉴스에 가끔 언급되는 자동차의 급발진 사례로 인한 사고 또한 소프트웨어 오류와 밀접한 관련이 있다고 보여지는 것이 사실이다.

모든 자동차회사들이 안전하고 완전 자동화된 주행 기능의 개발에 회사의 미래가 달려 있다고 믿고 관련 연구 및 개발에 매진하고 있으며, 미래 자동차의 실내에는 승객이 편하게 쉴 수 있는 좌석 및 각종 유익한 정보를 제공하는 대형 디스플레이는 있어도 운전대나 가속페달 또는 브레이크는 없어도 이상하지 않은 세상이 되었으며, Software Safety 이슈는 일부 소프트웨어공학자들만의 연구주제가 아니고 모든 사람이 영향을 받는 중요한 문제가 되었다.

자율주행외에도 소프트웨어가 원인이 될 수 있는 몇 가지 자동차 관련 사고 사례들을 생각해 보자. 2015년에 우리가 흔히 스마트키라고 부르는 Keyless Ignition system의 오류로 인한 인명피해에 관한 소송[10]이 언론에 보도된 적이 있다. 자동차 열쇠를 집어넣고 돌려야만 시동이 걸리는 것이 아니라, 스마트키를 운전자가 소지하고 있으면 엔진의 시작 및 정지를 버튼으로 조작할 수 있게 해주는 편리한 장치이다. 문제는 주차를 하고 난 후 운전자가 차를 떠나는 경우에도 자동차 엔진이 지속적으로 작동하는 경우가 있다는 것이다. 의도하지 않은 실수로 운전자가 엔진 정지 버튼을 눌렀다고 생각할지라도 실제로는 눌리지 않은 가능성도 포함한다.

기술의 발전으로 최근에 판매되는 자동차들은 엔진 소음이 잘 들리지 않을 정도로 조용해졌다는 것 또한 역설적이지만 또 다른 위험요인이 된다. 엔진이 계속 켜

10. https://money.cnn.com/2015/08/26/autos/keyless-ignition-lawsuit/ (CNN, 2015)
https://www.nytimes.com/2018/05/13/business/deadly-convenience-keyless-cars-and-their-carbon-monoxide-toll.html (New York Times, 2018)

져 있는 경우에도 운전자는 모를 수 있고, 내연기관을 장착한 자동차는 지속적으로 일산화탄소를 배출하고 있기 때문이다. 아파트가 보편적인 주거환경인 한국에서는 차를 집 내부에 있는 차고에 주차하는 경우가 흔한 경우는 아니어서 당장 문제가 되지 않을 수 있으나, 외국에서는 많은 주택의 일부로 개폐식의 차고가 설치되어 있어서 자동차를 주차하고 차고문을 닫은 후에 연결된 문을 통해서 실내로 들어가기 때문에, 차량에서 발생하는 일산화탄소가 차고에 가득 차게 되고 결국은 집안으로 들어오게 되며 이로 인해서 질식사고가 발생한 것이다. 그렇다면 자동차가 주차된 상태에서 일정시간(예를 들어 10분) 이상 시동이 켜져 있는 경우 자동적으로 엔진을 정지시키는 기능을 추가하면 문제가 간단하게 해결될까? 해결방법은 생각처럼 간단하지 않을 수 있는데, 특히 외부의 온도가 낮은 경우에는 주차된 상태에서 시동을 켜고 히터를 가동한 상태로 유지되어야 할 필요 또한 있을 것이기 때문이다.

이러한 사고를 소프트웨어가 직접적으로 일으켰다고 하는 주장 또한 논란의 여지가 있는 것이 사실이다. 소프트웨어는 스마트키라는 편리한 기능을 구현하는 요소기술일 뿐, 소프트웨어 자체가 사고를 직접적으로 일으킨 것은 아니기 때문이다. 그러나 소프트웨어가 핵심기능을 담당하는 시스템이 일으킨 사고에서 소프트웨어가 책임 논쟁에서 자유로울 수 없는 것은 너무도 당연하다. 세계적인 자동차 회사들인 GM(General Motors), Fiat Chrysler, 도요다, 혼다 등이 소송에 포함되었다는 기사는 이러한 사고의 위험이 어느 자동차를 구매해도 발생할 수 있다는 점을 보여준다. 그리고 이런 위험을 자동차 제조회사의 전문가들이 몰랐다고 믿기 어렵다.

자율주행 소프트웨어에서 발견된 오류를 분석한 Garcia 등의 논문[11]은 오픈소스 프로젝트이며 여러 회사에서 사용된 Baidu Apollo와 Autoware에서 발견된 총 499개의 오류의 원인과 자율주행에 미치는 영향을 분석한 것인데 다른 도메인에서도

11. Garcia et al, A Comprehensive Study of Autonomous Vehicle Bugs, IEEE/ACM 42nd International Conference on Software Engineering (ICSE), 2020

참고하면 도움이 될 만한 정보를 담고 있다. 그리고 이런 오류의 상당수가 Crash, Hang, 또는 Speed and Velocity Control 등 경우에 따라서는 승객의 사망이나 부상으로 연결될 수도 있는 사고로 이어질 수 있다는 분석은 소프트웨어의 오류가 아무때나, 누구에게나, 직접적이고도 심각한 영향을 미칠 수 있음을 실감하게 한다.

Symptoms of Bugs in AV Systems

Symptom	Apollo	Autoware	$Total_{symp}$
Crash	24	29	53
Hang	1	2	3
Build	15	66	81
Camera(Cam)	2	7	9
Lane Positioning and Navigation(LPN)	20	5	25
Speed and Velocity Control(SVC)	26	16	42
Launch(Lau)	5	7	12
Traffic Light Processing(TLP)	6	1	7
Vehicle Stopping and Parking(Stop)	8	7	15
Vehicle Turning(Turn)	9	0	9
Vehicle Trajectory(Traj)	26	4	30
IO	2	8	10
Localization(Loc)	2	6	8
Obstacle Processing(OP)	3	1	4
Invalid Documentation(Doc)	36	13	49
Display and GUI(DGUI)	10	29	39
Security and Safety(SS)	3	2	5
Logic	33	24	57
Unreported(Un)	4	25	29
Others(OT)	8	4	12
$Total_{symp}$	243	256	499

소프트웨어의 오류로 인한 사고의 위험이 자동차나 비행기 등 교통수단에만 국한된 것이 아니다. 소프트웨어로 인한 사고는 알려진 사례가 무수히 많다. Wikipedia

에서 “list of software bugs”라는 항목을 보면 항공/우주, 의료, 통신, 국방, 금융 등 전 산업분야에서 보고된 소프트웨어의 결함으로 인한 피해사례가 광범위하게 정리되어 있는데, 이 또한 그야말로 빙산의 일각이다. Robert Glass는 “Software Runaways: Monumental Software Disasters”을 1997년에 출간하였는데, 당시까지의 알려졌던 16건의 “초대형 소프트웨어 실패사례”를 소개하면서, 그 원인에 대한 분석과 함께 이러한 실패로부터 배워야 하는 소프트웨어공학 교훈을 정리한 책이다. 소프트웨어공학 또는 Software Safety를 공부하고자 하는 사람은 정독할 가치가 있는 책인데, 여기 소개된 실패 사례들은 프로젝트 당사자들은 가능한 숨기고 싶은 내용이겠지만 언론이나 재판 등을 통하여 공개된 내용을 30년 이상 소프트웨어공학 연구 및 산업체 현장에서의 종사한 저자가 분석한 것이다. 이 책 대신 IEEE Spetrum에 2005년에 발표된 “Why Software Fails”라는 제목의 9페이지 정도의 짧은 글을 읽을 수도 있겠다.[12] 1992년부터 2005년까지 발생했던 소프트웨어의 오류로 인한 피해가 심했던 프로젝트는 어떤 것이었는지, 얼마나 피해가 발생했는지 “Software Hall of Shame”이라고 명명한 표를 볼 수 있는데, 손실액이 최소 1,000만 달러에서 시작해서 34억 달러에 이른다고 알려진 시스템도 있다.

소프트웨어의 오류로 인한 사고 사례에서 자주 언급되는 사고는 1996년 유럽연합에서 쏘아 올린 Ariane 5라는 위성을 탑재한 로켓이 발사 37초만에 폭발한 사건이다. 70억불에 가까운 비용을 들여서 개발한 로켓이 첫 비행의 폭발사고로 인해 로켓과 탑재된 위성이 파괴되었고 5억불 가량의 금전적인 손실이 발생하였다고 한다. 사고 영상은 유튜브에서도 검색할 수 있고, https://en.wikipedia.org/wiki/Ariane_5에서 사건의 경위 및 원인에 대한 상세 보고서도 읽을 수 있다. 직접적인 원인으로 지목된 항법장치 소프트웨어의 오류가 64비트 실수형 값을 16비트 정수형 값으로 변환하는 과정에서 발생했다는 대목에 이르러서는 믿기 힘들다는 생각을 넘어서 허탈감까지 느끼게 되는 것이 사실이다. 아무리 소프트웨어 오류가 사

12. https://spectrum.ieee.org/computing/software/why-software-fails

고의 원인을 제공했다고 하지만 실수형 값을 정수형으로 변환하는 작업이 기술적으로 그리 어려운 작업도 아닌데… "그런 사소한" 오류가 야기한 그 피해는 너무도 엄청나다. 문제가 된 소스코드는 이전 모델인 Ariane 4 모델에서 개발된 소프트웨어를 재사용한 것이며, Ariane 4 로켓이 소프트웨어의 오류로 인해 폭발한 사고는 없었다고 한다. Ariane 4와 5 로켓의 작동환경이 다르다는 것은 개발자들도 알고 있었을 것이므로, 소프트웨어가 적절하게 수정되고 새로운 환경에 적합한 테스팅이 행해졌다면 어쩌면 이 사고는 미연에 방지할 수도 있었을 것이라는 안타까운 생각이 들기도 한다. 이 사고는 크고 복잡한 소프트웨어 개발작업이 사실은 얼마나 어려운 일인지, 그리고 사소한 실수의 결과가 얼마나 심각한 피해를 유발할 수 있는지 잘 보여준다.

또 다른 예로, 미국이 치른 1차 걸프전이 막바지 단계에 있던 1991년 2월 25일, 이라크군이 발사한 스커드 미사일이 사우디아라비아에 있던 미군기지에 떨어져서 28명의 사망자를 낸 사고가 있었다.[13] 패트리어트 시스템 내부의 타이머 값에서 발생한 0.34초의 오류때문에 스커드 미사일을 요격하는데 실패했는데, 개발자들은 패트리어트 시스템의 작동환경에 대해 최대 14시간 이상 연속적으로 동작하지는 않을 것이라고 가정했다고 한다. 사고가 나던 날은 전투현장의 긴박한 상황으로 이러한 운용조건이 준수될 수 없었고 100시간 가까이 운용된 점을 생각하면, 이 사고의 원인을 패트리어트 시스템에 내장된 소프트웨어의 오류때문이라고 간단하게 그리고 단정적으로 결론을 내릴 수는 없을 것이다. 더욱 안타까운 점은 이러한 제한적인 가정이 문제가 될 수 있다는 점을 미군 당국도 또 패트리어트 미사일 시스템을 개발한 제조사도 알고 있었다는 사실이고, 이런 한계를 극복하기 위한 소프트웨어 패치가 준비되어 있었다는 점이다. 그런데 소프트웨어 업데이트가 예정된 날을 하루 앞두고 이런 불행한 사고가 발생하였다.

만일 초기에 개발자들이 시스템의 운용환경을 14시간이 아니라 적어도 150시간까

13. https://ieeexplore.ieee.org/document/4812166

지는 연속으로 작동해도 오류가 생기지 않도록 타이머 로직을 설계했으면 억울한 사망사고를 막을 수 있었을까? 만일 부팅 후 13시간이 경과하면 재부팅의 필요성을 반복적으로 경고하는 알람 기능이 추가로 구현되었으면 혹시 사고를 예방할 수 있었을까? 뒤늦게 여러 가지의 지적을 할 수 있으나, 사고로 사랑하는 가족을 잃은 유가족들에게는 이 모든 설명이 구차하고 치사한 변명일 것이다. 이런 것들이 초기 개발과정에서는 발견하기 힘든 그러나 사고가 발생하고 나서야 비로소 필요성을 인식하게 되는 요구사항들이 아닐까 생각한다. 소프트웨어가 의도한 대로 제대로 작동한 경우에도 사고가 발생할 수 있다는 점은 개발자들에게 시사하는 바가 크다고 하겠다. 이에 대한 근본적인 해결책은 아마도 없겠지만, 개발자는 주어진 요구사항을 충실하게 구현하는 노력외에도, 사용자의 관점에서 문제를 바라보면서 더 적절한 요구사항이 있는지 분석하는 능력이 꼭 필요하다고 생각한다.

그 뿐만이 아니다. Software Horror Stories라는 제목으로 검색을 해 보면 소프트웨어로 인해 발생한 많은 그리고 심각한 사고의 이야기가 차고 넘친다. 소프트웨어로 인한 사고의 사례를 모두 소개하자면 끝이 없을 지경이다. 단순한 소프트웨어의 오류 때문에 발생한 사고는 아니지만, 소프트웨어의 보안 취약점 때문에 발생한 사고 또한 많다. 자동차에 탑재된 소프트웨어를 해킹하여 추돌 사고를 고의로 발생시키는 것은 이미 보안관련 학회에서 여러 번 시연된 바 있으며, 해킹조직이 가상화폐를 탈취하거나 은행의 소프트웨어를 해킹하여 자금을 훔쳐가는 사고 또한 여러 번 발생하였다. 2019년 9월 미국정부는 북한정권의 지휘를 받는 것으로 알려진 3개의 해킹조직을 제재대상으로 지정하기도 하였다.

Connected car 또는 software-defined-vehicle로 불리는 첨단센서와 제어 소프트웨어가 포함된 자동차는 도난을 당했을 경우에도 무선 및 원격으로 자동차를 제어할 수 있어서 사용자에게 향상된 보안기능을 제공하기도 하지만 동시에 해킹등의 새로운 위협에 노출되는 것 또한 사실이다. 이러한 사고는 반드시 소프트웨어의 오류 때문에 발생하는 것은 아니다. 극히 일부의 해킹조직에서만 알고 있는 (그리고 개발자도 미처 알지 못하는) 운영체제의 취약점으로 인해 발생하기도 한다. 그 외에도 한 국가나 도시의 전력망이 해킹으로 인해 또는 미처 발견하지 못했던 소프트웨어의 오류로 인하여 대규모의 정전사태가 발생할 수 있다. 그리고 실제로 이런 일이 여러 번 발생하였다.

어디 그 뿐이랴. 의료장비에서도 이런 사고는 발생할 수 있는데, 암환자들을 위한 X선 치료장비인 Therac-25에서는 6번의 치명적인 사고가 있었으며, 소프트웨어의 오류가 주요한 원인이었음이 밝혀진 바 있다. Therac-25에서 발견된 소프트웨어의 오류에 관한 자세한 내용은 재판과정에서 전문가로 증언을 한 Leveson 교수가 발표한 논문[14]에서 자세하게 다루고 있다. 저자의 박사과정 지도교수이기도 한 Leveson 교수는 소프트웨어 안전이라는 연구분야를 개척한 소프트웨어공학 분야의 최고 석학중 한 분이시며, 총 6건의 사고 내용에 대한 자세한 소개와 함께 납득하기 어려운 어처구니 없는 개발자의 실수와 소프트웨어 프로젝트관리 측면에서의 비상식적인 결정등이 자세하게 기술되어 있다. 소프트웨어 개발과 프로젝트 관리를 제대로 못하면 어떤 일이 발생할 수 있는지를 잘 보여주는 예이다. Therac-25의 사고가 발생한지 30년이 지난 2017년에도 소프트웨어의 안전에 관한 한 충분한 의식의 변화나 획기적인 기술의 발전이 별로 없었다는 주장도 귀담아 들을 필요가 있다.

자율주행 자동차가 멀지 않은 미래에 보편화 될 것이 당연한 상식으로 받아들여지는 현실에서, 기술적인 어려움외에도 2018년 Nature 저널[15]에서 지적한 대로 윤리적인 문제도 있다는 점을 기억해야 한다. (이 내용은 본 저서에서 다 루는 주된 내용이 아니므로 간단하게만 설명하기로 하자) 자율주행 자동차의 소프트웨어의 경

14. N.G. Leveson and C.S. Turner, An investigation of the Therac-25 accidents, IEEE Computer, July 1993
    N.G. Leveson, The Therac-25: 30 Years Later, IEEE Computer, November 2017
15. Self-driving car dilemmas reveal that moral choices are not universal, Nature Journal, 2018/10/24

우, 주위 환경을 인식하는 센서의 오류로 인하여 주변의 보행자나 장애물을 인식하지 못하는 경우 사고를 유발할 수 있다. 반대로 존재하지 않는 보행자나 장애물이 있는 것으로 잘못 인식하고 제어 결정을 내리는 경우 또한 사고를 유발할 수도 있다. 주변환경에 대한 빠른 그리고 정확한 인식이 반드시 필요한 자율주행 소프트웨어가 처리해야 할 수많은 돌발상황을 생각해 보면 동물이 도로로 갑자기 뛰어드는 상황을 생각할 수 있고, 낙석사고처럼 갑자기 각종 장애물이 자동차 앞에 나타나는 경우도 있을 것이다. 그렇다면 이 경우, 자율주행 소프트웨어는 어떤 원칙과 목표를 가지고 제어 알고리즘을 구현해야 할까? 자동차에 탑승하고 있는 승객의 안전이 무조건적으로 최우선이 되어야 할까? 자동차에 타고 있는 사람의 안전을 확보하기 위하여 다른 보행자가 다치거나 사망할 수도 있는 제어 결정을 내려도 되는 것일까? 주위에 여러 명의 보행자가 있다면 어떤 요구사항이나 목표에 따라서 제어에 대한 결정을 내려야 하나? 어린이와 노인이 앞서거니 뒤서거니 건널목을 지나가고 있다면 어느 특정그룹을 "희생양"으로 삼는 결정을 내려도 되는 것일까? 이런 이슈를 포함해서 윤리적인 문제가 산적해 있는 것이 사실이고, 이러한 문제에 대한 깊은 이해와 치밀한 분석에 따른 소프트웨어의 개발이 필수적이다.

만일 내가 타는 자동차에 구현된 자율주행 소프트웨어가 안전하고 버그가 없다면 사고의 걱정을 안해도 될까? 이런 비현실적인 기대가 가능하다고 가정해도, 주위에는 다른 제조사에서 만든 자율주행 차량이 다닐 것인데, 다른 차에서 작동하는 자율주행 소프트웨어의 오류 때문에 내가 사고를 당하는 직접적인 또는 간접적인 원인을 제공할 수 있다. 누구나 그리고 아무때나 소프트웨어 오류의 피해자가 될 수 있는 현실이 되었음을 제대로 이해해야 한다. 소프트웨어의 오류로 인한 사고의 위험성은 소프트웨어를 사용하는 어느 산업 도메인에서나 발생할 수 있으며, 아무 때나 발생할 수도 있다. 그리고 그 결과는 참으로 다양해서 심각한 금전적인 손실이 될 수도 있고, 통신망이나 전력망 등 사회의 기간 시설을 마비시킬 수도 있으며, 때로는 사망사고로도 이어질 수 있다는 점을 기억해야 한다. 단순한 실수로 인한 오류가 아닌 "정교한 계획에 따라 의도된" 사고 또한 걱정해야 한다. 흔히 해킹코드 또는 Ransomware라고 불리는 악성코드가 예제이다. AI 기술이 드론을 비롯한 첨단무기 체계에 적용되면서 사람의 개입없이 작동하는 AI 기반의 살상무기에 대한 우려가 심각하게 대두되는 이유이다.

여기서 우리가 꼭 배우고 넘어가야 하는 중요한 소프트웨어 교훈이 있다. 소프트웨어로 구현되는 "디지털 세계"의 가장 큰 특징 중의 하나는 사소한 실수나 원인으로 인한 소프트웨어 오류가 유발할 수 있는 사고나 피해는 경우에 따라서 상상을 초월하는 규모가 될 수도 있다는 점이다. 일반적으로 "아날로그 세계"에서 사소한 실수는 사소한 사고로 이어지기 마련이다. 예를 들면 길을 걸으면서 스마트폰을 만지다 주변을 제대로 파악하지 못하는 경우 마주 오는 사람과 부딪칠 수 있고, 발을 헛디뎌서 넘어질 수 있으며, 흔하지 않아도 발을 접지르는 부상을 당할 수도 있을 것이다. 물론 더 치명적인 사고도 발생할 수 있고, 실제로 그런 사례도 가끔 있기는 하나 일반적이지는 않을 것이다.

그러나 소프트웨어로 작동되는 디지털 세상에서는 사소한 계산의 오류가 최종 출력값의 결정에 작은 오차를 일으킬 수 있고, 그 작은 값의 오차가 치명적인 결과를 초래할 수 있다. 주식등의 거래에서 잘못된 의사결정을 내리게 될 수도 있고, 날아오는 미사일을 요격하는데 실패할 수도 있으며, 자율주행 소프트웨어가 사망사고를 일으킬 수도 있는 것이다. 경우에 따라서는 심각한 보안사고로 이어지기도 한다. 배열 또는 array의 index값이 정상범위 값을 벗어나는 경우에도, 메모리의 다른 영역에 잘못된 값을 실수로 또는 의도적으로 저장하게 되어 각종 보안사고를 일으키기도 하는 것이다. 개발자가 미처 발견하지 못하거나 수정하지 못한 실수일 수도 있고, 해커가 의도적으로 설치한 악성코드일 수도 있지만, 결과는 큰 차이가 없다. 1988년 당시 인터넷에 연결되어 있는 모든 컴퓨터의 10% 가량을 감염시켰던 Morris worm이 대표적인 경우인데, 이것이 그 유명하고 악명 높은 buffer overflow 공격인 것이다.

또 기억해야 하는 것은 소프트웨어 프로젝트의 실패는 큰 금전적인 손실이나 인명 사고가 발생할 때만 실패가 아니라는 것이다. 많은 개발비를 들여서 출시한 소프트웨어가 시장에서 외면당하고 쓰이지 않은 채 사라지는 경우가 얼마나 많은가? 소프트웨어로 인한 매출이 개발비에도 미치지 못한다면 당연히 실패한 프로젝트인 것이다. 또는 제품은 출시되었으나 소프트웨어의 오류로 인한 유지 및 보수작업에 많은 시간과 비용이 투입되어 회사에 이익을 주기는 커녕 손실을 일으키는 일이 흔하다.

소프트웨어 프로젝트는 일반적으로 성공보다는 실패할 확률이 높다는 것이 소프트웨어 공학자들의 일반적인 생각이다. 실제로 Standish 그룹에서 발표하는 CHAOS report[16]에 의하면 소프트웨어 개발프로젝트 중에서 성공했다고 판단할 수 있는 것들은 고작 36%에 지나지 않고, 거의 절반에 가까운 45%의 프로젝트가 원래 계획보다 늦어지거나 품질이 기대에 못미치는 Challenged로 분류되었고, 19%의 프로젝트는 실패한 것으로 알려졌다. 프로젝트의 규모나 복잡도가 증가하면 성공확률은 더 낮아지는데 작은 프로젝트의 경우, 일반적인 성공확률이 60%를 초과하는데 비해서 중간 또는 큰 프로젝트의 경우 성공확률은 6~12%로 급격하게 낮아지는 경향을 보인다.

소프트웨어공학의 역사에는 수많은 실패 사례들이 알려져 있으며 이런 실패의 원인에 대한 연구는 소프트웨어공학을 이해하는데 좋은 교재가 된다. Bill Gates가 주장했듯이, 성공사례에서보다 실패 사례에서 배울 수 있는 교훈이 많다는 것은 당연한 사실이다. 각각의 실패 사례는 당사자들에게는 곤혹스럽고, 가능하면 숨기고 싶은 이야기일 것이다. 그러나 실패로부터 꼭 배워야 하는 교훈을 있는 그대로 공유하고 같은 실패를 반복하지 않고자 노력하는 조직은 소프트웨어 개발측면 뿐만 아니라 조직문화 측면에서도 건강하고 바람직한 조직이다. 그렇지 않은 조직에서는 실패 사례가 있어도 성공한 것으로 "허위 또는 과대" 포장을 하거나 실패한

16. https://www.standishgroup.com/sample_research_files/CHAOSReport2015-Final.pdf

사실이 개발조직 밖으로 알려지는 것을 극도로 경계하고 감추려 할 것이다. 이렇게 폐쇄적인 조직은 비슷한 실수를 여러 번 반복할 수 있는 가능성이 있다는 점을 솔직하게 받아들이고, 조직의 문화를 좀 더 개방적으로 바꾸고 실패로부터 교훈을 얻으려는 노력을 좀 더 해야 할 것이다.

소프트웨어에서 개발자들이 겪는 가장 큰 어려움은 무엇보다도 문제 자체가 가지고 있는 복잡도 때문이다. 문제가 어렵고 복잡하면 그 해결방법으로 구현하는 소프트웨어가 크고 복잡할 것은 당연한 일이다. 그러나 필요 이상으로 소프트웨어 설계가 복잡해지는 경우, 이는 개발자의 실수 및 무지에 해당하고 이로 인한 결함이나 사고는 변명의 여지없이 개발자의 책임이 많다고 생각된다.

소프트웨어가 비행기, 기차, 전력공급시스템, 금융거래, 자동차, 대부분의 가전제품 등 우리 생활 거의 모든 부분에서 기기의 제어 및 조작에 사용되면서 소프트웨어의 오류로 인한 사고는 앞으로 점차 증가할 것이다. 이러한 추세는 거스를 수 없는 대세이며, 적절한 공학적 기법이 적용되고 소프트웨어공학의 개발방법론이나 테스팅 기법 등이 적절하게 사용된다면 완벽할 수는 없어도 충분히 쓸 만한, 그리고 사고 등의 역기능적인 결과보다는 편리성, 효율성등 순기능적인 효과가 더 많은 시스템을 개발할 수 있다고 믿는다. 그러나 이 경우 정말로 중요한 것은 소프트웨어를 통해서 어떤 기능까지 수행하는 것이 좋겠는지, 소프트웨어공학 기법을 개발과정에 체계적으로 적용한다면 어느 정도까지의 신뢰도를 현실적으로 기대할 수 있는지에 대한 깊은 고민과 냉철한 분석이 필수적이라 하겠다.

우리나라 옛말에 타산지석(他山之石)이란 말이 있다. 다른 사람의 하찮은 언행이나 실수도 배울 것이 있고, 나에게는 커다란 교훈이나 도움이 될 수 있다는 말이다. 실패한 소프트웨어 프로젝트로부터 교훈을 배우고자 하는 우리 모두가 마음속 깊이 새겨야 할 말이 아닐 수 없다.

05

소프트웨어 개발방법론: 무엇을 선택할까? 어떤 기준으로 결정할까?

소프트웨어 개발방법론이라는 주제에 포함되는 구체적인 내용은 아마도 소프트웨어공학 전문가들 사이에서도 의견이 다양할 것이다. 주어진 프로젝트에 가장 적절한 개발방법론이 무엇일까 하는 질문 또한 정답이 없다고 생각된다. 어느 전문가에게 가장 최신의 그리고 효율적인 개발방법론은 애자일 기법일 것이고, 다른 전문가에게는 제품공학 방법론일 수 있으며, 또 다른 전문가는 정형기법에 기반한 개발방법론을 추천할 수 있을 것이다. 그만큼 주관적인 견해가 많을 수 있는 주제인데 전문가들에게서 가장 흔하게 듣는 이야기는 아마도 특정 개발방법론에 대한 적극적인 추천 또는 날카로운 비판일 것이다. 최근에 내가 수행한 프로젝트는 A라는 개발방법론을 도입하여 큰 성공을 했으니, 효과는 검증되었으므로 다른 프로젝트에서도 믿고 사용할 만하다고 권할 것이다. 또는 내가 직접 수행하지는 않았지만, 잘 알고 있는 어떤 프로젝트는 B라는 개발방법론을 사용했다가 실패했으므로 B라는 개발방법론의 사용은 피하라고 조언할 것이다. 또는 폭포수 모델이라고 불리는 Waterfall 개발방법론은 컴퓨터공학 초창기인 1960년대 또는 1970년대에 제안된 아주 오래된 그리고 비효율적인 (다르게 표현하자면 "무거운") 개발방법론인데 반해, 애자일 기법은 2000년대 초반부터 성공적으로 적용되고 있는 최신의 효율적이고 "날렵한" 개발방법론이니 채택하라고 권할 수도 있겠다. 최근의 설문조사 결과는 대부분의 소프트웨어 개발조직은 애자일 방법론을 사용하고 있으니, 애자일 방법론이 "대세"라도 이야기와 함께 애자일 기법 중에서도 오래된 XP(Extreme Programming) 기법이 아니라 최근 애자일 방법론의 대세로 여겨지고 있는 Scrum 방법론을 적용해야 한다고 주장할 수도 있겠다.

특정 개발방법론의 홍보대사의 역할을 자처하면서 전파 및 확산을 (또는 그 반대의 효과를) 사명으로 생각하는 듯한 전문가들의 이야기를 들으면 귀가 솔깃해지기도 하겠지만, 실제로 소프트웨어 프로젝트를 수행하면서 채택해야 할 개발방법론을 결정해야 하는 당사자는 더 많은 질문이 생길 것이다. 내가 맡은 프로젝트와 전문가가 추천한 개발방법론이 성공적으로 적용된 소프트웨어의 적용 분야가 다른 경우에는 어떻게 결정해야 할까? 최신의 개발방법론이 반드시 최선의 선택일까? 특정 개발방법론에 대한 경험이 없는 상태에서 사용하는 것보다는, 내가 잘 알고 있고 경험이 풍부한 개발방법론을 적용하는 것이 프로젝트의 성공확률을 높일 수 있는 안전하고 현명한 판단이 아닐까? 일부 논문이나 설문에 의하면 복수의 개발방법론의 장점만을 취하여 효과를 극대화하고자 하는 Hybrid 방법론이 효과적이라고 하는데 정말 가능할까? Waterfall 모델과 Agile 기법의 혼합적용이 과연 가능할까? 도대체 Hybrid 방법론의 실체는 무엇일까? 예를 들어서 전통적인 기법인 waterfall 방법론을 사용하지만 애자일 방법론에서 사용한다는 Daily Standup Meeting, 기법을 도입하면 Hybrid 방법론인가? 어느 개발방법론의 일부만 선택적으로 적용하고자 한다면 이런 결정은 현명한 판단일까?

이러한 수많은 질문에 대한 명쾌한 답도 구하기 어렵지만, 개발자나 프로젝트 매니저들이 갖는 가장 큰 고민은 전문가들의 추천을 받을 수는 있어도, 프로젝트 매니저 본인이 나름대로 구체적인 근거와 원칙에 따라 결정하여야 하는데 각종 개발방법론의 성공사례는 수없이 들을 수 있어도 대부분 검증할 수 없으며, 대부분은 내가 하려는 프로젝트와는 별로 상관이 없는 이야기처럼 들릴 것이기 때문이다. 개발방법론을 잘못 선택해서 실패한 프로젝트의 사례에 대한 솔직한 이야기는 현실적으로 듣기 힘든것도 사실이다. 실패한 소프트웨어 개발프로젝트는 많아도, 프로젝트가 실패한 주된 원인이 개발방법론의 선택 때문만은 아닐 거라는 것 또한 합리적인 추측이다.

개발되는 소프트웨어의 크기나 복잡도가 간단하여 소수의 개발자들이(예를 들어서 10명 이내) 상대적으로 짧은 시간(예를 들어서 6개월)에 같은 공간에서 근무하고 필요할 때마다 회의를 하면서 작업할 수 있다면, 아마도 특정 소프트웨어 개발방법론의 선택은 프로젝트의 성공이나 실패에 커다란 영향을 미치지 않을 가능성이 높다. 이런 경우에 개발프로젝트에 가장 큰 영향을 미치는 것은 특정 개발방법론의 선택이 아니라, 개발자들의 개인적인 능력과 팀이 얼마나 유기적으로 그리고 능동적으로 협력할 수 있는가에 달려 있다. 이런 경우 애자일 방법론이 적합해 보일 수 있고 XP, Scrum, Kanban 등 수많은 애자일 기법 중 어떤 방법을 선택해도 큰 차이가 없을 것이며, Waterfall 모델 또한 무난한 선택일 것이다.

그러나 프로젝트가 어느 일정 수준의 크기를 초과하여, 많은 사람들이 효율적으로 협력하여야 적절한 품질을 가진 소프트웨어를 적절한 시간에 시장에 출시하고 부가가치를 창출할 수 있다면, 프로젝트의 전반에 대한 체계적인 계획과 적절한 개발방법론의 선택은 프로젝트 성공에 중요한 요소로 작용한다. 소프트웨어 프로젝트를 계획하면서 제일 먼저 고민해야 할 문제는 어떤 단계 및 절차를 거쳐서 소프트웨어 개발을 완성할 것인가 하는 점이고, 이런 결정은 일반적으로 소프트웨어 개발계획서 혹은 프로젝트 관리계획서라는 제목을 가진 문서로 만들어진다. 반드시 따라야 하는 양식으로 정해진 것은 없으나 예제들을 검색엔진을 사용하여 쉽게 찾고 참고할 수 있다.

대부분의 개발계획서는 프로젝트의 각 단계별로 어떤 작업이 수행되어야 하는지, 어떤 결과물을 생성해야 하는지, 각 단계에서 수행되는 작업들이 만족스럽게 진행되었는지를 어떻게 확인할 것인지, 그리고 각 단계별로 어떤 도구를 사용하여 어떤 작업을 할 계획인지를 기술하게 된다. 소프트웨어 개발은 어느 개발방법론을 적용하든 기본적으로는 여러 단계에 걸친 작업을 거쳐서 이루어질 수밖에 없으며, 각 단계의 작업이 완벽하게 마무리된 후에만 다음 단계로 넘어갈 수 있다는 주장은 비현실적이다. 그래서 언제 다음 단계로 진행해도 될 것인지에 대한 기준을 명확하게 세우는 것이 특히 중요하다. 이런 기준이 없다면 누구는 특정 개발단계의 작업이 충분히 완성되었기에 다음 단계로 넘어갈 수 있다고 생각하는 반면, 어떤 사람은 아직 완성도가 충분하지 않기에 다음 단계의 작업을 시작하는 것은 위험하고 낭비 및 재작업이 예상되는 일이므로 해서는 안 된다고 주장할 것이기 때문이다.

각 단계별로 생성해야 하는 결과물도 명시되어야 한다. 소프트웨어 개발 작업의 특성상 각 단계별로 일이 얼마나 효율적으로 진행되고 있는지, 완성도는 어느 정도인지를 눈으로 확인하고 물리적인 지표를 통해서 확인하는 것이 쉽지 않으므로, 어떤 객관적인 지표를 이용하여 모니터링할 것인지 결정해야 한다. 프로젝트의 초기단계에서는 더욱 그러하다. 예를 들어서, 프로젝트 관리자의 경험과 직관을 바탕으로 약 200여개의 요구사항이 있을 것이라고 추정하였고 현재 150여개의 요구사항이 use case description 형태로 정리되었다고 가정해 보자. 그렇다면 요구공학 단계의 작업이 어느 정도의 완성도를 갖추었다고 추론할 수 있으나, 아직도 정의되지 않은 요구사항도 상당수 있다는 예측을 할 수 있다.

만일 이런 예측치가 없다고 하면, 프로젝트 매니저는 요구공학 단계 작업의 진척도를 어떻게 판단할 수 있을까? 요구공학 팀과 회의를 통해 얼마나 완성되었다고 생각하는지 등의 질문을 반복하는 것 외에는 별다른 대안이 없을 것이다. 요구사항이 누락되는 경우가 없도록 하는 것이 중요한 만큼이나, 이미 식별된 요구사항의 완성도를 높이는 일도 중요한 지표이다. 이는 이미 식별된 요구사항에 대한 변경이 얼마나 빈번하게 일어났었는지를 가지고 판단할 수 있다. 특정 요구사항에 대한 변경이 자주 일어났다면 아마도 그 요구사항은 앞으로도 변경될 가능성이 상대적으로 높을 것으로 짐작할 수 있을 것이다. (같은 현상에 대해, 이미 여러 번의 변경과정을 거쳤으므로 완성도가 높을 거라고 하는 주장도 가능하고 경우에 따라서는 일리가 있음을 기억하자. 그래서 소프트웨어공학에서는 항상 맞거나 틀린 정답이 없고, 거의 모든 문제는 상황에 따라 또는 당사자의 판단에 따라 다른 해석이 가능함을 이해해야 한다.) 어떤 지표를 가지고 어떤 판단을 내릴 수 있을지를 이미 성공적으로 프로젝트를 수행한 조직의 경험을 또는 소프트웨어공학의 연구결과를 참고할 수 있겠다.

또한 프로젝트에 관여하는 모든 참여자들이 서로 다른 역할을 수행하게 되므로 (예를 들자면, 누구는 설계 및 개발, 누구는 테스팅 및 품질보증, 또 다른 누구는 프로젝트관리 등) 각 단계별로 각자의 역할과 책임이 무엇인지를 합의하고 구체적으로 명시하여 서로 오해가 없어야 한다.

위에 소개한 각 단계별로 요구되는 산출물에 대한 기술이 소프트웨어 개발계획서에 포함되어야 한다고 했는데, 이와 관련해서 강조되어야 할 사항이 더 있다. 각 단계별로 생성되는 문서나 결과물은 그 필요성이 인정이 되어 만들어지는 것이며, 비용이 발생하는 작업이므로, 앞 단계에서 생성된 결과물이 후에 진행되는 단계에서도 유용하게 쓰여야 한다. 힘들게 일해서 번 돈으로 필요도 없고 쓰지도 않을 물건을 산다면 그보다 더 아까운 낭비가 있을까? 이렇게 생각하면 너무도 당연한 주장인데, 소프트웨어 개발현장에서는 이런 지극히 당연한 상식이 종종 지켜지지 않는 것을 보게 된다. 별로 필요하지도 않고 도움이 되지도 않는 문서라고 생각되는데, 회사의 개발 절차상 이러한 제목을 가진 문서는 반드시 결과물로 제출해야만 하고 그렇게 하지 않으면 그 다음 단계로 진행하도록 관리자의 승인을 받을 수 없으니 그 문서의 내용이나 나중에 사용되는지 여부는 관심도 없이 같은 제목을 가진 문서를 작성해야 하고 결재를 받아야 하는 상황이 생길 수 있다는 말이다. 조직이 크고 규정이나 또는 관리자의 영향력이 더 큰 조직에서 특히 조심할 일이다.

또한 소프트웨어 개발 전 단계에서 생성되는 각종 결과물들은 상호 연관성을 갖게 되므로, 어느 한 부분에 변경이 일어난다면 연관된 다른 산출물들도 이에 따라서 보완되어야 한다. 그렇지 않으면 이전 단계에 생성된 문서가 실제 디자인이나 구현과 일치하지 않는 경우가 생길 수 있으며 이는 나중에 소프트웨어를 유지하고 보수하는 과정에서 품질과 생산성을 저하시키는 심각한 장애요인이 될 수 있다. 이러한 부분은 형상관리란 영역에서 다룬다.

회사에서 강의를 하거나 자문을 할 기회가 생기면 강조하는 것 중의 하나가 있다. 웬만한 규모의 조직이라면 모든 개발 조직이 따라야 하는 표준 프로세스가 정해져 있을 것이다. 그러나 담당 임원 등의 개별 프로젝트의 책임자가 요청하는 경우 전사적인 프로세스라도 수정하고 변경하는 것을 허용하자는 것이다. 그 이유는 너무도 간단하다. 그 책임자가 프로젝트의 성공에 따른 보상도 제일 많이 누릴 것이고, 혹시라도 실패한다면 그 책임 또한 상당부분을 감당할 수밖에 없기 때문이다. 프로젝트 매니저라면 그런 중요한 결정을 자신의 편리만을 생각하고 내리지 않을 것이다. 물론 이러한 추천은 조직 내에서 프로젝트 매니저의 역할을 제일 잘 수행할 능력이 있는 인사가 임명될 것이라는 가정하에 하는 말이다. 이 정도의 조건도 충족시킬 수 없는 조직이라면 크고 복잡한 프로젝트의 성공 또한 기대하기 어려울 것이다.

안전성이 특별히 중요하여 소프트웨어가 개발되어도 인허가 기관의 승인을 받아야만 개발된 소프트웨어를 실제로 사용할 수 있는 프로젝트의 경우, 개발자들이 자체의 필요에 따라서 수행하는 작업이나 생성되는 문서외에도, 인허가를 받기 위해서는 개발과정에서 반드시 준수해야 하는 절차나 적용해야 하는 분석방법 등이 있으며, 분석결과를 반드시 문서화하여 승인을 받아야만 하는 경우가 흔하다. 소프트웨어의 품질 요구사항을 정의하는 국제 표준문서인 ISO 25010이 그 예가 될 수 있다. 그리고 적용되는 도메인에 따라 추가적인 표준 요구사항이 있을 수 있는데, 원자력발전소의 노심보호계통 시스템이나 (흔히 reactor protection system이라고도 부른다) 여객기 등에 탑재되는 안전관련 소프트웨어가 그 예가 될 수 있겠다. 의료장비를 제어하는 소프트웨어 또한 이런 부류에 속한다.

각 산업군별로 만족해야 하는 기준은 기본 철학이나 내용은 공통점이 많으나, 만족해야 하는 세부적인 내용은 도메인별로 다르고 많은 경우 이러한 내용이 요구되는 표준문서에 포함되어 있다. 자동차를 제어하는 소프트웨어 개발의 경우 ISO 26262(Automotive Functional Safety Standard) 및 AUTOSAR에 대한 내용을 잘 알아야 하며 원자력발전소에 적용되는 소프트웨어 개발의 경우에는 IEC 61508 표준에 대한 지식이 필수적이다. 마찬가지로 비행기 등에 탑재되는 소프트웨어 개발의 경우 안전등급에 따라 DO-178C(Software Considerations in Airborne Systems and Equipment Certification)에 대한 이해가 없이는 제대로 된 소프트웨어 개발을 할 수 없는 것이 현실이다.

그리고 어떤 방법론을 선택하든 상관없이 소프트웨어 개발자들이 이해하고 따라야 하는 원칙들이 있다. 예를 들면, 요구사항 분석에 흔히 stakeholder라고 부르는 이해관계자를 항상 참여시키고, 가능한 빨리 의견을 수렴하고 반영해야 한다. 그래야만 나중에 요구사항이 변경될 가능성을 조금이라도 줄일 수 있기 때문이다. 또한 시스템 테스트 계획에 대해서 이해관계자들의 승인을 구하고, 관련자료를 회의록이나 문서형태로 남겨두는 것이 필요하다. 그래야만 개발자와 모든 관계자들이 책임과 권한을 이해하고 존중하고 협력하면서 원만하게 소프트웨어를 개발할 수 있을 가능성이 더 높아지기 때문이다. 이러한 내용들이 소프트웨어 개발계획서에 포함되어야 하는 것이다.

06

폭포수 모델과 점진적 개발방법론

이제까지 제안된 여러 가지 소프트웨어 개발방법론들은 나름대로 독특한 특성을 가지고 있지만 공통적인 요소 또한 많은 것이 사실이다. 그래서 방법론을 공부하면서 아래와 같은 질문을 스스로 던지고 이에 대한 답을 고민하는 과정이 필요하다. A라는 새로운 방법론을 제안한 사람들은 기존의 다른 방법론들도 분명히 잘 알고 있었을 것이 분명한데, 어느 부분이 비효율적이라고 생각해서 새로운 방법론을 제안했을까? 새로운 방법론은 어떤 면에서 이런 단점을 효과적으로 극복할 수 있을까? 지금 내가 하려는 프로젝트의 환경이나 제약사항을 고려할 때 후보로 생각할 수 있는 방법론들은 각각 어떤 장점과 단점이 있을까?

소프트웨어공학의 태동기라고 할 수 있는 1960년대 후반이나 70년대 초반에 제안된 것으로 알려진 waterfall 모델은 가장 단순하면서도 고전적인 방법론이다. 실제로는 단순하지는 않은데 단순해 보인다고 하는 것이 더 적절한 표현이다. 소프트웨어 개발은 요구사항을 도출하고 분석하는 요구공학 단계를 시작으로, 소프트웨어 전체의 구조를 정하고 각각의 모듈의 상세기능을 정하는 디자인 단계, 각각의 모듈의 기능을 실제 코드로 구현하는 단계, 그리고 각각의 모듈을 개별적으로 시험하는 단위시험 단계를 거쳐서, 여러 모듈들을 통합해서 전체 시스템이 원하는

대로 작동하는지 판단하는 통합 테스팅 단계를 통해 소프트웨어를 출시하게 된다. 출시 이후 사용하는 과정에서 뒤늦게 발견되는 오류나 변경되는 사용자의 요구사항 또는 새로운 요구사항을 반영하여 수정하는 유지보수 단계를 거치는 waterfall 모델은 지극히 상식적이며 너무도 당연해 보이기까지 한다.

많은 사람들은 폭포수 모델의 특징으로 필요하다면 이전 단계로 돌아갈 수 있다는 "loop back" 단계를 설명하기도 한다. 소프트웨어의 구조를 결정하는 디자인 작업 중에 누락된 요구사항이나 변경되어야 할 요구사항이 발견되면, (적어도 개념적으로는) 디자인 작업을 멈추고 다시 요구사항 분석 단계로 돌아가서 필요한 작업을 하라는 뜻이다. 그리고 요구공학 단계가 적절하게 마무리 되었다고 판단되면 중단되었던 디자인 작업을 재개한다는 뜻이다. 너무도 당연하여 모든 소프트웨어 개발자가 아무런 질문이나 의심없이 따라야 할 원칙같이 들리지만, 소프트웨어 개발과정이 실제로 그렇게 진행될까? 소프트웨어 프로젝트가 어느 시점이든 여러 단계 중에서 하나의 특정 단계에만 있으며, 그 단계에서 일반적으로 수행되는 업무만 수행되는가? 실제로 그런 일은 없을 것이고, 그 이유를 이해하는 것은 소프트웨어공학을 이해하는 첫 걸음일 것이다.

NASA는 일찍부터 소프트웨어의 중요성을 잘 파악하고 관련 기술 연구에 많은 투자를 지속적으로 하였다. 1990년대에 발표된 자료에 의하면 당시 NASA의 개발프로세스는 기본적으로는 폭포수 모델을 따르는 것으로 되어있었지만, NASA에서 추천하는 소프트웨어 개발방법론이라는 제목의 문서[17]에는 다음 그림이 포함되어 있다.

요구사항을 분석하는 처음 단계는 대부분의 작업이 요구사항 분석에 집중되어 있으나 일부의 디자인 작업과 일부 기능의 구현도 동시에 진행된다는 것을 보여준다. 요구사항이 제대로 정해지지도 않은 상태에서 특정 기능을 무작정 구현한다는

17. https://ntrs.nasa.gov/archive/nasa/casi.ntrs.nasa.gov/19930009672.pdf

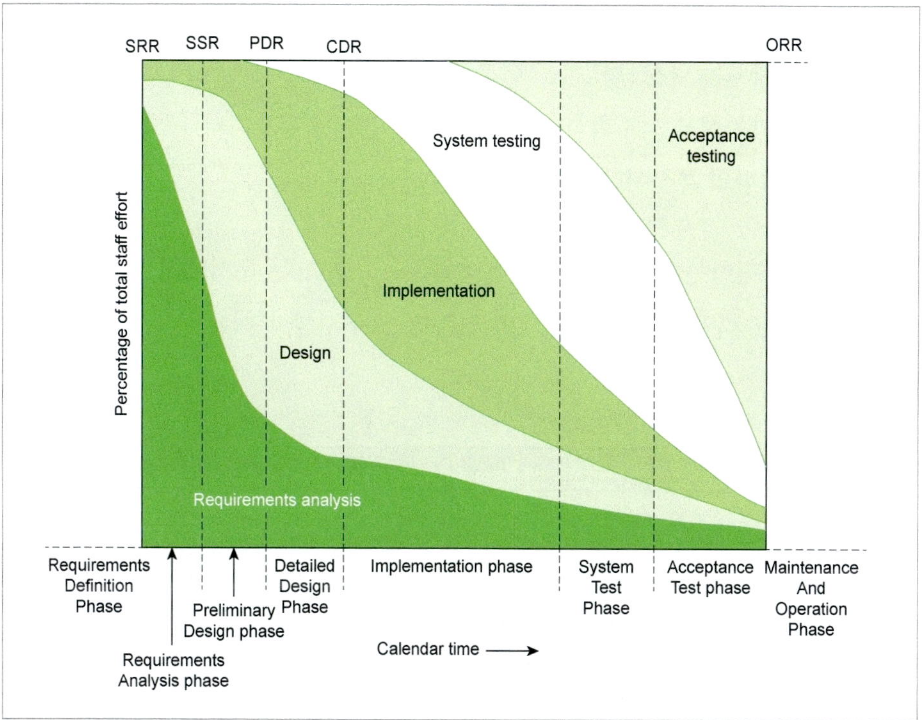

뜻이 아니다. 여러 종류의 기능이 어떻게 subsytem으로 분산되어 구현되어야 전체적인 시스템의 유지, 보수, 확장이 용이할지를 검토하는 선행적인 디자인 작업의 일부도 동시에 일어날 수 있다는 뜻이다. 아직 확실하게 정의되지 않았거나 이해되지 않은 요구사항에 대한 prototype을 구현해 보는 작업도 포함될 수 있으며, 그렇게 하는 것이 당연하고 바람직하다는 것이다. 이후의 단계에서도 비슷한 현상이 반복되는데, 구현단계의 경우 구현작업 외에도 디자인의 변경, 어느 정도는 요구사항의 수정이나 추가, 또는 일부에서는 테스팅 작업이 모두 동시에 진행되는 그래서 긴장감이 넘치는 "war room" 같은 긴박한 환경을 개발자들이 경험하게 되는 것이다.

초기에는 동시다발적으로 일어나는 작업들이 아무래도 적겠지만 후반으로 가면 갈수록 스트레스 강도는 높아질 것이고 출시를 얼마 남겨두지 않은 테스팅 단계로 가면 긴장이 최고조에 달하게 될 것이다. 그러나 이러한 동시다발적인 작업이 반드시 바람직한 것은 아니며, 앞 단계에서 제대로 수행되고 마무리 되었어야 할 일들을 어떤 형태로든 다시 수행하는 변경 또는 재작업은 추가 비용의 발생을 의미하므로 이러한 가능성을 최소화하기 위한 노력은 반드시 필요하다. 구현단계에서 발생하는 요구사항의 분석이나 디자인 작업은 적을수록 바람직한 것 또한 사실이다.

NASA에서 추천하는 소프트웨어 개발방법론을 소개하는 문서에서 배울 수 있는 또 다른 교훈은 다음 그림에 소개되어 있는데, 요구사항 분석은 프로세스의 두 번

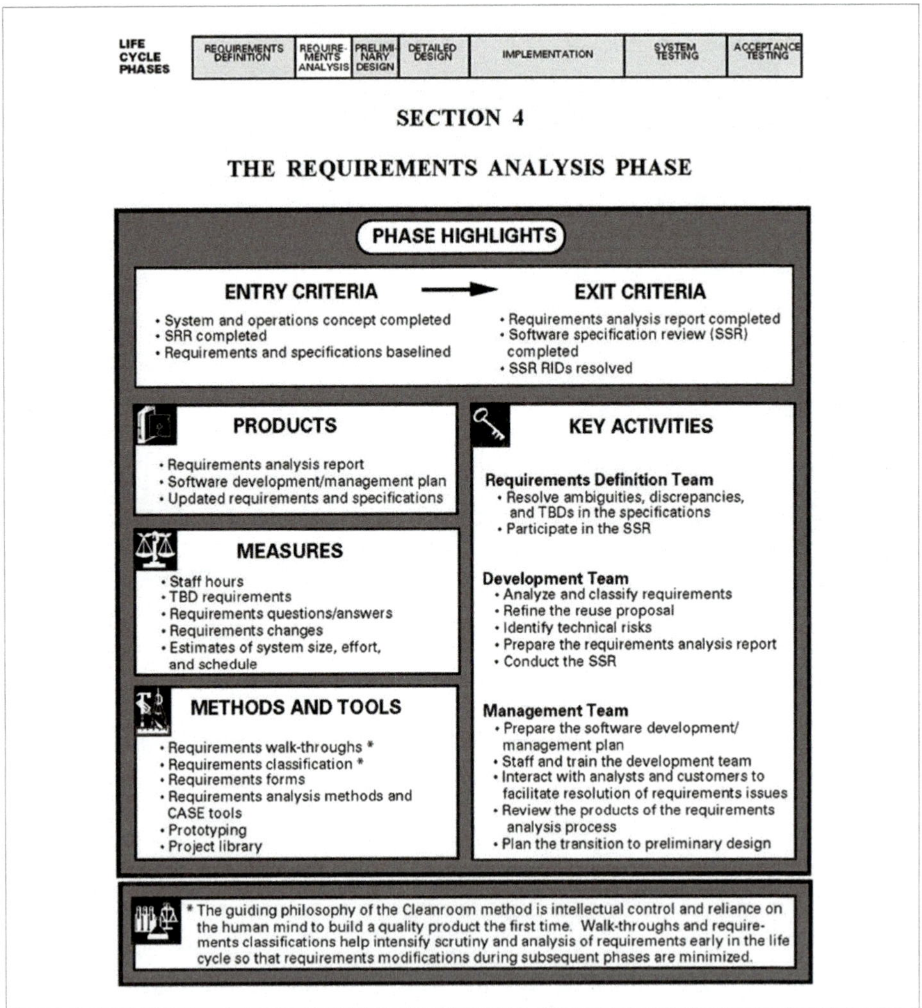

LIFE CYCLE PHASES: REQUIREMENTS DEFINITION | REQUIREMENTS ANALYSIS | PRELIMINARY DESIGN | DETAILED DESIGN | IMPLEMENTATION | SYSTEM TESTING | ACCEPTANCE TESTING

SECTION 4

THE REQUIREMENTS ANALYSIS PHASE

PHASE HIGHLIGHTS

ENTRY CRITERIA
- System and operations concept completed
- SRR completed
- Requirements and specifications baselined

EXIT CRITERIA
- Requirements analysis report completed
- Software specification review (SSR) completed
- SSR RIDs resolved

PRODUCTS
- Requirements analysis report
- Software development/management plan
- Updated requirements and specifications

MEASURES
- Staff hours
- TBD requirements
- Requirements questions/answers
- Requirements changes
- Estimates of system size, effort, and schedule

METHODS AND TOOLS
- Requirements walk-throughs *
- Requirements classification *
- Requirements forms
- Requirements analysis methods and CASE tools
- Prototyping
- Project library

KEY ACTIVITIES

Requirements Definition Team
- Resolve ambiguities, discrepancies, and TBDs in the specifications
- Participate in the SSR

Development Team
- Analyze and classify requirements
- Refine the reuse proposal
- Identify technical risks
- Prepare the requirements analysis report
- Conduct the SSR

Management Team
- Prepare the software development/ management plan
- Staff and train the development team
- Interact with analysts and customers to facilitate resolution of requirements issues
- Review the products of the requirements analysis process
- Plan the transition to preliminary design

* The guiding philosophy of the Cleanroom method is intellectual control and reliance on the human mind to build a quality product the first time. Walk-throughs and requirements classifications help intensify scrutiny and analysis of requirements early in the life cycle so that requirements modifications during subsequent phases are minimized.

째 단계에 해당하며, 이 단계로 진입하기 위한 선행조건과 이 단계를 성공적으로 마무리하고 다음 단계인 Preliminary Design의 작업을 수행하기 위해서 만족해야 하는 종료조건이 명시되어 있다.

이 문서는 요구사항 분석단계에서 만들어지는 결과물 과 함께 프로젝트의 효율적인 관리를 위하여 어떤 지표를 수집하고 분석하는지도 명시하고 있다. 예를 들어 본 공정에 투입된 비용을 의미하는 Staff hours는 너무나 당연한 것이니 제외하더라도, TBD(To-Be-Determined) Requirements(미확정 요구사항)의 개수 또한 유용한 지표이다. 미확정 요구사항이 많다는 것은 아직 요구사항의 완성도가 충분히 높지 않다는 뜻이며, 그런 상태에서 다음 단계로 넘어간다고 해도 할 수 있는 의미있는 일도 많지 않을 것이다. 뿐만 아니라 제대로 확정되지도 않은 요구사항에 기반한 소프트웨어 디자인은 결국에는 변경과 이에 따른 재작업이 필요할 가능성이 높으므로 "어차피 다시 하게 될" 디자인 작업을 성급하게 서두르는 것은 효과적이지 않다.

기술적으로는 어렵지는 않으나, 미확정 요구사항에 대해서 아무런 기록을 갖고 있지 않는 것 보다는, 어떤 이유로 아직 확정되지 않았는지, 담당자가 누구인지, 언제까지 결정을 내려야 하는지 등의 관련 정보를 충실하게 기록하고 이를 바탕으로 프로젝트를 관리하는 것이 중요하다. 이를 두고 "관리상의 편의"만을 생각하는 조치이고 소프트웨어의 품질이나 생산성에 별로 긍정적인 효과를 기대하기 어렵다는 주장을 하는 개발자도 있을 것이다. 때로는 어떤 요구사항이 미확정 상태인지를 판단하는 것 자체가 어려울 수도 있다. 그러나 미확정 요구사항에 대한 관리가 제대로 되지 않으면 전체적으로는 더 큰 손실을 가지고 올 수 있다고 생각한다. 여러 사람이 협력해서 일을 하면서 제품을 완성해가는 소프트웨어 개발에서는 그리고 처리해야 하는 이슈들이 늘 발생하기 마련인 소프트웨어 개발 현장에서, 문서상으로 기록되어 있지 않고 관리되지 않는 정보는 잊혀질 가능성이 높다는 현실을 인정한다면 특히 그렇다.

비슷한 논리를 적용하면 요구공학 과정에서의 완성도나 품질을 측정할 수 있는 지표는 여러가지가 더 있을 것이다. 그 중 하나가 일정한 주기로 요구사항의 변경을 측정할 수도 있겠다. 변경이 많았다는 것은 완성도가 아직은 충분히 높지 않다는 상황을 반영할 가능성이 높기 때문이다. 그러나 이러한 판단에는 주관적인 요소가 있는 것이 사실이므로, 프로젝트 매니저의 경험과 지식에 의거한 현명한 결정이 요구되는 사항이다.

기억해야 하는 점은 이런 지표의 수집이나 분석은 가능하다면 자동화된 도구를 이용하여 진행될 경우에만 현실적으로 가능할 것이라는 점이다. 요구사항에 대한 질문이나 답변이 구두 또는 이메일로 진행된다면 이런 통계를 정확하게 수집하고 관리하는 것은 현실적으로 불가능하다고 봐야 한다. 소프트웨어 개발에 직접 관련된 일을 하기에도 벅찬 것이 대부분 개발자들의 현실인데, 이런 통계자료를 수작업을 통해서 자료를 확보하고 분석하려면 개발자들의 부담도 많을 것이고, 업무효율 또한 저하될 것이다. 또한 이런 자료들이 개발자들의 업무능력 평가나 승진의 결정에 반영될 수 있다고 생각되면, 수집되는 자료도 왜곡될 수 있는 가능성이 존재하며 현실을 정확하게 나타내지 못할 가능성도 있다. 프로젝트의 성공과 효율적인 관리를 위해 도입하는 제도가 조직의 소프트웨어 개발 문화나 역량이 어느 정도 수준에 도달하지 못하면 순기능보다 역기능이 더 많을 수 있다는 점을 기억해야 한다. 마지막으로 이 표에서는 각 단계별로 Requirements Definition Team, Development Team, Management Team 등 소프트웨어 개발에 참여하는 각 그룹이 담당해야 하는 역할이 이 명시되어 있다.

이 문서는 각 단계별로 정해진 목표를 달성하기 위해서 사용할 수 있는 방법 및 도구들이 소개되고 있다. 이런 이유로 출판된 지 거의 30년이 되어가는 그리고 200 페이지가량 되는 방대한 문서지만 소프트웨어공학 개론을 소개하는 교재로 지금도 적절하다고 판단되어 개발자들에게 필요한 내용에 대해 선별적인 정독을 권하는 것이다. (이 문서에는 요구사항의 정의부터 Acceptance Testing의 마지막 단계까지 각 단계별로 같은 내용이 정리되어 있어서, 이 그림들만 정독해도 waterfall 방법론에 대한 좋은 학습자료로 활용할 수 있다.)

NASA에서 소프트웨어 개발을 이렇게 하니까 다른 조직에서도 같은 방법을 따라야 한다고 주장하는 것은 절대로 아니다. NASA는 프로젝트의 특성상 화성탐사선 발사 등 짧게는 몇 년 길게는 10년 이상의 긴 시간을 들여서 시스템을 개발하는 조직이다. 또한 관련 분야의 경험으로는 세계에서 제일 풍부한 조직 중 하나이다. NASA의 특성 및 소프트웨어 개발환경을 생각하면 이러한 소프트웨어 개발방법론이 합리적으로 보이지만, NASA에서도 소프트웨어 개발환경의 변화와 소프트웨어 공학 기술의 발전에 따라서 개발방법론 또한 지속적으로 개선해 나가고 있을 것이다.

마찬가지로 모든 회사에서는 자신의 조직 문화나 사업환경에 따라서 적절한 개발방법론을 선택해야 한다. 통상적으로 제품의 소프트웨어 개발기간이 6개월 또는 1년 미만의 조직에서는 waterfall 모델을 그대로 적용하는 것은 최선의 선택이 아닐 수 있다. 매년 한두 번 정도의 신제품을 출시하는 TV나 스마트폰에 탑재되는 소프트웨어 개발 조직에서는, 이러한 사업환경을 고려한 개발프로세스와 방법론을 선택해야 한다. 매년 새로 출시되는 모델마다 추가되는 새로운 기능이 있겠으나, 대부분의 "기본적인" 기능은 자주 변하는 것이 아니므로 소프트웨어의 재사용 효과를 극대화할 수 있는 개발방법론을 선택하여야 한다. 효율적인 재사용 환경의 구축과 함께 iOS, 안드로이드, 타이젠 등 기반이 되는 플랫폼의 변경이나 진화에 따른 소프트웨어의 변경이 용이한 환경을 구축하는 것, 그리고 플랫폼의 변화나 진화에 따른 테스팅 환경의 자동화는 매우 중요하다.

Incremental 또는 iterative model이라고도 불리는 점진적 개발방법론은 전문가의 관점에 따라 강조하는 부분이 다를 수 있으나, 정해진 요구사항을 여러 단계로 나누어 각 단계별로 소프트웨어의 설계 및 구현 그리고 테스팅을 반복하면서 기능을 추가하고 점진적으로 제품을 완성해 나가는 방법을 지칭한다. 처음의 그림은 확정된 요구사항을 바탕으로 분석, 설계, 구현 및 테스팅을 거쳐서 release 1 버전을 완성하고 이러한 작업의 반복을 통해서 소프트웨어 제품의 기능을 확장하고 완성하는 과정이다. 그 다음 제시된 그림은 각 단계별로 상세한 요구사항을 정의하는 단계를 별도로 포함하고 있지만 두 방법론상의 근본적인 차이는 없다.

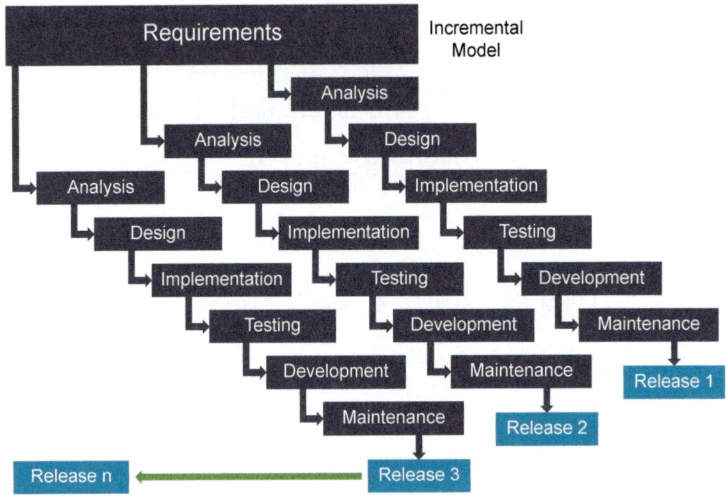

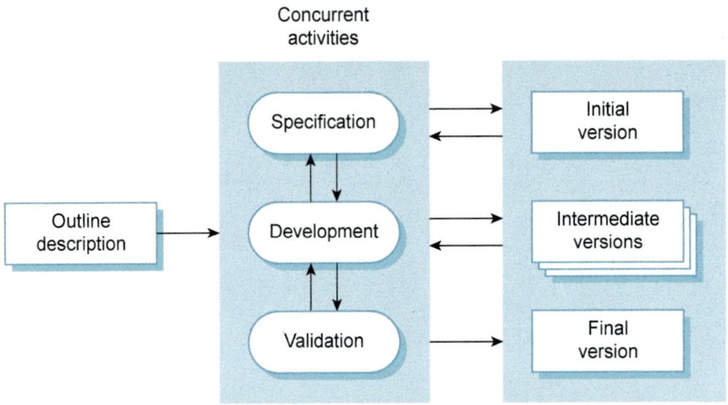

점진적 개발방법론의 적용 사례를 잘 설명하고 있는 논문 중 하나는 마이크로소프트(MS)사에서 1990년대에 사용했던 개발프로세스를 설명한 Cusumano와 Selby의

논문[18]이다. Microsoft Secret이라는 500페이지가 넘는 저서의 요약본인 이 논문은 MS사의 개발 단계는 Planning, Development, 그리고 Stabilization 세 단계로 구성되어 있다고 한다.

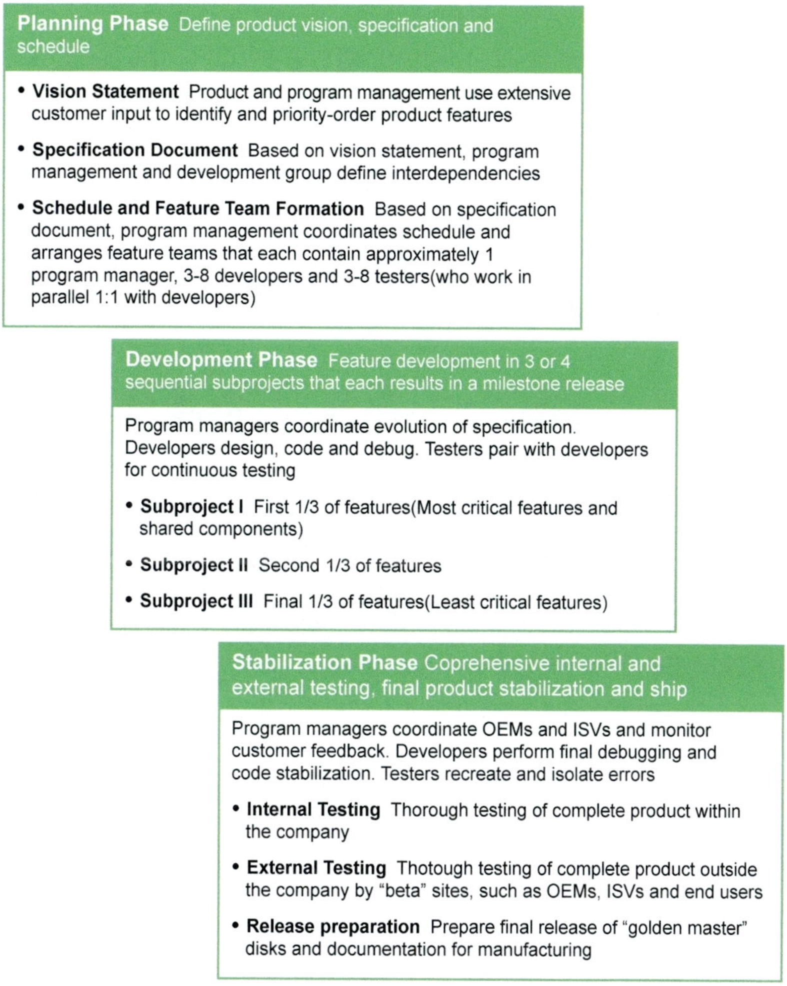

Overview of the synch–and–stabilize development approach

18. Michael Cusumano and Richard Selby, How Microsoft Builds Softtware, Communications of the ACM, June 1997

계획 단계에서는 vision statement라고 불리는 제품이 제공해야 하는 기능에 대한 전반적인 명세를 정하고 이를 바탕으로 프로젝트의 전체 계획을 세우게 된다. Vision statement에 포함된 요구사항을 달성하기 위해 필요한 feature들은 별도의 개발팀이 맡아서 구현하는데 대개는 1명의 프로젝트 매니저와 3~8명 정도의 개발자 그리고 비슷한 숫자의 테스터로 구성된다고 한다. 두 번째 단계인 개발 단계는 프로젝트를 3개의 subproject로 나누어 각 Phase별로 약 1/3 정도의 feature를 구현한다. 그리고 마지막 안정화 단계에서 internal testing과 흔히 beta testing으로도 불리는 external testing 단계를 거쳐서 제품을 출시하게 된다. beta test는 개발된 소프트웨어를 선별된 고객들이 먼저 사용하면서 발견되는 버그를 수정하고 사용자의 경험을 반영하여 필요한 수정 및 개선작업을 하는 과정이며, 이 단계를 마치면 제품이 공식적으로 출시되고 판매가 시작된다.

MS사에서는 sync-and-stablize라는 방법에 설명된대로 하나의 프로젝트를 보통 2~4달 정도 걸리는 세 개의 작은 프로젝트로 나누어 개발한다.

제일 먼저 Buffer time이라고 부르는 예비 개발기간을 명시적으로 배정하고 더구나 프로젝트 기간의 20%에서 50%까지의 시간을 할애하는 것은 소프트웨어의 개발경험이 풍부하지 못한 사람의 입장으로 보면 파격적으로까지 보일 것이다. 마이크로소프트는 1990년대나 지금이나 소프트웨어 개발에 관한 한 세계 최고의 기업 중 하나인데, Buffer time을 그 정도까지 배정하는 것이 프로그램의 개발기간을 제대로 예측할 능력이 부족해서 그러는 것일까? 아마도 그 이유는 개발 일정에 영향을 주는 돌발상황이 거의 모든 프로젝트에서 발생할 수 있다는 경험을 많이 했기 때문일 것이다. 원인으로는 요구사항이 프로젝트 중간에 변경되는 것도 있고, 추가되는 경우도 있을 것이며, 테스팅 과정에서 특정 버그를 잡는데 예상하지 못한 긴 시간이 소요될 수도 있기 때문이다. 또한 여러 개의 feature를 통합해서 하나의 제품을 완성해 나가는 과정에서 미처 예상하지 못한 문제가 발생할 수 있기 때문이기도 하다.

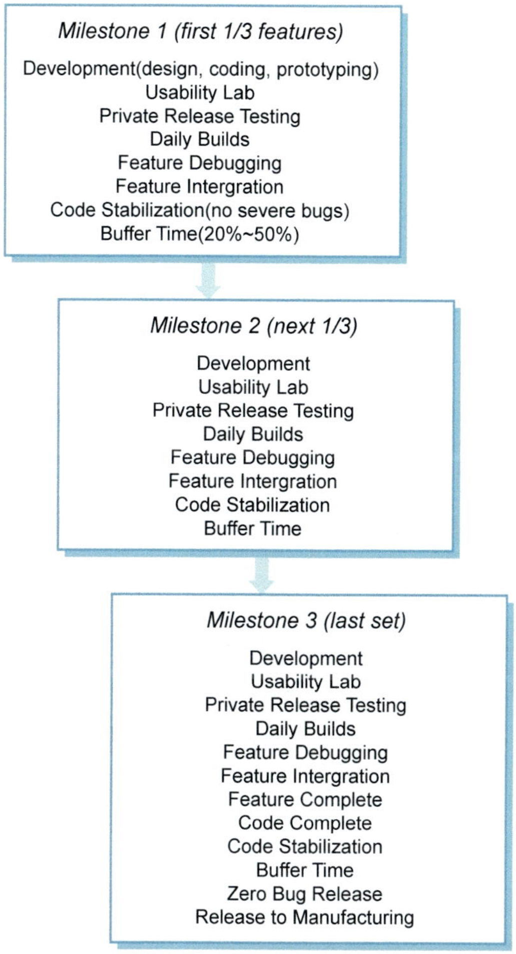

Milestones in the synch-and-stabilize approach (each taking two to four months)

코드의 안정화는 달성하기도 힘들지만, 주관적인 판단이 포함되는 작업이다. 첫 단계에서는 코드 안정화의 기준을 “no severe bugs”라고 정의하고 있는데, 말 그대로 완벽하지는 않지만 출시 자체를 걱정해야 할 정도의 심각한 오류는 없어야 한다는 뜻이다. 반대로 생각하면 사용자가 문제를 제기하지 않을 것 같은 사소한 오류들은 필요하다면 당장은 용인할 수도 있다는 뜻도 된다. 소프트웨어의 속성을 제대로 이해하지 못하는 사람의 입장에서 보면, 개발자가 오류가 있다는 것을 알면서도 모두 다 수정하지 않은 채 프로젝트를 마무리한다고 오해할 수도 있는 대목이다.

많은 회사들은 내부적으로 소프트웨어 개발과정에서 발견되는 오류들을 체계적으로 관리하기 위해 오류의 심각도를 판단하는 기준을 세우고, 모든 오류가 언제 발견되었으며, 언제 해결되었는지, 그리고 실무담당자가 누구인지 관리하는 도구들을 사용한다. 그것이 Issue Tracking System 또는 bug tracking system이라고 불리는 소프트웨어 도구인데 Jira, Trac, Redmine 등을 포함하여 많은 상용 또는 오픈소스 도구들이 있다. 어떤 회사에서 오류의 심각도를 A, B, C의 세 등급으로 나누고 A등급을 가장 심각한 등급으로 지정했다고 가정하자. 그러면 A등급의 오류가 아직 해결되지 않고 남아 있는 소프트웨어는 아직 안정화가 되지 않았다고 정의하는 것이다. B등급이나 C등급에 해당하는 오류도 해결해야 하는 것은 맞지만 우선순위가 아무래도 낮기 마련이고, 경우에 따라서는 제품 만족도에 영향이 없을 것이라고 판단되면 C등급의 오류는 당장 수정하는 것이 아니라 미뤄지는 경우도 있을 수 있다는 뜻이다.

Milestone 3의 목표 중의 하나가 Zero bug release이긴 하지만 그것이 반드시 완벽한 소프트웨어의 출시를 의미하는 것은 아니다. 개발자나 테스터의 최선의 노력에도 불구하고 뒤늦게 발견되는 오류는 모든 소프트웨어 프로젝트에서 항상 있기 마련이다. 그만큼 소프트웨어의 품질을 확보하는 일이 힘들다는 뜻이기도 하다. 그래서 사용자들이 오류를 발견하고 신고하면 금전적인 보상을 해 주는 bug bounty 프로그램도 운영하는 것이다. 소프트웨어 테스팅을 아무리 많이 수행하고 그 과정에서 발견된 오류가 하나도 없다고 해도, 테스팅 작업을 통해서 소프트웨어에 오류가 없음을 보일 수 없다는 Dijkstra의 명언을 기억해 보자. 그리고 현실적으로 출시되어 있는 모든 소프트웨어에서 오류가 없는 소프트웨어는 아마도 없을 거라는 점을 생각하면 bug bounty 프로그램은 경제적으로도 효과가 있고, 품질의 향상도 동시에 얻을 수 있는 상식적이고 현실적인 접근방법이다.

위의 프로세스에서 관심을 가질만한 또 하나는 Daily Build인데 매 24시간마다 반드시 실행된다는 뜻은 아닐지라도, 특정 소프트웨어의 모듈이 완성되면 전체 코드를 관리하는 code repository에 check-in하고 새로 등록된 코드가 다른 모듈들이 동작하는데 부정적인 영향을 미치지 않는지 또는 동작하는 버전의 소프트웨어를 생성하는데 문제를 야기하는지 매번 확인한다는 뜻이다. Check-in 과정이 있다는 이야기는 어떤 모듈을 수정하거나 확장하기 위해서는 code repository에서 check-out하는 과정이 반드시 있어야 한다는 뜻이기도 하다. 그래야만 하나의 모듈에 대하여 복수의 개발자가 동시에 작업하여 내용이 충돌하거나 상쇄되는 일을 피할 수 있기 때문이다. 일부 Code repository를 관리하는 도구는 복수의 개발자가 충돌없이 동시에 수정할 수 있는 기능을 제공하기도 한다. Daily build는 오류들을 가능한 빨리 발견하기 위한 방법으로 continuous integration을 특별히 강조하는 것이다.

결론적으로 이야기하자면, 개발방법론에 관한 모범답안은 존재하지 않는다고 봐야 한다. 어떤 분야에서든 최고 수준의 경지에 도달하게 되면 자신만의 색깔 또는 스타일이 있기 마련이다. 세계적인 테니스 선수들은 게임을 운영하는 스타일은 다를 수 있어도 자신의 강점을 극대화하는 경기 운영방식을 가지고 있으며 한 가지 방법만을 고집하지 않고, 필요하다면 상대에 따라서 다른 경기 운영방식을 탄력적으로 적용하기도 한다. 소프트웨어 개발방법론의 선택과 적용 또한 마찬가지이다.

07

애자일 소프트웨어 개발방법론

Manifesto for Agile Software Development가 2001년 2월에 발표된 이후 애자일 기법은 많은 소프트웨어 개발자 및 소프트웨어공학 연구자들의 관심을 받았다. 애자일 기법에 관한 최신 정보를 가장 쉽게 접할 수 있는 웹사이트는 www.agilealliiance.org인데 이 사이트에서 소개하는 애자일 소프트웨어 개발 선언문은 다음과 같다.

- Individuals and interactions over processes and tools
- Working software over comprehensive documentation
- Customer collaboration over contract negotiation
- Responding to change over following a plan

애자일 방법론에 대한 정보를 찾아보면, 관련 서적도 매우 많지만, XP, Scrum, Kanban을 비롯하여 Agile 기법이라고 선언하는 방법론 또한 다양한 종류가 있음을 알게 된다. 또한 기존의 방법론을복합적으로 사용하는 Scrumban 등의 방법론도 제안되었다. 애자일 Methodology와 Framework의 종류가 ASD, DevOps, DAD부터 MDD, MSF, RAD, RUP, Scrum, UP, XP 등을 포함한다고 하면 방법론의 홍수시대에 살고 있음을 실감하면서 혼란을 느끼게 되는 것이 자연스럽다. 또한 Agile

Manifestor의 기반이 되는 12개의 원칙을 보면, 이러한 정보만으로 애자일 방법론을 실제 프로젝트에 적용할 수 있을지 막연한 느낌이 드는 것이 사실이다.

1. Our highest priority is to satisfy the customer through early and continuous delivery of valuable software.
2. Welcome changing requirements, even late in development. Agile processes harness change for the customer's competitive advantage.
3. Deliver working software frequently, from a couple of weeks to a couple of months, with a preference to the shorter timescale.
4. Business people and developers must work together daily throughout the project.
5. Build projects around motivated individuals. Give them the environment and support they need, and trust them to get the job done.
6. The most efficient and effective method of conveying information to and within a development team is face-to-face conversation.
7. Working software is the primary measure of progress.
8. Agile processes promote sustainable development. The sponsors, developers, and users should be able to maintain a constant pace indefinitely.
9. Continuous attention to technical excellence and good design enhances agility.
10. Simplicity -- the art of maximizing the amount of work not done -- is essential.
11. The best architectures, requirements, and designs emerge from self-organizing teams.
12. At regular intervals, the team reflects on how to become more effective, then tunes and adjusts its behavior accordingly.

위의 선언문을 읽고 많은 개발자들이 깊은 한숨을 쉬면서 이런 하소연을 할 듯도 하다. "그런 원칙대로 개발할 수 있다면 이상적이라는 것 너무도 잘 알고 있습니다. 몰라서 지키지 못하는 것이 아닙니다. 소프트웨어 개발 현장의 현실을 몰라도 너무 모르시네요!"

그러나 실제로 애자일 기법을 적용하여 개발해 본 경험이 없는 조직이 애자일 기법을 처음으로 도입하고자 한다면 어떻게 해야 할까? 애자일 기법에 대해 잘 알고 있고 실제로 개발현장에서 애자일 기법을 적용해 본 경험이 있는 동료에게서 배우거나, 각종 애자일 기법에 관한 교육이나 세미나에 참석해서 배울 수 있다면 제일

AGILE METHODS AND PRACTICES

Agile Methodologies Used

Scrum and Scrum/XP Hybrid(64%) continue to be the most common agile methodologies used by respondent's organizations.

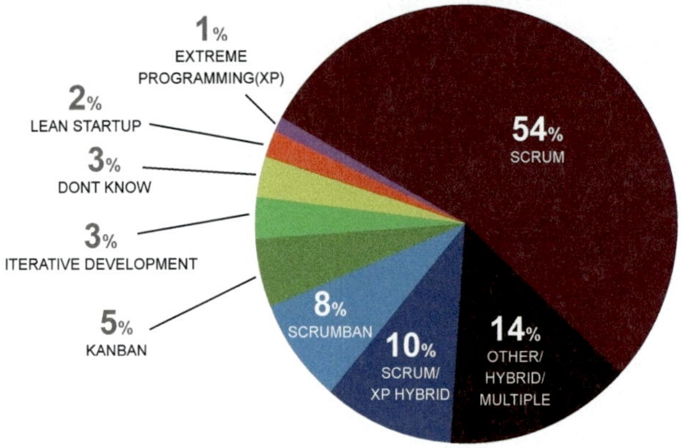

Agile Techniques Employed

Notable changes in agile techniques and practices that respondents said their organization uses were Release planning(57% this year compared to 67% last year) and Dedicated customer/product owner(57% this year compared to 63% last year).

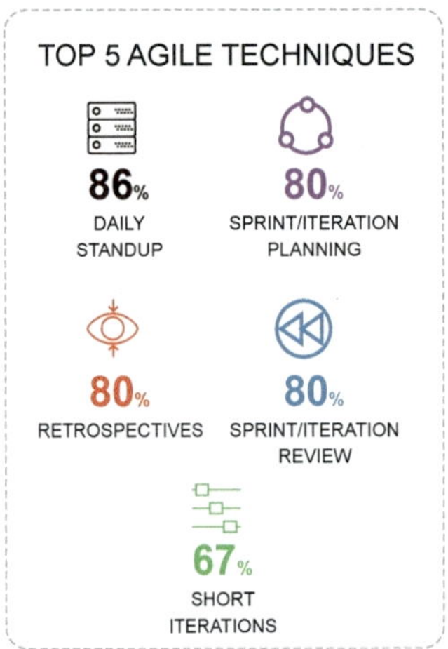

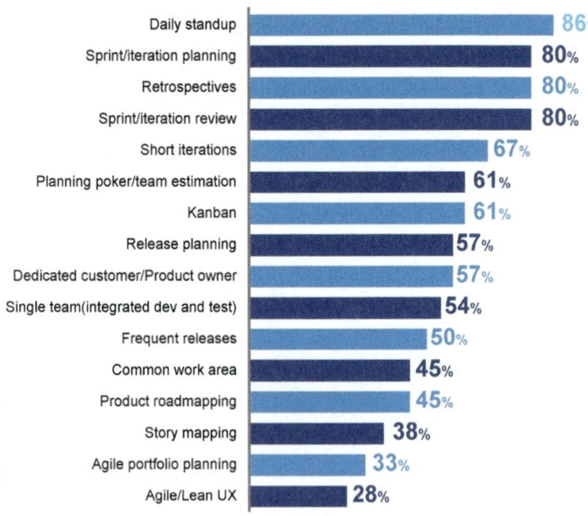

*Respondents were able to make multiple selections

좋겠지만, 프로젝트의 환경이 이를 허용하지 못할 수도있겠다. Agile alliance나 학술대회에서 소개된 애자일 기법의 적용 사례를 조사해서 자신의 프로젝트 환경과 제일 유사한 도메인의 적용사례를 참고하는 것도 효과적인 방법이 될 수 있다. 또 다른 방법은 현재 산업체에서 가장 널리 사용되는 애자일 기법이 무엇인지 알아보고 이러한 애자일 기법을 부분적이나마 가능한 충실하게 따르도록 비교적 작은 프로젝트에서 시범적용을 해 보면서 경험을 쌓아 가는 방법을 선택할 수도 있다.

애자일 팀에서 가장 보편적으로 사용되는 기법들은 나름대로 효과가 있고 장점이 분명하기에 광범위하게 선택되었다고 생각하면 어떻게 현재의 개발 프로세스에 적용할 수 있는지 고민할 가치가 충분히 있다. 이런 기법들은 Incremental 개발방법론 또는 waterfall 방법론에 기반한 프로젝트에서도 적용가능할 것이다. 예를 들어 Daily Standup 기법은 애자일 방법론의 시작이라고 할 수도 있는 XP(extreme programming) 기법에서 처음 제안되었다. 매일 비슷한 시간에 개발자들이 5~15분 정도 개발 현황에 대한 의견을 나누는 것이다. 이를 팀원들이 실제로 서 있는 상태로 회의를 진행하는 것이 일반적인데, 서 있는 상태에서 회의를 진행해야만 회의 시간이 하염없이 길어지지 않게 되기 때문이다. 15분이라는 시간은 개발팀의 회의로는 순식간에 지나갈 수도 있으므로 효율적인 회의를 위해서, 가장 중요한 현안에 대해서만 논의할 수 있도록 세 가지 주제에 대해서만 집중하도록 추천한다.

- (Q1) What have you completed since the last meeting?
- (Q2) What do you plan to complete by the next meeting?
- (Q3) What is getting in your way?

각 개발자가 어제까지 자신이 마무리한 작업이 무엇이고, 오늘 계획하는 작업이 무엇인지, 예상되는 어려움이 어떤 것인지 간단하게 설명하는 것만으로도 어쩌면 혼자서 15분이라는 시간을 다 써도 부족할 것이다. 그러나 애자일 기법의 철학을 다시 생각해 보자. 특히 “Build projects around motivated individuals. Give them the environment and support they need, and trust them to get the job done."이라는 원칙을 생각해 보면, 애자일 기법은 비교적 소수의 인원이 (5명에서 최대 10명의 개발자가), 그리고 동기부여가 되어 있고 유기적으로 협력할 준비가 되어 있는 개발팀이 소프트웨어 개발의 생산성을 극대화하기 위한 방법으로 고안된 것이다.

다시 말하면 Daily Standup 미팅은 본인이 어제 (또는 지금까지) 한 일에 대해 다른 팀원들을 이해시키거나 자신이 프로젝트에 얼마나 중요한 기여를 하고 있는지 홍보하고 자랑하는 회의가 아닌 것이다. 본인이 지금 하고 있는 일이 전체 프로젝트의 진행상황에 비추어 적절한지, 혹시 오늘 작업하려고 생각했던 일보다 더 시급한 다른 일이 있는지 팀원들과 함께 확인하는 목적인 것이다. 오늘 하려고 하는 개발 작업에 대해 간단하게 설명을 하면 다른 팀원이 미리 유사한 소프트웨어를 개발해 본 경험이 있을 수도 있으므로 코드 repository의 어느 부분을 찾아보면 도움이 되는 코드가 있는지를 알려줄 수도 있을지도 모르겠다. 어쩌면 이미 개발되어 있는 코드의 재사용을 통해서 또는 약간의 수정을 통해서 원래 계획했던 일을 쉽게 마무리하고 다른 일을 할 수도 있을 것이다. 개발작업의 생산성을 높이고 품질을 확보하기 위해서 Daily Standup meeting을 효과적으로 활용하는 것이 중요하다.

실제로 2010년부터 2018년까지 여러 나라에서 60여번의 인터뷰를 통해서 Daily Standup Meeting의 경험 및 장점과 단점을 조사한 연구[19]에 의하면, Scrum에서 추천하는 위의 3가지 질문은 실제로 미팅과정에서 전체 시간의 약 1/3정도만 걸렸다고 한다. 나머지 시간에는 개발자들이 겪고 있는 어려움들과 해결방안을 논의하는 Problem-Focused Communication(31%), 프로젝트 관리에 관련한 내용들 (15%), 팀원들간의 작업의 조율 (9%)등의 논의가 이루어 졌다고 한다. 또한 Daily Standup Meeting에 참여하는 사람들의 대부분의 관심은 위 질문의 마지막 두가지 (Q2, Q3)에 집중되기 마련이므로, 몇 가지 개선방법을 제안하였는데 실제로 Daily

19. Stray et al, Daily Standup Meetings: Start Breaking the Rules!, IEEE Software, May/June 2020

Standup Meeting을 참여해 본 사람들의 경험을 바탕으로 한 개선안이므로 적극 고려할 만한 가치가 있다고 생각되는데, 다음과 같다.

1. Q1, 즉 현재까지 완성된 작업,에 대한 토의는 생략하고 다른 방법 (e.g., Slack이나 카카오톡 등 SNS)을 이용하는 방안
2. Daily standup meeting에서 중요한 역할을 하는 Facilitator의 역할을 팀원들이 돌아가면서 맡는 방법
3. Daily Standup Meeting을 매일 일과 시작하는 아침에 하는 것이 아니라 다른 시간에, 예를 들어서 점심시간 직전에, 개최하여 업무의 집중도에서 방해받는 가능성을 줄이고 자연스럽게 회의 이후에 필요하다면 점심 또는 이후에 토론이 이어지도록 하는 방안[20]
4. 팀의 사정에 따라 Daily Standup Meeting의 빈도 및 참여범위를 탄력적으로 조정하는 방안

이런 개선안의 실천은 어려운 일은 아닐 것이며, 팀원들의 공감대만 얻는다면 쉽게 도입할 수 있을 것이다. Daily Standup도 자칫하면 개발자들의 스트레스와 팀원들 사이의 갈등을 조장하는 이벤트로 변질될 수 있다는 점을 기억해야 한다. 개발자는 기계가 아니기 때문에 업무의 효율이 매일 같을 수는 없을 것이다. 그렇다면 업무의 효율이 상대적으로 낮았던 다음 날의 Daily Standup 회의는 가능하면 피하고 싶으나 피할 수 없는 회의가 될 수 있는데, 가시적인 성과의 부족으로 동료의 비난을 받게 되면, 팀의 긍정적인 협력관계가 깨지는 상황은 너무도 쉽게 생길 수 있다. 또한 성격이 내성적인 개발자들이 Daily Standup Meeting에 심리적인 부

20. 특정 논문에서 Daily Standup 미팅을 점심시간 직전에 하는 것을 권했다고 해서 반드시 최선이라고 생각할 필요는 없다. 팀원들간의 대화를 통해서 가장 적절한 정할 수 있을 것이다. 수업중 만난 한 대학원생은 회사에서 개발자로 일하면서 학업을 병행하는데 그 팀에서는 오후 2시에 (점심시간 이후에 집중력도 떨어질 수 있을 법한 시간에) Daily Standup Meeting을 한다고 했다. 나름 좋은 방법이다. 재택근무, 근무시간 자율제도 시행등 여러가지를 고려해야 한다.

담을 갖지 않고 가능한 편안하게 그리고 능동적으로 참여할 수 있는 분위기를 만드는 것도 리더라면 고민하고 노력해야 하는 문제이다.

애자일 기법의 가장 큰 특징 중의 하나로 꼽히는 것이 Pair Programming 기법이다. 이 기법의 적용 또한 경험에 대한 조사를 통해서 장점과 단점이 무엇인지 생각해 보고 결정하는 것이 바람직할 것이다. 단순하게 생각하면 일반적으로 혼자서 수행하는 개발작업을 두 명이 같이 하면 개발비용이 2배로 증가할 지도 모른다는 막연한 추측을 할 수 있다. 그러나 혼자서 개발하는 것 보다 동료의 도움을 받아서 일을 하면 아무래도 능률이 향상될 것이므로 비용의 증가는 2배가 아닐 수도 있을 것이라는 합리적인 추측 또한 가능하다. 혹시 Pair programming을 통해서 개발 효율이 2배 이상 증가하는 것도 가능할까? 그러나 혹시 실제 코드의 작성에 쓰는 시간보다 구현 알고리즘의 대안의 장단점에 대한 토론으로 더 많은 시간을 보내게 되어 생산성이 혼자 하는 것 보다도 더 나쁜 경우는 발생할 수 있지 않을까?

Sun 등은 Pair Programming의 효과를 연구한 논문[21]을 발표하였는데, Pair programming 팀을 구성하는 방법은 여러 가지가 있지만 junior-junior 또는 senior-senior로 구성하는 경우보다는 junior-senior로 구성하는 경우가 지식공유의 측면에서 더 효과적임을 알 수 있다. 개발기간 (첫 두 컬럼)과 소프트웨어 품질 (가운데 두 컬럼) 에서도 긍정적인 효과를 얻은 것으로 보이지만, Pair programming 기법은 소프트웨어의 복잡도가 Medium 또는 High인 경우 더 효과적임을 알 수 있다.

21. Sun et al., The Effectiveness of Pair Programming: Software Professionals' Perceptions, IEEE Software, July/August 2016

	Increase or decrease in effort(%)		Increase or decrease in the defect rate(%)		Increase in knowledge transfer(%)	
	Respondents without pair-programming experience	Respondents with pair-programming experience	Respondents without pair-programming experience	Respondents with pair-programming experience	Respondents without pair-programming experience	Respondents with pair-programming experience
Complexity						
Low	26	14	-9	-26	7	20
Medium	10	-3	-18	-35	19	28
High	-3	-16	-29	-42	30	36
Pair expertise						
Junior-junior	32	19	-3	-16	12	20
Junior-senior	11	-6	-22	-35	31	36
Senior-senior	-2	-15	-31	-46	27	29
Experience						
Neither has	36	24	-3	-13	10	19
One has	14	1	-17	-30	22	31
Both have	-2	-21	-29	-44	29	33

마지막으로 애자일 기법에 대한 긍정적인 평가가 아무리 많다고 하여도 부작용 또한 있기 마련이다. 그렇지 않다면 모든 소프트웨어 개발에서 애자일 기법만이 사용될 것 아니겠는가? 애자일 기법에 대한 "anti-pattern" 또는 "agile smell"이라고 불리는 발생가능한 부작용에 대한 이해 또한 필요하며, anti-pattern이 왜 생기는지, 어떻게 하면 그런 agile smell의 가능성을 줄일 수 있는지 고민할 필요가 있다.

애자일 팀에서는 소프트웨어 개발에 필요한 기간을 어떻게 예측할까? 여러가지 방법이 있을것이다. 프로젝트매니저 또는 도메인전문가가 개발기간을 예측할 수도 있겠지만, 주로 Planning Poker라고 부르는 방법을 사용한다. 애자일 팀원들의 의견을 듣고 수렴하는 과정인데 모든 팀원들의 의견을 듣고 가능한 효율적으로 작업을 진행하기 위하여 포커 게임과 비슷한 방식을 취하는 것 뿐이다. 일반적으로는 몇 개의 단위를 미리 정하고 (예를 들어, 한시간, 반나절, 하루, 한 주등) 각 참여자들이 "사용자 스토리"라고 부르는 사용자의 관점에서 작성한 소프트웨어 기능에 대한 일반적인 비공식 설명서를 바탕으로 개발에 필요할 것으로 필요한 기간에 가장 근접한 시간이 적힌 카드를 뽑는 것이다. 그리고 각자의 예측치를 동시에 공개한 후 필요하면 각자가 개발기간을 예측한 이유를 설명할 수도 있겠다.

이때 개발기간에 대한 예상치가 최소, 최대인 사람의 의견을 들어보는 것이 중요할 것이다. 추가로 습득한 정보를 가지고 팀원들이 다시 한 번 "투표"를 진행하면 일반적인 경우에는 한 두번의 반복을 통하여 개발팀원들이 의견이 모이게 된다고 한다. 최근에는 이렇게 애자일 팀원들 또는 비전문가일지라도 crowd sourcing을 통해서 (아마존의 Mechanical Turk와 같은 방법으로) 저렴하게 비용을 예측하더라도 전문가의 예측과 많이 다르지 않다는 실험결과가 발표되고 있기는 하다. 그러나 일반적으로 애자일팀에서는 Planning Poker 기법이 보편적으로 사용될 것이며 추천할 만하다.

모든 소프트웨어 개발조직이 처음부터 애자일 방법론을 적용하지는 않을 것이다. 대부분은 기존의 Waterfall 방법론이나 Incremental 방법론에 기반하여 소프트웨어를 개발하다가 애자일 방법론을 채택하게 될 것이다. 애자일 방법론으로의 전환은 때로는 경영진의 결정으로 또는 개발자들의 자발적인 선택으로 시작될 것이다. 애자일방법론으로의 전환을 미리 경험했던 조직에서는 어떤 어려움을 경험했으며 어떻게 대처했을까? 애자일 전환과정의 경험과 교훈을 정리한 논문을 읽으면서 간접경험을 통해서 어느 정도는 배울 수는 있겠지만 간접경험을 통한 배움은 당연히 한계가 있을 수 밖에 없다. 실제 경험을 통해서만 얻을 수 있는 교훈이 더 많고 유용할 것은 당연하지만 모든 것을 경험을 통해서 배울 수는 없으니 조직 내의 한 프로젝트의 경험을 다른 구성원들과 효과적으로 공유하는 것이 중요하다.

프로젝트의 post mortem 활동이 바로 이런 목적를 달성하기 위한 방법인 것이다.

Hoda와 Noble이 2017년에 발표한 논문[22]에서는 다섯 나라의 18개 소프트웨어 개발팀에서 애자일기법에 기반한 소프트웨어 개발에 참여한 31명의 개발자, 프로젝트매니저, 스크럼매스터등 다양한 직종에 근무하는 사람들의 경험을 설문조사를 통하여 자료를 수집하고 분석하여 발표하였다. (애자일방법론으로의 전환을 계획하는 개발자나 매니저라면 정독할 것을 권한다.) 이들은 애자일 방법론으로의 전환이 단계적으로 이루어지며, Development practices, Team practices, Management approach, Transitioning Reflective Practices, 그리고 Culture로 부르는 다섯 가지의 측면에서 얼마나 성공적으로 애자일방법론으로의 전환이 이루어졌는지를 판단할 수 있다는 주장이다.

	Stages		
Development practices (e.g., delivery model, meetings, artifacts)	Traditional	Hybrid	Agile
Team practices (e.g., task assignment, project management, specification, estimation)	Manager–driven	Manager–assisted	Team–driven
Management approach (e.g., customer collaboration, problem solving approach)	Driving	Adopting	Empowering
Reflective Practices (e.g., personal learning, retrospectives, etc)	Limited	Focused	Embedded
Culture (e.g., information flow, decision making)	Hierarchical	Evolving	Open

이 논문은 각 단계별로 실제 설문조사에서 얻은 참여자들의 경험을 인용하면서 설명하고 있는데, Team practices의 경우 초기에는 해야 하는 작업이 프로젝트 매니저의 결정이 각 팀원에게 통보되는 것이 일반적이라면 (e.g. manager-driven),

22. Hoda and Noble, Becoming Agile: A Ground Theory of Agile Transition in Practice, ICSE, 2017

애자일 전환의 중간단계에서는 Tech Leader나 Scrum Master의 의견이 반영되고 존중되는 단계이며(e.g., manager-assisted) 세번째 단계에서는 거의 모든 결정이 팀원들간에 자율적으로 이루어지는 (e.g., team-driven) 단계인 것이다. 위의 표만 보면 애자일 방법론의 전환이 Project Manager가 결정하고 지휘하는 전통적인 waterfall 기반의 단계에서 팀원들이 좀 더 적극적이고 자율적으로 의사결정 과정에 참여하는 형태로 변환한다는 것을 알 수 있다. 이 자료의 가치는 특정 조직이 애자일 방법론으로 전환을 추진할 때 어느 부분에서 조금 더 노력을 기울여야 성공적인 전환을 할 수 있는지를 판단할 수 있는 기초자료를 활용될 수 있다.

08

애자일 개발방법론의 산업체 사례 및 경험

장점만 있고 단점이 없는 소프트웨어 개발방법론은 존재하지 않을 것이다. 애자일 기법에 대한 평가 또한 긍정적인 것도 많지만 부정적인 평가도 있기 마련이므로 애자일 방법론을 적용한 경험을 정리한 논문이 있다면 찾아서 읽어보고 어떤 교훈을 꼭 배워야 하는지 생각해 보는 일은 매우 중요하다. 애자일 기법만을 중점적으로 다루는 Agile Conference 같은 학술행사에서 최근에 발표된 논문들을 읽을 수도 있겠고, IEEE Software 또한 추천할 만하다. 예를 들어 2019년 7/8월호는 Software Development Process를 주제로 4개의 논문이 포함되어 있는데 그 중 2개는 애자일 방법론과 직접 관련이 있는 논문들이다.

방법론의 선택에 있어서 절대적인 기준은 없으며, 작은 프로젝트에서도 waterfall 방법을 적용할 수 있고, 큰 프로젝트 또한 애자일 기법을 적용할 수 있다는 점을 기억해야 한다. 1,000명 이상의 개발자가 참여하는 프로젝트가 애자일 기법을 적용한다고 해서 반드시 모든 개발자가 한 장소에서 Daily Standup 미팅을 한다는 이야기는 아닐 것이며, 개발조직이 여러 개의 개발팀으로 구성되어 있어 각 팀은 애자일 기법을 채택하고 있다는 뜻이리라.

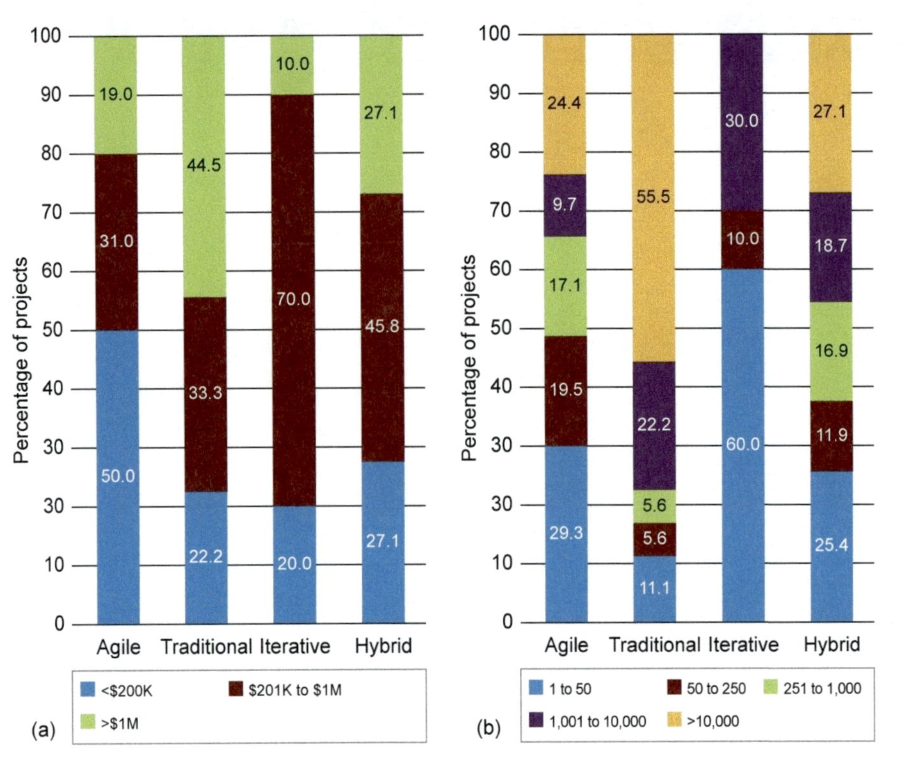

개발방법론의 선택과 프로젝트의 규모의 비교

Vijayasarathy와 Butler가 발표한 논문[23]에서 제시하는 설문조사 결과를 자세하게 분석할 가치가 있는데, 개발 예산이 20만불 이하의 상대적으로 작은 프로젝트의 경우, 애자일 기법을 선택할 가능성이 높지만, Iterative 기법의 사용빈도 또한 높다는 점을 알 수 있다. 애자일 방법론을 선택한 프로젝트 중 약 1/5(19%) 정도는 개발 예산이 $1M을 초과한다는 점은 방법론의 선택이 프로젝트의 크기나 참여하는 개발자의 숫자에 따라서 단순하게 결정되는 것이 아니라는 점을 보여준다. 또한 애자일 방법론을 선택한 프로젝트의 약 1/4 (24.4%)는 참여하는 개발자가

23. Vijayasarathy and Butler, Choice of Software Development Methodologies: Do Organizational, Project, and Team Characteristics Matter?, IEEE Software, September/October 2016

10,000명을 초과하는 대형 프로젝트임을 보여준다. 이는 애자일 기법이 반드시 작은 규모의 프로젝트에만 적용가능한 것은 아니며, 소프트웨어공학 연구자들이 왜 Agile in Scale이란 주제로 크고 복잡한 프로젝트에서 어떻게 애자일 방법론을 효과적으로 적용할 수 있는지 연구하고 있는지를 알 수 있다. 이 자료를 보면 (1) 애자일 방법론을 선택한 프로젝트는 규모가 작은 경우가 보편적이며 (2) Waterfall (또는 traditional) 방법론을 선택한 프로젝트의 적어도 절반은 (55.5%) 참여인원이 10,000을 초과하는 대규모의 프로젝트임을 알 수 있다.

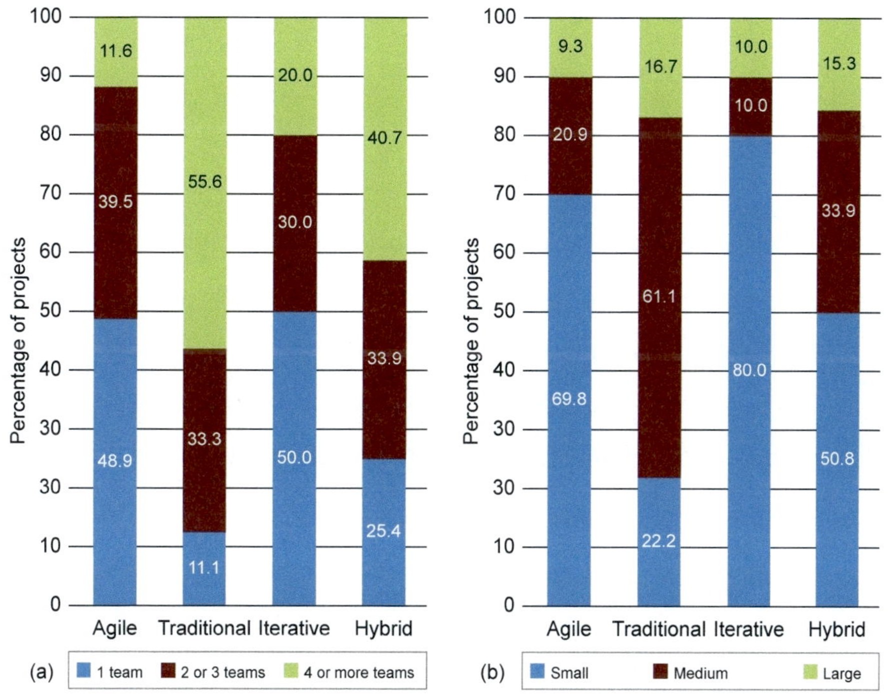

개발방법론의 선택과 개발팀의 숫자 및 크기 비교

프로젝트에 참여하는 개발팀의 숫자나 각 개발팀의 크기에 따라서도 개발방법론의 선택은 영향을 받을 수 있는데, 1개의 팀이 프로젝트를 수행하는 경우는 애자일 기법이나 Incremental(또는 Iterative) 방법론을 쓰는 것이 흔하며, 4팀 또는 그 이상이 참여하는 프로젝트이 경우는 애자일 기법보다는 (11.6%) 전통적인 waterfall 기법이나 (55.6%) 또는 혼합된 hybrid 방법론을 (40.7%) 사용하고 있다. 팀의 사이즈에 대한 분석 또한 유사한 패턴을 보이는데 애자일 기법이나 Iterative 방법론의 경우 아무래도 팀의 사이즈가 작은 경우에 선호되며, 팀의 사이즈가 증가할수록 waterfall 방법론의 채택 가능성이 더 높아짐을 알 수 있다.

Convoy 등은 애자일 기법의 경험을 정리한 또 다른 논문[24]을 발표하였는데 애자일 기법을 적용할 때 발생할 수 있는 People challenge에 각 조직에서 어떻게 효과적으로 대처할 수 있을지 유익한 정보를 제공하고 있다.

- **Developer fear of skill-deficiency exposure**: 애자일 기법은 개발자들이 자발적이고 적극적으로 일을 하며 거의 매일 모여서 회의를 하면서 프로젝트가 진행된다. 경험이나 실력이 부족한 개발자의 입장에서는 정신적인 압박을 받는 환경이며 개인의 실력차이가 모든 팀원들에게 적나라하게 보이기 마련이다. 따라서 모든 개발자들이 자신의 능력에 맞게 최선을 다하는 것으로 인정받고, 서로 돕고 배우고, 평가나 보상은 능력에 따라 공정하게 결정되는 환경을 조성하는 것이 중요하다.
- **Broader skill sets for developers**: 애자일 환경에서는 개발자가 본인의 고유 영역에 해당하는 일이 정해져 있지 않을 가능성이 높고, 필요에 따라 "멀티플레이어" 역할을 해야 할 가능성이 높아서 전문성과 깊이를 동시에 추구하는 것이 힘들 수 있다.
- **Increased Social Interaction**: 고객 및 개발자들이 참여하는 잦은 회의나

24. Convoy et al., "People over Process: Key Challenges in Agile Development", IEEE Software, 2011

pair programming 등은 방해받지 않고 혼자서 개발하는 환경을 선호하는 개발자에게는 적응하기 힘든 환경이 될 수 있다. 이러한 환경에서도 개발자들이 자신의 능력을 충분히 발휘할 수 있는 환경을 만드는 노력이 필요하다.

Microsoft Research 소속으로 소프트웨어공학 관련 연구를 수행한 Murphy[25] 등은 2006년부터 2012년까지 마이크로소프트사 내부의 약 2000여명에 가까운 개발자(46%), 테스터(32%), 그리고 프로젝트 매니저(19%)를 대상으로 설문조사를 하여 애자일 방법론이 MS사의 개발방법에 어떤 영향을 끼쳤는지를 분석하였다. 현장에서 수집된 자료를 분석한 논문도 흔하지 않고 이 정도의 대규모의 그리고 많은 프로젝트의 경험을 분석한 논문은 별로 없기에 더욱 관심을 가지고 공부할 가치가 있다. Microsoft사의 애자일 기법의 사용에 대한 연구는 MS사의 개발자들이 애자일 기법에 대해 어떻게 생각하고 있는지, 얼마나 적극적으로 사용하고 있는지, 효과는 어떤 것인지 분석했는데, 애자일 기법을 적용한다고 대답한 사람은 2006년에 34%에서 2012년에는 57%로 증가하였다.

애자일 기법에 대한 연구가 1990년 후반 또는 2000년경부터 시작되었으니, MS사의 대부분의 개발자들도 애자일 기법에 대한 기본적인 이해를 하고 있다고 볼 수 있고, 논문의 제목을 보면 애자일 기법이 MS의 소프트웨어 개발에 있어서 품질과 생산성의 두 가지 목표를 동시에 달성하게 해주는 "silver bullet"(만병통치약과 비슷한) 역할을 하는 방법론으로 받아들여지지 않았다는 것 또한 짐작할 수 있다. 조금 더 자세한 내용을 살펴보면 애자일 방법론을 채택했다고 한 개발팀이나 애자일 방법론을 채택하지 않는다고 했던 팀의 소프트웨어의 개발과정에서 적용된 기법을 보면 흥미롭게도 상당히 유사한 패턴을 보이고 있다.

25. Murphy et al., Have Agile Techniques been the Silver Bullet for Software Development at Microsoft? 7th Int. Symp. Empirical Software Engineering and Measurement, 2013

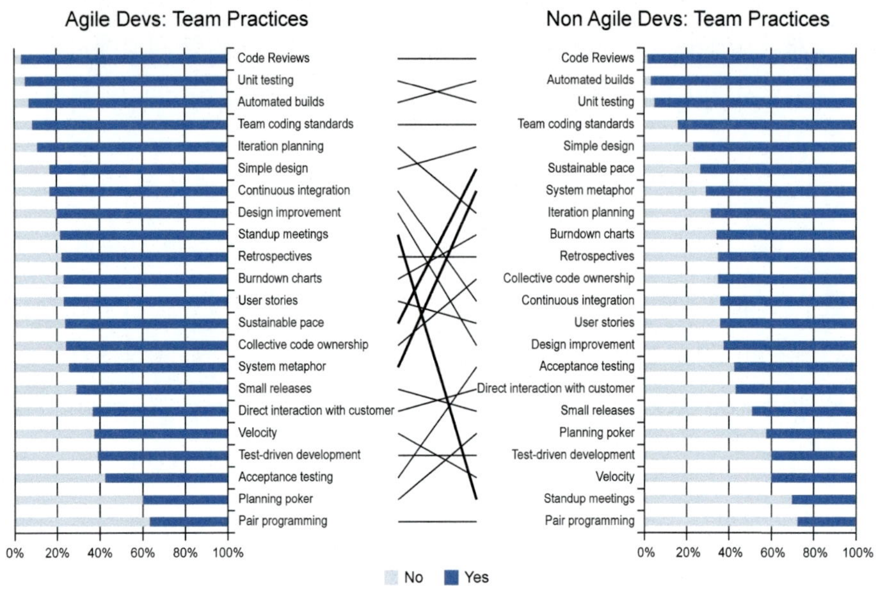

Differences in Practices between Agile and non-agile practitioners

다시 말하면, 애자일 기법의 적용 여부에 상관없이 Code review는 거의 모든 개발팀에서 늘 시행되고 있는 것을 볼 수 있으며, unit testing, automated build, team coding standard 또한 그렇다. 저자들의 설명에 의하면 이런 기법들은 이미 MS 내 소프트개발과정에서 늘 사용되는 "standard practice"이기 때문이라고 한다. 그 외에 다른 기법들도 적용되는 빈도를 보면 그렇게 큰 차이를 보이지 않고 있는데, 몇 가지 색다른 점은 다음과 같다.

- 애자일 기법을 적용하는 팀에서는 Daily Standup meeting을 거의 80%가 채택하고 있으며, 그렇지 않다고 대답한 개발팀의 30% 정도는 Daily Standup Meeting을 채택하고 있다. 애자일 방법론을 사용한다고 해서 반드시 Standup meeting을 해야만 하는 것도 아니지만, 애자일 방법론을 적용하지 않는 팀에서도 필요에 따라 선별적으로 적용하는 것을 볼 수 있다.

- 흥미로운 사실은 MS사의 경우 Pair programming 기법의 적용사례가 25%에서 40% 정도로 애자일 방법론의 채택 여부에 상관없이 낮은 편이라는 것이다. Pair programming의 기법에 대한 여러 연구결과를 보면 소프트웨어 품질의 향상 그리고 경험 공유 및 지식의 전달 등 장점도 있음에도 불구하고 실제 적용되는 비율은 의외로 낮다. 여러 가지 이유가 있겠지만 MS의 기존 개발 체제가 "buddy testing" 즉 개발자 1명에 테스터 1명이 팀을 이루어 이미 긴밀하게 협력하는 체제가 구축되어 있다는 점이 가장 큰 이유일 것으로 생각된다. Buddy testing 자체가 어느 정도 pair programming의 효과를 달성하기 때문이다. 또한 90년대까지는 거의 대부분의 개발이 Redmond 본사에서 진행되어 어려움이 덜 했을지 모르지만 지역적으로 분산된 개발팀들이 협력하여 제품을 개발하는 분산개발 환경의 증가로 인한 어려움(Distributed development) 또한 추가적인 단점으로 제시되었다. 분산된 개발환경은 Pair programming 기법의 적용 빈도가 상대적으로 더 낮은 이유 중의 하나일 것이다.
- test driven development 또한 애자일 기법을 적용하는 팀에서도 실제 사용률이 60%를 조금 넘는 정도에 그치고 있음을 알 수 있다.

이 논문은 MS사의 개발자들이 생각하는 애자일 기법의 장점과 단점에 대해서도 언급하고 있는데, 장점으로는 대부분 비슷한 의견을 제시하고 있으며 우선순위 또한 큰 차이가 없어 보인다. 다만 애자일 기법을 적용했을 때의 어려움에는 의견의 차이가 보이는데 특히 프로젝트를 진행하는 과정에서 애자일 기법을 사용하긴 하지만 제대로 적용하지 못한다는 의견 이 공통적으로 그리고 가장 심각한 문제점으로 부각되었다. 그리고 대규모 프로젝트에서 애자일 방법론을 적용하는 것이 어렵다는 점 또한 포함되었다.

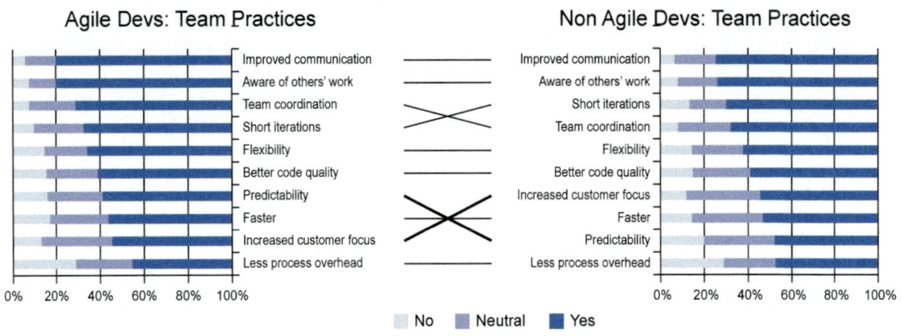

Comparison of perceived benefits between agile and non-agile devs

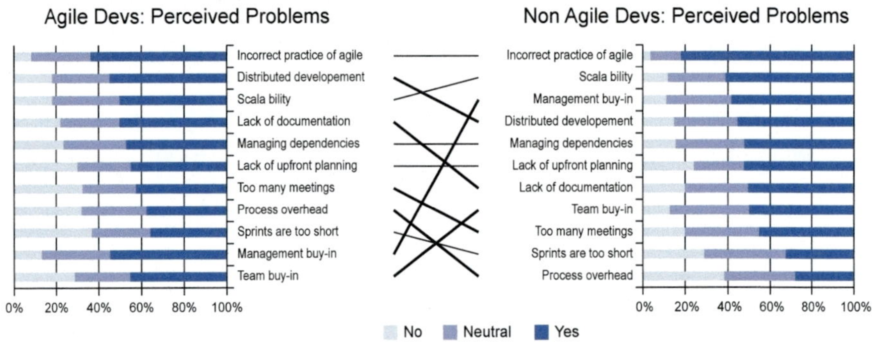

Comparison of perceived problems between agile and non-agile devs

애자일 기법이 효과적으로 사용되기 위해서는 개발팀을 신뢰하고 자율권을 주는 Empowerment and Trust 또한 중요하다. Code review는 개발자 본인이 당연히 수행해야 하는 업무라는 측면도 있지만, 정확하게는 같은 프로젝트에 참여하는 다른 개발자들이 좀 더 효율적으로 일하고 품질이 높은 코드를 개발할 수 있도록 서로 돕는 행위이다. 그런데 승진이나 연봉결정 등 각종 인사고과에 관한 결정에서 팀 동료와 경쟁하여 상대적으로 우수한 성과를 보여야만 인정을 받는 평가제도라면 개발자들이 Code review에 열심을 보이거나 적극적으로 참여할 동기가 적어질 수도 있다. 애자일 기법이 효과적으로 사용되기 위해서는 프로젝트의 관리나 개발자들의 인사고과에 대한 정책 또한 적절하게 시행되어야 한다.

애자일 기법을 효과적으로 적용하기 위해서는 Agile Coach의 역할이 중요하다. 애자일 기법이 좋다고 추천하니 무조건적으로 적용하는 것도 바람직하지 않지만, 애자일 기법이 내게 익숙한 개발방법론이 아니어서 누가 뭐라고 하든 잘 알고 있는 방법론만을 고집하는 것도 건강하고 바람직한 자세는 아니다. 애자일 기법이 근본적으로 추구하는 것은 소프트웨어 개발에 관련된 모든 활동의 생산성을 극대화 할 수 있는 방법이 무엇인지를 고민하는 것이고, 추구하는 목표는 같아도 실제로 실천하는 방법은 조금씩 다를 수 있는 것이다. 특히 애자일기법을 도입하는 초기에는 구성원들에게 애자일 기법에 대한 이해를 돕는 역할과 고객 및 관리자와의 소통의 창구 역할도 맡게 되기 마련이다.

개발팀이 능동적이고 자발적으로(Self-Organizing) 그리고 자율권을 가지고(Self-Managing) 일을 해야 애자일 개발이 성공할 수 있는데, 이를 위해서는 구성원들이 Mentor, Co-ordinator, Translator, Champion, Promoter, 그리고 Terminator의 역할을 잘 나누어 수행해야 한다고 알려져 있다.[26] 개발팀이 애자일기법에 익숙하지 않을 때는 Agile Coach가 대부분의 역할을 수행할 수 밖에 없으나, 애자일 기법의 적용이 성숙한 팀에서는 다른 개발자들도 역할을 나누어서 맡을 수 있다. 예를 들어서, Translator의 역할의 경우 개발팀과 고객 또는 개발자들간의 소통을 원활하게 해 주는 역할인데 상대적으로 개발기간이 짧은 애자일팀에서는 더욱 그 중요성이 강조된다고 하겠다. 그리고 마지막에 언급된 Terminator의 역할은 애자일기법에 적응하지 못하고 팀의 생산성에 부정적인 영향만을 끼치는 개발자를 언젠가는 팀에서 "방출"하는 악역을 담당해야 하는 역할도 필요하다는 것이다. 이러한 개발자들에게도 교육을 통해서 또는 자발적인 노력으로 배우고 변할 수 있는 기회는 충분히 주어져야 하겠지만 어느 순간에는 힘들고 불편한 결정이지만 프로젝트의 성공을 위해서는 결단이 필요한 순간이 있다는 말이다. 애자일기법에 익숙한 조직에서도, 리더십을 가진 Agile Coach가 이러한 역할을 효과적으로 수행할 수 있다는

26. Hoda et al, Organizing Self-Organizing Roles on Agile Software Development Teams, IEEE Transactions on Software Engineering, March 2013

Self-Organizing Agile Team Roles

Role	Definition	Interacts with	New Teams	Mature Teams
Mentor	Guides and supports the team initially, helps them become confident in their use of Agile methods, ensures continued adherence to Agil methods, and encourages the development of self-organizing practices in the team.	Team, (Senior Management)	AC	Anyone
Co-ordiantor	Acts as a representative of the team to manage customer expectations and co-ordinate customer collaboration with the team.	Team, Customers	Dev/ BA/AC	Anyone
Translator	Understands and translates between the business language used by customers and the technical terminology used by the team to improve communication between the two.	Team, Customers	BA	Anyone
Champion	Champions the Agile cause with the senior management within their organization in order to gain support for the self-organizing Agile team.	Senior Management	AC	Anyone
Promoter	Promotes Agile with customers and attempts to secure their involvement and collaboration to support the efficient functioning of the self-organizing agile team	Customers	AC	Anyone
Terminator	Identifies team members threatening the proper functioning and productivity of the self-organizing Agile team and engages senior management support in removing such members from the team.	Team, (Senior Management)	AC	Agil Coach (+whole team)

Agile coach, developers, business analyst.

점을 기억할 필요가 있다.

애자일 개발방법론의 핵심은 소프트웨어 개발 문화를 개선하는데 있다. 많은 조직이 애자일 기법을 전사적으로 도입한다고 하지만, 실질적인 효과를 얻지 못하는 사례가 있다면 아마도 실제 개발자들의 자발적이고 적극적이 참여를 이끌어내지 못하고 겉모습을 흉내만 내는데 그치기 때문이 아닐까 생각된다. 그런 면에서 IEEE Software에 발표된 삼성전자 인도연구소의 경험[27]이 애자일 기법의 도입을 추진하는 많은 조직에 도움이 될 것으로 생각된다. 2014년에 애자일 기법의 적용을 시도했으나 별다른 성과를 내지 못하다가 2020년에 경영진의 전폭적인 지

27. Ebert and Avasthi, Technologies for Agile Teams, IEEE Software, September/October 2022

원과 함께 전담조직을 신설하고 필요한 교육을 제공하고 각 개발팀의 개발성과를 표준화된 지표를 통하여 객관적이고 투명하게 관리하기 위하여 Robotic Process Automation(RPA)라고 불리는 dashboard를 이용하여 각 개발팀의 성과가 쉽게 파악될 수 있도록 하였다. 또한 이 과정에서 개발자들의 적극적인 참여를 이끌어 낼 수 있었고, 개발기간은 8%, 오류는 12%를 줄일 수 있었으며 고객의 만족도와 개발팀의 업무만족도가 10% 또는 그 이상으로 향상되었다고 한다. 애자일 기법의 도입으로 인한 생산성의 개선이 구호에 그치지 않고 실질적인 경쟁력강화로 이어진 성공사례로 다른 조직의 귀감이 될 만하다.

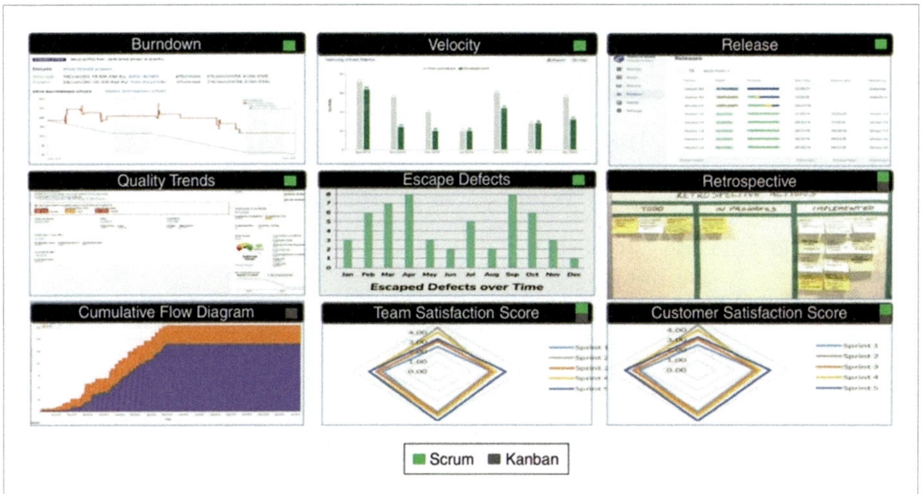

09

소프트웨어개발 프로세스 성숙 모델 CMMI

호텔이나 레스토랑 등 서비스업계는 품질을 정량적으로 나타내는 지표가 잘 확립되어 있다. 호텔은 4성급 또는 5성급 등으로 표시하고, 음식점의 경우도 미슐랭 가이드의 평가는 나름대로의 엄격한 기준을 가지고 정기적인 재심사를 실시하면서 등급을 부여한다고 하는데, 별 1개를 받은 식당과 3개를 받은 식당의 차이를 많은 사람들이 인정한다.

소프트웨어 개발 조직의 역량을 평가하는 성숙도 평가 모델도 이와 비슷하다. 소프트웨어 개발 조직의 역량을 객관적으로 그리고 가능하면 정량적으로 평가하고자 하는 희망은 수요자나 공급자 모두에게 존재한다. 고객의 입장에서는 어느 회사가 소프트웨어 개발 역량이 뛰어난지 알고 싶을 것이며, 이를 프로젝트 선정기준에 포함시키고 싶을 것이다. 공급자의 입장도 마찬가지여서 다른 경쟁자보다 뛰어난 실력을 가지고 있다는 것을 알리고 싶은 욕구가 당연히 존재한다. 공신력을 가진 기관이 인증서를 발행한다면 고객의 신뢰를 더 얻을 것이고 더욱 높은 매출을 올릴 수 있기 때문이다.

소프트웨어 프로세스 개선을 위한 노력이 필요한 이유는 여러 가지로 설명할 수 있겠으나, 이 분야의 연구를 선도한 Humphrey 박사의 이야기를 인용하면 아래와 같다.

"even our finest people can't perform at their best when the process is not understood or operating "at its best." ... "The quality of a product is largely determined by the quality of the process that is used to develop and maintain it." (Watts Humphrey)

소프트웨어 프로젝트의 성공 및 실패를 결정하는 여러 가지 요소가 많이 있는데, 그 중 대표적인 것들로는 개발자의 능력, 적용되는 기술, 그리고 프로젝트가 얼마나 체계적으로 그리고 효율적으로 진행되는가 등을 들 수 있다. 이 중에서 가장 중요한 요소를 선정하는 것은 주관적인 선택이며, 하나같이 다 중요한 요소인 것은 당연하다. 또한 이런 세 가지 요소들이 모든 프로젝트에서 "어느 정도 수준까지는" 갖춰져야만 프로젝트가 실패할 가능성을 낮출 수 있으므로, 프로세스를 개선하려는 노력이 필요한 것이다. 성공의 가능성을 높이기 위한 노력도 의미가 있지만, 실패의 가능성을 줄이기 위한 노력 또한 충분히 가치가 있는 일이다.

미국 국방성은 1980년대 중반에 소프트웨어공학 전문연구소 Software Engineering Institute를 설립하였고 소프트웨어 개발프로세스를 개선하고 조직의 역량 및 성숙도를 측정하는 모델인 Capability Maturity Model(CMM)을 연구하고 발표하였다. 그 이유는 미국 국방성이 세계에서 제일 많은 비용을 소프트웨어구매에 지출하기 때문이며, 소프트웨어 프로젝트의 실패나 지연으로 인하여 엄청난 규모의 비용 손실을 경험했기 때문이다. 첨단무기나 비행기 등에 탑재되는 소프트웨어는 안보역량에도 직접적인 영향을 미치고, 국방예산의 효율적인 사용에도 직결되는 최우선 과제인 것이다. 한 번 선정하고 나면 소프트웨어 개발업체를 쉽게 바꿀 수 있는 것도 아니기에 계약을 체결하기 전에 개발능력을 확인할 수 있는 객관적인 기준이 필요한 것이다.

이렇게 시작된 성숙도 모델은 SW-CMM이라고 불리며, 미국 국방성의 표준으로 자리 잡으면서 방산업체의 소프트웨어 개발역량을 평가하고 각종 무기시스템에 탑재되는 소프트웨어 개발업체를 선정하는 기준으로 사용되었다. 이 연구를 주도한 공로로 Humphrey박사는 민간인이 받을 수 있는 최고등급의 훈장인 National Medal of Technology를 수상하였다.

CMM 외에도 같은 목적으로 개발된 다른 성숙도 평가 모델들도 있는데 대표적인 것이 SPICE(Software Process Improvement and Capability Determination)이다. 그러나 산업체에서 가장 널리 쓰이는 프로세스 성숙도 측정 모델은 CMM으로 생각되며,

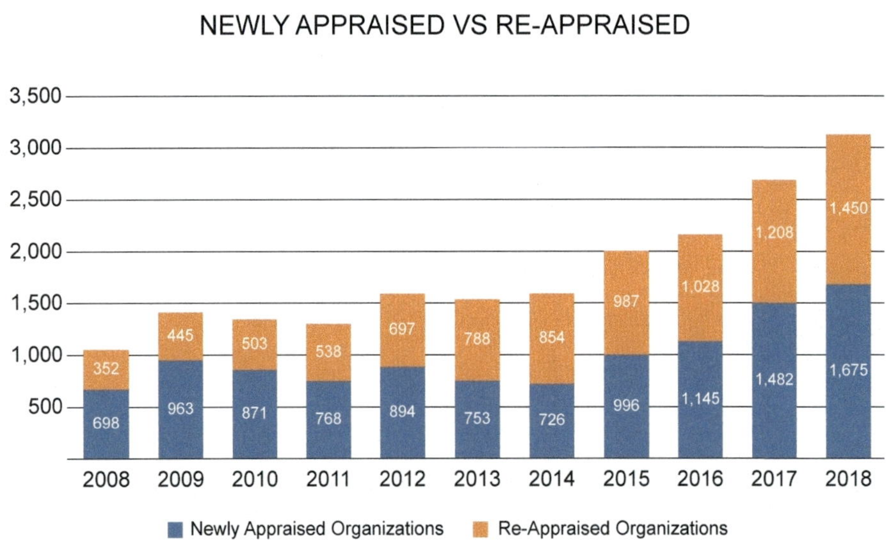

CMMI 기반의 프로세스평가 활용 빈도

미국방성의 지속적인 투자와 연구로 통합모델인 CMMI(Capability Maturity Model Integrated)로 확장되었다. 1990년대 초반까지 SW-CMM 기반의 프로세스 개선 노력은 주로 미국방성에서 프로젝트를 수주하는 방산업체들을 위주로 그리고 국방성의 요구를 만족시키기 위한 노력의 일환으로 진행되었다. 그러나 프로세스개선의 효과가 알려지면서 민간회사에서도 이러한 노력이 자발적이고 광범위하게 전파되었다. 1990년대 초반에는 20~30여개의 회사만이 SW-CMM 기반의 인증을 받다가, 2000년대 초반에는 400~500여개로, 그리고 2019년에는 약 3,000여개 이상의 회사로 확장된 것이 그 증거이다.

CMMI 모델 자체도 오랜 시간에 걸쳐서 확장되어 왔는데 1993년에 발표된 CMM for Software v1.1을 시작으로 2002년 CMMI v1.1으로 통합된 후 여러 번에 걸쳐서 새로운 버전이 공개되었다. 2010년에 CMMI v1.3이 발표되었고, 2018년에는 CMMI v2.0이 발표되었으며, 2020년부터는 CMMI 평가업무가 v2.0기준으로 시행되니, 소프트웨어공학을 공부하는 사람들도 최신 버전의 기준을 이해하여야 한다.[28]

CMMI는 조직의 성숙도를 1단계부터 5단계까지로 정의하고, 각 단계마다 만족해야 하는 핵심역량을 Key Process Area(KPA)로 정의하였다. Level 1은 아무런 KPA가 정의되어 있지 않은데, 이는 최하위 성숙도를 나타내며 실제로는 성숙도에 대한 인증을 받지 못한 것을 나타낸다. Level 2에서는 Managed 단계라고 부르는데 소프트웨어 프로젝트의 기본적인 핵심역량을 갖추었는지 판단하는 것이 주목적이다. 이를 위하여 2단계에서 요구하는 Configuration Management부터 Supplier Agreement Management까지 7개의 KPA를 만족하는 능력을 갖추었음을 관련 자료를 통하여 제시하고 심사를 통과하면 인증을 받게 된다. 마찬가지로 Level 3는

28. 참고로 2013년에 CMMI 관련 업무가 CMMI Institute로 이관되기 전에는 비영리 연구조직인 SEI의 홈페이지에서 관련 자료를 모두 공개하여 유익한 많은 정보에 쉽게 접근 할 수 있었으나 CMMI Institute가 영리를 추구하는 기업인 ISACA의 일부로 인수된 후에는 관련자료 상당수가 유료로 전환되었다.

Name	Abbr.	ML	CL1	CL2	CL3
Configuration Management	CM	2	Target Profile 2		
Measurement and Analysis	MA	2			
Project Monitoring and Caontrol	PMC	2			
Project Planning	PP	2			
Process and Product Quality Assurance	PPQA	2			
Requirements Management	REQM	2			
Supplier Agreement Management	SAM	2			
Decision Analysis and Resolution	DAR	3	Target Profile 3		
Integrated Project Management	IPM	3			
Organizational Process Definition	OPD	3			
Organizational Process Focus	OPF	3			
Organizational Training	OT	3			
Product Integration	PI	3			
Requirements Development	RD	3			
Risk Management	RSKM	3			
Technical Soultion	TS	3			
Validation	VAL	3			
Verification	VER	3			
Organizational Process Performance	OPP	4	Target Profile 4		
Quantitative Project Management	QPM	4			
Causal Analysis and Resolution	CAR	5	Target Profile 5		
Organizaional Perfromance Management	OPM	5			

Target Profiles and Equivalent Staging

추가적으로 만족해야 하는 11개의 KPA가 정의되어 있으며, 어느 조직이 CMMI Level 3 인증을 받기 위해서는 Level 2의 KPA와 Level 3의 KPA에 대한 심사를 모두 통과해야 한다.

프로세스 개선 노력이 널리 확산되기 전인 90년대 초반까지는 Level 3 이상의 인증을 받은 회사가 소수에 불과했으나, 프로세스 개선 노력이 급속도로 확장된 2000년 이후에는 최고 등급인 Level 5를 받은 조직도 적지 않게 배출되어, 현재는 Level 1부터 Level 3까지는 성숙도가 낮은 Low Maturity Organization으로, 그리고 Level 4 또는 Level 5 인증을 받아야 High Maturity Organization으로 분류된다.

CMMI에서는 기존의 SW-CMM과 동일하게 1단계부터 5단계로 조직의 성숙도를 평가하는 "staged" 모델외에도 Process Management, Project Management, Engineering, Support 등의 특정 분야의 성숙도를 측정하는 "continuous" 모델을 별도로 정의하였다. 이러한 시도는 현실적인 이유에서 시작되었는데, "staged" 모델에서 Level 3의 인증을 받기 위해서는 Level 2의 7개 KPA 전체에 대해 인증을 받고, Level 3에서 새로 추가된 11개의 KPA 모두를 만족하여야 한다. 그리고 만일 Level 2 KPA 중에서 하나라도 만족하지 못하면, 나머지 모든 KPA를 만족하여 누가 보기에도 Level 3의 역량을 갖춘 것처럼 보일지라도, 그 기관의 성숙도는 Level 1이 되는 것이다. 그러나 그 기관의 입장에서는 만족시키지 못한 KPA는 역량의 부족때문이 아니라, 조직의 사업특성상 중요하지 않거나 불필요하다고 생각해서 노력을 하지 않은 것이라면 불공평하고 억울하다고 느낄 것이다. 그러나 어떤 기관이 특정 분야에서 프로세스 역량을 개선하는데 노력을 집중하고 싶을 경우, 선별적인 평가를 가능하게 하려고 "continuous" 모델을 정의하고 선택한 KPA에 대해서만 동일한 기준으로 1등급부터 5등급까지의 평가를 받을 수 있도록 하였다.

소프트웨어공학을 처음 배우는 입장에서는 CMMI에 대해 다음의 내용을 이해하면 충분하다.

첫째, CMMI에 포함된 KPA는 소프트웨어공학의 Best Practice를 나타내고 있으므로 핵심개념을 이해하고 어떻게 소프트웨어를 개발하는 업무에 효과적으로 도입할 수 있는지 고민하는 것이 필요하다. Level 2의 KPA는 핵심적이고 기본적인

Best Practice를 나타내고 Level 4 또는 5에서 요구하는 KPA는 고급 소프트웨어공학 Best Practice를 나타낸다고 볼 수 있으므로 먼저 Level 2 또는 Level 3의 KPA를 만족하도록 노력하는 것이 효과적이다.

KPA 핵심개념을 이해하려면 KPA가 제대로 수행하지 못할 경우에 소프트웨어 프로젝트에는 어떤 일이 일어날지 생각해 보아야 한다. Project Planning을 예로 들어서 생각해 보자. 프로젝트가 체계적인 계획에 따라서 수행되는 것이 실패의 확률과 재작업 또한 줄일 수 있으므로 품질과 생산성에도 많은 영향을 미치는 것은 쉽게 알 수 있다. 여행을 할 때도 아무런 계획없이 무작정 길을 떠나는 것이 낭만적으로 보일 수 있으나 제한된 예산과 휴가기간을 고려하면 비효율적이듯 소프트웨어 개발 또한 마찬가지인 것이다. 그렇게 생각하면 Project Planning이 필요하다는 것은 비전문가들도 쉽게 이해하지만, Project Planning은 어떻게 잘하고 있는지를 평가위원들에게 설득할 수 있어야 한다.

Specific Goal and Practice Summary

SG 1 Establish Estimates
- SP 1.1 Estimate the Scope of the Project
- SP 1.2 Establish Estimates of Work Product and Task Attributes
- SP 1.3 Define Project Lifecycle Phases
- SP 1.4 Estimate Effort and Cost

SG 2 Develop a Projet Plan
- SP 2.1 Establish the Budget and Schedule
- SP 2.2 Identify Project Risks
- SP 2.3 Plan Data Management
- SP 2.4 Plan the Project's Resources
- SP 2.5 Plan Needed Knowledge and Skills
- SP 2.6 Plan Stakeholder Involvement
- SP 2.7 Establish the Project Plan

SG 3 Obtain Commitment to the Plan
- SP 3.1 Review Plans That Affect the Project
- SP 3.2 Reconcile Work and Resource Levels
- SP 3.3 Obtain Plan Commitment

구체적인 방법은 SG(specific goal) 그리고 SP(specific practice)로 더 세분화되어 있는데, 소프트웨어 프로젝트의 계획을 체계적으로 하려면 먼저 소프트웨어 개발에 필요할 것으로 예상되는 개발비용 및 기간을 예측하고(SG1, Establish Estimates) 이를 바탕으로 구체적인 계획을 세워야 하며(SG2, Develop a Project Plan) 이에 필요한 자원이나 적절한 인력을 확보했음을 보여야 한다(SG3, Obtain Commitment to the Plan). 각각의 SG를 만족한다는 것을 보여주기 위한 구체적인 요구사항은 SP(Specific Practice)에서 정의하고 있는데, 예를 들어 SG2를 만족시키기 위해서는 SP 2.1(Establish the Budget and Schedule)부터 SP 2.7(Establish the Project Plan)까지의 요구사항을 관련 문서 등의 제시를 통하여 심사를 통과하여야 한다. 예를 들어 SP 2.2(Identify Project Risks)는 프로젝트가 가질 수 있는 위험요소를 확률과 파급영향의 관점에서 분석하여 위험분석이 체계적으로 수행되었음을 보여야 한다.

둘째, 이러한 프로세스 개선의 목적은 소프트웨어의 품질향상과 생산성 개선이라는 원래 목표에 충실해야 한다. 프로세스를 개선하여 소프트웨어의 생산성이나 품질이 좋아지면 자연스럽게 외부에 실력이 알려지게 되기 마련이다. 특정 CMMI level을 달성하는 것 자체가 프로세스 개선의 목표가 되는 것은 옳지 않은 접근방법이라고 생각한다. 프로세스를 개선하여 품질과 생산성을 향상시키는 것이 목적이 아니고 특정 등급의 CMMI 인증을 받는 것만이 주된 목적이라면, 어떻게 최소한의 비용과 노력으로 KPA를 만족시킬 수 있는지 고민하게 될 것이고, 인증과정에서 요구되는 많은 증빙자료를 어떻게 하면 최소한의 노력으로 준비할 수 있을지를 고민하게 될 가능성이 높다. 이러한 인증만을 염두에 둔 노력은 심사를 마치고 인증을 마치면 지속되지 않을 가능성이 높을 것이다.

셋째, 프로세스 개선은 단시간에 완성되는 일이 아니고 또한 경영진의 적극적인 지원과 개발자들의 능동적인 참여가 없이는 달성하기 힘든 일이라는 점을 기억해야 한다. 프로세스 개선은 본질적으로는 일하는 방법 또는 문화를 바꾸는 일이다. 체력이 약하거나 비만정도가 높은 사람을 단기간에 강철체력을 지닌 “몸짱”으로 바꾸는 것이 어려운 것처럼, 소프트웨어 개발의 프로세스 개선 또한 경영진의 전폭적이고 장기적인 지원이 있어야만 가능하다. 이러한 점은 SEI의 자료에서도 잘 나타나 있는데, CMM 도입 초기인 90년대 초반에는 Level 1의 조직이 Level 2 단계로 인증받기 위해 최소 1년 이상에서 길게는 8년 이상 걸린 것으로 나와 있고(그림 12) median값도 39개월이 걸렸다. 물론 프로세스 개선에 대한 인식이 확산되고 전문가들이 배출되면서 중앙값이 22개월로 줄어들었지만, 이 역시 짧은 시간은 아니다. 마찬가지로 Level 2에서 Level 3 또는 그 이상의 단계로 올라가기 위해서는 각 단계마다 median값을 기준으로 20개월, 25개월, 그리고 13개월이 걸렸음을 볼 수 있다, 이를 합하면 적어도 7년이란 시간이 걸린 것이다. 프로세스 개선노력은 경영진의 장기적이고 지속적인 관심과 투자가 없다면 불가능하다. 어떤 등급을 달성했다는 것을 보여주는 것이 프로세스 개선의 주목적이라면 이런 장기적인 투자는 더욱 기대하기 어려운 일이다.

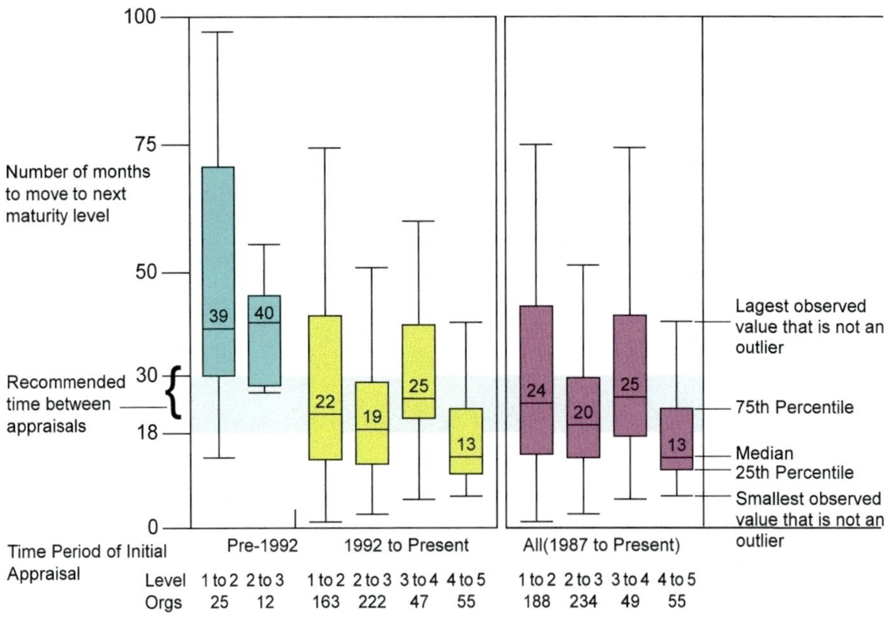

CMMI 등급 향상에 걸린 평균시간

넷째, 프로세스 개선을 효율적으로 진행하기 위해서는 프로세스 전문가 집단의 도움을 필요로 하지만, 이러한 노력이 일반 개발자들의 참여가 없는 "그들만의 리그"가 되어서는 안된다. 그래서 프로세스 개선에 힘쓰는 기업은 프로세스 전문가 그룹을 별도로 운영하고, 프로세스 전문가들은 서로의 경험을 배우고 공유하기 위한 모임에 적극적으로 참여하는 것이다. 가장 대표적인 것이 Software Process Improvement Network(SPIN)이라는 이름으로 각 나라별로 그리고 지역별로 모임을 갖고 경험을 공유하는 모임이다. SEI 또한 별도의 프로세스 개선 workshop을 정기적으로 개최했는데 이제는 CMMI Institute에서 이러한 업무를 수행하고 있다.

프로세스 개선 노력에 대한 산업체의 경험이나 자료들은 매우 긍정적이다. 특정 회사만의 경험이 아니며 많은 회사들이 반복적으로 경험했다는 결과가 SEI에서 2006년에 발표한 보고서[29]에 잘 나타나 있다(표 5). 일정, 생산성, 품질, 고객만족도 등 어느 측면에서 비교해 보아도 프로세스 개선의 효과는 명백하고 의미있는 수준이다. 29개의 조직에서 얻은 자료를 분석해 보면, 소프트웨어 개발비용은 평균적

Performance Category	Median Improvement	Number of Data Points	Lowest Improvement	Highest Improvement
Cost	34%	29	3%	87%
Schedule	50%	22	2%	95%
Productivity	61%	20	11%	329%
Quality	48%	34	2%	132%
Customer Satisfaction	14%	7	-4%	55%
Return on Investment	4.0 : 1	22	1.7 : 1	27.7 : 1

CMMI 기반의 프로세스 개선효과(2006년 발표자료 기준)

29. Gibson et al, Performance Results of CMMI-based Process Improvement, SEI Technical Report CMU/SEI-2006-TR-004, August 2006

으로 34% 정도가 개선되었음을 알 수 있다. 구체적인 수치는 많은 차이를 보이고 있어서 3%밖에 비용개선 효과를 보지 못한 조직도 있고 최대 87%를 줄인 조직도 있다. 투자비용을 효과와 비교해서 산출한 ROI(return on investment)도 4:1로 나타났는데, 이는 프로세스 개선을 위해서 투자하는 비용의 4배에 해당하는 효과를 얻는 것이 가능함을 보여준다.

조직의 프로세스 개선을 위한 노력을 시작하고 이에 필요한 지원을 받기 위해 경영진을 설득해야 하는 입장이라면 이런 자료를 잘 활용하여야 한다. 개발자들도 처음에는 프로세스 개선 노력에 의구심을 가질 수 있고 소극적으로 임할 수 있으므로, 유사한 산업분야(예를 들면 가전, 국방, …) 또는 직접 경쟁하는 회사의 프로세스 개선 노력의 효과에 대한 자료를 구할 수 있다면 효과적으로 사용할 수 있다.

Improvements	Metric	SW-CMM Level 3 1990	SW-CMM Level 4 1995	SW-CMM Level 5 1999	CMMI Level 5 2002
Quality	Defects	600	300	150	51
Productivity	Labor Month	220	280	340	379
Cost & Schedule	Variance	15%	10%	8%	8%
Rework	% of industry average	6%	3%	2%	2%
Reuse	Percent	68%	75%	82%	82%

Lockheed Martin사의 프로세스개선의 정량적 효과

예를 들어 국방분야에서는 Lockheed Martin사의 1992년부터 2002년까지 SW-CMM Level 3로부터 CMMI Level 5 인증을 받기까지 각종 소프트웨어 품질 및 생산성에 대한 자료가 공개되어 있다. 결함의 숫자를 기준으로 측정한 품질은 600개에서 51개로 감소하였고, 소프트웨어 인력이 한 달에 완성하는 프로그램의 길이로

측정하는 생산성은 220줄에서 379줄로 증가하였으며, 재작업의 빈도 또한 6%에서 2%로 감소하였다. 만약 경쟁회사에서 이런 품질과 생산성의 증가를 달성했을 때 이런 결과를 무시할 회사는 없을 것이다.

그래서 프로세스 개선에 관한 이론적인 연구만큼이나 산업체의 사례를 파악하는 것이 중요하다. 또한 각 조직마다 효율적인 프로세스 개선을 위한 구체적인 추진 방법은 다를 수 있으므로 조직에 가장 효율적인 방법을 찾는 노력이 필요하다. 대기업이라면 프로세스 전문 인력을 고용하고, 관련 연구를 자체적으로 수행할 수 있는 장점이 있겠지만, 프로세스 개선문화를 확산하는 것이 쉽지 않을 것이다. 회사내에서 별도의 사업부서마다 약간은 다른 소프트웨어 개발 문화가 존재할 수 있기 때문에 모든 조직에게 한 가지 방법을 예외없이 강요하는 것 또한 효과적이지 못할 것이다. 만일 규모가 작은 회사라면 구성원을 설득하여 자발적인 참여를 유도하는 것은 상대적으로 쉽겠지만 프로세스 개선을 위한 노력에 많은 비용을 투자하기 어렵고, 프로세스 개선 분야의 전문인력을 별도로 고용하는 것이 힘들 수 있다.

프로세스 개선이라는 목적은 동일하지만 산업군에 따라서 가장 널리 적용되는 모델은 다를 수 있다. 소프트웨어 개발프로세스의 개선 모델은 CMMI이 가장 일반적이지만, 자동차 산업에서는 Automotive SPICE(ASPICE) 모델이 가장 널리 쓰인다. CMMI와 달리 ASPICE는 Level 0부터 Level 5까지의 6등급으로 구분되어 있으며, 각 등급의 인증을 획득하기 위해 필요한 요구사항 또한 차이가 있다. 자동차 산업에 필요한 소프트웨어를 개발하는 업체는 CMMI보다는 ASPICE 모델에 대한 분석과 추진계획을 수립하는 것이 더 중요한 것이다. 그러나 핵심적인 내용에는 사실 큰 차이가 없다고 볼 수 있다.

2018년까지의 자료를 바탕으로 작성된 CMMI Adoption Trends라는 발표자료[30]에

30. https://cmmiinstitute.com/resource-files/public/cmmi-adoption-trends-2019-mid-year-update

의하면 CMMI 평가의 대다수는 미국(1385건)이 아닌 다른 나라(4538건)에 속한 기관을 대상으로 행해지고 있으며, 최근에는 중국과 인도에서 활발하게 적용되고 있다고 한다. 그리고 국방이나 정부기관(1344건)보다는 민간분야(4579건)에서 더 활발히 이루어지고 있다.

마지막으로 CMMI 외에도 각국에서는 별도의 프로세스 개선모델이 정의되어 있을 수도 있음을 이해해야 한다. 한국에서는 정보통신산업진흥원의 부설기관인 소프트웨어공학센터에서 프로젝트 관리, 개발, 지원, 조직관리, 프로세스 개선의 5개 영역을 17개의 평가항목 그리고 70여개의 세부적인 평가항목으로 나누어 1등급부터 3등급까지 서류심사 및 면접심사를 통하여 인증서를 발급한다. 이는 SW기업 및 개발조직의 SW 프로세스 역량수준을 심사하여 등급을 판정하는 제도이며, 국내 SW 기업의 프로세스 품질 향상과 신뢰성 향상을 목적으로 제정되었다.

10

Erricsson의 프로세스 개선 노력 사례

Borjesson 과 Mathiassen[31]은 1995년부터 2001년 사이에 Ericsson에서 수행된 18개 프로젝트에서 경험한 다양한 프로세스개선 노력에 대한 경험을 분석하여 발표하였다. 프로세스 개선의 효과는 Practice Pull로 표현된 개발자들의 프로세스 개선에 대한 지식과 참여도 그리고 Process push로 표시되는 지원조직의 전문성과 참여도에 따라서 결과는 판이하게 달라질 수 있다는 현실적인 인식과 함께 다양한 경험을 4가지로 요약하여 설명하고 있다.

Dead-end Street은 개발자들의 참여도도 낮고 프로세스 개선에 대한 관리층의 지원도 약해서 현실적으로 개선효과를 기대하기 힘들었던 프로젝트들이다. 정반대의 경우는 Highway라고 표시되어 있는데, 개발자들도 프로세스 개선에 대한 지식도 풍부하고 적극적인 참여의사를 보이며, 프로세스개선팀의 지원이나 전문성 또한 우수한 모범적인 사례이다. 결과가 충분히 예상되는 위의 두 경우에 비해서, 더욱 지대한 관심을 가지고 보게 되는 경우는 Practice pull 또는 Process push가 한쪽은 높고, 안타깝게도 다른 쪽은 낮은 경우일 것이다.

31. Anna Borjesson, Lars Mathiassen, Successful Process Implementation, IEEE Software, July/August 2004

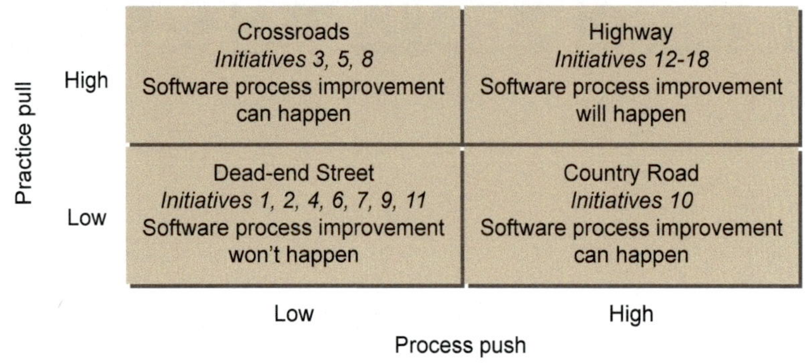

Four roads to process implementation

Country Road로 표시된 경우는 개발자들은 프로세스 개선에 대한 참여의지나 전문지식이 부족한 상태라서 개발자들이 소극적이고 수동적으로 참여할 것으로 짐작되는 데 반해서, 관리자층에서는 적극적인 프로세스 개선을 위한 의지를 갖고 있는 경우이다. 반대로 Cross Road의 경우는 개발자들은 적극적인데 반해서 프로세스 그룹이나 관리층의 지원은 소극적인 경우로 둘 다 현장에서 자주 경험하게 될 만한 상황이다. 이 경우 프로세스 개선의 노력은 성공하는 경우도 또는 실패하는 경우도 있을 것이므로 Software process improvement can happen이라고 표시하였다.

process push를 할 수 있는 위치에 있는 경영자나 임원의 입장에서는 실제 프로세스 개선 노력에 함께 동참하고 실제 변화를 이끌어 낼 입장에 있는 개발자들이 프로세스 개선의 노력에 소극적이거나 저항하는 경우에 — Country Road로 표시된 환경에서 — 어떻게 하면 실무진들을 효과적으로 설득하고 변화를 주도할 수 있을지를 고민해야 한다. 직위가 가지는 권한을 사용하고 지시를 통하여 어느 정도의 효과를 기대할 수는 있으나 만족할 만한 수준은 아닐 것이다. 그렇다고 개발자들의 태도가 바뀔 때까지 무한정 기다릴 수도 없는 노릇이므로 적절한 수준의 "당근과 채찍"을 사용하는 전략이 필요한데 이를 달성하기 위한 효과적인 전략에 대한 고민이 필요할 것이다.

반대로 Cross Road인 경우는 개발자들이 적극적이지 않은 임원이나 경영진을 어떻게 설득하여 프로세스 개선노력에 관심을 갖게 하고 필요한 지원을 이끌어 낼 수 있는지를 고민해야 할 것이다. 경영진의 지원없이 실무자들의 자발적인 노력으로도 어느 정도의 개선효과를 만들어 낼 수 있을 지도 모르나 장기적인 관점에서 본다면 지속 가능하지 않을 가능성이 높을 것이다. 처음부터 전폭적인 지지를 얻어내는 것은 현실적으로 기대하기 힘들 수 있으므로, 어떻게 하면 최소한의 지원이라도 받을 수 있을지, 그리고 어떤 방법으로 투자대비 효과를 잘 보여줄 수 있는지, 그리고 그런 자료를 바탕으로 더 적극적인 지원을 이끌어 낼 수 있는지에 대한 효과적인 전략을 생각해 보아야 한다.

분석의 대상이 되었던 18개의 프로젝트중에서 일부 (예를 들어서 1, 4, 9, 11번) 프로젝트는 한 번의 개발 프로세스를 마치고 종료가 되었으나, 일부는 (예를 들어서 2, 3, 6, 7,10번) 두 번째 iteration을 준비하는 과정에서 중단되었다고 한다. 일부 프로젝트는 여러 번 반복되는 과정에서 프로세스 개선 노력이 지속되었는데, 14, 15, 18번 프로젝트의 경우는 4번의 full cycle을 반복하였고, 13번 프로젝트는 5번을 마치고 6번째 cycle을 준비하는 과정까지 거쳤다는 뜻이다. 또한 프로세스 개선의 효과(implementation success)도 나타내고 있는데 1, 4, 9, 11번 프로젝트의 경우 개발자나 관리자의 전문성이나 참여도가 둘 다 낮은 Dead-end Street으로 명명된 프로젝

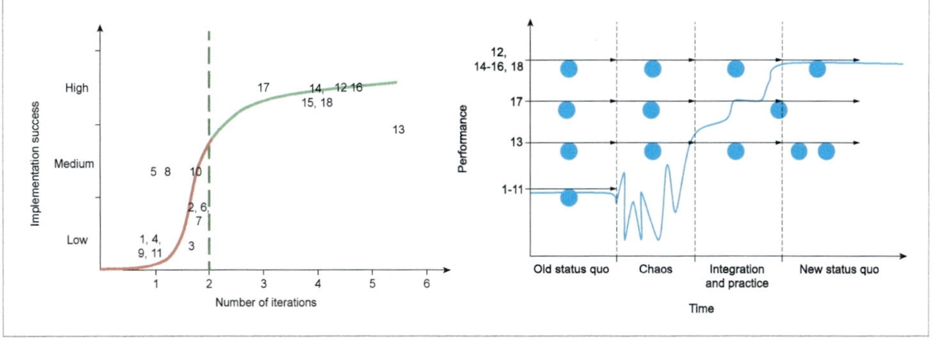

트였기 때문에 효과 또한 미미한 것으로 조사되었다. 그러나 일부 프로젝트의 경우 (예를 들어, 5, 8, 10번) 개선의 효과는 어느 정도 의미있는 (medium) 효과를 얻었으며, 12번부터 18번까지의 프로젝트는 여러 번의 cycle을 반복하도록 프로세스 개선 노력도 있었고 또한 Highway로 표시된 프로젝트인 만큼 효과 또한 높았다는 점을 보고하고 있다.

프로세스 개선의 핵심은 일하는 방법을 바꾸는 것이니 단기간에 완성할 수 있는 작업이 아니다. 기존에 일하는 방법 (old status quo)를 바꾸는 과정에서 어느 정도의 혼란 (chaos)은 당연히 생기고, 개선된 방법을 기존의 일하는 방법에 접목시키는 과정 또한 어느 정도의 시간과 함께 경험을 통해서 배우게 된다(integration and practice). 그리고 이렇게 개선된 방법이 기존의 일하는 방법을 대체하는 new status quo로 자리잡는 과정을 거치게 되는데, 이러한 각각의 단계를 넘기 위해서는 프로젝트를 한 번씩 반복하는 만큼의 시간을 필요로 한다는 것이다. Ericcson의 경험에 의하면 한 번 이상의 cycle을 반복했던 12번부터 18번까지의 프로세스 개선노력을 분석해 보면 chaos, integration and practice, 그리고 new status quo로 연결되는 각 단계로 진화하는 과정에서 약간의 진도차이는 있지만 거의 모든 단계에서 한 cycle이 필요했음을 보여주고 있다. 그리고 17번 프로젝트는 새롭게 일하는 방법이 정착하는데 다른 프로젝트에 비해 조금 더 긴 시간이 소요되었다는 것을 나타내고 있다. Ericsson에서 프로세스 개선을 위한 노력을 했던 연구자들이 배운 교훈을 요약하면 다음과 같다.

- **Focus on implementation**: implementation은 소스코드의 구현이 아니라 프로세스 개선전략의 구현 또는 추진을 의미하는데, 소프트웨어개발을 체계적으로 하듯이 프로세스 개선 노력 또한 같은 방식으로 접근해야 한다는 것이다.
- **Take the highway**: 프로세스 개선에 관한 당사자 (stakeholder)의 적극적인 참여를 유도하는 것이 제일 중요하며, 이는 일하는 방법을 바꾸고 개선하

는 목적이지만 정확하게는 조직의 문화를 바꾸는 일이므로 개발자외에도 middle-level 그리고 senior management를 설득하는 것도 매우 중요하다는 뜻이다. 특히 개발인력과 지원 인력의 운용에 결정적인 영향을 미치는 upper management의 설득은 프로세스 개선에 필수조건이다.

- **Iterate, iterate, iterate**: 개선되고 향상된 것으로 생각되는 방법도 실제로 적용해 보기 전에는 효과를 알 수 없는 것은 당연하므로 장기적인 안목과 투자가 핵심이다.
- **Expect chaos**: 저자들은 일하는 방법을 바꾸는 과정이 순탄하지 않을 수도 있고, 당연히 거쳐야 할 과정이라고 조언한다. 특히 12번의 프로젝트를 예로 들어서 설명하고 있는데, 결과로만 놓고 보면 매우 만족할만한 결과를 얻었으나 그 과정은 결코 순탄하지 않았고, 시행과정에서 많은 논란과 개발자들의 저항을 경험했다고 토로하고 있다.
- **Organize dedicated initiatives**: 프로세스 개선을 위한 전담조직을 두고 회사 전체의 프로세스 개선을 위한 추진전략의 수립부터 실제 집행과정에서의 기술지원까지 전담하는 경우가 일반적이다. 이 경우 프로세스 개선 조직은 많은 프로젝트를 동시에 지원해야 할 가능성이 높으므로 제공되는 지원 또한 일반적인 내용을 설명해 주는 정도에 그칠 수 밖에 없고, 이는 개발자의 입장에서 본다면 원론적인 이야기를 반복적으로 듣는데 그칠 수 있다. 그러므로 작은 규모라도 각 프로젝트에 전담된 그래서 도움이 필요하면 언제든지 필요한 지원을 해 줄 수 있는 전담조직이 더 필요하다는 주장이다.

Ericsson의 프로세스 개선노력과 경험은 다른 조직에서 참고할 만한 가치가 있지만, 모든 기관이 똑같이 반복해야 할 이유는 없다. 각 기관은 Ericsson을 비롯한 타 기관에서의 경험을 통해서 자신의 조직에 제일 잘 맞을 거라고 생각되는 방법을 결정해야 한다. 그러나 이러한 추진전략을 trial-and-error만으로 배울 수는 없고 효과도 낮으므로 타 기관의 성공 및 실패 사례를 통해서 배워야 하는 것이다.

11

프로세스개선 노력은 개발자들에게 어떤 영향을 미칠까?

프로세스 개선 노력이 소프트웨어의 품질과 생산성을 향상시키는데 도움이 된다는 점에는 이견이 별로 없을 것이다. 그리고 프로젝트 매니저를 포함한 경영진의 전폭적인 지원과 강조가 필수적인 성공요인일 것이다. 그래도 프로세스개선 노력은 일반적으로 "관리자에 의한, 관리자를 위한" 노력으로 오해될 수 있는 것 또한 사실이다. 개발자도 프로세스 개선노력의 목표나 취지에 적극적으로 공감하고 참여해야 당연하겠지만, 개발자의 입장에서만 일하는 방법을 개선하는 노력이지만 귀찮은 문서화 작업등이 증가하며 업무 강도가 증가하는 변화로 비쳐질 수 있는 것 또한 사실이다.

그렇다면 프로세스 개선노력이 실제 개발자들이 일하는 방식에 어떤 영향을 미쳤을까? 이 질문에 대한 답을 2012년에 ICSE에 발표된 Lavallee과 Robillard의 논문[32]을 분석하면 어느 정도 답을 얻을 수 있다. 2000년부터 2010년 사이에 학술대회나 Empirical Software Engineering, IEEE Transaction on Software Engineering 등 저

32. Mathieu Lavallee and Peirre N. Robillard, The impacts of Software Process Improvement on Developers: A Systematic Review, International Conference on Software Engineering, 2012

명한 소프트웨어공학 저널에 발표된 사례를 분석하여 프로세스개선 노력에 대하여 개발자들이 어떤 영향을 끼쳤는지를 다음의 7가지 관점에서 분석하였다.

항목	
Motivation and Resistance	어떻게 개발자들에게 프로세스 개선에 대한 동기부여가 가능할지? 개발자들의 "저항"은 어떤 형태로 그리고 왜 나타나는지?
Technical Focus	관리자들이 개발자들의 기술적인 작업에 관여하는 경우가 증가하는데 어떤 영향이 있는지?
Documentation	증가하는 문서화 작업은 얼마나 되는지? 이에 대한 개발자들의 반응은?
Knowledge Sharing	프로세스 개선노력이 팀워크에 미치는 영향은? 개발팀의 소통에 미치는 영향은?
Effort and Morale	SPI가 실제 업무시간에 미치는 영향 및 이에 따른 개발자들의 만족도에는 어떤 영향을 미치는지?
Skills	SPI가 성공하려면 어떤 요소가 필요할까?
Requirements and Clients	SPI가 고객과의 관계에는 어떻게 작용할까?

이러한 질문에 대해 모든 경우에 항상 맞는 답은 없을 것이다. 프로젝트에 따라서, 적용되는 도메인에 따라서, 소프트웨어가 개발되는 조직의 일하는 방법과 문화에 따라서, 구체적인 결과는 항상 다를 수 밖에 없기 때문이다. 그러나 여러 조직에서 경험한 긍정적이거나 부정적인 경험을 참고하면서, 각 조직에서는 어떻게 하면 긍정적인 경험을 극대화 할 수 있을지 그리고 일부 조직에서 경험했다는 부정적인 영향을 어떻게 하면 줄일 수 있을지를 고민하는 것은 꼭 필요하고 유익한 작업이라 하겠다.

- **Motivation and Resistance:** 아무리 프로세스 개선을 통해서 추구하는 목표에 공감해도, 익숙한 방법으로 일을 하던 개발자들에게 어떤 식으로든 일하는 방법을 바꾸는 일은 심리적으로 매우 부담이 되는 일인 것은 당연

하다. 개발자의 입장에서는 본인의 업무능력의 평가에 늘 민감할 수 밖에 없고, 승진이나 연봉협상등 모든 면에서 직접적인 영향을 받으므로 본인에게 아직은 익숙하지 않은 방법을 도입하기 전에 사전교육을 통해서 교감을 이루는 것이 매우 중요하다. 이를 awareness training으로 표현했는데, 프로세스 개선을 시도하고자 하는 조직에서 꼭 명심할 일이다. 또한 CMMI 4단계에서 요구되는 정량적인 수치에 의한 프로젝트 관리가 일어나기 전에도 이전과 비교하자면 프로젝트 및 프로세스에 관련된 지표의 수집이 증가할 것은 당연하므로 어떤 지표를 측정할 것인지, 왜 이런 지표가 필요한지, 그리고 이런 지표가 개발자들에게 지나친 업무의 부담이 되지 않도록 하는 것이 중요하다. 또한 이러한 지표들이 개발자들의 업무능력 및 결과를 판단하는데 있어서 공정성이 보장되리라는 설득이 꼭 필요하다. 또한 개발자들이 중요하게 생각하는 지표와 — 소프트웨어의 품질 및 상호운영성 등 — SPI에서 추구하는 목표가 일치하지 않을 수 있다는 점도 고려해야 한다.

- **Technical Focus**: 가장 중요한 점은 프로세스 개선이 실제로 제품의 품질 향상 그리고 더욱 중요하게는 조직의 수익향상(e.g., business goals)에 기여할 수 있어야 한다는 점이다. 그렇지 않으면 프로세스 개선노력이 방향을 잃을 수 있고, 특정 CMMI 등급 인증을 획득하는 것이 목표가 될 수 있다는 점이다. 또 다른 우려는 소프트웨어 개발과정에서 경험하게 되는 많은 어려움중 상당수는 (소개된 연구결과에 의하면 절반까지도) 기술적인 문제로 발생한 것이 아니라 조직차원에서의 관리상의 문제인데 프로세스 개선노력은 이런 문제를 개선할 수 없다는 점이다. 또한 프로세스 개선 노력은 주로 개발자들만이 개선 또는 혁신의 대상이 되는 것으로 비쳐질 수 있다는 점도 기억해야 한다.
- **Documentation**: 프로세스 개선노력이 문서화의 증가로 나타나는 것은 전반적인 추세인데, 이는 개발자들에게 상당한 부담이 되는 것이 사실이다.

일부 논문[33]에서는 문서화에 따른 업무량의 증가가 35%까지도 된다고 하니 현실적으로 개발자들이 프로세스 개선에 대해 부담을 갖게 될 것이다. 개발팀의 규모가 상대적으로 작은 프로젝트에서는 더욱 그러할 것이다. 적절한 수준의 문서화 노력은 소프트웨어의 유지 및 개선에 꼭 필요한 것이지만, 결과적으로 개발과정에서 생성되는 문서화 작업이 좀 더 체계적으로 그리고 제대로 정리되는 것이 실제 소프트웨어의 품질과는 관련이 없을 수도 있다는 것이다. 즉, 문서화에 대한 강조가 개발자들에게는 피부에 와 닿지 않는 귀찮은 작업의 증가로만 여겨지는 경우 개발자들의 업무에 대한 동기부여에서도 부정적인 영향을 미칠 수 있음은 당연하다. 또 하나, 소프트웨어 개발에서 애자일 방법론이 많은 관심을 받고 적용되고 있는데, 애자일방법론에서 추구하는 목표와 프로세스 개선 특히 문서화 작업의 증가 부담이 어떻게 슬기롭게 조화될 수 있는지 분석해 보고 적절한 조화를 이룰 수 있어야 한다.

- **Knowledge sharing**: 프로세스 개선과정에서 팀워크가 개선되고 소통이 효율적으로 일어나면 개발자들간의 지식과 경험의 공유가 증가하고 이는 문서화 하는 작업을 감소하는 효과도 있다고 알려져 있다.
- **Effort and Morale**: 프로세스 개선으로 인하여 일하는 방법이 좀 더 체계적이고 조직적으로 수행될 수 있다면 개발과정에서 발생하는 위기상황을 아무래도 덜 경험할 것이고 이는 개발자들에게는 일과 삶의 균형을 맞출 수 있는 효과가 있으므로, 업무에 대한 만족도 또한 향상될 것이다. 그러나 프로세스 개선노력에 대한 적절한 지원이 없다면 — 사전교육이나 증가되는 문서화 작업에 도움을 줄 수 있는 추가 인력의 배정등 — 오히려 역효과를 유발할 수도 있다.

33. H.K.N. Leung and T.C.F. Yuen, A process framework for small projects, Software Process: Improvement & Practice, vol 6, no 2, 2001

- **Skills**: 개발자들에게 프로세스 개선에 대한 교육을 제공하여 이해도를 높이는 것이 중요하다.
- **Requirements and Clients**: CMMI 2단계에서 요구되는, 그러니까 프로세스 개선노력에 제일 먼저 필요한, 체계적인 요구사항의 관리가 개발자나 관리자들에게는 가장 직접적으로 느껴지는 프로세스 개선의 효과이며, 소프트웨어의 유지보수 과정에서 어려움을 유발하는 주요 요인으로 요구사항에서의 문제가 지적되었다.

이를 종합하면 프로세스 개선노력이 개발자들의 적극적인 지지와 능동적인 참여가 성공에 필수적인 요소이며, 관리자와 개발자가 함께 참여하는 WIN-WIN 전략으로 인식되어야만 성공적으로 정착될 수 있음을 알 수 있다.

12

요구사항을 체계적으로 분석하는 방법은?

소프트웨어공학의 전 개발단계가 다 중요하지만, 요구공학 단계는 특별히 조금 더 잘해야 한다는 생각이다. 프로젝트에 따라 다르겠지만, 일반적으로 소프트웨어 개발에 필요한 비용을 100으로 놓고 본다면 사실 요구사항 분석이 차지하는 비중은 10% 정도이며 그 미만인 경우도 흔할 것이다. 그럼에도 불구하고 요구 공학을 잘해야 하는 이유는 요구사항을 조기에 그리고 제대로 파악하지 못하면 프로젝트에 미치는 부정적인 영향이 심각할 수 있고 그로 인해 발생하는 추가비용이 무척 크기 때문이다. 개발자의 입장에서는 유용한 기능이라고 판단하고 힘들게 구현해서 출시했는데, 고객들의 반응이 시원치 않아서 매출로 연결되지 않으면 아무리 훌륭한 소프트웨어라도 제 역할을 다 했다고 할 수 없는 것이다.

또한 틀린 요구사항을 바로잡아서 제대로 구현하려면 추가비용이 발생하며, 변경된 요구사항은 다른 기능에도 영향을 미칠 가능성이 있기 때문이다. 요구사항이 틀렸다면 디자인도 변경되어야 하는 경우도 있을 것이며, 테스트케이스 또한 수정되거나 새로 만들어야 한다. 일부의 테스트케이스는 더 이상 유효하지 않을 수 있으므로 확인하고 삭제되어야 한다. 이러한 모든 일이 자동화 되어 있는 것이 아니고 대부분 개발자나 테스트 엔지니어의 수작업을 필요로 한다면 비용은 더욱 많이 들고 지루한 작업이 될 것이다.

요구사항은 경우에 따라서 개발자들이 직접 결정하는 경우도 있지만, 더 흔한 경우는 customer 또는 stakeholder라고 부르는 "고객"의 요구사항으로부터 결정되기도 한다. 전자제품을 만드는 회사의 경우, 마케팅부서나 상품기획팀이 고객의 역할을 수행하여 새로 출시되는 냉장고의 모델에 포함될 소프트웨어 기능으로 각종 요리의 레시피를 검색해주고 요리과정을 동영상으로 보여주도록 요구할 수도 있겠다. 또는 냉장고에서 떨어진 음식을 자동적으로 판단하고 주문하는 기능을 요구할 수도 있겠다. 외부의 다른 회사가 고객인 경우도 흔할 것이다. 셋탑박스를 개발하는 회사의 입장에서는 케이블방송 사업자가 고객이 되어 방송표준에서 정의된 기능 외에도 각 케이블 사업자가 추가로 요구하는 특정기능을 구현해야 할 것이다.

산업체에서 널리 사용하는 요구사항을 기록하는 방법은 한국어나 영어 등 자연어를 사용하는 것이 일반적인데, 이러한 추세는 미래에도 크게 변하지 않을 것이다. 익숙하고 편하기도 하지만, 가장 큰 현실적인 이유는 더 좋은 대안이 별로 없기 때문이다. 정형 명세 및 검증 기법을 연구하는 사람들은 시스템이 크고 복잡할수록 정형 명세나 모델링 기법을 이용해서 정확성과 완전성을 추구해야 한다고 주장할 수 있고, 정형명세 언어를 사용하면 코드를 자동으로 생성할 수 있는 가능성도 있고, 테스트케이스도 자동으로 생성할 수도 있는 여러 가지 장점이 있다고 주장할 것이다. 일리가 있는 주장이지만, 정형 명세나 모델링의 경우, 높은 전문성을 요구하기에 이런 작업을 제대로 수행할 수 있는 인력이 많지 않다는 것 외에도 일부의 경우에는 명세나 모델링 언어가 시스템이 가지고 있는 복잡도를 제대로 지원하지 못한다는 현실적인 제약 또한 존재한다.

일상생활에서 자주 사용하는 엘리베이터 제어 소프트웨어의 요구사항을 예로 들어 생각해 보자. 10층짜리 아파트에 설치된 한 대의 엘리베이터를 생각해 보면 요구사항을 자연어로 기술하는 것은 그리 어렵지 않아 보인다. 어느 방향이든 요청이 있는 마지막 층까지 이동하는 동안, 중간에 멈춰야 하는 층이 있다면 정지하고, 이동하기 전에는 항상 엘리베이터 문이 닫힌 것을 확인하고 탑승인원이 안전기준을 초과하지 않은 것을 확인한 후에 다음에 멈춰야 하는 층까지 이동하여 엘리베이터 문을 열면 되는 것이다. 그리고 이 작업을 반대방향으로 반복하면 되는 것이다. 이렇게만 생각하면 요구사항을 기술하고 정리하는 것이 너무도 쉽게 보일 수 있지만 실제로는 엘리베이터의 종류도 너무도 다양하여 운행에 관련된 사용자의 입력을 처리하는 기능은 전체 소프트웨어의 입장에서는 빙산의 일각인 경우가 많다. 수많은 예외상황이나 비상상황에 대비할 수 있어야 하고, 이에 대한 적절한 기능이 구현되어 있어야 한다. 한 두가지만 생각해 본다면 다음과 같다:

- 미리 설정한 강도 이상의 진동이 감지되면 어떻게 해야 하나? 즉시 운행을 멈추어야 하나? 아니면 가장 가까운 층까지 이동한 후에 멈춰야 할까? 아니면 미리 정해진 속도로 감속하면서 서서히 멈춰야 할까? 모든 경우에 적합한 정답은 없을지도 모른다. 즉시 멈춘다면 두 개 층 사이에서 멈출 가능성이 있고, 승객의 탈출이 불가능할 수도 있을 것이다. 가장 가까운 층에서 멈추기 위해서는 어쩌면 승강기가 급속하게 감속해야 할 수도 있고, 이는 탑승객의 부상으로 이어질 수도 있을 것이다. 서서히 멈추도록 한다면 계속되는 진동으로 인하여 어쩌면 더 큰 사고로 이어질 수도 있을지도 모르겠다.
- 그 외에도 엘리베이터의 안전을 확보하기 위해서는 여러 가지 센서가 건물과 승강기 장치 등에 설치되어야 하고, 이러한 센서의 입력으로부터 발생하는 신호를 처리해서 적절한 시간 내에 대응해야 한다.

엘리베이터를 생산하는 유명한 회사의 연구원에게 1990년대 후반에 들었던 이야기가 생각난다. 엘리베이터 제어 소프트웨어가 약 20여개의 병렬 프로세스(스레드)로 구성되어 있고, 각종 센서에서 발생하는 신호에 따라 인터럽트를 처리하는 식으로 소프트웨어를 구성했는데, 엘리베이터 내부나 각 층에 있는 버튼의 조작

명령을 처리하는 스레드는 20여 개 중에서 2개 정도에 불과하다고 했다. 나머지는 지진, 진동 등 여러 가지 발생할 수도 있는 각종 예외 및 재난상황에 대비하기 위한 로직으로 구성되어 있다는 것이었다. 물론 1990년대의 엘리베이터 제어 소프트웨어와 현대의 시스템은 많이 달라졌을 것이고, 더 복잡하고 정교한 제어가 요구될 것이다.

100층 가까운 고층빌딩의 스카이라운지로 승객을 태워다 주는 초고속 엘리베이터의 요구사항과 수술을 받은 환자를 병실로 이송하는 엘리베이터의 요구사항이 같을 수 없다. 전자가 안전하게 그러나 가능한 빨리 이동하는 것이 제일 중요한 요구사항이라면, 병원의 엘리베이터는 운행 중의 미세한 진동까지도 얼마나 최소화하면서 이동할 수 있는지가 가장 중요한 요구사항이고, 이런 차이로 세부 요구사항은 물론 소프트웨어 설계 또한 완전히 달라질 수 있다.

여러 대의 엘리베이터가 설치된 고층의 건물에서 엘리베이터의 운행에 필요한 전력의 사용량을 최소화하고 엘리베이터를 기다리는 사람들의 대기시간을 최소화하고자 한다면 요구사항은 많이 달라질 뿐만 아니라 훨씬 복잡해진다. 여러 층에서 눌려진 요청을 분석해서 최적화된 동선을 계산해야 한다. 최근에 설치되는 엘리베이터에는 특정 층에 대한 요청을 취소할 수 있는 기능이 흔히 제공되는데 이에 따라 전체적인 엘리베이터의 최적화된 운행 요건이 수시로 변경될 수도 있고, 이런 기능까지 포함시키려면 구체적인 요구사항은 점점 더 복잡해진다. 추가로 보안 요구사항을 생각할 수도 있는데, 출입카드 등을 이용하여 인가를 받은 사람만이 버튼을 누를 수 있거나, 현재 어느 엘리베이터가 어느 층에 있는지를 외부에 있는 사용자들이 모르게 운행하고 싶다면 추가적인 요구사항이 발생한다.

중요한 것은 시스템이 만족해야 하는 기능적인 요구사항 외에도 비기능적인 요구사항이 무엇인지 그리고 발생 가능한 그래서 소프트웨어에 구현되어야 하는 예외상황들에 대해서 얼마나 충분한 분석이 되어 있는가 하는 것이다. 산업체의 경험은 대부분의 요구공학 과정에서 발생하는 오류는 비기능적인 요구사항 또는 예외 상황을 제대로 처리하지 못하는 실수 때문에 발생한다고 한다. 비기능 요구사항은 흔히 품질속성이라고 하는데, 기능 요구사항과 비기능 요구사항을 나누는 명확한 기준은 없다.

그렇다면 이러한 요구사항을 가능한 빠짐없이 정확하고 일관성 있게 정의하기 위해서는 어떻게 해야 할까? 한 가지 정해진 답이 있는 것은 아니겠으나, Alexander[34]는 다음의 10가지 단계를 추천하고 있다.

Step 1 Mission과 scope 식별

소프트웨어가 만족해야 하는 목표 및 범위를 정하는 단계이다. 소프트웨어가 처리해야 하는 외부의 입력이 어떤 것들이 있는지, 주요한 기능은 무엇인지, 그리고 소프트웨어가 생성하는 출력은 무엇이 있는지 파악하는 것이 요구사항을 분석하기 위한 첫 단계이다. 예를 들어 119 호출 등 응급상황시 구급차의 출동을 결정하는 과정에 사용되는 시스템이라도, 어느 앰뷸런스가 출동할지 자동으로 결정하는 시스템의 요구사항과 현재 가용한 구급차가 어디에 얼마나 있는지를 알려주는 시스템의 요구사항은 많이 다를 것이다. 소프트웨어가 처리해야 하는 입력과 출력 그리고 기능의 범위가 먼저 명확하게 정의되지 않는다면 구체적인 요구사항의 논의는 현실적으로 불가능하다.

소프트웨어가 만족해야 하는 목표 및 범위를 기술하기 위하여 UML(Unified Modeling Language)에 정의된 여러 가지의 diagram 중 하나인 use case diagram이 제일 흔히 쓰이는데, 다음 그림은 그 예제이다.

34. Alexander, 10 Small Steps to Better Requirements, IEEE Software, March/April 2006

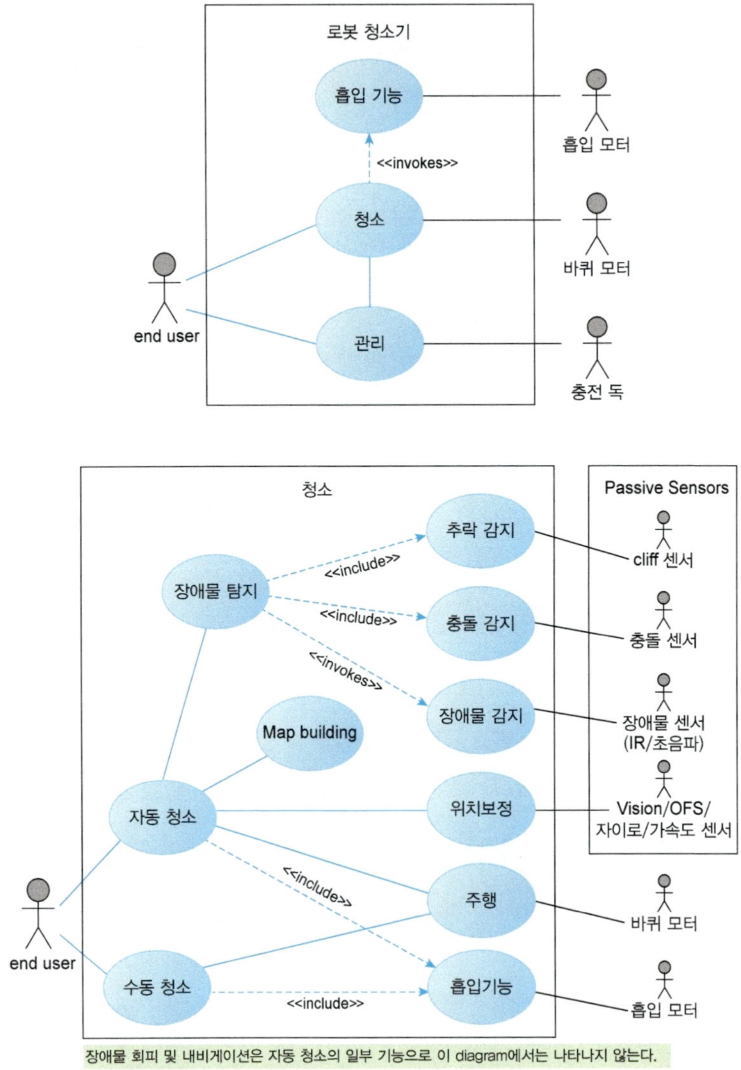

로봇 청소기 소프트웨어 Use Case Diagram의 예제

이 예제는 로봇청소기에서 필요한 소프트웨어의 주요 기능을 소개하고 있는데, 하나의 use case diagram으로 소프트웨어 기능을 전부 보여주는 것이 너무 복잡해지는 경우 일부 기능에 대해서 별도의 diagram을 계층적으로 표현할 수도 있다. 흔

히 input actor는 왼쪽에, output actor는 오른쪽에 표시하지만 정해진 문법은 아니다. 이 예제는 장애물 탐지 기능을 수행하기 위하여는 추락감지, 충돌감지 및 장애물감지 기능이 포함된다는 것을 《include》라는 관계를 통해서 보여주고 있는데 《include》 외에도 《extend 》 또한 자주 사용된다. Use case diagram이 소프트웨어가 제공하는 기능이 어떤 것인지에 대한 개념적인 정보는 얻을 수 있을지 몰라도 자세한 명세는 아님을 기억해야 하며 각각의 기능은 use case description이라는 별도의 양식으로 된 명세에 자세하게 서술하게 된다.

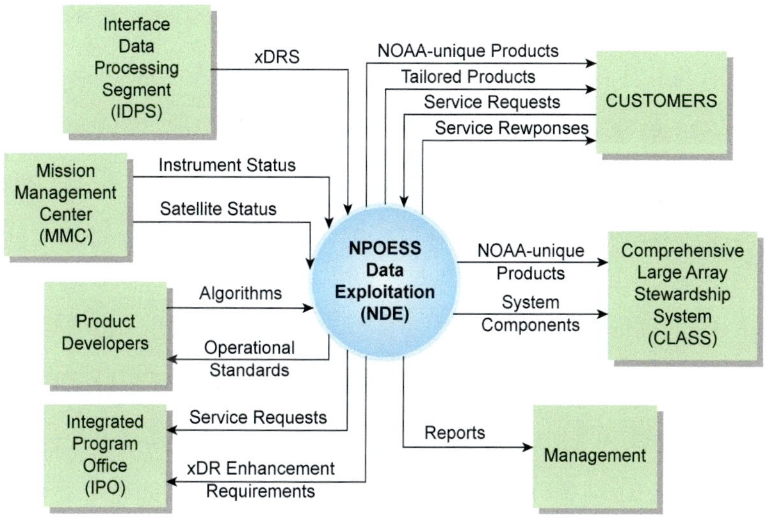

System Context Diagram

UML의 use case diagram이 흔히 쓰이기는 하지만 다른 표현법도 유용하게 쓰일 수 있는데, 과거에 널리 사용되었던 구조적 방법론에서 사용된 system context diagram도 같은 목적으로 쓰일 수 있다. 이 예제에서 소개된 NDE라는 시스템이 수행하는 자세한 기능에 대한 설명은 없으나, NDE는 IDPS 시스템으로부터 xDRS 라는 입력값을 받고, MMC 시스템으로부터 위성 및 센서의 입력값을 받아서 처리한다는 것을 보여주고 있고, 여러 종류의 보고서를 관리자, 고객 및 CLASS 시스템에 출력으로 제공한다는 것을 보여주고 있다. Use case diagram과 System context diagram은 표현방식은 약간 다르지만 표현하는 정보는 비슷하다. Use case diagram에도 정해진 문법은 없다. 인터넷 검색을 통해서 참고할 수 있는 샘플을 보고 그 의도를 가장 잘 전달한다고 생각되는 diagram과 비슷한 방법으로 표현하고, 개발팀의 리뷰를 통해서 점진적으로 개선해 나가는 방법을 추천한다.

Step 2 & 3 Stakeholder 식별 및 목표 파악

이 시스템의 사용자가 누구이며, 추구하는 목표가 무엇인지를 파악하는 것이다. 이 작업은 생각보다 쉽지 않을 수 있는데, 먼저 직접 또는 간접적으로 영향을 받는 사용자 및 관계자가 누구인지 분석해야 한다. 그 과정에서 특정 사용자를 누락하는 실수를 흔히 범할 수 있다. Stakeholder간에는 때로는 서로 다른 목표를 가지고 있을 수 있고 이해관계가 충돌할 수 있으므로, 분석을 통하여 대안으로 생각할 수 있는 각종 요구사항에 대해 장점과 단점을 따져보고 최종 결정을 내려야 한다.

핵심적인 stakeholder의 역할에 대한 충분한 고려가 부족하면 시스템이 사용하기 어려워지거나 경우에 따라서는 프로젝트 자체가 실패할 수도 있다. 런던에서 750여대의 앰뷸런스를 이용하여 하루에 약 2000~2500여 건의 응급출동을 효율적으로 그리고 자동으로 대응하려던 소프트웨어 프로젝트가 1990년대 초반에 £7.5 million를 쓰고도 실패한 적이 있다. 언론보도[35]에 의하면 30~45명의 사망자가 이 시스템의 실패로 발생했다고 한다. 응급차의 출동까지 오랜 시간이 걸린 경우도 있었다고 하며, 통상적인 수준의 응급출동 요청에도 시스템의 과부하로 문제가 된 경우도 있었고, 일부 구급차의 경우 통신의 두절로 인하여 콜센터의 입장에서 활용하지 못한 일도 빈번했다고 한다.

응급구조 요청에 대응하는 시스템의 요구사항에서 콜센터의 근무자가 stakeholder가 되는 것은 당연하다. 서비스를 요청하는 상황은 매우 다양하겠지만, 계단에서

35. https://www.wired.com/2009/10/1026london-ambulance-computer-meltdown/

굴러서 스스로 걸을 수 없는 경우와 심근경색으로 촌각을 다투는 상황이 똑같은 응급상황은 아니다. 그러므로 실제로 출동명령을 내릴 때에는 상황의 심각성이 적절하게 반영되어야 하고, 가용한 구급차가 몇 대나 있는지, 어디에 있는지에 따라서 시스템은 다르게 대응해야 할 것이다. 콜센터의 근무자는 늘 정보의 홍수 속에서 그리고 엄청난 긴장 속에서 동시에 여러 건의 요청을 처리해야 하므로, 시스템에서 보여주는 정보는 꼭 필요한 정보만을 그리고 우선순위를 고려해서 보여주지 않으면 시스템이 업무를 오히려 방해하는 요인이 될 가능성 또한 다분히 있다는 점을 고려해야 한다.

서비스를 요청하는 환자나 보호자가 stakeholder가 되는 것 또한 당연하다. 응급상황에서 사용자들이 도움이 필요한 상황이나 위치에 대해 정확한 정보를 제공해 줄 수 없을 가능성이 높다는 점은 요구사항의 복잡도를 증가시킨다. 언제쯤 요청한 구급차가 도착할 것인지, 구급차가 도착하면 환자나 보호자에게 어떻게 연락할지 모르면 다급한 마음에 응급센터에 또 전화를 걸게 될 가능성이 높다. 그러므로 이미 접수가 되고 출동이 시작된 신고에 대해서도 상황을 적절하게 알려주는 요구사항이 필요할 것이다. 그래야만 하나의 응급상황에 대한 중복된 독촉 신고를 받게 될 가능성을 줄일 수 있다. 그렇다고 해도 중복된 호출은 반드시 있을 것이고 그때마다 다른 응급 차량이 출동해서는 안될 것이므로 이러한 상황을 정확하게 판단하는 것은 매우 중요한 요구사항이다. 요즘처럼 거의 모든 사람이 핸드폰을 가지고 있는 상황이라면 중복된 호출이 반드시 같은 전화번호에서 발생한다는 보장도 없어서, 요구사항은 더욱 복잡해진다. 주변에 있는 다른 사람이 다급한 마음에 중복되는 출동요청을 할 수 있기 때문이다. 그렇다고 시간이나 GPS 정보 등을 이용해서 같은 시간대에 같은 (또는 비슷한) 위치에서 발생하는 요청은 동일한 요청으로 간주할 수 있을까? 아파트 등의 집단주거 환경이라면 긴급출동을 요청하는 위치가 비슷하다고 하나의 긴급상황으로 단정 지을 수도 없으니 소프트웨어의 요구사항은 분석을 하면 할수록 더 복잡해지는 것이다.

출동명령을 받고 현장으로 출동하는 요원이 stakeholder가 되어야 하는지는 처음에는 분명하지 않을 수도 있지만, 실제로는 매우 중요한 stakeholder이다. 출동 중에 콜센터와 교신을 할 필요가 자주 있을 것이며, 환자나 보호자와의 교신도 필요하기 때문이다. 환자를 운송하는 중에도, 병원 응급실과 환자의 상태에 대한 정보를 교환할 필요가 있을 것이다. 그러나 이런 요구사항이 처음부터 명확하게 부각되는 것은 아닐 것이다. 일방적인 단방향의 자료 송신으로 부족할 수도 있겠다. 이송하는 동안에도 응급실 의사의 처방을 받아서 환자를 살리기 위해 꼭 필요한 조치를 해야 할 필요가 있을 것이다. 경우에 따라서는 더 큰 종합병원으로 행선지를 갑자기 바꾸어야 할 경우도 예상할 수 있다. 이렇게 각 사용자나 stakeholder의 입장을 충분히 고려하지 않는다면 요구사항을 제대로 파악하지 못할 수 있고, 그 결과로 프로젝트가 실패할 수도 있는 것이다.

이 프로젝트가 실패한 원인을 분석한 보고서에 의하면 현장에 출동하는 사용자들의 작업환경이나 방식에 대한 충분한 고려가 없이 시스템이 개발되었다는 점이 중요한 원인이었다고 한다. 또한 콜센터의 요원을 위해 개발된 소프트웨어 및 interface도 많은 문제점을 가지고 있었는데, 한 장소에서 여러 번 전화가 걸려오는 경우에 대한 처리를 효과적으로 하지 못했고, 각각 다른 응급상황에 따른 우선순위를 고려한 처리기능이 미흡했고, 이로 인해서 콜센터의 요원들이 각종 요청에 효율적으로 대응할 수 없었다고 한다.

Step 4 상이한 Stakeholder간의 목표 절충

Stakeholder가 여럿인 경우, 각자가 추구하는 목표나 우선순위가 다른 것은 늘 있는 일이다. 이 경우 개발자의 입장에서 볼 때 stakeholder는 아주 중요한 사람일 수도 있고, 아닌 경우도 있을 것이다. 충돌이 발생하는 경우 우선순위를 고려해서 결정하는 것은 너무도 당연하다.

Step 5 & 6 요구사항을 시나리오 형태로 기술

구체적인 요구 사항은 가능한 시나리오의 형태로 기술하는 것이 보편적이며, use case description이란 방법을 흔히 사용한다. 로봇청소기 소프트웨어의 수많은 기능 중 장애물 감지 기능을 명세한 예제를 생각해 보자. 이 기능을 수행하기 위해 필요한 precondition 및 postcondition외에도 일반적으로 발생할 것으로 생각하는

<table>
<tr><th colspan="3">Use Case Description</th></tr>
<tr><td colspan="2">Use Case Name</td><td>장애물 감지(자동 청소의 일부 기능)</td></tr>
<tr><td colspan="2">ID</td><td>FR-DR-02</td></tr>
<tr><td colspan="2">Actor</td><td>자동 청소 모듈, 장애물 탐지 모듈</td></tr>
<tr><td colspan="2">Pre-Condition</td><td>충전이나 청소를 위하여 이동 중이다.</td></tr>
<tr><td rowspan="2">Flow</td><td>Basic</td><td>1. 주어진 경로를 이동한다.
2. 장애물 탐지 모듈로부터 장애물의 종류를 파악한다.
3. 맵에 장애물을 업데이트 한다.
4. 장애물을 회피한다.
• 추락/충돌 이벤트의 경우 뒤로 이동한다.
• 회피 경로를 계산한다.
5. 목적지로 이동한다.</td></tr>
<tr><td>Alternative</td><td>1a 이동을 시도하였으나 자신의 위치가 바뀌지 않을 경우(케이블 등에 걸린 경우)
1a-1. 장애물을 만난 것으로 판단하여 알람을 발생한다.
2a 센서가 고장난 경우,
2a-1. 알람을 발생하고 이동을 중단한다.(추가적인 손상을 막기 위해)
2b 일부 모듈에서만 장애물이 감지될 경우,
2b-1. 장애물이 있는 것으로 간주하여 3, 4번을 수행한다.
4A.a 뒤로 이동 못한 경우,
4A.a-1. 1a-1을 수행한다.
4A.b. 회피 가능 영역을 넘어설 경우,
4Ab-1. Navigation 모듈을 통하여 목적지를 신규로 설정한 후 1을 수행한다.
5a 목적지에 도달 할 수 없을 경우,
5a-1. Navigation 모듈에게 신규 목적지를 통보 후 1을 수행한다.</td></tr>
<tr><td colspan="2">Post-Condition</td><td>장애물을 회피하여 이동을 계속한다.</td></tr>
</table>

상황에 대한 기능설명이 basic flow에 기술되어 있다. Alternative 또는 exceptional 이라고 표시된 명세에서 2a와 2b로 표시된 경우는 basic flow의 2번 단계에서 예상할 수 있는 예외상황이 두 가지라는 것과 (센서의 고장이나 장애물이 감지되는 경우) 각 상황에서 소프트웨어는 어떻게 대응해야 할지를 기술하고 있다.

각종 use case의 명세를 작성하면서 꼭 기억할 것은 각 시나리오는 기능의 일부를 기술한 것에 불과하다는 점이다. 다시 말하면, 소프트웨어가 구현해야 하는 전체 기능은 여러 개의 use case에 각각 명시된 세부 기능을 모두 포함하는 것이며, 하나의 use case와 또 다른 use case에 명시된 내용이 서로 상반될 수도 있다는 것이다. 소프트웨어 요구사항의 일관성을 확인하려면 여러 개의 use case에 산재된 정보를 통합해서 분석할 수 있는 능력이 필요하다. 예를 들어서 위의 use case의 1번 과정을 수행 중 장애물로 인하여 로봇청소기가 움직일 수 없는 상황에 처한 경우, 알람을 발생하도록 명시되어 있다.

그러나 어떤 종류의 알람을 어떻게 발생할 것인지, 언제까지 알람을 울릴 것인지, 언제 어떻게 알람이 해제될 수 있는지는 알람의 세부기능을 기술한 또 다른 use case의 내용을 검토해야 한다. 만일 이에 해당하는 use case가 없다면 이 명세는 불완전한 명세이므로 보완되어야 할 것이다. 이 과정을 자동화하는 것은 기대하기 힘들며, 소프트웨어 개발자의 능력에 의존할 수밖에 없다.

Step 7 Justification

특정 기능이 포함되어야 하는 이유를 설명하는 과정은 요구사항의 본질을 조금 더 정확하게 파악하려는 노력의 일환이며, 경우에 따라서는 꼭 필요하지 않은데 포함된 요구사항을 발견할 수도 있다. 또는 처음에는 그리 중요하게 생각되지 않았는데, 안전이나 보안등 요구사항이 추가되는 경우도 흔할 것이다. 응급상황에서 구급차를 배차하는 시스템의 경우에는, 만일 응급차량의 출동이 늦어져서 누군가가 사망에 이르게 된다면 콜센터의 과실 여부와 책임의 정도가 법정에서 다투게 되는 경우를 배제할 수 없으므로, 각종 요청에 대한 현황 및 대응 결과를 마치 비행기의 블랙박스처럼 상황을 정확하고 상세하게 기록하는 기능이 필요하다는 것을 알 수 있다. 기록을 남기는 것도 중요하지만, 이러한 정보가 증거능력으로 사용될 때 신뢰도를 확보하기 위하여 위조나 변조가 현실적으로 가능하지 않도록 하는 추가적인 보안 요구사항 또한 반드시 필요하다.

Step 8 Assumptions

흔히 요구사항을 도출하고 분석하는 경우, 어떤 기능을 수행해야 하는지를 다루는 기능 요구사항에만 집중하게 되기 쉽다. 그러나 기능 요구사항만큼이나 중요한 것이 비기능요구사항이 또는 각종 제약사항으로 기능적인 요구사항에 주로 집중하는 단계에서는 누락되기 쉬우므로 별도의 단계로 수행하도록 추천하는 것이다.

Step 9 Agreed Priorities

모든 요구사항이 똑같이 중요한 것은 아니므로 우선순위를 결정해야 하는데, “essential” vs “nice to have”로 나누어 반드시 포함되어야 하는 핵심 기능과 기타 요구사항을 구분하는 것이다. 또는 essential, desirable, nice to have, luxury 등 여러 등급으로 우선순위를 정하는 것도 가능할 것이다. 이러한 판단을 기준으로 소프트웨어 프로젝트를 여러 단계로 나누어 기능을 순차적으로 개발할 수도 있겠다.

Step 10 Acceptance criteria

이렇게 도출된 요구사항이 제대로 구현이 되었는지를 어떻게 판단할 수 있을 것인지 기준을 정립하는 것은 매우 중요하며, 이런 기준을 정하는 과정에서 요구사항의 본질을 좀 더 정확하게 이해할 수 있다. 이 단계에서 요구사항의 올바른 구현 여부를 판단할 수 있는 구체적인 test case까지 반드시 만들어야 하는 것은 아니다. 그러나 어떤 기준을 만족해야만 하는지를 생각하다 보면 요구사항에 대해 미처 깨닫지 못했던 다른 측면을 발견하는 경우가 흔히 있을 것이다.

그리고 현실적으로 중요하지만 어려운 문제는 여러 가지의 요구사항 및 시스템이 제대로 처리해야 하는 극한 상황을 정의하고, 이를 테스팅하기 위하여 실전에 가까운 시험 환경을 만드는 것이다. 시스템이 처리할 수 있는 최대 요청 건수가 얼마인지도 결정해야 하고, 시스템이 제대로 작동하는지도 확인해 보아야 한다. 시스템이 처리해야 하는 최대 요청 건수는 얼마인지를 결정하고, 시스템이 최악의 상황에서도 과부하로 다운되는 일은 없는지도 시험해 보아야 할 것이다.

추가적으로 요구사항을 파악하는 단계에서 일반적으로 놓치기 쉬운 그러나 현실적으로 반드시 고려해야만 하는 사항은 시스템을 악용하는 각종 사례에 대한 효율적인 대응방법들이다. 응급상황이 아님에도 불구하고 장난전화로 구급차를 호출하는 경우도 생각해 보아야 하며, 경우에 따라서는 악의적인 목적으로 여러 사람이 함께 모의하여 여러 곳에서 구급차를 동시에 호출하는 DoS(denial of service) 또는 DDoS(Distributed DoS)와 유사한 공격에 대해서도 적절한 방어대책이 구현되어 있는지 고려해야 한다. 또한 콜센터에서는 정기적으로 모든 구급차의 위치와 상태를 정확하게 확인할 수 있어야 할 것이고, 시스템이 single-point-failure로 다운되는 경우가 발생하지 않도록 고장감내 및 자체진단 기능을 추가해야 할 수도 있을 것이다.

Alexander가 제시한 10가지 단계의 요구사항 도출방법은 사실 조금만 생각해 보면 당연하고 상식적인 이야기들이며 이런 단계를 차근차근 순서대로 밟아 나간다면 꼭 필요한 요구사항이 누락되는 가능성을 줄일 수 있다. 이렇게 꼼꼼하고 세심하게 요구사항을 파악하고, 이 과정에서 발생할 수 있는 각종 conflict of interest를 미리 파악하고 해결해야 소프트웨어 개발단계중 후반부에서 발생할 수 있는 재작업의 범위나 가능성을 줄일 수 있을 것이고, 이는 생산성의 증가로 연결될 것이다. 그래서 요구공학 단계의 작업을 잘해야 하는 것이다.

요구사항을 기술하는 문서인 SRS(Software Requirements Specification)를 구성하는 방

법은 대부분의 회사에서 요구사항을 기술하는 표준 양식으로 사용하는 IEEE_830-1998표준문서에서 찾을 수 있다. 이 표준문서는 구체적인 기능 요구사항을 정리하고 구성하는 방법에 대해 몇 가지 방안을 제시하고 있는데, 시스템이 여러 개의 작동 모드를 가지고 있다면 각 모드에서 제공되어야 하는 기능을 따로 기술할 수 있을 것이다. 예를 들어서 제어를 담당하는 시스템이라면 훈련모드, 정상적인 운용모드, 또는 비상운용모드로 정의될 수 있을 것이고, 각 모드에서 필요한 기능을 별도로 기술할 수 있을 것이다. 경우에 따라서는 시스템에 접속할 수 있는 사용자가 여러 그룹으로 정의될 수 있는 경우도 있을 것이다. 도서 예약 시스템이라면 일반사용자, 관리자 모드가 따로 있어서 사용자의 등급에 따라서 유사한 기능이라도 수행할 수 있는 세부 권한이 다를 수 있다. 이런 경우라면 사용자 그룹별로 명세를 별도로 할 수도 있을 것이고, 또는 특정기능에 대한 명세를 사용자 그룹별로 정의할 수도 있겠다. 한 가지 방법으로 요구사항을 정리해야만 하는 것은 아니며 개발팀이 제일 적절하다고 생각되는 방법을 결정하면 되는 것이다.

13

요구사항의 분석과 건강한 의심

요구사항을 체계적으로 파악하고, 혹시나 빠진 요구사항은 없는지 확인하고, 각종 요구사항 중에 모순되는 사항은 없는지 분석하는 작업이 중요하다는 것은 누구나 쉽게 이해한다. 이러한 작업을 완벽하게 수행할 수는 없겠지만 만족할 만한 수준의 완성도를 갖도록 요구사항을 기술하는 것이 어렵다는 것 또한 모든 소프트웨어 개발자들이 공감할 것이다. 프로젝트의 초기에는 세부적인 요구사항에 대한 이해도 부족하기 쉬워서, 나름 자세하게 기술했다고 생각했으나 나중에 프로젝트가 한참 진행된 후에 다시 돌아보면 부족한 것이 뒤늦게 보이기 시작하는 경우 또한 흔할 것이다.

"Whatever the heck it is,
it's built exactly to specifications."

왼쪽의 이 그림은 소프트웨어공학 특히 요구공학에 대해서 많은 교훈을 시사하는데, 고객은 (또는 사용자는) 개발된 시스템이 고객이 요청한 기능과 다르게 또는 만족스럽지 못하게 구현되었다는 생각에 어이없다는 표정이고, 개발자는 SRS 문서에 기술된 대로 제대로 구현되었으므로 본인은 떳떳하며 책임이 없다는 듯한 당당한 표정이다. 개발된 시스템이 아무리 멋있어 보여도 처음부터 다시 개발하거나 수정을 통해서 원래 의도했던 기능을 완성하기 전에는 문제가 해결되지 않을 것이라는 점도 분명하다.

여기서 우리가 배워야 할 소프트웨어공학의 교훈은 무엇일까? 소프트웨어의 신뢰도 또는 품질을 여러 가지로 정의할 수 있겠으나, 흔히 reliability 또는 correctness라고 불리는 품질의 속성을 결정할 때 Software Requirements Specification(SRS)라고 불리는 요구사항을 기술한 문서가 판단의 기준이 된다. 요구사항 문서에 기술되어 있는 대로 소프트웨어가 작동한다면 올바르게 구현된 것이고, 그렇지 않다면 오류가 있는 것이다. 소프트웨어의 신뢰도를 정량적으로 측정하는 지표로 흔히 쓰이는 MTBF(mean time between failure)는 실제 사용하면서 얼마나 자주 소프트웨어의 오류가 발생하는가 하는 빈도를 나타낸다. 그런데 특정 기능이 어떻게 작동되어야 하는지에 대한 명확한 요구사항이 없다고 가정해보자. 이런 경우 reliability 또는 correctness의 판단 자체가 불가능하다. 또는 명세에 오류가 있다고 가정해 보자. 그렇다면 reliability의 정의상으로는 제대로 구현된 reliable하고 correct한 소프트웨어라고 주장할 수 있어도, 고객의 입장에서는 잘못된 소프트웨어인 것은 분명하다.

또 다른 가능성으로, 요구사항의 명세에 애매모호한 면이 있어서 두가지 이상의 다른 해석이 논리적으로 가능하다고 생각해보자. 대부분의 소프트웨어 개발 프로젝트의 요구사항이 자연어로 기술된다는 현실을 생각하면, 그리고 자연어가 태생적으로 가질 수 밖에 없는 정확한 표현을 하기 힘든 한계를 생각해 보면 이런 상황은 생각보다 흔히 일어날 것임을 쉽게 알 수 있다. 그렇다면 소프트웨어가 정말로 구현해야 하는 요구사항에 대한 명확한 결정을 내리기 전에는 품질에 대한 판단이 어렵게 된다. 소프트웨어의 품질을 판단하기 위한 테스트케이스의 생성 또한 요구사항에 기반해서 이루어질 것인데, 테스트케이스가 잘못 만들어 질 수도 있고 결과적으로 기능을 잘못 구현한 오류를 발견하지 못할 수도 있다. 또는 제대로 구현된 기능에 대해서도 오류가 있다고 잘못 판단할 수도 있겠다. 어느 경우에나 소프트웨어의 품질이나 생산성 측면에서 봤을 때 부정적인 요소임은 분명하다.

두 번째 교훈은 개발자가 가질 수 있는 구체적인 질문에 대해 명확한 답을 빨리 제공할 수 있도록 SRS 문서가 구성되어야 한다는 점이다. 이를 다르게 표현한다면 SRS문서는 tutorial의 역할을 하는 것이 아니라는 뜻이다. 요구사항은 구현되어야 하는 기능에 대한 대략적인 개념을 전달하는 것으로 충분하지 않고 가능하다면 항상 정량적으로 기술이 되어야 한다. 주관적으로 해석될 수 있거나 애매한 표현은 요구사항을 기술하는데 적절하지 않으며, 특히 비기능적인 요구사항을 기술할 때 이슈가 된다. 예를 들어서, 운영체제가 "뛰어난" 안전성과 보안성을 가지도록 요구된다고 가정해보자. "뛰어난" 안전성과 보안성의 기준은 전문가에 따라 다를 수 있다. 이런 이유 때문에 비행기 등에 탑재되는 avionic 소프트웨어의 품질 요구사항을 명시한 국제표준인 DO-178C는 소프트웨어의 안전등급의 정의에 따라, 정량적인 MTBF 요건을 규정하고 있고, 가장 높은 safety-critical 등급의 소프트웨어는 시간당 10-9 미만의 MTBF 조건을 만족시켜야만 한다고 엄격하게 정의하고 있다. 이렇게 정량적으로 표현된 요구사항이 있어야 (나름대로의 기술적인 어려움이 있기는 하지만) 반복적인 시험을 통해서 정량적이고 독립적인 검증이 가능한 품질 지표를 산출할 수 있는 것이다.

이렇게 중요한 요구공학과정을 잘 하기 어려운 이유가 도대체 무엇일까?

첫째, 누구나 그렇듯이 요구사항을 기술하는 사람도 자신의 관점에서, 자신이 이해하고 있는 소프트웨어의 요구사항을, 자신의 용어와 방식으로 기술하기 마련이다. 문제는 사람들마다 미묘한 관점의 차이가 있기 마련이고, 이런 차이는 기본적이거나 일반적인 기능을 설명하는 요구사항을 분석할 때는 발생하지 않을 가능성이 높다. 그러나 자주 발생할 것 같지 않은 예외적인 상황에 대한 요구사항을 기술하는 작업은 생각보다 어렵다. 무엇보다도 발생할 가능성이 낮은 예외적인 상황들을 찾아내는 것 그 자체가 결코 쉬운 일이 아니다. 예외 상황에 대한 명확한 정의 자체도 힘들 수 있고, 예외 상황의 발생을 어떤 기준으로 탐지할 것인지도 분명하지 않을 수 있다. 또한 요구사항을 기술하는 사람마다 예외상황으로 인정하는 기준 또한 다를 가능성이 높다.

둘째로, 요구사항을 기술하는 방법으로 자연어가 주로 사용되는데 본질적으로 애매모호함을 포함하고 있다. 자연어 기반 명세에서의 가장 큰 어려움은 같은 용어를 실제로는 다른 의미로, 또는 다른 용어를 같은 뜻으로 쓰는 경우가 흔히 발생하며, 무의식 중에 다른 사람들도 항상 자신과 같은 관점에서 요구사항을 이해하고 있다고 착각하는 것이다. 전공도 비슷하고 경험도 비슷하다면 이런 착각에 빠질 가능성은 더 높을 것이다. 소프트웨어가 안전성이 매우 중요한 시스템을 제어하는 경우라면 정형 명세나 모델링 기법이 사용되는 경우도 생각해 볼 수 있지만, 일반적인 소프트웨어 개발의 대부분은 자연어를 사용하여 요구사항을 기술하는 것이 보편적이다.

셋째, 자연어로 인한 요구사항의 애매모호함 외에도, 경우에 따라서는 요구사항 자체가 관계자의 판단과 견해에 따라서 달라질 수 있다는 점에 주목해야 한다. 이런 상황에서는 명백하게 옳은 요구사항도 없고 명백하게 틀린 요구사항도 없는 애매모호한 상황이 된다.

1991년 5월 26일에 태국상공에서 발생한 Lauda Air 004편의 추락[36]은 비행 중에 조종사의 개입이나 명령이 없는 상태에서 thrust reverser가 작동해서 발생한 사고로 승객 213명과 승무원 10명 전원이 사망하였다. Thrust reverser는 보통 비행기가 착륙한 후 급격한 감속을 하는 과정에서 브레이크의 마모를 줄이고 짧은 거리

36. https://en.wikipedia.org/wiki/Lauda_Air_Flight_004

의 활주로에서도 착륙을 가능하게 하기 위해서 제트엔진의 출력방향을 임시로 반대로 전환하는 시스템이다. 이러한 불의의 사고의 가능성을 방지하기 위하여, 비행기의 뒷바퀴 양쪽에 센서를 달아서 thrust reverser는 비행기가 착륙했을 경우에만 가동될 수 있도록 요구사항을 정한다고 생각해보자. 그리고 요구사항이 지나치게 복잡해지는 것을 피하기 위해, 일단은 바퀴에 장착된 센서의 오작동은 없다고 가정하면 다음 세 가지 가능성이 있는데, 처음 두 가지 시나리오는 누구나 쉽게 이해하는 명확한 요구사항이만 세 번째 경우는 결정이 그리 간단하지 않다.

1. 양쪽 바퀴의 센서 모두 착륙한 것으로 감지한다면, 비행기는 지상에 있는 것이 분명하므로 thrust reverser는 작동 가능한 상태로 변경되어야 한다.
2. 양쪽 바퀴의 센서 모두 비행기가 지상에 있지 않다는 신호를 감지한다면, 비행기는 아직 착륙하지 않았으므로 thrust reverser는 작동되면 안되는 상태로 유지되어야 한다.
3. 만일 한 쪽 바퀴의 센서는 착륙한 것으로 감지하고, 다른 쪽은 아니라는 센서의 입력이 있다면, 그래서 실제로 어느 순간에 한 쪽 바퀴만 지면에 닿은 상태라면 thrust reverser를 작동시킬 수 있도록 허용해야 할 것인가? thrust reverser의 작동을 허용한다면 온전하게 착륙하지 않은 상태에서 급격한 감속으로 인해서 비행기의 동체가 회전하는 등의 사고를 유발할 수 있는 가능성도 배제할 수 없을 것이다. 그렇다면 비행기의 양쪽 바퀴가 아직은 확실하게 착륙한 것이 아니므로 thrust reverser를 작동불능 상태로 유지해야 옳은가? thrust reverser를 계속 작동불능 상태로 유지한다면 비행기가 활주로 끝까지 가고도 충분한 감속을 하지 못하는 상황도 발생할 수 있는 것이고, 이는 또 다른 사고를 유발할 수도 있는 것이다. 이런 가능성을 이해하지 못해도 문제가 되겠지만 동일한 상황에 대해서도 최종 판단은 전문가나 또는 비행기 제조회사에 따라 달라질 수도 있다는 점을 이해해야 한다.

센서의 오작동으로 인해 thrust reverser가 동작하는 가능성을 줄이려면, 하나가 아닌 복수의 센서를 각 바퀴에 설치해야 하며, 그렇다면 복수의 센서로부터 전달되는 입력을 분석하여 어떤 센서에서 받은 입력값에 오류가 있는지를 결정하는 로직을 추가해야 하고, 오류가 있을지도 모르는 센서의 입력값이 thrust reverser의 작동 논리에 부정적인 영향을 끼치지 않도록 배제하는 로직 또한 구현되어야 하므로 요구사항이나 구현되는 소프트웨어는 더욱 복잡해 질 수 밖에 없다.

요구공학 단계에서 가장 먼저 해야 하는 일중의 하나는 핵심적인 개념이나 기술적인 용어를 정의하는 것이다. 관점의 차이에서 발생할 수 있는 오해를 방지하고 오류의 가능성을 줄이기 위함이다. 또한 소프트웨어의 개발 범위에 대한 정의 또한 분명하게 정의해야 한다. 이는 도메인 지식이 있어야만 제대로 수행할 수 있는 작업이기도 하다. 그러나 일부 개발자들은 이런 작업이 얼마나 중요한지 실감나게 느끼지 못하는 것으로 보인다.

요구공학 단계에서 흔히 경험하는 또 다른 어려움은 초기에는 알려진 요구사항이 명확하지 않으며 변경되는 사례도 자주 발생한다는 점이다. "두리뭉실하게" 이해한 요구사항을 기반으로 디자인이나 구현을 하게 되면, 재작업이 필요한 경우도 흔히 발생하고, 이는 생산성의 저하로 이어진다. 그리고 요구 사항을 도출하고 분석하는 과정에서 누락되었거나 상반된 요구사항도 흔히 발견된다.

요구사항을 처음부터 정확하게 기술하고 분석하는 것은 결코 쉬운 일이 아니므로, 이러한 분석을 하는 사람들에게는 세심함과 꼼꼼함, 그리고 무엇보다도 "건강한 의심"이 절실하게 필요하다고 믿는다. 먼저 기본적인 (그리고 쉽게 이해되는) 요구사항에 집중하면서, 이런 요구사항이 있다면 필연적으로 있어야 할 부수적인 요구사항은 무엇이 있는지 끊임없이 질문해야 한다. 예를 들어서, 어떤 예외상황이 발생하여 소프트웨어에서 경고나 알람을 생성하는 경우가 있다면, 언제, 어떤 방법으로 해지될 수 있는지에 대한 고려가 당연히 필요하다. 그리고 이런 상황을 기록으로 남겨야 하는지 여부도 판단해야 하며, 이런 기록이 필요한 경우 증거로 인정받아야 하는 경우가 생길 수 있다면, 이 자료의 신뢰성을 어떻게 확보할 수 있을지 또한 고민해야 한다. 그런데 경험이 부족한 소프트웨어 개발자들은 알람이 필요하다는 것까지는 쉽게 이해하는데, 언제까지 유효한 것으로 봐야 하는지, 어떻게 처리가 마무리되어야 하는지에 대해서는 쉽게 생각하지 못한다. 또한 일반적인 기능 요구사항만을 분석하는데 그치는 경우가 흔히 있는데, 이는 예외적인 요구사항을 제대로 파악하지 못하는 결과를 초래하게 된다.

Ian Sommerville이 저술한 소프트웨어공학 교재에 연습문제로 소개되는 다음에 주어진 기차표 예매 시스템의 예를 가지고 설명해 보자.

> An automated ticket-issuing system sells rail tickets. Users select their destination and input a credit card and a personal identification number. The rail ticket is issued and their credit card account charged. When the user presses the start button, a menu display of potential destinations is activated, along with a message to the user to select a destination. Once a destination has been selected, users are requested to input their credit card. Its validity is checked and user is then requested to input a personal identifier. When the credit transactions has been validated, the ticket is issued.

얼핏 보면 이 정도의 요구사항이면 충분할 것 같고 더 이상의 요구사항은 필요하지 않을 것처럼 보인다. 그러나 이런 명세에도 여러 종류의 애매모호함과 누락된 요구사항이 있을 수 있는데, 일단은 기본적이고 핵심적인 기능에만 집중해서 위의 요구사항을 분석해 보기로 하자.

위 명세는 기차표를 구입하는 수단으로 한 사람이 신용카드로 기차표 한 장을 구매하는 경우를 가정하고 있다. 체크카드, 현금, 모바일 지불시스템 등 많은 지불 방법이 필요하다는 주장을 할 수 있으나, 일단은 관심 밖으로 두자. 기차표도 시간 및 요일에 따른 할인 또는 할증, 여러 장을 살 경우의 할인 가능성, 한 번에 다구간의 표를 구입하는 기능도 제공되어야 한다는 주장도 할 수 있으나, 그런 기능도 일단은 개발범위가 아니라고 생각하자. 기차표를 구매할 수 있는 기능이 제공된다면, 이미 구매한 기차표를 환불할 수 있는 기능도 반드시 포함되어야 한다는 주장도 설득력이 있지만, 그런 기능도 일단은 생각하지 말자. 거의 모든 사람이 스마트폰을 사용하므로, 모바일 티켓을 발행하는 기능도 필요하겠지만 일단은 간단하게 프린터로 승차권을 인쇄하는 경우만 생각해 보자.

그렇다면 위의 요구사항으로 충분할까? 이미 짐작한 대로 답은 "절대로 아니다!"이고 효율적인 학습을 위해서는 각자가 먼저 누락된 요구사항이나 애매모호한 요구사항에 대해서 나름대로 적어본 후에 비교해 볼 것을 강력히 권한다. 몇 가지 생각할 수 있는 누락되었거나 애매모호한 요구사항은 다음과 같다.

1. 신용카드를 이용한 발권에 필수적인 본인 인증 과정에 대한 고려가 없다. 카드회사의 입장에서는 도난이든 분실에 의한 것이든, 본인이 사용하지 않은 신용카드의 매출에 대해 지불을 거부하는 고객이 있을 수 있고 소송에 휘말릴 가능성 또한 배제할 수 없기 때문이다.
2. 본인인증을 거쳤다고 가정하여도 기차표의 구입을 위해 제시된 신용카드의 유효성을 확인하여야 하다는 요구사항은 언급되어 있는데, 그 기준이 무엇이고 이런 검증과정이 실패할 경우에 시스템은 어떻게 대처할 것인지에 대한 고려가 부족하다. 만일 유효기간이 지나서 더 이상 사용될 수 없는 신용카드라면 어떻게 처리해야 할까? 만일 도난당한 것으로 신고된 신용카드라면 어떻게 해야 할까? 그런데 도난당한 신용카드인지는 어떻게 판단할 수 있을까? 금융당국이나 개별 카드회사에서 제공하는 별도의 시스템이 제공하는 서비스를 이용해야 가능하겠지만 발권하는 시점에 만일 외부 시스템이 서비스를 하고 있지 않다면? 문제가 생겨서 시스템이 다운되는 경우도 생각해 볼 수 있고, 정기적으로 시스템의 백업이나 유지/보수를 위해 서비스를 중단하는 경우도 생각해 볼 수 있는데, 이런 경우라면

어떻게 해야 할까? 만일 이런 상황이라면 사용자가 기차표를 구매할 수 없는 상황이 발생해도 괜찮을까? 카드의 유효성을 확인할 수 있는 또 다른 방법은 없을까?

3. 신용카드의 비밀번호(personal identification number라고 명시된)가 틀린 경우, 아마도 한 번 또는 두 번 정도는 사용자가 실수를 할 수도 있으므로 재입력할 수 있는 기회를 줄 필요가 있다는 것은 아마도 대부분이 공감할 것이고, 이에 대한 별도의 명세가 없어도 구현할 수도 있겠다. 그런데 몇 번까지 허용해야 할까? 설정한 한도를 초과하는 비밀번호의 오류에는 어떻게 대처해야 적절할까?
4. 위에 언급한 시나리오는 기차표 구입과 관련된 모든 절차가 아무런 오류 없이 깔끔하고 신속하게 마무리되는 경우만을 생각하고 있다. 사용자가 버튼을 누르고 구매를 시작하면 목적지로 선택할 수 있는 역이 보여지고 사용자는 즉시 그리고 오류없이 선택을 하는 것으로 가정하고 있는 것은 아닐까? 그렇다면 목적지가 아닌 출발지는 어떻게 되는 것인가? 현재 이 기계가 설치되어 있는 역이 너무나도 당연한 그리고 변경 불가능한 출발지로 결정된다는 뜻인가? 아니면 출발역을 보여주고 선택하는 과정이 필요하지만 너무도 당연한 요구사항이라서 별도로 기술할 필요를 느끼지 못해서 포함시키지 않은 것일까? 사용자는 출발지나 목적지를 선택하는 과정에서 어떤 이유로든 실수하는 경우가 있기 마련이다. 사용자가 선택의 실수를 어떤 식으로든 수정할 수 있는 기능이 필요할 텐데 이에 대한 고려가 부족하다.
5. 만일 사용자에게 목적지로 선택할 수 있는 도시들이 제시되었다면, 시스템은 사용자의 선택까지 얼마나 기다릴 것인가? 1분? 5분? 아니면 사용자가 선택하는 때까지? 각각의 입력에 대해서 timeout을 어떻게 적용할 것인지 그리고 그 상황에서 소프트웨어는 어떻게 대응해야 할 지에 대한 고려가 없다.

6. 신용카드의 매출이 승인이 된다면 기차표가 인쇄되어 제공되어야 하는 것은 당연한데, 인쇄과정에서 혹시 오류가 발생하면 어떻게 처리해야 할까? 혹시 승차권 인쇄에 필요한 종이가 떨어졌거나 승차권을 인쇄하는 중에 용지가 걸리든지 어떤 식으로든 문제가 생겨서 승차권 출력을 제대로 마무리하지 못하는 경우가 발생한다면? 승객의 입장에서는 비용은 지불하고 승차권을 받지 못하는 경우는 생기지 않을까? 혹시 구매한 하나의 승차권이 두 번 이상 출력되는 경우는 발생할 수 있을까? 그런 상황이 문제가 될 소지는 없을까?

위에 언급한 요구사항들은 서비스에 대해 조금만 깊이 생각해 보면 어렵지 않게 파악할 수 있다. 소프트웨어 개발자들이 "건강한 의심"을 하는 태도를 가져야 한다고 하는 이유는, 모든 요구사항에 대해 무조건 의구심을 품고 예상할 수 있는 모든 상황에 소프트웨어가 제대로 대처할 수 있는 방법을 요구사항으로 포함시키는 것은 비현실적이기 때문이다. 그래서 요구공학에서의 진정한 실력의 차이는 일상적인 그리고 기능적인 요구사항을 얼마나 잘 파악하는가에 있는 것이 아니고 예외적인 상황을 얼마나 잘 고려하는지에 달려 있다고 하는 것이다.

비기능 요구사항의 분석 또한 예외상황에 대한 분석만큼이나 어려운 작업인 경우가 많은데, 그 이유는 대부분의 개발자들이 기능적인 요구사항에 관하여 생각하는 것은 자연스럽게 받아들이는 반면에 비기능적인 요구사항은 놓치기 쉽기 때문이다. 그래서 비기능 요구사항에 대한 개념을 이해하고, 흔히 포함되는 비기능 요구사항의 속성을 정리한 후, 각각의 품질속성에 대해 어떤 요구사항이 필요한지를 정리하면서 체계적으로 접근하는 방법을 추천한다.

비슷한 예제로 만원권과 오만원권만을 사용할 수 있는 ATM 출금기에서 현금을 출금하는 소프트웨어의 요구사항을 명세한다고 가정할 때 개발자가 생각해야 하는 예외상황을 한 번 생각해 보자. 이중 보안(2-factor authentication)을 위하여 사용자

는 은행에서 보내주는 올바른 6자리 인증번호(또는 OTP, One time password)를 미리 등록한 핸드폰으로 보내주도록 되어 있으며, 정해진 시간내에 입력해야만 출금할 수 있다고 가정하자. 이런 경우 카드의 비밀번호 및 6자리 인증번호를 정해진 시간내에 올바른 값을 입력하지 못하는 경우외에 예외상황으로 개발자가 고려해야 할 상황은 무엇이 있을까? (더 읽기 전에 각자가 리스트를 만들어 보고 비교해 볼 것을 권한다.)

나름 쉽게 찾을 수 있는 예외상황은 다음과 같은 것이 있을 것이다. 1) 사용자가 찾고자 하는 금액이 만원 단위인가? 15,000원등의 입력 등에 대해 재입력을 허용한다면, 이런 입력의 오류를 몇 번까지 허용할 것인지도 결정해야 한다. 2) 출금을 위해 사용한 카드가 도난신고가 접수된 카드인지 또는 유효기간이 지난 카드인지? 3) 하나의 카드에 연결된 계좌가 여러 개인 경우에 어느 계좌에서 출금할 것인지? 4) 고객이 출금을 요청한 금액이 인출가능한 금액보다 큰 경우라면? 요청한 금액이 잔고보다 큰 경우도 생각할 수 있고, 마이너스통장을 설정했다고 하더라도 그 한도를 넘는 경우를 쉽게 생각할 수 있으며, 이 정도는 대부분이 쉽게 찾을 수 있을 것이다.

그러나 다음의 경우는 요구사항을 발견하는 것이 그리 쉽지 않을 수도 있겠다는 상황들이 꽤 여러가지가 있다. (이런 경우에 적절한 요구사항은 다를 수 있으므로 그 부분에 대한 논의는 생략하자) 1) 출금과정 전체가 오류없이 진행되어 준비된 현금을 찾도록 투입구를 개방하였는데도 사용자가 현금을 일정 시간이 지나도록 가져가지 않는 경우는 어떻게 해야 하나? 또는 제공된 현금중 (어떤 이유로든) 전체 또는 일부의 금액이 현금지급기에 남아 있을 수도 있다. 2) 만일 현금지급기에 남아 있는 돈으로 고객이 요청한 금액을 맞출 수 없는 상황은 발생하지 않을까? 예를 들어서 고객은 1만원을 출금하고자 하는데 현금지급기에 현재 남아있는 돈은 모두 5만원권 뿐이라면? 또는 현재 현금지급기에 있는 돈의 액수가 고객이 요청한 (그리고 출금이 허용되는 금액보다) 적다면? 이런 상황이 발생할 가능성이 전혀 없으므로 요구사항에 포함될 필요가 없다고 자신있게 이야기 할 수 있을까? 3) 출금과정에서 올바른 비밀번호나 인증번호가 입력이 되면 현금이 준비되고 현금을 꺼낼 수 있는 창구를 여는 과정 또한 소프트웨어로 제어할텐데 만일 열리지 않는다면? 또는 고객이 현금을 가지고 가면 창구를 닫는 조치를 취해야 하는데 그 작업이 실패한다면? 그 외에도 미처 생각하지 못한 요구사항이 얼마든지 있을 수 있다.

이런 예제를 이용하여 특히 예외적인 상황에 대한 소프트웨어의 요구사항을 생각하기 시작하면 이 작업이 결코 단순하지도 않고 쉽지도 않다는 것을 실감하게 된다. 실제로 중간고사나 기말고사에서 요구사항을 도출하는 문제를 출제해 보면 의외로 상당부분의 예외상황을 찾아내는데 실패하는 경우를 자주 경험하였다. 그리고 비기능요구사항을 찾아내는 과정 또한 쉽지 않다는 점을 기억해야 한다. 비기능요구사항은 흔히 품질속성으로 표현되는 경우가 흔한데, 이 경우에도 검증이 가능하기 위해서는 구체적이고 정량적으로 명세되어야 하는 것은 당연한 일인데, 비기능요구사항이 추상적으로 작성되는 경우가 흔히 있다. 이 경우 객관적인 검증이 쉽지 않을 것은 너무도 당연하다.

로봇청소기의 소프트웨어 요구사항을 정리하면서, 특히 어떤 비기능 요구사항이 필요한지에 대해 정리해 본 프로젝트 결과물의 일부이다. 이 과제를 수행한 팀에서는 비기능 요구사항을 performance, reliability, availability, security, maintainability, (hardware) specification[37]의 속성으로 나누고, 각 품질속성에 해당하는 비기능 요구사항을 체계적으로 정리하였다.

37. Hardware specification이 소프트웨어 요구명세서에 포함되었다고 해서 크게 잘못된 것으로 생각할 수 있지만 개발자는 해당사항이 없으면 참고만 하고 "무시하면" 될 것이다. 소프트웨어의 기능과 관련이 있는 정보라면 도움이 될 수도 있어서 포함시켰을 수 있기 때문이다.

Type	ID	Items
Performance	NF_01_01	높이 2cm 미만의 턱은 모터의 출력으로 무시하고 지나갈 수 있다.
	NF_01_02	초음파센서는 2m 이내의 장애물을 인식한다.
	NF_01_03	Cliff 센서는 30cm 이내의 장애물을 인식한다.
	NF_01_04	센서는 1m 이내에서 인식한다.
	NF_01_05	브러시는 분당 100회전 한다.
	NF_01_06	로봇청소기의 속도는 0.5km/h를 넘지 않는다.
Reliability	NF_01_07	높이 10cm 이상의 틈은 장애물로 인식하지 않고 경로를 따라 주행한다.
	NF_01_08	초음파센서는 100ms 간격으로 장애물을 인식한다.
	NF_01_09	Cliff 센서는 100ms 간격으로 경사, 계단 등을 감지한다.
	NF_01_10	리모컨과 통신 모듈과의 거리는 5m 이내로 한다.
	NF_01_11	청소 흡입은 3cm 이내의 물체만 한다.
	NF_01_12	리모컨과 스마트폰에서 청소 명령이 동시에 들어올 경우 리모컨을 우선으로 한다.
Availability	NF_01_13	청소기가 베터리가 방전되지 않으면 99% 이상 동작해야 한다.
	NF_01_14	리모컨 베터리가 방전되지 않으면 99% 이상 동작해야 한다.
Security	NF_01_15	인증되지 않은 스마트폰은 제어할 수 없다.
Maintainability	NF_01_16	청소 과정의 맵이 저장되어야 한다.
	NF_01_17	시스템의 소프트웨어 업데이트가 가능해야 한다.
Hardware	NF_01_18	로봇청소기는 지름 30cm의 원형이고, 높이는 10cm이다.
Specification	NF_01_19	좌우 모터에 각각 연결된 바퀴(후방), 가운데에 자유롭게 돌아가는 바퀴(전방)가 있다.
	NF_01_20	Cliff 센서는 적외선센서를 사용한다.
	NF_01_21	로봇청소기의 무게는 2kg 이하이다.
	NF_01_22	외부 충격에 대비한 1cm 범퍼를 가지고 있다.

14

요구사항을 분석할 때 생길 수 있는 어려움들

Lawrence[38] 등은 요구공학 단계에서 발생하기 쉬운 위험요인으로 다음을 제시하였다.

- Overlooking a crucial requirements
- Inadequate Customer representation
- Modeling only functional requirements
- Not inspecting requirements
- Attempting to perfect requirements before beginning construction
- Representing requirements in the form of designs

대부분은 쉽게 이해될 수 있은 것이라고 생각되므로 몇 개의 항목에 대해서만 생각해보자. "Modeling only functional requirements"는 상대적으로 쉬운 작업인 기능적인 요구사항에만 집중하면 안된다는 뜻이다. 비기능 요구사항을 도출하는 것이 훨씬 어려우며, 기능 요구사항을 use case description을 이용하여 기술하는 경

38. Lawrence et al., The Top Risks of Requirements Engineering, IEEE Software, November/December 2001

우 normal scenario보다는 alternative scenario 또는 exceptional scenario에 해당하는 내용을 파악하는 것이 훨씬 어려운 일이라는 점이 핵심이다.

"Attempting to perfect requirements before beginning construction"에서는 완벽한 요구사항의 도출이나 분석작업은 현실적으로 가능하지 않고 반드시 필요하지도 않다는 것이다. 요구공학 단계가 완벽하게 마무리된 이후에만 소프트웨어의 다음 개발단계로 진행할 수 있는 것도 아니며, 그렇게 할 이유도 없다는 뜻이다. 정해진 기준을 만족하는 수준으로 요구사항이 정리되고 이에 대한 분석이 완료되면 디자인 작업을 시작할 수 있고, 나중에 필요하다면 어느 정도의 변경은 체계적인 절차에 따라 일어날 수 있다는 뜻도 된다. 이를 오해하면 요구사항의 정의는 처음부터 완벽할 수 없으므로 필요하면 아무 때나 변경해도 무방하다는 것으로 잘못 해석할 수 있다. 여기서 중요한 것은 "만족할 만한 수준의 완성도"를 가진 요구사항의 기준을 나름 객관적이고 정량적으로 정하고 개발팀에 속한 모두가 알고 있어야 한다는 점이다.

소프트웨어 개발에서 가장 흔히 겪는 어려움의 하나는 요구사항의 변경 요청이 빈번히 그리고 프로젝트의 진도와 무관하게 수시로 발생한다는 점이다. 요구사항은 말 그대로 "필요한 기능을, 바라는 기능을" 표시하는 작업이므로 고객 또는 stakeholder의 입장에서는 요구사항을 처음보다 좀 더 자세히 이해했다면 변경하거나 추가하고자 할 것이다. Marketing 부서의 입장에서도 경쟁제품에 탑재되는 기능에 대한 정보를 얻으면, 제품의 경쟁력을 강화하기 위해서라도 추가 기능을 제공하거나 이미 완성된 기능도 다르게 구현하도록 요청할 것이다. 경쟁이 치열하고 1등이 대부분의 이익을 독식하는 소프트웨어 산업의 현실을 생각한다면 필요한 요구사항의 변경은 아무리 늦어도 그때가 제일 빠른 때라고 주장할 수도 있겠다.

요구사항의 변경은 개발자들에게는 많은 어려움을 겪게 하는 주요 원인이 되는데, 이러한 간극을 메울 수 있는 방법은 없을까? 프로젝트가 어느 정도 이상 진척되어 더 이상은 요구사항이 변경되거나 추가되는 상황이 발생하지 않는다면 개발자들은 환영하겠지만 불행하게도 소프트웨어 개발현장에서 그런 일은 발생하지 않을 것으로 보인다. 그러나 stakeholder의 입장에서 요구사항을 도출하고 분석하면서 중요한 시스템이 충족해야 할 목표나 요구사항을 파악하고, 도출된 요구사항에 대해서 충분히 설명을 하고 의견을 수렴하는 리뷰 과정을 포함하면 돌발적인 요구사항의 변경을 줄일 수 있다. 이러한 의견이 2번째 그리고 4번째 항목에 언급된 위험요인인 Inadequate Customer representation과 Not inspecting requirements을 극복하는 방법이기도 하다.

마지막에 소개된 "Representing requirements in the form of designs"은 추상적인 내용이기도 하고 어쩌면 현장에서는 동의하지 않는 내용일 수도 있다. 즉, 요구사항과 디자인의 내용이 섞이는 것을 경계하는 것인데, 소프트웨어공학에서는 흔히 요구공학 단계에서는 무엇을 해야 하는지, 다시 말하면 what에 집중하고, 디자인 단계에서는 정해진 요구사항을 어떻게 실현할 지를 다루는 how에 집중하라고 한다. 이론적으로는 맞는 말이지만, 현실적으로는 what과 how의 구분이 명확하지 않다는 것이 문제의 핵심이다. 한 사람에게는 what이라고 보여지는 내용이 다른 사람에게는 how로 비쳐질 수 있기 때문이다. 다른 말로 설명하자면 UML의 use case diagram, sequence diagram, state transition diagram등 각종 diagram을 이용해서 문서를 만드는 경우, 어떤 사람은 이를 SRS(Software Requirements Specification)에 당연히 포함될 수 있는 내용이라고 판단하는 반면에 다른 사람은 Software Design Document에 포함되는 것이 더 적절하다고 주장할 수 있다는 뜻이다.

그렇다면 산업계에서는 요구사항을 도출하고 분석하는 과정에서 어떤 어려움을 겪었을까? Fernandez 등이 발표한 논문[39]은 저자들이 프로젝트에 대한 상세한 정보를 가지고 있어서 심층 분석이 가능했을 것으로 생각되는 브라질과 독일의 115개의 프로젝트 자료를 분석하여 발표하였다.

39. Fernández et al., Naming the Pain in Requirements Engineering: Comparing Practices in Brazil and Germany, IEEE Software, Sept/Oct 2015

Problem	Brazil						Germany						Problem
	Ranking						Ranking						
	1	2	3	4	5	Total	Total	5	4	3	2	1	
Poor communication between the team and customer	9	9	8	3	3	32	20	2	3	2	6	7	Moving targets
Incomplete or hidden requirements	12	5	6	5	3	31	18	1	5	2	6	4	Incomplete or hidden requirements
Underspecified requirements	3	14	5	6	3	31	15	2	3	1	3	6	Time boxing or insufficient time
Poor communication within the team	5	5	8	3	5	26	13	0	0	6	4	3	Stakeholders with difficulties in separating requirements from known solutions
Insufficient support by the customer	5	6	6	2	2	21	11	2	1	3	2	3	Poor communication between the team and customer

The ranking of requirements engineering (RE) problems in Brazil and Germany. A ranking of 1 means the respondents felt the problem was the top concern in their project

브라질의 설문조사에서는 요구공학을 진행하는 팀과 고객과의 소통의 어려움에 대해서 총 32명이 언급을 했는데, 그 중에서 제일 심각하거나 두 번째로 심각한 문제로 지적한 사람이 각 9명씩, 그리고 8명이 세 번째로 심각한 문제로 인식을 했다고 한다. 독일에서 같은 설문조사를 수행했을 때는 총 11명이 같은 문제에 대해 공감하여 다섯 번째로 심각한 요구 공학의 어려움으로 인식하였다. 이 결과를 브라질에서는 개발자와 고객의 대화가 잘 안되는데, 독일에서는 잘 되는 것으로 판단하는 것은 올바른 해석은 아닐 것이다.

국가별로, 회사별로, 조직별로, 또는 프로젝트의 규모에 따라 차이가 있겠으나 소프트웨어 개발과정에서 일어나는 어려움은 본질적으로는 비슷할 것이기 때문이다. 또한 독일의 프로젝트 설문조사는 요구공학에서 겪게 되는 가장 큰 어려움으로 "moving targets" 다시 말하면 빈번한 요구사항의 변경으로 인한 어려움을 들고 있다. 그리고 누락되었거나 명시적으로 기술되지 않은, 다시 말하면 개발자가 "알아서 스스로 파악해야 하는" 숨겨진 요구사항이 두 번째로 심각한 어려움으로 제시되었다.

이 논문에서는 임직원이 250명을 넘지 않는 회사에서 보고한 요구공학의 어려움에 대해서도 설문결과를 포함하고 있는데, 두 표를 비교하면서 회사나 프로젝트의 규모가 미치는 영향에 대해 생각해 보는 것도 유익하다. 아무래도 상대적으로 작

Problem	Brazil Ranking						Germany Ranking						Problem
	1	2	3	4	5	Total	Total	5	4	3	2	1	
Incomplete or hidden require-ments	9	3	6	4	1	23	6	1	1	0	3	1	Incomplete or hidden requirements
Underspecified requirements	2	9	2	6	2	21	6	1	1	1	2	1	Moving targets
Poor communi-cation between the tram and customer	3	5	6	2	1	17	5	0	0	0	2	3	Poor com-munication within the team
Poor communi-cation within the team	3	4	4	1	4	16	5	0	0	1	1	3	Poor com-munication between the team and customer
Insufficient support by the customer	5	5	3	1	1	15	5	0	0	4	0	1	Under-specified requirements

The top RE problems in small and medium-sized companies(up to 250 employees)

은 규모의 프로젝트의 경우에는 개발팀과 고객 사이의 소통의 문제는 적을 것이다. 개발되는 시스템의 복잡도 또한 상대적으로 낮을 것이므로 구체적인 요구사항에 대한 이해도 조금 높을 것으로 생각할 수 있고, 요구사항의 변경 또한 조금 덜 빈번하게 일어날 수 있다는 짐작을 가능하게 한다. 그런 이유로 독일의 설문조사에서는 최상위에 언급된 두 개의 어려움의 순위가 바뀌었음을 알 수 있다. 마찬가지로 브라질의 설문조사에서도 개발팀과 고객의 소통의 어려움이 1순위에서 3순위로 변경되었다.

요구공학 단계의 핵심은 개발팀과 고객 사이의 그리고 개발팀 내부에서의 소통을 원활하게 하는 것인데 그 작업이 결코 쉬운 일이 아니다. 고객이나 개발자나 모두 프로젝트가 성공하는 것을 원하고, 나름 최선을 다하는데도 이런 어려움이 발생하는 원인은 무엇일까? 두 개의 표에서 공통적으로 언급되는 어려움을 비교해보면, 요구공학 단계에서 겪는 어려움은 본질적으로는 큰 차이가 없고, 아래와 같다.

- Incomplete or hidden requirements
- Poor communication between the team and customer
- Underspecified requirements
- Poor communication within the team

불완전하고 파악하지 못한 요구사항이 항상 남아 있을 가능성이 높다는 것은 자연어 기반으로 그리고 소프트웨어가 수행해야 하는 기능이 다양하고 복잡하다면 피할 수 없는 일이다. 그리고 원인은 다양하지만, 결국은 요구사항을 분석하는 사람의 경험이나 전문지식의 부족이 주된 원인이다.

이러한 불완전한 요구사항이 제품의 품질이나 생산성에 미치는 영향은 심각하다. 기본적이고 기능적인 요구사항에 대한 이해는 쉬워도 예외적인 상황을 파악하는 것은 어려울 수밖에 없으므로, 고객이나 개발자들은 항상 "What if?"라는 질문을 해야 한다. 굳이 번역하자면 "건강한 의심"이라고도 부를 수 있는데, 어느 기능에

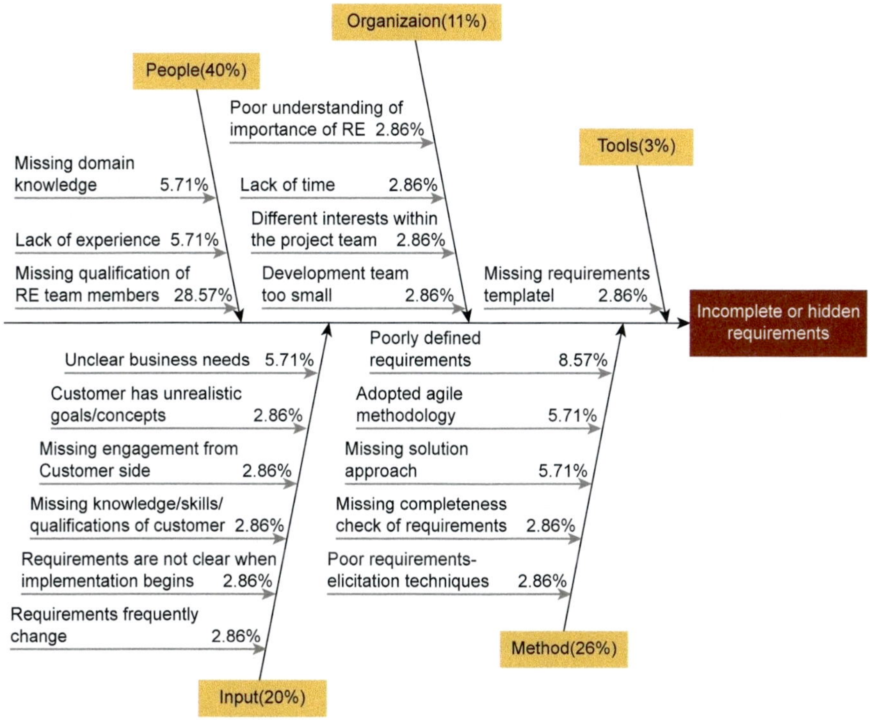

Cause diagram for the problem of incomplete or hidden requirements reported by surveyed Brazilian companies. The diagram shows the percentage of respondents that mentioned various causes of the problem

대해서 설명을 듣고 이해하는 것으로 그치는 것이 아니라, 혹시 다른 가능성을 고려해보아야 할 필요는 없는지 스스로 끊임없이 질문해야 한다. 특히 성능이나 보안 등의 비기능적인 요구사항은 없는지, 예외적인 상황은 어떤 것이 있을지를 의도적으로 그리고 계속 생각해야 한다.

또 다른 원인인 Underspecified requirements는 해결하기 어려운 문제이다. 왜냐하면 요구사항의 설명이 충분하지 않다는 뜻인데, 판단 기준 자체가 애매하기 때문이다. 어떻게 생각해보면 고객의 입장에서는 또는 요구사항을 기술하는 팀의 입장에서는 그 정도면 요구사항을 충분히 자세하게 기술했다고 생각할 수 있는데, 다

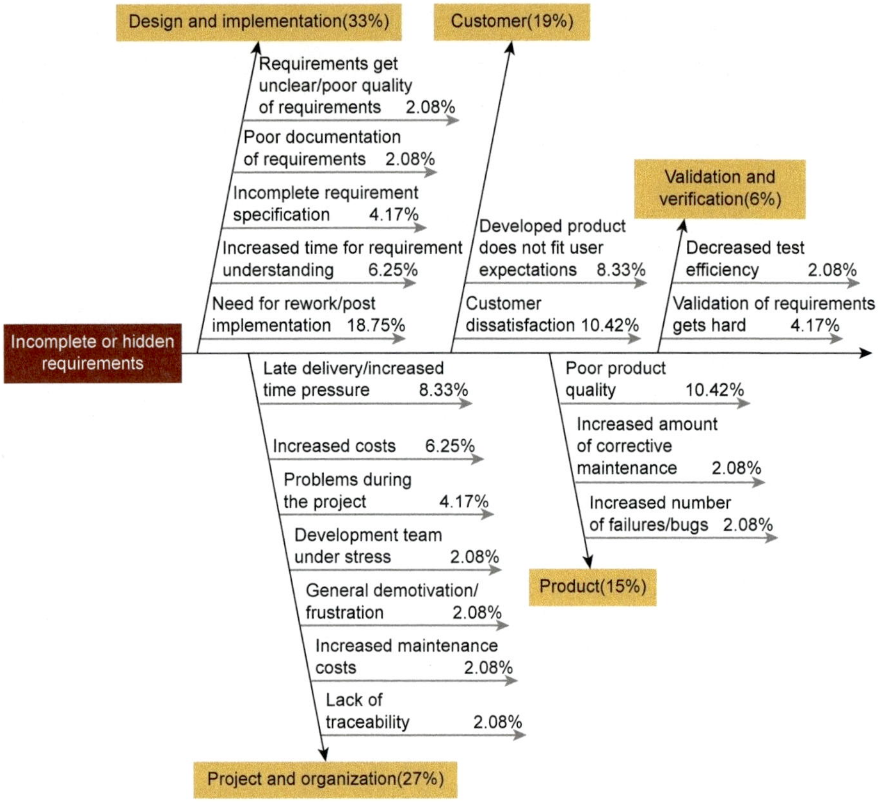

Diagram of effects of the problem of incomplete or hidden requirements reported by surveyed Brazilian companies

른 편에는 그렇지 않다고 느끼기 때문이다. 이러한 문제를 원천적으로 해결할 수 있는 방법은 아마도 존재하지 않을 것이다. 요구사항이 어느 정도 정리가 되면, 요구공학 팀이 customer를 포함한 다른 stakeholder까지도 참여해서 요구사항에 대해 검토하고 설명하는 검토회의를 갖는 방법을 생각해 볼 수는 있다. SRS(Software Requirements Specification)의 가장 중요한 역할은 고객과 개발팀과의 대화를 위한 수단이며, 요구공학팀과 디자인팀의 소통을 위한 수단이기 때문이다. 요구사항을 바탕으로 테스트케이스를 만들어 보는 것도 요구사항을 좀 더 정확하게 이해할 수 있는 좋은 방법이다.

Poor communication within the team. 비슷한 배경이나 전공을 한 사람들은 생각하는 방법도 비슷하기 때문에 서로를 잘 이해하고 오해가 적거나 없을 것이라고 흔히 착각한다. 요구공학 과목의 대학원 강의를 할 때 요구사항을 도출하고 문서화하는 과제를 프로젝트로 부과하는데, 대개의 경우 팀 전체가 한 번 모여서 전체 시스템에 대한 전체적인 토론을 하고, 비슷한 분량이 되도록 각자의 역할을 나눈 후 정해진 양식에 맞추어 개별적으로 명세를 한다. 로봇청소기에 필요한 소프트웨어 명세라면 한 사람은 장애물 탐지 및 회피 기능의 명세에 집중하고 또 다른 학생은 자동청소 기능을 지원하기 위하여, 집안의 구조를 파악하고 주행에 필요한 지도를 만들고 최적화된 청소 경로를 결정할지를 기술하는 식이다. 각자가 맡은 기능에 대한 요구사항을 정리한 후 원래 정해진 IEEE-STD 830 표준 양식에 맞추어 통합하고 나면 다음과 같은 상황을 흔히 경험한다.

1. 각각의 기능을 별도로 기술한 문서를 보면, 내용이나 완성도 측면에서 완벽하지는 않을지 몰라도 무난하고 나름 수준급이라고 볼 수 있는 명세를 완성한다.
2. 그러나 여러 명의 팀원들이 각자 준비한 컴포넌트의 명세를 합쳐서 전체 시스템에 대한 요구명세로 통합하고 나면 불행하게도 전체의 SRS는 일관성이나 가독성 등 여러 가지 면에서 만족스럽지 못한 결과물로 변한다.

왜 그럴까? 우선 각자가 요구사항을 기술할 때의 상세함의 정도가 모두 다르기 때문이다. Level of detail 또는 Level of abstraction이 모두 다르기 때문인 것이다. 자연어로 기술하든 use case로 기술하든 어떤 사람은 요구사항을 자세하게 적는 반면 어떤 사람은 그렇지 않다. 또 하나, 같은 용어가 다른 의미로 쓰이는 경우가 흔히 있고, 또는 다른 용어를 같은 의미로 쓰는 경우도 흔하다. 그러니 customer와 team간에도 서로 대화가 잘 안되는 것이고, 같은 팀내에서도 기술적인 대화에 어려움을 겪게 되는 것이다. 자연어를 바탕으로 기술적인 대화를 하는 경우, 같은 단어가 다른 뜻으로 쓰이는 경우 이런 차이를 발견하는 것은 생각보다 특히 어렵다.

왜냐하면 대화에 참여하는 사람은 (또는 문서를 읽는 사람은) 상대방도 나와 같은 의미로 쓰였을 것이라고 짐작하고 가정한 상태에서 이해하기 때문인 것이다. 문맥을 따져가면서 정말로 이 요구사항이 같은 뜻으로 쓰인 것인지 질문하고 확인하지 않고 받아들이는 경우가 많기 때문이다.

요구사항을 파악하고 기술하는 프로젝트를 마치고 난 후에 학생들에게 설문조사를 해서 두 가지의 질문을 항상 한다.

- 이 프로젝트를 다시 한 번 더 한다면, 이전과 같은 방법으로 할 것인가? 아니면 다르게 할 것인가? 다르게 한다면, 무엇을 다르게 할 것이며, 그 이유는 무엇인가?
- 이 프로젝트를 통해서 배운 요구공학의 교훈은 무엇인가?

이 질문에 대한 답은 늘 비슷하다. 첫째, 마치 waterfall model 기반 개발처럼 한 번 보여서 전체 토론하고, 역할을 나누고, 각자 맡은 부분에 대한 명세를 따로 완성하고, 전체 요구사항 문서를 합쳐서 만드는 작업은 피하겠다고 한다. 제일 먼저 요구사항 문서에 쓰일 수 있는 기술적인 용어 및 약자(abbreviation)들에 대한 정의를 먼저 하겠다고 한다. 요구사항 문서에 흔히 포함되는 Terminology, Abbreviation에 대한 차이가 나중에 발견되는 경우, 요구사항 문서에서 수정해야 하는 부분도 많고 변경의 범위 또한 생각보다 커지기 때문이다. 또한 자연어 명세의 의미를 좀 더 명확하게 전달하기 위한 보조적인 수단의 하나로 UML에서 제공하는 각종 다이어그램을 적극적으로 활용하겠다고 한다. 요구공학 단계에서 겪는 어려움을 직접 경험한 사람만이 나눌 수 있는 교훈이다. 물론 이 경우 자연어로 기술한 요구사항과 다이어그램으로 추가설명한 정보 사이에 일치하지 않는 면이 있어서 오해가 생길 수 있고 추가적인 수정 과정이 필요하겠지만 이 또한 요구사항을 제대로 이해해 가는 과정으로 볼 수 있다.

15

인텔사의 요구공학 경험사례

요구공학에 관한 실제 산업체의 경험을 학습만으로 충분히 배우는 것은 현실적으로 어렵다. 소프트웨어공학에서도 산업체의 경험을 주로 다루고 그로부터 배울 수 있는 여러 가지의 교훈을 다루는 Empirical Software Engineering이라는 분야가 별도의 세부 연구 주제로 정립되어 있고 이 주제에 특화된 저널이나 학회도 있지만 상대적으로 그리 활성화 되지 않은 것 또한 납득이 되는 현실이다. 산업체에서는 성공이든 실패든 실제 경험을 공유하려 하지 않는 경우가 많다. 경험 자체가 경쟁력이기 때문이다. 그러나 이러한 자료가 종종 발표되는 적이 있는데, 특히 실력과 경쟁력이 있는 회사에서 발표된다면 정독할 가치가 있다. 그래서 구글이나 마이크로소프트의 사례가 타 회사에서도 소중한 참고자료가 되는 것이다. 구글에서 소프트웨어 개발과정에서 어떤 방법을 적용한다고 해서, 다른 회사에서도 무조건 따라해야 한다는 뜻은 절대로 아니다. 각 조직마다 비즈니스 도메인이나 개발조직의 문화에 따라 구체적인 접근방법은 다를 수 있기 때문이다. 그러나 소프트웨어 개발의 본질은 공통점이 많을 것이므로 그리고 구글등의 소프트웨어 개발 "실력"은 모두가 인정할 만한 수준이므로 우리 조직에서도 같은 방법을 적용할 것인지, 비슷한 목표 (품질이든 생산성이든)가 있다면 우리의 접근 방법과 "실력있는 회사"

의 접근 방법을 비교하면서 개선방법을 찾는 것은 매우 효과적인 방법이다.

2022년에 발표된 인텔사의 요구공학에 관한 경험을 정리한 논문[40]도 유익한 자료라고 생각하여 간단하게 소개하고자 한다. 요구사항의 품질과 개발된 소프트웨어의 품질의 관계에 대해 인텔사의 매니저들은 경험과 직관에 기반하여 아래와 같은 생각을 하고 있었다고 한다.

- The quality of specified software requirements is low
- High-priority requirements actually achieve lower-quality scores than do lower-priority requirements
- High compliance to the template does not always lead to high quality
- Poor requirements quality negatively affects lead time and defects

언뜻 생각해 보면 요구사항의 품질이 낮다는 것은 매니저들의 기대치가 높아서 그렇게 생각할 수도 있고, 요구사항을 제대로 파악하고 정리하는 것이 생각보다 난이도가 높은 작업이라서 그럴 수도 있다. 그렇다고 하여도 낮은 수준의 요구사항이 품질에 미치는 영향을 정량적으로 그리고 실제 프로젝트의 자료를 가지고 입증하는 것은 매우 중요한 일이다. 좋은 생활습관이 바람직하다는 것은 누구나 알지만, 건강 기대수명에 미치는 영향을 정량적으로 보여주는 것 만큼 강력하고 설득력있는 방법은 없을 것이기 때문이다.

두 번째 가정은 약간 의외라고 생각할 수도 있는데, 요구사항을 분석하는 엔지니어의 입장에서 생각해 봐도 우선순위가 높은 등급의 요구사항을 분석하고 기술하는 과정에서 아무래도 더 많은 신경을 쓰게 될 것이므로 상대적으로 높은 수준의 요구사항이 도출될 것으로 예상되기 때문이다. 세번째 가정은 "그럴 수도 있겠다"

40. Griva et al, Software Requirements Quality: Using Analytics to Challenge Assumptions at Intel, IEEE Software, Mar/Apr 2022 번역이나 설명과정에서의 잠재적인 오류를 줄이기 위해 저자들의 글을 그대로 옮겨 적었다.

하는 생각을 할 수 있는데, 정해진 양식에 따라 필요한 항목이 채워진 요구사항이라고 해서 반드시 높은 수준의 요구사항이라고 단정지을 수는 없기 때문이다. 마지막으로 네번째 가정은 어찌 생각해 보면 검증할 필요가 없는 당연하고도 누구나 예견할 수 있는 결론이라고 하겠다.

이러한 가정이 사실인지 여부를 판단하기 위해 2019년도에 5월부터 10월까지 인텔사에서 진행되었던 프로젝트에서 72개의 비슷한 난이도나 복잡도를 가진 요구사항을 중요도/우선 순위별로 나누고 관련된 여러가지의 품질 지표를 분석하였다. 요구사항의 중요도는 네 단계로 나누어 P1(urgent), P2(high), P3(medium), P4(low)로 분류하였다. 요구사항을 작성하는데 사용되는 표준 양식(template)의 준수 여부를 판단하는 compliance부터 요구사항이 명확한 언어로 오해의 소지가 없이 작성되었는지 여부를 판단하는 Language 등 총 10개의 기준에 따라 0점, 1점, 또는 2점의 점수를 부여하여 quality scorecard를 작성하였다. 이러한 기준에는 구현하는 사람이 필요한 정보가 제공되는지 여부를 판단하는 acceptance criteria[41]부터 테스팅 엔지니어에게 필요한 정보가 제공되는지 여부를 판단하는 Validation criteria, 그리고 흔히 비기능 요구사항으로 불리는 Performance characteristics도 포함되어 있다. 요구사항에 대한 scorecard는 조직에 따라 그리고 한 조직에서도 프로젝트에 따라 다를 수 있겠지만 이 연구의 대상이 되었던 72개 요구사항에 대한 성적표를 분석한 결과는 논문에 도표로 보여주고 있다. (이 정도의 정보를 바탕으로 그림을 보면서 나름대로 의미를 생각해 보고 본 논문의 연구진들의 결론과 비교해 보는 것도 좋은 학습방법이다.)

41. 여기서 사용된 acceptance criteria는 다른 회사에서는 다른 용도로 쓰이기도 할 것이다. 좀 더 일반적인 사용은 테스팅과정에서 통과 여부를 판단하는 뜻으로 사용되는데, Intel의 경우는 이를 위해 Validation criteria라는 별도의 기준을 사용하고 있다.

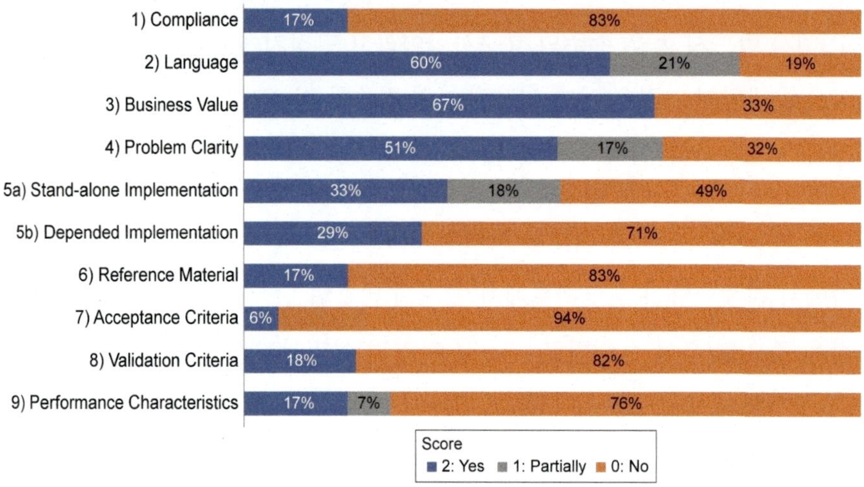

The scorecard rating per numerous criteria

이 "성적표"를 받았다고 생각하면, "The quality of specified software requirements is low"라는 생각을 하면서 근심에 잠길 수도 있는 인텔의 매니저에게 어떤 이야기를 할 수 있을까? (물론 자세한 기준은 논문을 읽어야만 이해할 수 있을 것이다) Acceptance criteria나 Validation criteria의 점수가 낮은 것은 바람직하지는 않을 수 있어도 아직 요구공학 단계에서는 필수적인 정보라고 주장하기에는 약간의 무리가 있을 수도 있으니 6%~18%의 요구사항만이 이런 정보를 포함하고 있다고 해서 너무 염려하지 말라고 위로할 수 있을까? 1점을 얻는 Partially까지 포함한다면 요구사항의 "직접적인 품질"을 나타내는 지표라고 볼 수 있는 Language, Business value, Problem clarify에서 81%, 67%, 그리고 68%의 점수를 나타내고 있으므로, 소프트웨어 개발 초기 단계에서 요구사항이 명확하게 정의되는 것은 현실적으로 쉽지 않으므로 이 정도면 나름 수준급이라고 할 수 있을까? 이 성적표에 대한 각자의 해석은 조금씩 다를 수 있겠지만, 이 논문의 저자들은 실제 자료에 기반한 (그래서 Analytics라는 단어를 강조한 것이지만) 결론은 요구사항의 품질이 낮거나 만족스럽지 못하다고 판단하고 있다.

이 지표를 바탕으로 각자가 내리는 판단은 조금씩 다를 수 있지만 더 중요한 것은 여러분의 개발조직에서도 이와 비슷한 방법 또는 다른 방법을 사용해서라도 소프트웨어 개발과정의 품질이나 생산성에 대한 판단을 실제 프로젝트 자료를 가지고 내릴 수 있어야 한다는 것이다.

두 번째 가정에 대한 인텔의 분석결과는 P1이나 P2 등급의 요구사항의 품질지표가 P3나 P4 등급의 품질지표보다 일반적으로 더 낮다는 결론이다. 원인이야 여러 가지가 있을 것이고 원인에 대한 자세한 분석도 논문에 없으니 각자가 추론해 볼 수 밖에 없겠다. 여러가지 지표중에서 P1 또는 P2 등급의 지표가 우수했던 항목은 Compliance to the template였다고 하는데 요구사항을 기술하는데 있어서 기입해야 하는 항목에 좀 더 충실하게 또는 더 많이 기술한 것을 뜻한다. 높은 등급의 (또는 중요한) 요구사항이어서 요구사항을 작성하는 엔지니어들이 표준양식에 좀 더 많은 항목을 작성한 것이리라.

세번째 가정은 High compliance가 품질측면에서도 High quality로 연결되는가 하는 중요한 질문인데, 이에 대한 분석자료는 논문에 아래의 그림으로 표시되어 있다.

그림의 X축은 Template의 충족여부를 1~10점으로 보여주는 것이고, Y축은 요구사항의 품질을 1~18점으로 표시한 것이다. 그러니 그림의 오른쪽 그리고 위쪽에 위치한 요구사항은 품질도 높다고 판단되었으며 정해진 양식 template의 기준에서도 잘 정리된 요구사항들이다. 반대로 그림의 왼쪽 그리고 아래쪽에 위치한 요구사항들은 품질이나 완성도 측면에서 둘 다 만족스럽지 않게 기술된 것들이다. 그리고 P1, P2급의 High Priority 요구사항과 P3, P4급의 요구사항이 두 가지 다른 색으로 표시되어 있다. 그렇다면 이 자료를 통해서 여러분은 어떤 결론을 내릴 수 있을까? Compliance 준수여부를 나타내는 완성도와 요구사항의 품질이 비례한다면 그림의 대각선 부분에 대부분의 자료가 발견되어야 할 것이다. 그리고 대각선

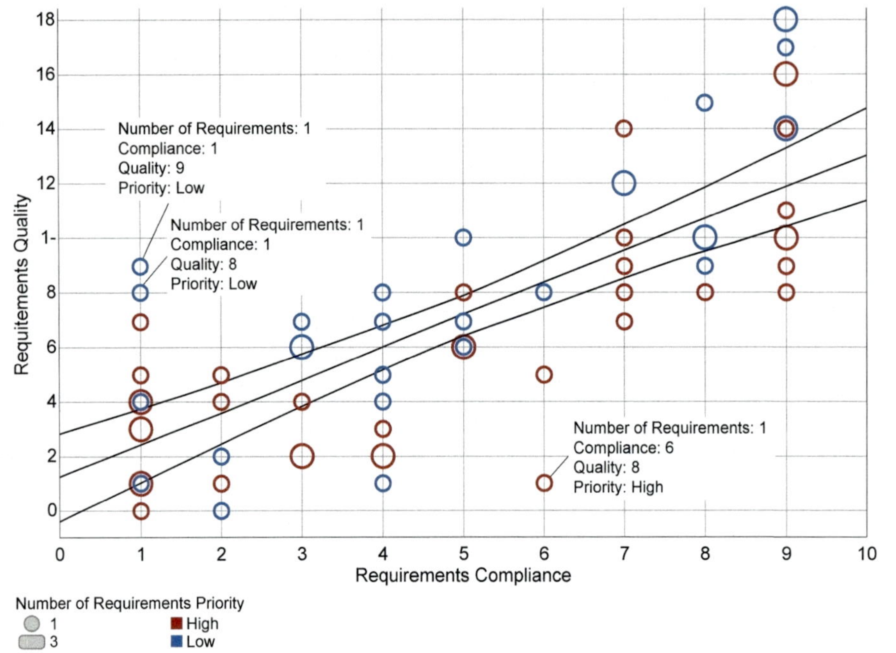

The relationship between the requirements quality and compliance

을 기준으로 아래쪽보다는 위쪽에 대부분의 자료가 위치하길 희망할 것이다. 그러나 프로젝트 자료는 이러한 희망사항이 일부의 경우에는 만족되지 않음을, 그리고 그런 기대를 저버린 요구사항들을 분석해 보니 P3, P4 등급의 상대적으로 덜 중요한 요구사항보다는 P1, P2 등급의 요구사항이 더 많다는 점을 보여주고 있다. 여러분은 그 외에 어떤 해석을 내릴 수 있을까? 그리고 저자들의 의견은 어떨까? 먼저 생각해 보고 논문을 읽어볼 것을 추천한다.

네 번째 가정은 검증할 필요도 없어 보이는 당연한 상식으로 보이는데, 연구자들은 왜 굳이 이 질문에 대한 답을 얻고자 했을까? 사실 여부의 판단도 중요하지만 아마도 더 중요한 것은 낮은 품질의 요구사항이 생산성과 품질에 얼마나 심각하고 부정적인 영향을 미치는가를 정량적으로 측정하고자 했을 것이다. 부정적인 영향도 그 정도에 따라 파급효과는 엄청나게 다를 수 밖에 없기 때문이다. 그 자료가 논문에서는 아래와 인용한 표로 제시되어 있다. 이에 대한 해석은 전문가들도 조금씩 다를 수 있으나, 표를 이해하기 위한 기본적인 설명만 먼저 해 보자.

Clusters		Cluster 1	Cluster 2	Cluster 3	Cluster 4	Cluster 5
Descriptive	Number of requirements(total of 72)	9	22	11	15	15
	Average quality(maximum of 27)	15.1	9.1	7.5	4.4	1.3
	M quality	16	8.5	8	4	1
	SD for quality	2.5	2.7	2	1.6	1
Scorecard criteria	1. Compliance	82.2%	20.9%	2.7%	6%	0%
	2. Language	100%	90.1%	73.9%	45.1%	1.6%
	3. Business value	100%	98.4%	94.3%	45.7%	11.9%
	4. Problem clarity	100%	83.6%	80%	45.1%	2.9%
	5. Stand-alone/depended implementation	95.5%	98%	74.8%	60%	40.4%
	6. Reference material	64.3%	18.2%	0%	15.3%	0%
	7. Acceptance criteria	41.1%	1.4%	0%	0%	0%
	8. Validation criteria	73.3%	30.8%	0%	0.3%	0%
	9. Performance characteristics	79.7%	13.1%	18%	3.1%	0.1%
Metrics	For all of the requirements					
	Average number of defects	0.4	1.5	4.1	4.8	6.1
	M number of defects	0.5	1	4	4.5	6
	SD for defects	0.1	0.5	1	1.2	2
	For some exemplars					
	Estimated lead time(in days)	3	22	11	30	51
	Actual lead time(j=in days)	2	22	11	76	441
	Difference between estimated and actual lead times(in days)	1	22	11	-46	-390
	Release cycles missed	0	22	11	1	4

The impact of quality on defects, lead times, and release cycles

연구에 사용된 비슷한 난이도의 총 72개 요구사항이 생산성과 품질에 미친 영향에 따라 5개의 등급으로 분류하였다. Cluster 1은 품질과 생산성에 제일 긍정적인 영향을 끼친 것으로 요구사항의 품질 지표도 총 27점 만점에서 평균 15.1점을 나타냈으니 다른 Cluster에 비해서 9.1점에서 1.3점까지 나타난 것을 비교하면 모범적인 사례이다. 실제로 Scorecard criteria의 9가지 지표를 보면 모든 항목에서 다른 그룹과 큰 차이를 보이고 있다. (그런 면에서 Cluster 5에 포함된 15개의 요구사항은 품질이나 완성도가 다른 그룹에 비해 — 특히 cluster 1이나 2에 속한 요구사항에 비해 — 얼마나 부족한 지 명확하다.) Compliance도 그렇지만 Language, Business value, Problem clarify등의 지표가 "낙제수준"에도 미달할 정도이니 말이다. Acceptance criteria, validation criteria에 대한 정보가 전무하다는 점도 놀랍다.)

Metric 항목에서는 각 그룹에 속한 요구사항에 기반하여 개발된 소프트웨어의 품질 지표가 제시되고 있다. Cluster 1에 속한 요구사항은 결함의 평균이 0.4, 표준 편차가 0.1이므로 균등하고 높은 품질을 달성할 수 있었음을 보여준다. 그에 비해 특히 Cluster 3~5에 속한 요구사항들은 품질의 지표가 큰 차이를 보인다. Defect의 평균값이 4.1에서 6.1까지 보고되고 있다. 생산성 지표를 산출하면서 연구에 사용된 요구사항 72개중 일부가 사용되지 않았는지 "for some exemplars"라는 전제가 있긴 하지만 예상했던 개발기간과 실제 개발기간의 차이를 보면 생산성의 차이가 크다는 것을 알 수 있다. Cluster 1 또는 2에 포함된 요구사항들은 예상 개발기간내에 또는 더 빠른 시간에 개발을 완료할 수 있었음에 비해 Cluster 3~5에 포함된 요구사항은 그 반대임이 분명하다. 특히 Cluster 5에 포함된 요구사항을 보면 품질지수도 27점 만점에 평균 1.3으로 문제가 심각하지만 개발기간도 예상했던 51일이 아닌 441일이 걸렸다고 하니 그야말로 실패한 프로젝트의 대표적인 사례로 들 수 있을 법하다. 인텔사에서는 3개월이 소프트웨어 개발 release 주기라고 하는데 4번이나 데드라인을 넘겼으며 Defect의 평균 수치로 볼 때도 실패했다고 밖에 볼 수 없다.

이 자료를 놓고 인텔사의 소프트웨어 개발 실력의 수준 여부를 판단하거나 특정 그룹에 포함된 소프트웨어 요구사항을 작성하거나 또는 이런 소프트웨어를 개발한 특정 그룹을 칭찬하거나 비방하는 것이 목적이 아니다. 각 조직에서는 이런 식으로 실제 프로젝트 자료에 기반한 (다른 말로 표현해 보자면 “증거에 기반한”) 생산성과 품질에 관한 관리가 실행되고 있는지 먼저 생각해 보아야 한다. 그렇지 않으면 단순히 개발자나 매니저의 경험과 직관에 의한 프로젝트 관리만이 가능하기 때문이다. 이 자료는 실제로 산업체 현장에서 완성도 높은 요구사항의 도출과 분석이 얼마나 중요한지 그리고 그런 당연해 보이는 목표를 달성하는 것이 얼마나 힘든 지를 다시 한 번 보여준다. 낮은 수준의 요구사항이 개발자에게 더 많은 스트레스를 끼치는 것 외에도 lead time이나 defect의 수준으로 볼 때 회사의 수익에 심각하고 지대한 영향을 미치기 때문이다.

16

기능요구사항과 비기능 요구사항은 도대체 뭐가 다른데?

소프트웨어공학에서 오랜 시간에 걸쳐 많은 논의가 있었고 아직도 전문가들 사이에서 의견이 분분한 주제들이 몇 개가 있는데, 그 중 한 두가지를 들자면 다음과 같은 것들이 있다.

- 소프트웨어 공학의 요구공학 단계와 디자인 단계에는 어떤 근본적인 (?) 차이가 있을까?
- 요구사항을 흔히 기능 요구사항과 비기능 요구사항으로 분류하는데, 둘 사이에는 어떤 차이가 있으며, 비기능 요구사항을 효과적으로 도출하고 분석하는 방법은 무엇인가?

이러한 질문에 대해 답을 많은 소프트웨어공학 교재에서 다루지만 만족할 만한 답은 없는 것 같다. 가장 흔히 듣는 답은, 요구공학 단계에서는 "무엇" (WHAT)을 결정하는 과정이고, 디자인 단계는 What을 만족시키기 위한 구체적인 방법, 즉 "어떻게" (HOW)를 결정하는 과정이라는 것이다. 즉, 같은 요구사항이라도 목표를 충족시킬 수 있는 방법은 여러가지가 있을 수 있는데, 가장 적절한 방법을 찾아가는 과정이 디자인이라는 것이다. 다시 말하자면, 요구사항을 결정하는 단계에는 가능하면 HOW는 고려하지 말고 WHAT만을 생각하라는 뜻이기도 하다. 암호화에 관한 보안 요구사항을 예로 들자면, 요구사항 분석단계에서는 소프트웨어에서 제공해야 하는 보안의 수준만을 명세하는 것으로 충분하며, 어떤 암호화 알고리즘을 쓰는 지는 그 다음 단계에서 Architect가 여러가지 요소를 종합적으로 고려하여 결정하도록 하자는 뜻이다. 얼핏 생각하면 반론의 여지가 없는 정답처럼 들리겠지만, 문제는 현실에서 "무엇"과 "어떻게"의 차이가 명확하지 않고, 한 사람의 전문가에게는 what으로 판단되는 내용이 또 다른 전문가에게는 how로 판단된다는 데 혼란과 논쟁의 여지가 있다. 비슷한 맥락에서 UML(unified modeling language)가 요구사항을 기술하는데 적절한 표현방법인지 또는 how를 기술하는 디자인을 표현하는 방법인지 또한 전문가마다 의견이 다를 수 있다.

또 다른 주제인 기능요구사항(functional requirements, FR)와 비기능 요구사항(non-functional requirements, NFR)의 차이 또한 전문가들 사이에서 의견이 다양할 것이다. 어떤 사람은 비기능요구사항은 소프트웨어가 만족해야 하는 품질의 속성을 나타내는 지표이므로 기능요구사항과 확연하게 구분될 수 있다고 주장할 것이며, 국제 표준 문서[42]중 하나인 ISO/IEC 25010:2011을 인용하면서 이 문서에 해당되는 품질속성은 비기능 요구사항이고 나머지는 기능요구사항이라고 주장할 수도 있겠다.

그러나 대부분의 소프트웨어공학 전문가들이 동의하는 것은 이러한 논쟁에 대하여 명확하게 답을 할 수 있는 기준을 정하는 것 자체가 현실적으로 의미가 없는 작업이라는 점일 것이다. 어떤 기준으로 판단하든, 품질속성 또는 비기능요구사항에 속한다고 판단되는 정보를 찾아내고 분석하는 작업이 쉽지 않고 실제로 소프트웨어 개발현장에서 많은 어려움을 일으키고 있으며 요구공학 연구에서 NFR에 관련

42. 소프트웨어 품질속성을 정의함 국제표준 문서로 가장 널리 알려진 것이 ISO/IEC 9126인데, 2011년에 ISO/IEC 25010 표준으로 대체되었다.

된 연구는 상대적으로 많지 않다. 2016년에 Eckhardt 등이 논문[43]은 요구사항과 비기능요구사항에 대한 개념적인 논의가 아닌 실제 소프트웨어 개발현장의 프로젝트 자료를 분석했다는 점에서 가치가 있다. 11개의 실제 산업체 현장에서 사용된 요구사항 문서를 분석하여 총 530여개에 달하는 비기능 요구사항들을 속성에 따라 분류한 후, 실제로 얼마나 많은 비기능요구사항이 관점에 따라서는 기능요구사항으로 분류될 수도 있는지를 분석하였다. 이 논문의 주요 결론은 다음과 같다.

- 11개의 프로젝트의 요구사항중에서 18.8%가 (구체적으로는 1841개중에서 346개) 비기능요구사항으로 분류되었다. 그러나 비기능 요구사항중 약 75%에 해당하는 내용은 실제로는 소프트웨어에서 요구되는 행위(behavior)에 대한 정보를 포함하고 있어서, 기능요구사항으로 분류될 수도 있었으며, 기존의 기능요구사항을 분석하는 것과 유사한 방법으로 비기능요구사항을 도출하고 분석할 수 있다는 뜻이기도 하다.
- 가장 흔히 발견된 비기능 요구사항을 빈도순으로 정리해보면 security, reliability, usability, efficiency, 그리고 portability 등인데 구체적인 수치는 소프트웨어의 도메인에 따라 다를 것이다. 예를 들어서 데이터베이스의 기술을 활용하여 Big Data를 처리하는 시스템(Business Information System)이라면 보안에 관련된 명세가 아무래도 많을 것이고, 자율자동차 또는 전자제어등의 기능이 요구되는 Embedded System이라면 신뢰성(reliability)에 관련된 요구사항이 많을 것이다. 아래의 그림이 이런 동향을 보여주는데, 이를 지나치게 확대해석하거나 일반화 하는 것은 위험이 있겠지만 요구사항을 도출하는 엔지니어에게는 어떤 종류의 비기능 요구사항에 좀 더 관심과 노력을 집중해야 하는지에 대한 유용한 정보를 얻을 수 있을 것이다.

43. Eckhardt et al. Are “Non-functional” Requirements really Non-functional? An Investigation of Non-Functional Requirements in Practice, International Conference on Software Engineering (ICSE’16), 2016, Austin, TX

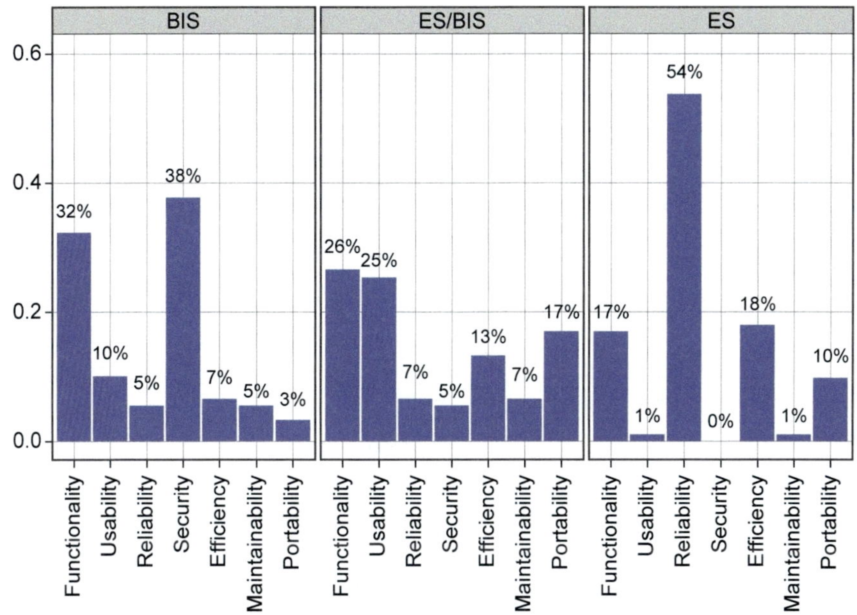

Relative distribution of NFRs w.r.t. the application domain

비기능요구사항은 소프트웨어가 만족함을 보여야 하는 품질속성을 정의한 표준 문서를 언급하는 형식으로 기술되는 경우가 흔하다. 예를 들어서 국방분야에서는 DOD-STD-2168, 자동차 산업에서는 ISO 26262, 원자력분야에서는 IEC 61513 등 산업분야마다 만족해야 하는 품질속성을 정의한 표준문서는 다르지만 요구하는 내용은 공통점이 많다. 이러한 표준 문서를 모두 다 읽어야 할 필요는 없으며, 개발하는 소프트웨어의 도메인에 따라 필수적으로 요구되는 표준문서의 내용을 정독하고 필요한 품질속성을 만족시키기 위한 추진전략을 세울 수 있다면 그것으로 충분하다.

비기능 요구사항 의 분석이 어려운 이유는 대부분의 개발자들이 기능적인 요구사항에 관하여 생각하는 것은 자연스럽게 받아들이는 반면에 비기능적인 요구사항은 놓치기 쉽기 때문이다. 그래서 비기능 요구사항에 대한 개념을 이해하고, 흔히 포함되는 비기능 요구사항의 속성을 정리한 후, 각각의 품질속성에 대해 어떤 요구사항이 필요한지를 정리하면서 체계적으로 접근하는 방법을 추천한다. 소프트웨어의 품질속성을 이야기할 때 가장 널리 사용되는 국제 표준중 하나가 ISO/IEC 9126으로 명명된 Software Product Quality에 관한 문서인데, 품질 속성이라고도 흔히 소개되기도 한다.

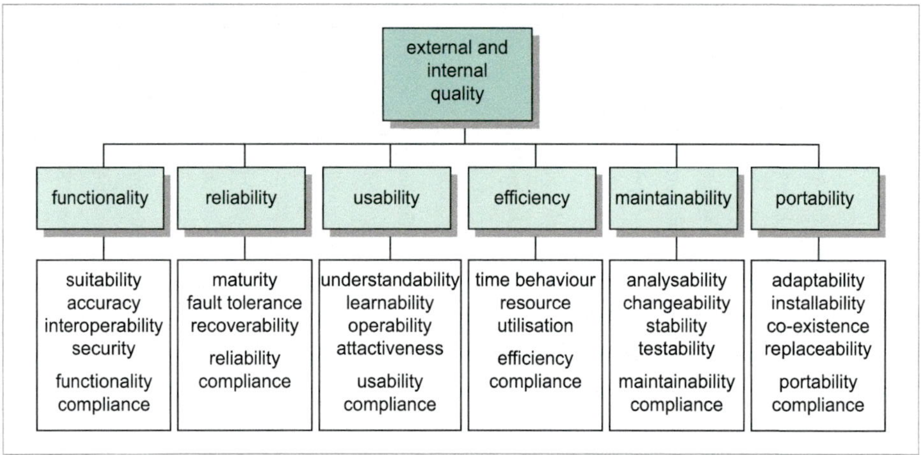

이러한 비기능요구사항 또는 품질속성이 해당되는 경우는 항상 적용되는 경우도 있겠지만 항상 그런 것은 아닐 수 있는데, 예를 들어서 시스템에 과부하가 걸려서 모든 기능을 다 제공하지 못하는 경우에도 가용성에 관련된 요구사항은 일부 핵심 기능만이라도 적당한 수준의 서비스를 제공하기를 요구할 수 있을 것이다. 네트워크 소프트웨어에서 흔히 이야기하는 QoS(Quality of Service)에 대한 요구사항이 그 예가 되겠다. 이런 경우에 Quality Attribute Scenario라고 불리는 방식으로 생각하면 조금 더 체계적으로 접근할 수 있다. 예를 들어 ISO/IEC 9126에서 Efficiency 항목에 time behavior 또는 performance라고 흔히 불리는 비기능요구사항을 생각해 보자. 품질속성 전체를 놓고 생각해 보면 막연해 보이고 추상적으로 보일 수 있으나, 시스템이 어떤 종류의 input 또는 stimulus를 받았을 때 이러한 요구사항이 위

반될 수 있는 상황인지를 생각해 보면 문제가 조금 더 구체화되었음을 알 수 있다. 그리고 시스템이 어떤 방법으로 (Response) 반응해야 하고, 이러한 출력에 요구되는 품질속성을 어떤 정량적인 방법으로 확인할 수 있는지를 생각한다면 체계적으로 비기능요구사항을 정의할 수 있다.

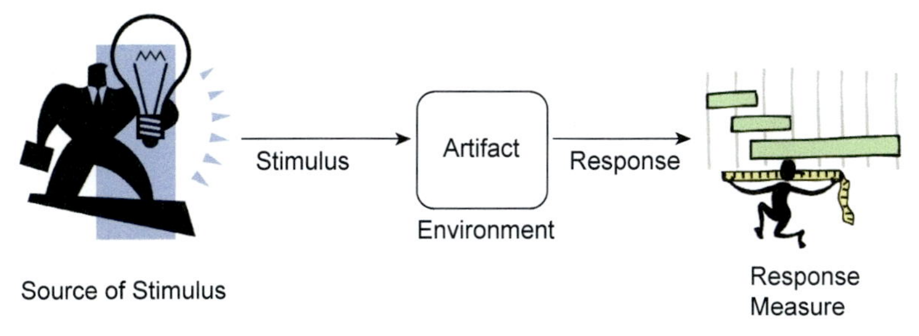

그리고 시스템의 설계자가 비기능요구사항을 만족시키기 위해 채택할 수 있는 방법도 다양할 것이며, 각 방법마다 고유의 장점과 단점이 있을 것이므로 이에 대한 이해가 필요하다. 이를 흔히 Tactic이라고 부르는데, 가용성(availability)의 경우 이를 탐지하는 방법도 다양하며 선택할 수 있는 접근 방법 또한 매우 다양하다. 아래의 그림은 가용성에 관한 tactic의 일부를 설명하는 그림으로 fault를 발견하는 방법에도 주기적으로 시스템이 작동하고 있음을 보여주는 Ping 또는 Heartbeat같은 방법으로부터 특정한 상태의 발생여부를 관찰하는 condition monitoring 기법등 다양한 방법이 존재한다. 마찬가지로 가용성에 관한 요구사항을 위반할 수 있는 상황이 발생할 경에도 취할 수 있는 방법은 Active redundancy기법을 이용해서 하나의 컴포넌트가 더 이상 작동하지 않는 경우에도 다른 백업시스템을 통해서 정상적인 기능을 제공할 수도 있고, 이중화를 하지 않고 시스템이 일부의 기능만을 지속적으로 수행하도록 (Degradation방법이라고 한다) 설계할 수도 있는데, 어떤 방법이 제일 적절한지 비용과 효과를 고민하면서 선택해야 한다.

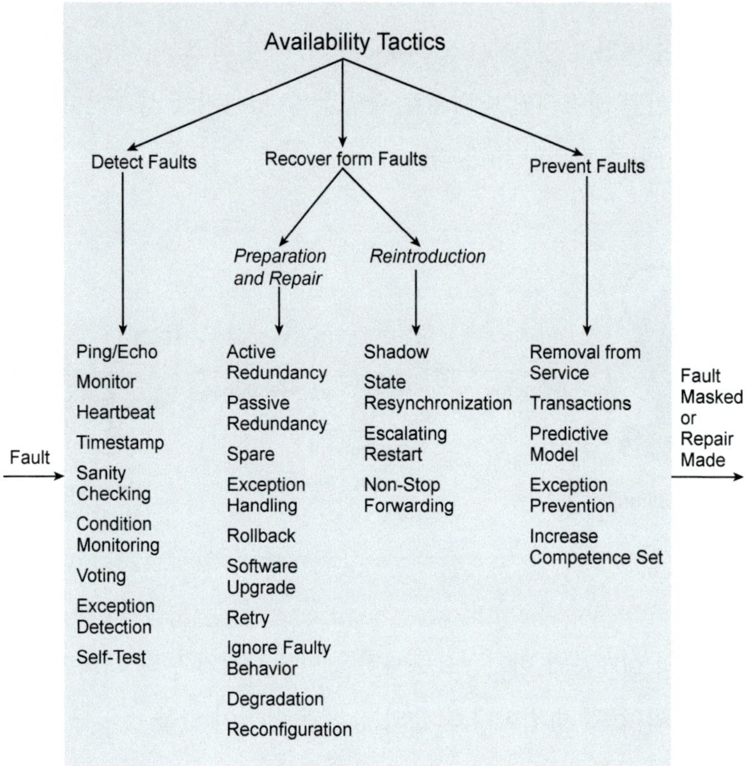

보안에 관련된 요구사항도 개념적으로만 생각하면 CIA(confidentiality, integrity, availability)로 흔히 표현되는 개념적인 이해를 넘어서 시스템이 제공해야 하는 보안 기능의 신뢰도를 명시해야 한다. 경우에 따라서는 비밀성(confidentiality)에 관련된 비기능 요구사항 또는 품질속성을 이야기하면서 암호하는 경우에도 암호화에 사용되는 키의 최소한의 크기(예를 들어 128비트)를 지정하는 방법도 있고, 사용되어야 하는 특정 암호화 기법을 (예를 들면 triple DES) 지정할 수도 있겠다.

마지막으로 요구사항의 분석과 관련하여 아래의 사항을 기억하자.

- 요구사항은 분류에 상관없이 말 그대로 필요하다고 생각하는 기능적인 또는 품질에 관한 속성을 명세하는 것이다. 그러므로 모든 요구사항이 항상

만족시킬 수 있는 것은 반드시 아닐 수도 있다는 점을 기억해야 한다. 그러므로 예상가능한 모든 경우에 대비하여 필요한 행위를 기술하는 것도 중요하지만, 실제로 그러한 요구사항이 현실적인지 또는 고객이 정말로 필요한 기능인도 검토해야 한다.

- 가능하다면 같은 조직내에서 기능 및 비기능 요구사항들을 체계적으로 정리한 Best Practice로 삼을 만한 문서를 공유하고 참고하는 것도 추천할 만 하다.
- 비기능 요구사항은 여러가지의 품질속성을 포함하는데, 모든 참여자가 함께 요구사항을 논의하는 방법이 효과적일 수도 있지만, 각자의 전문분야에 따라 특정 품질속성에 노력을 집중할 수도 있겠다. 한 그룹은 성능에 관련된 품질속성에 집중하고, 또 다른 그룹은 보안에 집중하는 식이다. 소프트웨어 개발의 전 과정에 모두가 반드시 따라야 하는 한 가지 방법만 있는 것은 절대로 아니다.
- 하나의 요구사항이 변경이 일어나는 경우, 많은 경우 영향을 받는 다른 요구사항이 있기 마련이다. 변경이 생길 때마다 다른 요구사항이 어떻게 바뀌어야 하는지를 반복적으로 분석하는 일은 시간도 많이 걸리고 지루한 작업이다. 그러므로 처음에 요구사항의 문서 초안이 완성되고 요구사항에 대한 형상관리가 시작되는 시점에 요구사항간의 상호의존도를 분석하고 matrix등의 형태로든 어떤 식으로든 기록해 두는 것이 필요하다. 이런 작업을 처음 하는 과정은 쉽지 않고 시간의 낭비로 보여질 수도 있겠으나 소프트웨어 개발과정에서 필연적으로 발생할 요구사항의 변경 빈도를 생각하면 꼭 필요한 일임을 느낄 수 있을 것이다.
- 기능요구사항이든 비기능요구사항이든 누락된 채로 소프트웨어 개발이 진행되는 경우, 어느 정도의 재작업과 이에 따른 생산성의 저하는 피하기 어려울 것이고, 경우에 따라서는 품질의 저하 또한 발생할 수 있다. 그러므로 완벽할 수 없더라도 가능한 충실한 요구사항의 분석을 통해 완성도가 높은 요구사항 문서를 바탕으로 소프트웨어 개발을 하는 것이 중요하다.

17

UML(Unified Modeling Language): 사용할 것인가? 무시할 것인가?

1970년대 초반부터 연구가 시작된 객체지향 방법론은 산업체 전반에 걸쳐서 널리 사용되고 있으며 C++, Java, C# 등의 프로그래밍 언어들도 널리 쓰이고 있다. 1990년대 초반에는 객체지향 방법론의 삼국시대라고 부를 만큼 세 가지 방법론[44]이 경쟁하였는데, Booch가 주도한 Booch 방법론, Rumbaugh 등이 주도한 OMT(Object-Modeling Technique), 그리고 Jacobson이 개발한 OOSE(Object-Oriented Software Engineering) 방법론이다.

세 개의 방법론은 1990년대 후반에 세 사람이 Rational Software를 공동으로 창업

44. 객체지향 또는 컴포넌트 기반의 방법론, 그리고 최근 각광을 받고 있는 제품공학 방법론(Product Line Engineering) 기법을 연구하는 사람이 아니라면 Booch, OMT, 그리고 OOSE의 차이는 필수적인 지식은 아니다.

하면서 통합되었고, 각 방법론에서 지원하는 diagram은 OMG(Object Management Group)에서 표준으로 제정하고 개정하고 있는데 이것이 UML(Unified Modeling Language)이다. 1997년에 발표된 v1.1을 시작으로 2010년까지 2~3년마다 개정되다가 2011년에 v2.4.1에 이어 2017년에 UML v2.5.1이 발표되었다. UML에 관한 최신 정보는 uml.org에서 얻을 수 있는데, 소프트웨어 개발에서 널리 쓰이거나 도움이 된다고 여겨지는 여러 모델링 언어들을 포함하고 있다.

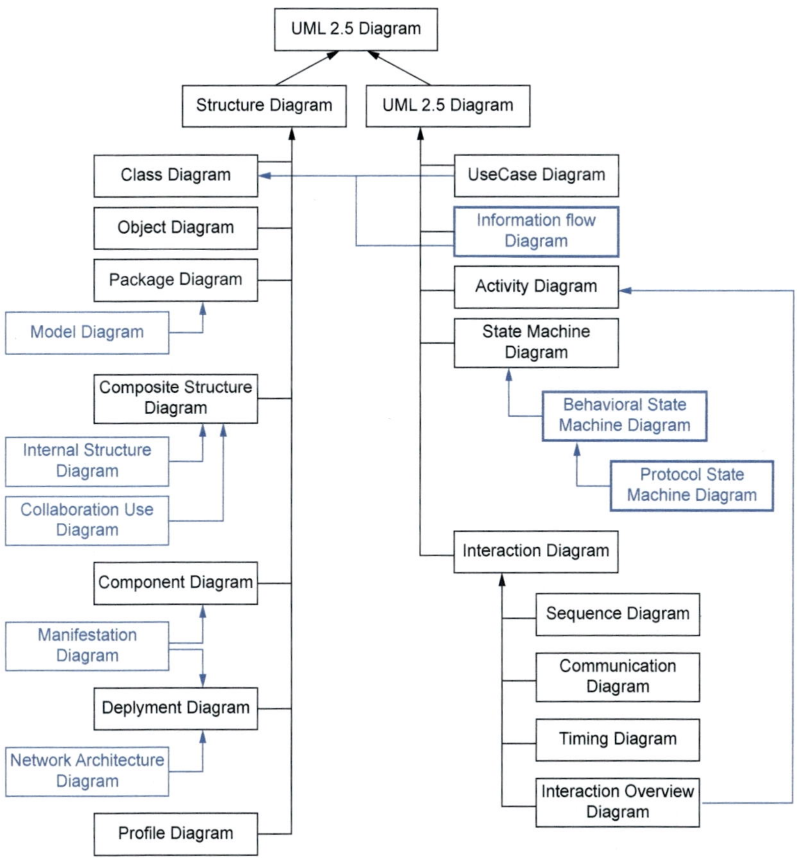

UML 2.5 Diagrams Overview.
Note, items in blue are not part of official taxonomy of UML 2.5 diagrams.
Source: https://www.uml-diagrams.org/uml-25-diagrams.html

정적이고 구조적인 정보를 표현하는 structure diagram은 class 간의 관계를 정의하는 class diagram을 포함하여 각종 소프트웨어 컴포넌트가 어디에 어떻게 배치되어 전체 서비스를 구성하는지를 보여주는 deployment diagram 등 다양한 표현방법이 있다. 동적인 정보를 주로 제공하는 behavior diagram은 소프트웨어가 제공하는 각종 기능들 그리고 관계를 보여주는 use case diagram 외에도 실제 특정 기능이 구현되는 과정에서 발생할 수 있는 여러 작업들간의 순서나 상호작용을 표현할 수 있는 sequence diagram, finite state machine의 개념을 확장한 state machine diagram 등 다양한 모델링 언어들이 추가되어 왔다.

사용자는 UML에 포함된 각종 모델링 언어중에서 본인의 판단으로 가장 적절하다고 생각하는 diagram을 사용할 수 있다. 예를 들어서 SNS에서 사용자의 인증과정을 설명하기 위해서 누구는 sequence diagram이 제일 적절하다고 생각할 것이고, 다른 개발자는 그 보다는 activity diagram의 표현력이 제일 우수하다고 판단할 수 있고, 또 다른 사람은 그 보다는 state machine diagram을 개인적으로 선호할 수도 있겠다. 상황에 따라 판단에 따라 다른 표현법을 사용할 수 있다는 점은 UML의 장점이긴 하지만 여러가지의 모델링 언어로 표현된 결과물에 대해 manual review 또는 inspection말고는 통합적인 분석이 가능하지 않다는 점 또한 기억해야 한다. "rich in notations, poor in integrated analysis"라는 표현처럼 각종 UML 다이어그램에 포함된 논리적 오류를 쉽게 또는 자동적으로 탐지할 수 있는 기능은 없기 때문이다.

객체지향 방법론이 널리 쓰이고 객체지향 프로그래밍 언어가 주로 사용되면서 UML은 이제 소프트웨어 개발자들에게 필수적인 지식이 되었다. 그러나 의외로 개발 현장에서 UML이 광범위하게 사용되지 않는데, 저자의 제한된 경험으로도 개발자들이 UML을 실제 업무에서 활발

하게 사용하는 경우를 별로 보지 못하였다.

소프트웨어공학 강의에서 UML에 얼마나 비중을 둘 것인지 결정하는 것은 제한된 수업 시간을 생각하면 쉽지 않은 선택일 수 있다. 일부 학교는 객체지향 분석이란 과목을 별도의 과목으로 개설하기도 하고, 어떤 학교는 소프트웨어 아키텍쳐 과목을 개설하기도 한다. 그러나 많은 대학은 소프트웨어공학을 전공한 교원이 없는 경우도 흔하고, 학부에서 소프트웨어공학 개론 한 과목만을 개설하는 경우도 흔하다. UML의 학부 교육에 대하여 저자의 박사과정 지도교수님은 아니지만 스승이나 다름없으신 UC Irvine의 Taylor 교수님[45]과 이메일을 교환한 적이 있다. 첫 번째 이메일에 대한 답장에서 Taylor 교수님은 UML diagram의 일부가 산업체 프로젝트에서 가끔 사용되긴 하지만 전반적으로는 UML의 활용이 보편적이거나 활성화된 것은 아니라는 의견에 동의하셨다.

Richard Taylor

On Sungdeok Cha wrote:

Dick,
I always thought that CS undergraduates must become "fluent" in UML if they were to adequately prepare for industry career. But, wiki page on UML states that

"Though well-known and widely used in education and academic papers, as of 2013 UML is little-used in industry, and most such use is informal and ad hoc."

I understand "informal and ad hoc" usage of UML, but what is your opinion on "little used in industry" claim?

I agree with it. In the fairly extensive consulting I have done I have rarely come across UML usage in industry. On occasion one or two diagrams will appear, and I think I remember one company that used it relatively widely, but by-and-large I would agree with "little-used".

Dick

45. Taylor 교수님은 컴퓨터공학 분야의 대표적인 학회인 ACM의 석학회원(Fellow)이며, 40년 이상 소프트웨어공학에서 뛰어난 연구업적을 남기셨고 산업계의 자문경험이 풍부하신 분이다.

UML이 널리 쓰이지 않는 이유는 무엇일까? UML에 대한 일반 개발자들의 지식 및 경험의 부족도 있겠지만, 아마도 UML을 쓰지 않았기 때문에 품질이나 생산성에 심각하거나 부정적인 영향을 끼치는 상황을 심각하게 겪고 있지 않기 때문일 것이다. UML의 사용이 도움이 될 수 있다고 이해는 하지만 사용하지 않는다고 해서 큰 문제가 되지는 않는다는 뜻이다. 개발 조직의 내부 지침이든 고객과의 계약 때문이든 반드시 UML을 사용해야 한다면 쓰겠지만, 개발자들의 자율에 따라 결정할 경우 UML을 꼭 사용해야 할 강한 동기가 없다는 뜻이다.

Richard Taylor

On Sungdeok Cha wrote:

Dick,
Thank you. I have a follow-up questions.

How much would you teach UML in undergraduate software engineering class? 2~3 hours in 16 weeks semester? How would you advise industry people to communicate design? My advice to students has been "be prepared to communicate with other software engineers in English and in UML."

I think your advice to students is good, and with respect to number of hours I would go higher... maybe 5. And I agree wholeheartedly with your next paragraph: sequence diagrams and state machines are genuinely useful. Much more useful than the other diagram types.

Dick

이어진 대화에서 저자는 학부강의에서 (특히 한국에서 공부하는) 소프트웨어공학 수강생들이 필수적으로 갖춰야 한다고 추천하는 "언어능력"으로 영어와 UML을 특별히 강조한다는 설명과 함께, 한 학기 16주 동안의 소프트웨어공학 개론 강의에서 약 1주 정도의 시간을 들여서(2~3시간) UML에 대한 간단한 소개만 하는데 이에 대한 의견을 질문하였다.

영어가 전세계에서 실질적인 공용어로 사용되고 있다는 점을 고려하면, 국적을 불문하고 모든 개발자들이 영어를 이용하여 다른 개발자들과 기술적인 대화를 말로 그리고 글로 나눌 수 있어야만 글로벌 개발 현장에서 경쟁력을 가질 수 있다고 믿는다. 오픈소스 프로젝트에 주도적으로 참여하고자 하는 개발자들에게 영어로 기술적인 대화에 참여하고 토론을 이끌어 나가는 능력은 필수적인 역량이다. 삼성전자나 LG전자 같은 한국계 글로벌 기업의 경우 한국인 개발자보다 외국인 개발자들을 더 많이 고용하고 있는 것 또한 엄연한 현실이다. MS, 구글, 메타, 엔비디아 등 많은 개발자들이 선호하는 글로벌 기업에서 근무하고자 하면 영어를 사용하여 말과 글로 기술적인 대화를 할 수 있는 능력은 필수적이다. 개발에 필요한 문서를 한글로 작성하고 필요하면 추가비용을 들여서 번역을 할 수도 있겠지만 개발과정에서 생성된 모든 문서를 번역한다는 것도 경제적으로 비현실적일 것이다. 번역된 문서가 원래 개발자의 의도를 정확하게 전달한다는 보장도 없다.

UML을 포함시킨 이유는 영어로 자신의 기술적인 생각을 충분히 자세하고 정확하게 설명하기 힘든 영어가 모국어가 아닌 개발자에게는 UML이 설명을 보충하는 수단으로 유용하기 때문이다. 부족한 영어작문 능력때문에 나름 간단하게 설명된 내용을 sequence diagram으로 보완할 수도 있다. sequence diagram을 보고 외국인 동료가 영어로 기술된 내용과 UML diagram으로 표현된 내용이 일치하지 않는 것 같다며 추가적인 질문을 할 수도 있겠다. 비슷한 내용을 자연어와 UML로 중복해서 표현하는 과정에서 오해가 발생했다고 생각할 수도 있겠지만, 이런 방법으로 조금 더 정확하고 자세한 기술적인 대화가 가능해지면 그 자체만으로도 소득인 것이다. UML은 같은 모국어를 사용하는 개발자 사이에서도 효과적으로 사용될 수 있다. 프로젝트를 진행하면서 서로의 코드를 이해해야 할 때 소스코드를 놓고 토론하려면 너무 방대할 수 있는데, UML을 보조자료로 사용하면 코드의 전체적인 구조를 이해하는데 도움을 줄 수 있기 때문이다. 시간도 효율적으로 사용할 수 있고 knowledge sharing 또는 knowledge transfer 측면에서도 긍정적이다.

이런 의견에 대해 Taylor 교수님은 본인도 UML이 실제로 산업체에서 널리 쓰이지 않는다고 생각하면서도, sequence diagram이나 state machine diagram은 매우 유용하다는 추천과 함께 한 주 정도의 소개로는 UML에 대한 강조가 부족하며 두 배의 시간은 할애하라는 조언을 주셨다. 어떻게 보면 모순된 의견처럼 들릴 수도 있으나, 저자는 모순이라고 생각되지 않는다. 개발자들이 UML의 모든 종류 diagram에 대해 알아야 할 필요도 없지만, 대화의 수단으로 필요하다면 본인의 기술적인 의견을 UML로 설명하거나 또는 동료가 UML로 표현한 기술적인 내용을 이해하고 의견을 제시할 수 있으면 충분하다. 그리고 UML의 이미 작성된 여러 종류의 diagram을 설명하는 것과 이해하는 것은 그리 어려운 일이 아니나, 소프트웨어 개발자가 UML표현법을 배우고 효과적인 토론이나 정보교환의 수단으로 활용할 수 있을 만큼의 숙련도를 갖추기 위해서는 상당한 시간의 반복된 연습이 필수적이다.

UML에 포함된 여러 가지 다이어그램들의 사용 빈도에 대한 설문조사 결과를 분석한 Dobing과 Parsons의 논문[46]에 의하면 자주 사용되는 볼 수 있는 diagram은 use case, class, state machine, sequence, 그리고 activity diagram 정도이다. UML diagram을 작성하는 주체는 주로 개발자이며, 고객 또는 stakeholder는 주로 검토하거나 승인하는 역할을 하고 있는데, 고객의 입장에서 use case, activity, sequence, class, statechart diagram 등은 비교적 이해하기 어렵지 않고 가독성이 높기 때문일

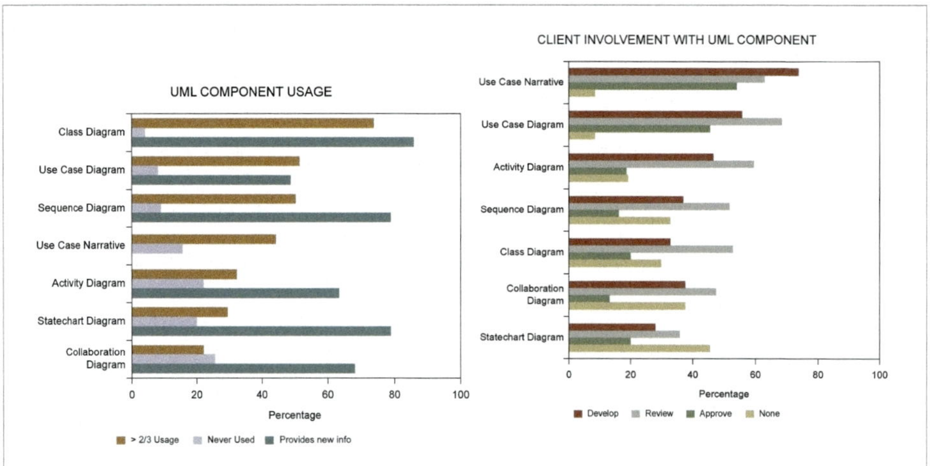

46. Dobing and Parsons, How UML is Used, Communications of the ACM, May 2006

것이다. 널리 쓰인다고(2/3 이상의 프로젝트에서 사용된다고) 응답한 비율이 50%가 넘는 것은 class, use case, sequence diagram뿐이다.

Petre는 50명의 UML 사용에 관한 전문가들과 2년여에 걸친 인터뷰 및 설문조사를 통하여 다양한 기관과 소프트웨어 개발분야에서 UML이 어떤 긍정적인 그리고 때로는 부정적인 결과를 끼쳤는지 분석한 논문[47]을 발표하였다. 20년에 가까운 UML 사용경험을 포함하고 있으므로 UML의 소프트웨어 개발과정에서의 장점과 단점을 제대로 파악할 수 있는 논문이다. UML을 사용한다고 같은 답을 한 경우에도 사용의 범위나 깊이는 매우 다를 수 있다. UML에서 제공하는 diagram중 하나를 간단하게 사용한 경우도 UML의 적용이며, UML 모델에 기반한 코드의 자동생성 또한 UML의 적용이기 때문이다. 이 논문의 결론은 아래에 소개된 두 개의 표로 요약할 수 있다.

Category of UML Use	Instances of Declared Current Use
no UML	35
retrofit	1
automated code generation	3
selective	11

Declared current UML use among 50 professional software developers from 50 Companies

UML diagrams	Number of users	Reported to be used for ...
Class diagrams	7	Structure, conceptual models, concept analysis of domain, architecture, interfaces
Sequence diagrams	6	requirements elicitation, eliciting behaviors, instantiation history
Activity diagrams	6	modeling concurrency, eliciting useful behaviors, ordering processes
State machine diagrams	3	
Use case diagrams	1	represent requirements

Elements of UML used by the 11 "selective" users

소규모의 소프트웨어공학 컨설팅회사로부터 누구나 알 수 있는 글로벌 IT회사를 포함하는 다양한 기관에서 근무하는 50명의 전문가들중 70%인 35명은 UML을 전혀 사용하지 않는다고 대답하였으며, UML을 적극적으로(wholehearted) 사용하는

47. Marian Petre, UML in Practice, International Conference on Software Engineering (ICSE), 2013, San Francisco

곳 또한 전혀 없다는 점이 놀랍게 여겨질 수 있다. 겨우 (?) 22%에 해당하는 11개 기관이 UML을 필요에 따라 선별적으로 사용하고 있다고 대답하였으며, 문서화 또는 소프트웨어 개발이후에 계약이나 규정 때문에 UML문서를 꼭 필요하지 않은데도 불구하고 일부러 작성하거나(retrofit) 또는 UML을 사용하지 않고 디자인 작업이 마무리된 후 코드자동 생성의 목적으로 UML diagram을 작성한다고 답하였다.

필요에 따라 선별적으로 UML을 사용한다고 대답한 기관들도 class, sequence, activity, state machine, use case 다이어그램 등 총 5개만을 사용한다고 대답하였다. UML 2.5에 포함된 다이어그램이 적게는 15개에서 23개까지도 된다는 점을 생각하면 UML의 산업체 사용은 선별적이며 제한적이라는 점이 분명하다. class diagram이 UML에 포함된 notation인 것은 분명하지만, class diagram만을 사용하기 때문에 UML을 잘 활용한다고 주장하면 설득력이 부족하다는 생각이다. 구현에 Java나 C++같은 객체지향 프로그래밍 언어가 사용된다면, class diagram을 그리고 상속 등 객체간의 관계를 표현하고 분석하는 일은 당연히 행해져야 하는 일이기 때문이다.

사실 이 논문에서 더욱 주의 깊게 봐야야 할 정보는 왜 UML이 초기에 가졌던 기대 (“de facto standard” 또는 “the lingua franca”)를 저버리고 개발자들에게서 외면을 받게 되었는지에 대한 이유이다. 전혀 UML을 사용하지 않는다고 대답한 전문가들이 UML에 대한 지식이나 교육이 부족하여 사용하지 않는 것이 아닐 가능성이 높기 때문이다. 35명은 UML을 전혀 사용하지 않는 이유로 다음을 들고 있다.

- **Lack of context**: UML은 소프트웨어 아키텍쳐를 표현할 수는 있으나 소프트웨어, 하드웨어, 기능 및 비기능요구사항등 시스템 전체를 표현하는데 적합하지 않다는 주장이다. 그러나 과연 그런 표현방법이나 모델링 언어가 과연 존재할 수 있을지 의문이 드는 것도 사실이다. 누구에게는 충분한 표현력이 다른 개발자에게는 부족할 것이고, UML을 사용하는 개발자들

이 모두 같은 수준의 UML 내공을 가진 것도 아닐 것이기 때문이다.

- **The Overheads of Understanding the Notation**: 기술적인 지식이 나름 풍부한 개발자들도 UML의 복잡한 표현법과 고급(?) 모델링 기법 — 예를 들자면 Object Constraint Language — 의 문법이나 사용법에 이르면 너무 복잡하고 숙달하는데 많은 시간과 노력이 필요하여 포기하기 쉽다. 일부에서 UML은 분석보다는 프로그래밍이나 구현의 개념에서 제안된 언어이기 때문에 소프트웨어 개발의 초기 단계에서 사용하기에 적절하지 않다는 주장을 하는 이유이기도 하다.
- **Issues of Synchronization/Consistency**: UML에서는 여러가지의 모델이 사용될 수 있는데, 하나의 모델이 변경되는 경우 이러한 변화가 다른 모델에 미치는 영향에 대한 분석이 자동적으로 수행되지 않기 때문에 이러한 분석을 수작업으로 하는 것이 시간도 많이 걸리고 오류도 빈번하게 발생할 수 있는 작업이다. 모델에 변경이 생길때 반복적으로 이러한 작업을 수행한다는 것이 비현실적이라는 주장도 있다.

이 논문은 UML을 선별적으로 이용하는 전문가들은 어떤 방식으로 UML을 사용했는지도 설명하는데, 이를 요약하면

- **UML as a "thought tool"**: UML이 창의적이고 체계적인 분석을 대신 해 줄 수는 없지만 개발자의 생각을 정리하고 다른 개발자들이 이해할 수 있는 표현으로 나타낼 수 있는 역할은 잘 할 수 있다는 합리적인 주장이다.
- **Communicating with stakeholders**: 여기서 주목할 부분은 UML로 표현된 정보를 이해하고 공유하는 대상이 누군가에 따라서 (e.g., boss, colleagues, stakeholders) 다른 표현방법과 diagram에 표시되는 정보의 자세함이 달라야 한다는 것이다. 비슷한 맥락에서 UML이 동료들 특히 외국에서 근무하기에 자연어만으로는 충분한 기술적인 대화가 자연스럽지 않은 동료들과의 international collaboration을 원활하게 하는 수단으로 UML을 사용하

는 경우도 언급되었다.

UML의 사용이 증가하려면, UML을 실제로 사용하여서 개발되는 소프트웨어의 품질이나 생산성이 향상된다는 개발자들의 경험이 있어야 한다. 그렇다면 개발자는 시키지 않아도 자발적이고 적극적으로 UML을 사용할 것이다. UML을 처음 사용하는 개발자들이 참고할 수 있는 잘 정리된 그리고 실제 프로젝트에서도 참고할 수 있을만한 모델들이 많이 공개되면 도움이 될 것이다. 인터넷에는 개념을 설명하는 아주 간단한 모델은 많지만 너무 간단하지 않은 시스템의 전체 설계정보가 UML로 표현된 예제는 찾아보기 힘들다. 그리고 이러한 설계의 장점과 단점에 대한 전문가들의 의견을 배울 수 있다면 더욱 도움이 될 것이다. 그러나 거의 모든 UML tutorial은 UML에서 제공되는 diagram의 종류와 아주 간단한 toy-sized example만을 보여주니 대부분의 개발자들이 외면하게 되는 것이다. 또한 UML을 사용하는 과정에서 경험한 긍정적인 그리고 부정적인 요소들이 다 공유되면 합리적인 판단이 가능한데, 대부분의 경우는 한 쪽으로 쏠린 경험만을 제공하므로 일부 개발자들은 이를 편향된 주장으로 간주하고 전체를 거부하게 될 수도 있다는 생각이다.

Lange 등이 발표한 논문[48]에서 소개하는 UML의 사용경험도 Petre논문에서 기술하는 내용과 전반적으로 유사한데, OMG의 표준을 엄격하게 지켜가면서 사용하는 경우는 40% 미만으로 상대적으로 높지 않았다. 그 외에도 참고할 만한 정보는 다음과 같다.

- UML 모델링 작업을 마치고 다음 단계로 넘어갈 수 있는지를 판단하는 기준으로 모델의 완성도(completeness)를 제일 많이 사용하였고(52.5%), 그 다음으로 UML, 모델의 inspection 또는 리뷰의 합격시점(33.8%), 또는 미리

48. Christian F.J. Lange et al, In Practice: UML Software Architecture and Design Description, IEEE Software, March/April 2006

정해진 일정(deadline, 32.9%)를 언급하였는데, 이는 복수의 기준을 선택하는 것이 가능했기 때문으로 보인다.

- UML 모델에서 자주 발견되었던 문제점으로는 scattered information (하나의 디자인 결정이 복수의 관점에서 표현되다 보니, 여러 개의 다이어그램에 분산되어 나타나는 경우), incompleteness, inconsistency외에도 일부 복잡한 기능이 자세하게 표현되는 disproportion 또한 언급하고 있다. 그 외에도 하나의 관점이 여러 가지 방법으로 표현될 수 있기 때문에 발생하는 diagram quality의 차이, 자세한 내용을 생략한 상태로 모델링이 되기 때문에 발생하는 informal use, 그리고 개인의 사용방법의 차이에서 발생하는 lack of modeling convention을 언급하였다. 그러나 이러한 일부의 주장을 근거로 UML의 효용성에 대한 부정적인 주장의 근거로 삼는 것은 무리가 있는 주장이라고 하겠다.
- UML 모델에서 흔히 발견되는 오류들 또한 유익한 정보이며, 이런 정보를 바탕으로 UML ,모델을 inspection 또는 리뷰하는 과정에서 checklist로 활용할 수 있을 것이다. 대표적인 예제로 메소드는 정의되어 있는데 sequence diagram에서 사용되지 않는 경우, class diagram에는 정의되어 있지 않은 class가 sequence diagram에서 사용되는 경우, method에 정의되지 않은 메시지가 사용되는 경우등 다양하다.
- UML 모델의 품질을 간접적으로 판단할 수 있는 척도(metric) 또한 소개하고 있는데, class dynamicity, number of classes per use case, number of use cases per class등을 언급하고 있다. 이러한 지표는 UML 모델링에 대한 경험을 가진 사람만이 그 가치를 충분히 활용할 수 있으며 이해력을 향상시키기 위해 참고할 수 있다.

검색을 해 보면 UML 사용법에 대한 웹사이트나 YouTube 강좌는 차고 넘치지만 다 배울 시간도 없는 현실이다. Use case diagram만 예를 들어도 직관적이며 이해하기 쉽고 누구나 쉽게 잘 그릴 수 있을 것처럼 보인다. 그만큼 진입장벽이 낮게 보이지만 실제는 생각보다 어렵다. 사용자마다 선호하는 모델링 스타일이 달라서 어느 것이 맞는 표현법인지 초보자는 판단하기 어렵고, 맞고 틀린 모델의 기준이 명확하게 정의되어 있지 않으니 더 어렵다. 다른 사람들이 작성한 "잘 그린" diagram을 이해하는 것과 본인이 그 정도 수준의 diagram을 그리는 실력은 분명히 다르다.

Wikipedia 또는 OMG에서 제공하는 튜토리얼부터 시작하는 것을 추천한다. 그리고 배우려는 모델링 언어의 샘플들을 찾아보자. 예를 들어 use case diagram이란 검색어로 이미지 검색을 해 보면 수많은 샘플을 볼 수 있을 것이다. 그 중에서 상위에 나타나는 몇 개의 샘플을 보고 여러분이 모델링 작업을 한 사람의 의도를 쉽게 이해할 수 있는 것이 있는지 찾아보자. 이해하기 쉬운 모델이 잘 그린 모델일 가능성이 높다. 비슷한 방법으로 여러분이 모델링하고자 하는 시스템의 기능을 표현해 보자. 생각만큼 쉽지 않을 것이다. 잘 그린 모델은 쉽게 이해가 되지만, 그런 모델을 작성할 수 있는 실력은 반복된 연습으로 가능하다. 처음에는 만족스럽지 않아도 여러 번 반복해 보면 그렇게 어렵지 않게 모델링 작업을 수행할 수 있다.

그리고 실제 모델링 작업을 해 본 이후에, 경험이나 교훈을 설명한 논문이나 웹사이트를 보면 도움이 될 것이다. Use case diagram이라면 Lilly가 발표한 논문[49]이 추천할 만한 예가 될 수 있다. 실제로 use case 분석을 했던 경험을 바탕으로 다음과 같은 어려움들을 겪을 수 있다고 한다. 여러분이 작성한 use case diagram을 검토할 때 checklist로 활용할 수 있다.

49. Susan Lilly, Use Case Pitfalls: Top 10 Problems from Real Projects using Use Cases, Proceedings of Technology of Object-Oriented Languages and Systems, 1999 여기서도 정보의 정확한 전달을 위해 추가설명이나 번역이 없이 원문을 그대로 옮기기로 한다.

- The system boundary is undefined or inconsistent
- The use cases are written from the system's (not the actors') point of view
- The actor names are inconsistent
- Too many use cases
- The use case specifications are too long

마지막으로 UML을 사용하는 것이 바람직한가 아닌가 하는 논쟁보다는 UML을 통하여 표현하고자 하는 소프트웨어에 대한 정보를 다른 방법으로 더 적절하게 표현할 수 있는 더 좋은 대안이 있는지를 생각해 보아야 한다. 같은 정보를 더 쉽게 표현할 수 있는 방법이 있다면 사용하면 되는 것이다. 그러나 대부분의 개발자들이 쉽게 이해할 수 있고 소통할 수 있는 수단으로 UML보다 더 좋은 대안은 아직은 존재하지 않는다고 생각한다. 개발자들이 UML을 잘 알고 있어야 하는 이유이다.

18

소프트웨어의 개발비용을 어떻게 산정할까?

소프트웨어 개발과정에서 경험하는 어려움은 다양하지만 그 중 하나는 개발비용이나 필요한 기간을 예측하는 것이 어렵다는 점이다. 소프트웨어의 개발비용을 예측하는 것은 미래를 예측하는 것 만큼이나 어렵고 또한 오차의 가능성이 많은 작업이다. 이러한 고민은 소프트웨어공학 태동기부터 늘 있었던 고민이며 아직도 만족할 만한 해결방법이 없는 문제로 생각된다.

개발자의 입장에서 생각해 보면 입찰제안서에서 확인할 수 있는 내용은 아직 구체화되지 않은 추상적인 요구사항일 것이며, 실제로 구현되어야 하는 기능과 비교하면 빙산의 일각일 뿐이므로, 이를 기반으로 프로젝트 비용을 추정하여 비교적 정확하고 경쟁력이 있는 입찰가격을 결정하는 것은 매우 어려운 일이다. 적절한 이윤을 포함하고 소프트웨어 개발과정에서 발생할 수 있는 지연 요소들을 충분히 반영할 수 있도록 가격을 충분히 높여서 제안할 수 있다면 좋겠지만 현실적으로 그만큼 프로젝트를 실제로 수주하게 될 가능성이 낮아지기에 고민일 것이다. 그렇다고 프로젝트를 수주하기 위해 가격을 무조건 낮출 수만도 없는 노릇이다.

소프트웨어를 발주하는 고객의 입장에서도 적절한 프로젝트의 비용을 예측하고 싶은 필요가 있다. 프로젝트에 여러 회사가 입찰에 응하면, 과연 어떤 회사와 계약을 해야 할까? 최저 입찰가격을 제안한 회사를 선택하면 비용이 저렴한 장점은 있겠으나 과연 충분한 분석후에 합리적인 제안을 한 것인지 또는 프로젝트를 성공적으로 수행할 능력을 가지고 있을지 고민할 것이다. 높은 가격을 제시한 회사라고 품질이나 프로젝트의 성공확률이 높다는 보장도 없다. 혹시 모든 제안서가 "터무니없이 높은 가격"을 요구하는 것은 아닐지 질문과 걱정이 생길 수도 있다.

소프트웨어 개발을 외부에 위탁하지 않고 내부에서 개발하는 경우에도 고민은 동일하다. 제한된 인적자원으로 여러 개의 프로젝트를 진행하려면, 각 프로젝트에는 얼마나 많은 인원을 얼마 동안이나 투입하는 것이 적절할지 알고 싶을 것이다. 프로젝트를 실제로 수행하는 담당자는 가능하면 유능한 인력과 시간을 충분히 확보하고 싶고, 경영진은 개발인력을 여러 프로젝트에 효율적으로 배치하고 싶으니, 서로의 입장을 이해하면서도 다른 목표를 가지게 된다.

프로젝트 비용의 예측에서 또 다른 어려움은 누가 작업을 수행하는가에 따라 예상비용에 차이가 날 수 있다는 점이다. 작업을 수행하는 사람의 주관적인 견해가 결과값에 영향을 주기 때문이다. 개발자들의 능력 차이가 매우 크게 난다는 점도 어려움을 발생시키는 또 다른 요인이다. 소프트웨어 개발이나 예술작품의 창작과 같은 작업은 물리적이고 기계적인 면이 적고 개인의 능력의 차이가 많이 나는 일이다. Glass는 "소프트웨어공학에 대한 사실과 오해"라는 책에서 개발자의 능력차이가 최대 28배까지 날 수 있다는 주장을 하지만, 실제 차이는 더 크다고 주장하는 전문가도 있을 것이다. 많은 소프트웨어 개발회사가 뛰어난 인재를 영입하고자 노력하고, 확보한 인재를 다른 회사에 빼앗기지 않으려고 노력하는 이유이기도 하다.

소프트웨어 개발자의 능력 차이가 일반적으로 매우 크다는 주장에 대한 반론도 물론 존재한다. Nichols가 발표한 논문[50]에 의하면 2000년부터 2006년 사이에 PSP (Personal Software Process) 교육에 참여했던 494명의 개발자들의 개발능력을 비교해 보니, 최상위 및 최하위의 10%의 개발자들은 나머지에 비해서 차이가 뚜렷하고, 생산성의 차이도 경우에 따라서는 55배 또는 21배의 차이를 보였다고 한다. 그러나 일반적인 개발자들의 경우는 — 통계적으로 생산성의 순위에서 25%에서 75% 구간에 위치한 경우 — 생산성의 차이가 크게 나지 않고 생산성의 median값과 비교할 때 0.6에서 1.25정도의 능력 차이를 보인다고 한다.

그러나 소프트웨어의 품질이나 생산성이 개발자의 실력에 많은 영향을 받는다는 것은 ChatGPT나 Copilot를 비롯한 최신의 인공지능 기술이 소프트웨어 개발의 상당부분을 자동화 할 수 있을 것 같아 보이는 현재도 여전히 사실이고, 극소수의 천재급 개발자의 경우에는 생산성을 비교하는 것 자체가 무의미한 것도 사실이다. 이들은 이전에 없던 새로운 소프트웨어나 서비스를 만들어 시장을 새로 창조하기도 하고, 기존의 시장을 완전히 새롭게 재편하기도 하기 때문이다. 소프트웨어 생태계를 잘 구축하여 스마트폰 시장을 장악한 애플의 개발자들이나, 스트리밍 방식으로 새로운 시장을 개척하여 비디오 렌탈 시장의 절대 강자이던 Blockbuster를 파산까지 몰고 간 넷플릭스의 개발자들이 좋은 예이다. 또는 가까운 미래에 영상의학과 전문의들을 대체할 수 있거나 적어도 상당부분의 작업을 보조할 수 있을 정도로 정확하고 빠른 진단을 할 수 있다는 기계학습 기반의 CT 또는 MRI 판독 기술도 이에 해당할 수 있겠다. 온라인쇼핑에서 제품이 배달되는 과정에서 발생하는 수많은 도난사건을 줄이기 위해 고객이 부재중일 때도 배달원이 빈집의 문을 열고 물건을 배달한다는 혁신적인 서비스를 개발한 아마존의 in-home delivery 서비스를 만든 개발자의 생산성을 일반 개발자와 비교할 수 없을 것이다.

50. Nichols, Jr., The End to the Myths of Individual Programmer Productivity, IEEE Software, Sep/Oct 2019

이미 개발한 소프트웨어를 확장해서 새로운 기능을 추가하는 경우에, 기존의 소프트웨어 개발 경험은 새로 만드는 소프트웨어의 개발비용을 예측하는데 도움이 된다. 그리고 이 과정에서 단순히 기억이나 직관에만 의지하지 않으려면 프로젝트 전 과정에서 적절한 자료의 수집과 분석이 꼭 필요하다. 이전에 유사한 프로젝트를 수행해 본 경험이 있다면 참고를 할 수 있지만, 그렇다고 해서 비용의 예측이 쉽다고 단정할 수는 없다. 프로젝트가 비슷한 점이 많아 보여도 어떤 면이든 차이가 있고, 표면적으로는 사소해 보이는 차이가 실제로는 개발비용에 큰 영향을 미칠 수 있기 때문이다. 이미 개발되어 서비스 중인 MMORPG(massively multiplayer online role-playing game)에서 동시접속자의 수를 두 배로 늘리기 위한 작업은 경우에 따라서는 MMORPG 소프트웨어의 전체적인 수정을 필요로 할 수 있고, 비용은 원래 예측한 것 보다 훨씬 많이 들 수 있다. 마찬가지로 centralized computing 환경에서 개발된 소프트웨어를 client-server 환경으로 재구축하는 일은 간단해 보일 수 있어도 software architecture를 새롭게 구축하는 일이 결코 간단한 작업이 아닐 가능성이 높다.

또 다른 예로 이미 개발이 완료되어 임의적인 접근 제어 기능만을 지원하는 운영체제에 강제적인 접근제어 및 다단계보안 기능을 추가하는 것을 예제로 생각해 보자. 국방 분야에서는 정보의 등급을 나누고(top secret, secret, classified, public 등) 정보의 속성에 따라 분류하여 인가받은 사람만이 그 정보에 접근할 수 있도록 하는 것이 다단계 보안의 기본 개념이다. 다단계보안 기능이 지원되지 않는 기존의 운영체계에 Multi-Level Security 기능을 추가하는 것은, 강제적인 접근제어 기능을 추가로 구현하는 것만으로 충분하지 않으며 전체 시스템의 구조를 대대적으로 변경하는 작업을 필요로 할 가능성이 높다. 그래서 보안이 중요한 시스템의 경우에는 처음 개발단계부터 보안에 관련된 요구사항을 체계적으로 파악하지 않고는 성공적인 소프트웨어의 개발이 현실적으로 힘들다고 하는 것이다.

소프트웨어 개발비용의 예측이 아무리 어렵고 부정확할 수 있어도, 하지 않을 수는 없으니, top-down 방식으로 개발하려는 소프트웨어의 구조나 컴포넌트를 파악하고 각각의 서브시스템의 개발비용을 예측하는 방법으로 전체 개발비용을 예측하는 방법이 일반적이다. 크고 복잡한 시스템의 개발비용을 예측하는 것 보다는 상대적으로 간단하고 개발기간도 짧은 기간에 마칠 수 있는 프로젝트라면 조금 더 정확한 예측이 가능할 것이기 때문이다.

다시 말하면 일종의 상위 설계에 해당하는 분석을 행하고 각각의 서브시스템의 비용 예측을 통하여 전체의 비용을 예측하는 것이다. 이런 경우에도 문제가 조금 쉬워 보인다는 점 외에는 비용 예측의 본질적인 문제는 여전히 해결되지 않는다. 또한 개발초기에는 적용하기 어렵다는 단점도 있다.

예측기법에만 집중한다면 널리 쓰이는 방법은 Constructive Cost Model(COCOMO) 기법과 Function Point(기능점수) 기법이 있다. COCOMO 기법은 Boehm 교수가

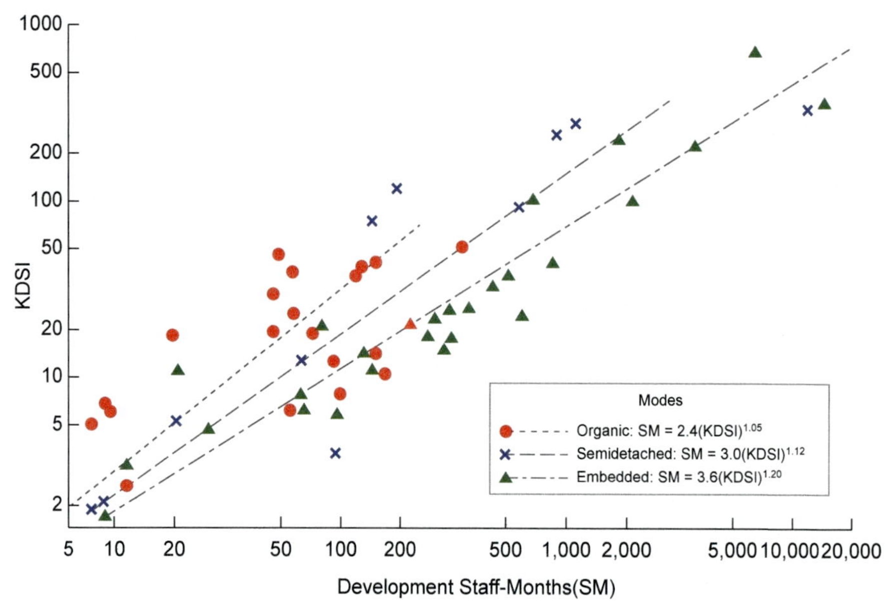

COCOMO 모델과 개발비용 산정방법

1970년대에 미국 방산업체인 TRW에서 근무하면서 63개의 국방소프트웨어 프로젝트의 데이터를 수집하고 분석하여 만들어진 모델이다. 프로젝트의 크기(KDSI, Thousand(K) lines of Delivered Source Instruction)와 개발에 필요했던 기간에 대한 자료의 상관관계를 분석하여, Organic, Semidetached, 그리고 Embedded 모드로 불리는 3개의 공식으로 정리한 것이다. Organic mode의 프로젝트는 상대적으로 간단한 프로젝트들이며 Embedded mode는 제일 복잡한 경우를 나타낸다. COCOMO에서는 소프트웨어의 길이와 개발기간의 관계가 정비례하지 않는데 공식에서 제시된 지수의 값이 1.05에서 1.20 사이에 있기 때문이다. 소프트웨어의 크기가 2배로 증가하는 경우, 필요한 노력은 2배가 아니고 그 이상으로 증가한다는 것을 알 수 있다. 아무리 복잡한 경우라도 exponent가 1.2라는 것은 개발기간이 소프트웨어의 길이에 비해 일반적으로 기하급수적으로 늘어나는 것은 아니라는 점을 말해준다.

COCOMO 기법의 바탕이 된 1960~1970년대의 프로젝트는 포트란이나 C 언어로 구현되었을 것이며, 개발 환경도 Visual Studio나 Eclipse같은 편리한 환경이나 강력한 분석 도구가 존재하지 않던 시절이다. 지금은 웬만한 코딩은 ChatGPT나 Copilot 또는 Gemini 등의 생성형 인공지능 기술이 상당 부분을 자동화해 주는데 새로운 예측 방법을 만들어야 하는 건 아닐까? 그 당시와는 전혀 다른 개발환경에서 Java 등의 객체지향 프로그래밍 언어로 개발되는 지금도 COCOMO 방법은 아직도 유효할까?

“당연히 그렇다!”라고 대답해도 틀린 답은 아니라고 생각한다. $SM = 2.4(KDSI)^{1.05}$라는 공식이 모든 시대에 그리고 모든 개발조직에서 유효하다는 이야기가 아니다. 개발 조직의 역량에 따라서 구체적인 수치는 분명히 다를 것이다. 1970년대에 TRW 프로젝트에서 도출한 공식을 그대로 쓰라는 것이 아니고, 개발 조직이 현재 가지고 있는 프로젝트 데이터를 기반으로 각 기관의 개발 효율성을 측정하고 예측할 수 있는 특화된 COCOMO 모델을 만들면 된다는 말이다. 다시 설명하면 각 조직이 COCOMO와 유사한 방법으로 프로젝트 자료를 수집하면 지금의 개발환경에서도 개발비용을 예측하는 공식을 구하는 것은 가능하며 현실적이고 유용하다는 뜻이다. 물론 프로젝트에서 수집된 자료가 현장의 경험을 정확하게 기록했다는 가정하에 하는 말이다. 각 회사에서 만드는 소프트웨어가 이전에 개발했던 소프트웨어와 유사하다면, 이전의 개발경험이 미래의 개발경험을 예측하는데 충분한 근거를 제공하기 때문이다.

COCOMO 연구는 COCOMO II로 확장되었고, 기본적인 아이디어는 큰 차이가 없으나 좀 더 많은 프로젝트의 개발 비용과 관련된 요소들을 반영할 수 있게 되었다. COCOMO II의 기본 아이디어는 cost driver를 이해하면 쉽게 알 수 있다. SF1부터 SF5로 표현되는 scale factor들은 그 값들이 개발비용을 결정하는 과정에서 exponent로 사용되고, EM1부터 EM17으로 표현되는 cost driver는 multiplicative factor로 작용한다. SF1부터 SF5까지의 요소는 전체 비용에 더 많은 영향을 가지므로, 프로젝트 매니저의 입장에서는 더욱 효과적으로 관리해야 생산성을 높일 수 있다는 뜻이다. 각각의 cost driver는 무슨 뜻일까? 예를 들어, SF1의 PREC는 이전의 개발경험 정도(precedence)를 나타내는 지표이다. 다시 말하면, 이미 여러 번 개발경험이 있기 때문에 아주 잘 아는 소프트웨어의 개발과 전혀 개발경험이 없는 소프트웨어 프로젝트는 필요한 개발비용이 많이 다를 것이다. 같은 이유로 능동적이고 유기적으로 협력하는 팀을 만드는 것이 중요하고(SF4), CMMI 등의 프로세스 개선노력을 통해서 개발 조직의 성숙도를 높이는 것이 필요한 것이다(SF5).

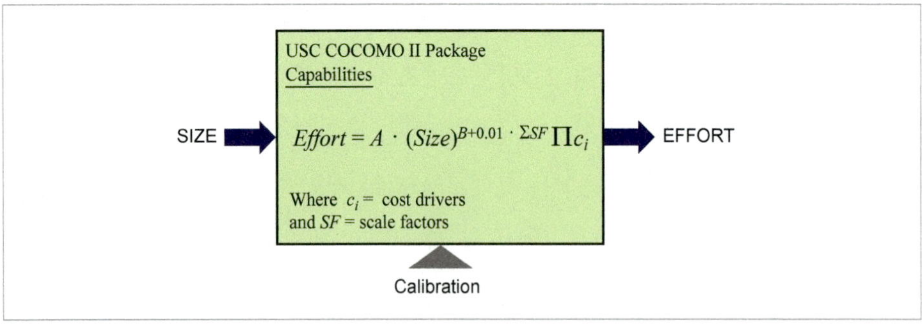

Sym.	Abr.	Name
SF_1	PREC	Precendentedness
SF_2	FLEX	Development Flexibilty
SF_3	RESL	Architecture and Risk Resolution
SF_4	TEAM	Team cohesion
SF_5	PMAT	Process Maturity
EM_1	RELY	Required Software
EM_2	DATA	Data Base Size
EM_3	CPLX	Product Complexity
EM_4	RUSE	Required Reusability
EM_5	DOCU	Documentation Match to Life-cycle Needs
EM_6	TIME	Time Constraint
EM_7	STOR	Storage Constraint
EM_8	PVOL	Platform Volatility
EM_9	ACAP	Analyst Capability
EM_{10}	PCAP	Programmer Capability
EM_{11}	AEXP	Applications Experience
EM_{12}	PEXP	Platform Experience
EM_{13}	LTEX	Language and Tool Experience
EM_{14}	PCON	Personnel Continuity
EM_{15}	TOOL	Use of Software Tools
EM_{16}	SITE	Multi-Site Development
EM_{17}	SCED	Required Development Schedule

COCOMO II Cost Drivers

COCOMO에서 가졌던 근본적인 질문은 COCOMO II에서도 여전히 남는데, 예측모델을 처음 사용하는 조직은 COCOMO II에서 사용된 cost driver의 초기값을 어떻게 정해야 할지 모르기 때문이다. 또한 게임, 국방, SI 사업 등 도메인의 차이로 발생할 수 있는 차이는 어떻게 반영할 수 있는지에 대한 의문 또한 갖게 된다. COCOMO II에서는 Very Low 부터 Extra High까지의 7개의 그룹으로 나누어 구분하는데, Scale Factor값만을 요약한 예제는 아래와 같다.

Scale Factors (SFi)	Very Low	Low	Nominal	High	Very High	Extra High
PREC	thoroughly unprecedente	largely unprecedente	somewhat unprecedente	generally familiar	largely familiar	throughly familiar
	6.20	4.96	3.72	2.48	1.24	0.00
FLEX	rigorous	occasional relaxation	some relaxation	general conformity	some conformity	general golas
	5.07	4.05	3.04	2.03	1.01	0.00
PESL	little (20%)	some (40%)	often (60%)	generally (75%)	mostly (90%)	full (100%)
	7.07	5.65	4.24	2.83	1.41	0.00
TEAM	very difficult interactions	some difficult interactions	basically cooperative interactions	largely cooperative	highly cooperative	seamless interactions
	5.48	4.28	3.29	2.19	1.10	0.00
PMAT	SW-CMM Level 1 Lower	SW-CMM Level 1 Upper	SW-CMM Level 2	SW-CMM Level 3	SW-CMM Level 3	SW-CMM Level 5
	Or the Estimated Process Maturity Level(EPML)					
	7.80	6.24	4.68	3.12	1.56	0.00

개발경험이 전무한 상태에서 진행되는 프로젝트의 경우에는 SF1 PREC의 값으로 Very Low에 해당하는 6.2를 추천하는데 이는 예상되는 개발비용의 대폭 증가를 예상할 수 있다는 뜻이다. 이전의 개발경험이 풍부하여 새로 배워야 하는 내용이 거의 없는 경우는 Very High에 해당하는 0.00을 사용할 것이다. 마찬가지로 프로세스의 성숙도에 따라 생산성이 다르기 때문에 이를 PMAT(process maturity)로 나타내고, SW-CMM 기준으로 level 2인 조직은 4.68, 그리고 아직 SW-CMM Level 2에서 요구하는 KPA를 부분적으로만 만족시킬 수 있기에 "Level 1 Upper"로 표현된 조직은 6.24라는 값을 cost driver로 사용하게 되는 것이다(SW-CMM이 발전하여 CMMI 기준으로 변경되었으므로 위의 표도 그에 따라 유사하게 수정이 되어야 할 것이다). 당연한 이야기지만, 이러한 cost driver의 값을 어떻게 정하는가에 따라 원하는 값을 추청치로 내도록 추정모델을 변경할 수도 있겠다. 그렇다면 예측이라

기 보다는 "조작" 또는 "강요"라는 표현이 더 적절할 수도 있겠다. 마음만 먹으면 예측하는 사람이 원하는 개발기간을 얻기 위한 SF 및 EM의 값을 결정할 수도 있다는 뜻이다. COCOMO 분석을 자동화해 주는 도구들이 있지만, 결국 도구가 "얼마나 정확하게 예측하는가 하는 능력의 차이는" 계산에 쓰인 값들이 결정하는 것이다.

회사별로 도메인별로 각자의 경험과 과거의 자료에 기반한 cost driver를 갖는 것이 가장 합리적이지만 적절한 초기값을 모른다는 것이 고민이다. 위의 값을 그대로 쓸 수 있는지도 의문이 들고, 그렇다고 다른 값을 쓰려고 하니 어떤 값을 선택할지 또 그 근거는 무엇인지에 대한 명쾌한 답을 할 수 없기 때문이다. 이에 대한 저자의 의견은 정확한 초기값도 모르고, 더 좋은 다른 대안도 없다면 우선은 위에서 제안하는 기본값을 사용하여 비용을 예측하자는 것이다. 물론 처음에는 오차도 생길 것이다. 그러나 프로젝트를 수행하기 전에 이런 모델을 이용하여 비용을 현실적으로 가능한 범위내에서 예측하고, 프로젝트를 수행하면서 관련 자료를 가능한 정직하고 오차없이 수집하고 관리하자. 프로젝트를 마치고 나면 예상했던 개발비용과 실제 비용의 차이를 알게 될 것이고 post-mortem 과정에서 예측이 빗나간 이유를 분석해 보자. 그러면서 각 조직의 특성을 좀 더 정확하게 반영한 cost driver 값을 구할 수 있을 것이다. 또한 프로젝트를 수행하면서 어떤 요인 때문에 생산성이 저하되었는지 알 수 있다면 프로세스 개선 노력의 자료로 활용할 수 있다. 프로젝트를 반복적으로 수행하면서 조금 더 정확한 수치를 얻을 수 있을 것이다.

프로젝트의 비용을 예측하는데 있어서 많은 요소들이 있고, 유사해 보이는 프로젝트간에도 차이가 있기 마련이다. 그러므로 이러한 COCOMO나 COCOMO II의 접근방법을 적용한다고 하여도 프로젝트의 환경에 맞게 비용에 영향을 주는 요소들을 조정할 필요가 있기 마련이다. 이와 관련하여 참고할 만한 사례가 Ramasubbu와 Balan의 논문[51]에서 찾을 수 있는데 CMMI Level 5의 인증을 받은 3

51. N. Ramasubbu and R. Balan, Overcoming the Challenges in Cost Estimation for

개의 회사에서 얻은 자료를 바탕으로 비용예측이 실제 개발비용에서 벗어난 이유를 분석하였다. 소프트웨어 개발이 여러 지역에 분산되어 진행되는데 대한 영향을 비용의 예측과정에 제대로 반영하지 못한 점과 비용을 추정하는 과정이나 도구에 대한 실무자들의 경험 부족이 주된 원인으로 지적되었다.

이러한 한계를 극복하기 위한 방법으로 분산된 개발환경이 비용에 미치는 요인들을 Work Dispersion, Time Zone Overlap, Range of Parallel-Sequential Work Handover, Team Culture 등 16개로 정의하고 이후 3개 사에서 진행된 219개의 프로젝트에 대해 기존의 방법과 개선된 방법으로 함께 적용하여 프로젝트 비용을 예측하고 실제 비용과 비교를 해 본 결과, 개선된 방법이 비용예측의 오류를 최대 60%까지도 줄일 수 있었고, 실제로 프로젝트의 비용 또한 20%가량을 적게 들이고도 소프트웨어 개발을 완료할 수 있었다고 보고하고 있다.

이러한 경험이 시사하는 바는 여러 가지가 있겠지만, 중요한 점은 아래와 같다.

- 일반적으로 아직은 확정되지 않은 여러가지 상황 때문에 개발비용을 정확하게 예측하는 것이 어렵고, 이는 비용예측을 전혀 하지 않는 이유로 흔히 사용된다. 그러나 이 연구에서 언급된 기업들은 CMMI Level 5인증을 받은 만큼 프로젝트의 생산성에 대한 지표를 예측하고 실제 비용을 기록하는 모범적인 사례를 보여주고 있는데, 실제 비용과 초기 예측 비용과의 차이가 많이 난다는 점을 파악할 뿐만 아니라 예측이 빗나간 원인을 심도있게 분석하였다.
- 프로젝트의 비용을 결정하는데 영향을 주는 요소를 기존의 COCOMO II 등에서 제시한 요건들외에도 프로젝트 특유의 환경(예를 들어서, 지역적으로 분산된 개발환경 등)을 정량적으로 반영할 수 있는 방법론을 개발하

Distributed Software Projects, International Conference on Software Engineering, 2012, Zurich, Switzerland

였다.

이는 기존의 연구에서 잘 알려진 방법을 있는 그대로 적용하는 것에 그치지 않고, 각 회사의 고유한 환경을 모델에 반영하는 노력을 통하여 소프트웨어 개발비용의 예측에 있어서 정확도를 향상시켰으며, 이를 통하여 경쟁력확보에 기여했음을 시사한다.

소프트웨어 개발비용 예측에서 널리 쓰이는 또 다른 방법은 기능점수 기법인데 소프트웨어가 처리해야 하는 입력, 출력, 파일, 인터페이스 및 Query의 개수 및 난이도에 기반해서 개발비용을 예측하는 기법이다. 기능 점수당 평균 개발비용은 알려져 있으므로, 기능 점수를 계산할 수 있다면 개발비용 또한 산출할 수 있다. 소프트웨어의 속성상 모든 입력값을 처리하는 것이 동일한 난이도를 가진다고 볼 수 없고 그 외에도 많은 요소에 따라 개발기간이 영향을 받기 때문에 기능 점수 모델에서는 먼저 Unadjusted Function Point를 계산한다. 기본적인 아이디어는 입력, 출력, 파일등의 숫자에 가중치를 부여하는 것인데, 이 가중치는 예측하는 사람의 경험과 직관에 의존하게 된다. 그래서 경험이 비용예측에 중요한 것이다.

Type of Compoment	Complexity of Compoments			
	Low	Average	High	Total
External Inputs	___ × 3 = ____	___ × 4 = ____	___ × 6 = ____	
External Outputs	___ × 4 = ____	___ × 5 = ____	___ × 7 = ____	
External Inquiries	___ × 3 = ____	___ × 4 = ____	___ × 6 = ____	
Internal Logical Files	___ × 7 = ____	___ ×10 = ____	___ ×15 = ____	
External interface files	___ × 5 = ____	___ × 7 = ____	___ ×10 = ____	
	Total Number of Unadjusted Function Points			
	Multiplied Value Adjustment Factor			
	Total Adjusted Function Points			

General System Characteristic		Brief Description
1	Data communications	How many communication facilities are there to aid in the transfer or exchange of information with the application or system?
2	Distributed data processing	How are distributed data and processing functions handled?
3	Performance	Was response time or throughput required by the user?
4	Heavily used configuration	How heavily used is the current hardware platform where the application will be executed?
5	Transaction rate	How frequently are transactions executed daily, weekly, monthly, etc.?
6	On-Line data entry	What percentage of the information is entered On-Line?
7	End-user efficiency	Was the application designed for end-user efficiency?
8	On-Line update	How many ILF's are updated by On-Line transaction?
9	Complex processing	Does the application have extensive logical or mathematical processing?
10	Reusability	Was the application developed to meet one or many user's needs?
11	Installation ease	How difficult is conversion and installation?
12	Operational ease	How effective and/or automated are start-up, back-up, and recovery procedures?
13	Multiples sites	Was the application specifically designed, developed and supported to be installed at multiple sites for multiple organizations?
14	Facilitate change	Was the application specifically designed, developed, and supported to facilitate change?

이렇게 계산된 기능 점수는 다시 한 번 조정과정을 거치게 되는데, 14개의 항목을 정도에 따라서 0부터 5까지의 값을 부여하여 프로젝트의 특성을 반영하려는 것이다. 0은 전혀 영향을 받지 않는다는 뜻이고, 5는 매우 밀접하게 영향을 받는다는 뜻을 나타낸다. 3번째 항목인 Performance의 경우 자율자동차의 소프트웨어처럼 복잡한 제어기능을 실시간으로 수행해야 한다면 값이 클 것이며, 자료는 방대하지만 신용카드 매출전표를 처리하는 등 논리적으로 간단한 소프트웨어라면 적은 값이 사용될 것이다. 13번째에 소개된 Multiple sites의 경우, 소프트웨어 개발이 한 곳에

서 이루어지는지 또는 분산되어 개발하는지 나타낸다. 개발 인력이 한 곳에서 일을 하면 의사결정도 빠르고 개발자들이 출장을 다니느라 쓰는 시간도 줄일 수 있다. 이러한 프로젝트의 특성을 반영하여 합산한 Total Degree of Influence(TDI)값은 Value Adjustment Factor를 구하는데 다음의 공식으로 사용되며, 기능 점수는 Unadjusted Function Point값에 VAF 값을 곱하여 결정된다.

$$VAF = (TDI \times 0.01) + 0.65$$

VAF의 값은 0.65부터 1.35까지의 값을 갖게 되는데 이를 처음에 계산한 Unadjusted Function Point에 곱하면 최종 기능점수(function point, FP)를 얻게 되는 것이다. 이는 유사한 소프트웨어 개발에서도 환경적인 요인에 따라서 개발비용이 유사한 프로젝트에 비해 33%까지도 늘어나거나 또는 줄어들 수도 있었다는 현장의 경험을 계산에 반영하고자 하였을 것이다.

기능점수 모델의 경우 IFPUG(International Function Point Users Group)나 ISBSG (International Software Benchmarking Standards Group)에서 관련 연구, 자료수집 및 공유[52] 기능을 활발하게 수행하고 있으며, 32개국에서 수행된 8000개 이상의 새로 개발하는 프로젝트와 유지/보수과정으로 수행되는 프로젝트로 분류되어 공개되어 있다. Project ID는 익명 처리되었지만, 언제 수행된 프로젝트인지, 어떤 도메인에서 수행된 것인지, 개발환경, 사용된 언어, 기능점수, 실제 개발에 소요된 시간 등 많은 정보가 포함되어 있다. 소프트웨어 개발비용을 처음 측정하는 사람에게는 유사한 개발환경 그리고 비슷한 시기에 수행된 사례를 찾을 수 있다면 ISBSG의 프로젝트 자료가 큰 도움이 된다.

COCOMO 방법론의 경우 산업체에서 널리 쓰이고 있다는 사례가 잘 알려져 있지 않은데 반해, 기능점수 모델은 산업체에서 널리 쓰이는데 특히 SI업체에서 효과적으로 쓰인다고 알려져 있다. 국내에서도 기능점수를 기반으로 소프트웨어의 개발

52. https://www.isbsg.org/software-project-data/

비용을 산정하는 방법이 보편화되어 있는데, 자세한 내용은 2018년에 개정되어 공지된 “SW사업 대가산정 가이드”라는 문서가 한국소프트웨어 산업협회에서 배포하고 관련교육도 수행하므로 참고할 수 있다. 일반적으로 1000 FP 이하인 프로젝트는 소규모, 그리고 1,000 FP부터 10,000 FP까지는 중간규모, 그리고 10,000 FP를 초과하는 경우는 대형프로젝트로 간주한다.

19

소프트웨어 인스펙션 기법이란?

소프트웨어공학을 잘 모르는 사람이라면 Fagan이 1970년대 IBM TJ Watson 연구소에 재직중에 제안한 인스펙션 기법의 가치를 처음부터 제대로 이해하기 어려울 수 있다. 특별히 혁신적이라고 생각되는 아이디어가 별로 없어 보이고 지극히 상식적인 방법으로 보이기 때문이다. 핵심은 1) 3~6명 정도의 관련자들이 개발과정에서 적절한 준비를 한 후에 모여서 결함을 찾기 위한 집중적인 검토 모임을 갖는다는 것; 2) 인스펙션 작업은 참여자들에게 고도의 집중력을 요구하므로 한 번에 최대 두 시간, 하루에 최대 두 번씩으로 제한하도록 추천한다는 것; 3) 참여자들은 Moderator, Reader, Inspector, Recorder 등으로 맡은 역할이 있다는 것; 4) 참여자들은 오류를 찾기 위한 목적에 가능한 집중할 수 있도록 모두 노력한다는 것이 Fagan 인스펙션 기법을 설명하는 자료에 흔히 나오는 내용이다.

아래의 그림은 Planning, Overview, Preparation, Examination, 그리고 Follow-up 등으로 구성된 단계를 설명하고 있다. 각 단계별로 핵심적인 이슈들만 생각해 보자.

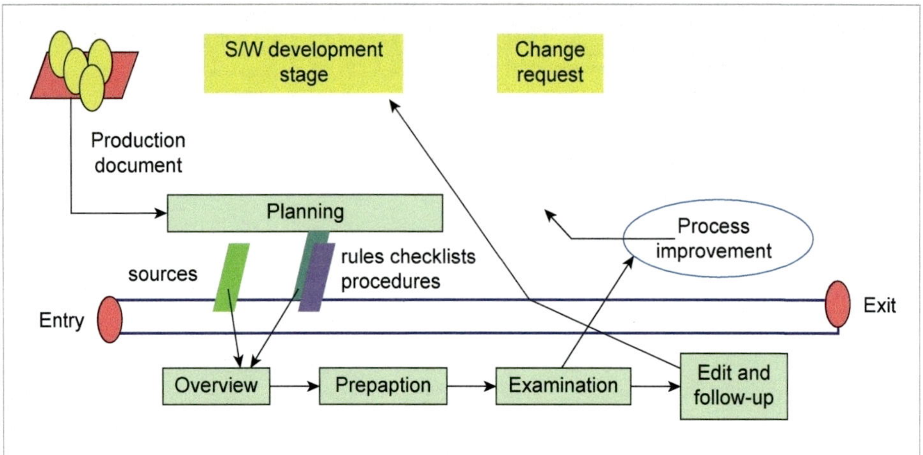

Fagan inspection process

- **Planning**: 참여하는 사람들에게 검토 대상이 되는 "product"를 설명하는 단계이다. 그 대상은 소스코드, 요구사항을 정리한 SRS문서, 또는 설계문서일 수도 있다. 어떤 역할로 참여하든 모두가 본인의 업무를 수행하기에도 바쁜 사람들이니 귀한 시간을 효율적으로 쓰기 위해서는 "product"를 이해하는데 필요한 자료를 제공하는 것만으로는 충분하지 않고 핵심적인 내용을 선별하여 설명해 주는 시간을 갖는 것이다. 인스펙션에 참가하는 사람들에게 많은 시간을 들여서 기술적인 내용을 모두 자세하게 설명하는 것도 시간의 낭비지만, 자료를 제공했으니 스스로 알아서 필요하면 자료를 찾아서 파악하고 검토한 후 회의에 참석하라고 방임하는 것 또한 바람직하지 않다.
- **Preparation**: 인스펙션을 수행하기 전 참여자들이 개인적으로 준비를 하는 시간이며, 이 시간에는 본인의 고유 업무가 아니어도 인스펙션의 대상이 되는 자료의 검토에 집중해야 한다. 업무의 일환으로 당연히 인정되어야 하며, preparation 단계에서 쓰는 시간이 매니저에 의해 재능기부나 잔업의 형태로 간주된다면 참여자들은 동기와 열의도 부족할 것이고 준

비 또한 부실하게 진행될 가능성이 높다. 인스펙션에 효율적으로 참여하기 위하여는 검토작업에 필요한 시간을 투자하되, 과도한 시간을 쓰는 것은 바람직하지 않을 것이다. 2시간의 인스펙션의 준비에 10분을 쓴다면 준비 부족으로 인스펙션 미팅은 시간낭비로 이어질 가능성이 높다. 만일 8시간을 사용한다면 깊이 있는 검토를 마치고 준비된 상태에서 인스펙션을 할 수 있겠으나, 동료의 결과물을 검토하는데 그만큼의 시간을 쓰도록 허락되는 개발환경이 있을까? 설령 허용된다고 해도 개발자가 이를 원할까? 아마도 아닐 것이다.

- Team Software Process(TSP)는 소프트웨어 개발에 포함되는 요구사항 분석, 디자인, 인스펙션 등 각종 작업에 대한 비율을 추천하고 있는데, 2시간 인스펙션을 기준으로 일반적으로 1시간 내외의 준비시간을 추천한다. 이런 정보를 바탕으로 각 조직은 그리고 개발자는 적절한 시간배분을 결정해야 한다. Preparation 단계 또한 효율적으로 사용하도록 checklist를 활용하는 것이 일반적이다. 각 단계별로 흔히 발생할 수 있는 오류들 또는 이전에 발견된 적이 있는 오류의 종류를 기술한 checklist가 있다면 도움이 될 것이다. 일반적으로 생각할 수 있는 "generic" checklist[53]는 실제 인스펙션을 수행하는 사람들이 참고할수 있지만 일반적이고 개념적인 내용만을 포함할 가능성이 높다. 설계문서를 검토하는 경우라면 아래 그림과 비슷한 내용이 포함될 수 있을 것이다.

53. https://www.sampletemplates.com/business-templates/checklist/software-inspection-checklist.html

General Requirements and Design

1. Has review of the design identified problems with the requirements, such as missing requirements, ambiguous requirements, extraneous requirements, untestable requirements, or implied requirements?
2. Is the design consistent with the requirements? For example, are there:
   - missing functions
   - extraneous functions
   - imprecise, ambiguous, or incorrect functions
3. Are deviations from the requirements documented and approved?
4. Are all assumptions documented?
5. Have major design decisions been documented?
6. Is the design consistent with these decisions?
7. Does the design adequately address the following:
   - real-time requirements
   - performance issues (memory and timing)
   - spare capacity (CPU and memory)
   - maintainability
   - understandability
   - database requirements
   - loading and initialization
   - error handling and recovery
   - user interface issues
   - software upgrades

"generic" checklist on high-level design

코드의 오류를 찾기 위한 generic checklist는 당연히 프로그래밍 언어의 특성을 반영하여 작성되는 것이 일반적일 것이다. Java의 경우 아래와 같은 예제를 생각할 수 있겠다.

Java Code Inspection Checklist

1. Variable and Constant Declaration Defects (VC)

1. Are descriptive variable and constant names used in accord with naming conventions?
2. Are there variables with confusingly similar names?
3. Is every variable properly initialized?
4. Could any non-local variables be made local?
5. Are there literal constants that should be named constants?
6. Are there macros that should be constants?
7. Are there variables that should be constants?

2. Function Definition Defects (FD)

8. Are descriptive function names used in accord with naming conventions?
9. Is every function parameter value checked before being used?
10. For every function: Does it return the correct value at every function return point?

3. Class Definition Defects (CD)

11. Does each class have an appropriate constructor and destructor?
12. For each member of every class: Could access to the member be further restricted?
13. Do any derived classes have common members that should be in the base class?
14. Can the class inheritance hierarchy be simplified?

4. Computation/Numeric Defects (CN)

15. Is overflow or underflow possible during a computation?
16. For each expressions with more than one operator: Are the assumptions about order of evaluation and precedence correct?
17. Are parentheses used to avoid ambiguity?

"generic" checklist on Java

Checklist에 대해 하나 더 기억할 내용은 항목이 너무 적어도 별로 도움이 되지 않을 것이 분명하지만 항목이 많다고 반드시 더 도움이 되지 않는다는 점이다. 참고하라고 제공되는 항목이 2~3개라면 별 도움이 안 될 것이라고 생각해 무시할 것이고, 그 반대로 수백개의 항목이 제시된다면 개발자들이 같은 반응을 보일 것이다. 적당한 수의 (예를 들어서 인쇄했을 경우 한 페이지 정도로) 항목이 포함되어야만 실제 검토하는 사람들이 활용할 것이며, Checklist는 실제 프로젝트의 경험을 바탕으로 구성하면 더욱 효과적일 것이다. 요구사항 문서가 되었든 코드가 되었든 실제 개발현장에서 여러가지 노력에도 불구하고 쉽게 발견되지 않았던 오류들에 관한 정보를 바탕으로 checklist를 만드는 것이다.

그리고 모든 참가자들이 checklist에 포함된 모든 종류의 잠재적인 오류를 찾아야만 할 이유도 없다. 각자 자신의 관심과 전문성에 따라서 어떤 참가자는 보안 취약점에 관련된 오류를 집중적으로 찾고, 또 다른 참가자는 상호운영성 또는 적절하지 않은 설계패턴에 대해 노력을 집중하는 것도 좋은 방법이다.

- **Examination**: 3~6명의 참여자들이 Moderator, Reader, Recorder, 또는 Inspector로 역할을 나누어 오류의 가능성이 있는 부분에 대해 가능하면 짧게 토론하고 결론을 내는 과정이다. 이 과정에서 여러 가지 이슈가 있을 수 있는데, 1) 몇 명이 인스펙션을 하는 것이 제일 적절할지; 2) 한 장소에 모든 사람이 모이는 face-to-face meeting이 꼭 필요한지; 3) 검토대상인 "product"를 reader의 설명을 들어가면서 순차적으로 검토하는 것을 추천하는지, 아니면 각 참여자들이 잠재적인 오류라고 생각했던 이슈들에 선별적으로 검토하는 것이 바람직한지; 4) 개발자가 같이 있는 자리에서 오류에 대한 이야기를 하는 것에 대해 참여자 사이에서 미묘한 또는 노골적으로 불편한 분위기가 생길 수 있는 데, 이에 대해 어떻게 현명하게 대처할 수 있는지 등이 있겠다.

Examination 단계를 마치면 회의록에는 발견된 오류의 위치와 내용이 정리가 되는데, 개발자는 이를 바탕으로 소프트웨어 또는 관련 문서에 대한 수정을 하게 될 것이고, 필요하다면 2차 인스펙션을 실시할 수도 있고, 발견된 오류가 그리 많지 않거나 사소한 것이 대부분이라면 moderator와의 검토를 통해서 수정작업이 원만하게 되었음을 확인한 후 다음 단계로 넘어갈 수도 있다.

인스펙션의 기법의 산업체 적용 경험은 통상적으로 실패한 사례보다는 성공한 사례를 위주로 발표되기 마련이라는 점을 생각해도 긍정적인 결과들이 매우 많다. 이러한 자료는 너무 방대하므로 자세한 내용을 다 설명할 수는 없지만, 관련 책[54]이나 논문[55]을 통하여 소개된 80년대 및 90년대의 산업체 사례들 가운데, 실명으로 소개된 몇 가지 사례는 아래와 같다.

회사	코드 오류 탐지율	비고
Aetna Life and Casualty	82%	4.5 KLoC
IBM Respond, UK	93%	6 KLoC
Bulls HN Information Systems	70%	
HP	60~70%	
AT&T Bell Laboratories	> 70%	
Cardian Pacemakers	70~90%	
ICL	57%	개발비용의 6% 정도 지출
IBM Rochester Labs	60~88%	소스코드 60%, 모듈/interface 명세 88%
Standard Bank of South Africa (143 KLoC)	>50%	경험이 많지 않은 moderator의 경우에도
American Express (13 KLoC)	>50%	경험이 많지 않은 moderator의 경우에도

이 자료에 의하면 낮게는 50%에서 높게는 80~90%까지의 오류를 인스펙션 기법으로 발견할 수 있었다고 하니 매우 우수한 효과를 가진 기법이 분명하다. 다른 자료는 Ebert와 Jones의 논문[56]이 있는데, Embedded software에서 어떤 방법으로 오류를 얼마나 발견할 수 있는지를 비교하고 있다. 이 자료는 Manual review라는 기법의 일부로 design 인스펙션, code 인스펙션 등을 소개하고 있는데, 이들은 별개

54. Wheeler, Brytkczynski, Meeson, Software Inspection: An Industry Best Practice, Addison-Wesley, 1996
55. Laitenberger and DeBaud, "An encompassing life cycle centric survey of software inspection", The Journal of Systems and Software, 2000
    Aurum, Petersson, and Wohlin, "State-of-the-art: software inspection after 25 years", Software Testing, Verification and Reliability, 2002
56. Ebert and Jones, "Embedded Software: Facts, Figures, and Future", IEEE Computer, 2009

의 기법이 아니라 각 단계에서 행해지는 Fagan 인스펙션 기법으로 보는 것이 합리적일 것이다. 왜냐하면 design 인스펙션 기법과 code 인스펙션 기법사이에는 검토되는 대상이 개발주기의 단계에 따라 다를 뿐 실제로 적용하는 방법은 같기 때문이다.

Activities	Assignment scope in function points	Productions rate in function points per month	Defect-removal effectiveness (percent)	Bad fix injection (percent)
Manual reviews				
Design inspections	1,000	160	85.0	4.0
Code inspections	200	60	85.0	4.0
Quality function deployment	1,000	200	82.0	3.0
Test plan inspection	750	125	80.0	5.0
Test script inspection	300	175	78.0	4.0
Document review	3,500	1,000	77.0	2.5
Pair programming review	2,500	200	75.0	5.0
Bug repair inspection	300	90	70.0	3.0
Quality assurance review	2,500	750	45.0	7.0
Manual testing				
Subroutine testing	5	100	50.0	2.0
Component testing	1,250	150	40.0	3.0
System testing	2,000	200	40.0	7.0
New function testing	125	110	35.0	5.0
Regression testing	150	150	30.0	7.0
Unit testing	50	90	25.0	4.0
Automated testing				
Static code analysis	15,000	10,000	87.0	1.0
system test	500	200	40.0	8.0
Regression test	500	175	37.0	7.0
Unit test	500	250	35.0	4.0
New function test	500	200	35.0	5.0
Qualification				
Usability testing	5,000	2,000	65.0	4.0
Preseries testing	15,000	500	45.0	5.0
Acceptance testing	5,000	3,000	40.0	7.0

위의 설문결과를 분석하면서 인스펙션 기법의 기대효과와 테스팅 기법 등의 효과를 꼼꼼하게 비교해보자.

- Defect-removal effectiveness을 표시한 3번째 칼럼에서 제시하고 있는 자료가 인스펙션 기법의 효용성에 대한 근거로 쓰일 수 있는데, 수작업으로 진행되는 각종 테스팅작업의 경우 결함을 제거할 확률이 낮게는 25%에서 최대 50%를 넘지 않는다고 하니, 통상적으로 30%~40% 정도의 효율을 기대할 수 있을 것이다. 이에 반해 인스펙션 기법은 45%로 주어진 Quality assurance review를 제외한다면 대부분의 기법이 70%~80%의 효율을 보이고 있다. 단순 비교로도 인스펙션 기법이 테스팅 기법보다 적어도 두 배 또는 그 이상의 효과가 있음을 알 수 있다.
- Bad fix injection으로 표시된 마지막 칼럼에서는 테스팅이나 인스펙션 기법이나 모두 완벽할 수 없기에 적용 과정에서 새로 생길 수 있는 오류의 가능성을 비교하고 있다. 인스펙션의 경우는 판단착오로 오류가 아닌데 오류라고 회의록에 포함하는 경우이다. 테스팅 또한 코드를 고치는 과정에서 올바르게 수정하지 못하여 다른 오류가 포함된 코드를 추가하는 경우가 있다. 소프트웨어에 있는 각 모듈간의 상호의존성을 제대로 이해하지 못하면 눈에 보이는 오류를 고쳤다고 생각했으나 다시 테스팅 작업을 수행하다 보면 이전에는 없었던 새로운 오류가 또 나타나는 것을 많은 개발자들이 경험한다.

소프트웨어 개발에 관한 선도기업에서는 Fagan이 제안한 방법과는 조금씩 차이가 있을 수는 있지만 인스펙션 기법을 이미 널리 사용하고 있다. 그러나 일부 개발자들은 아직도 인스펙션 기법 자체를 모르거나, 알고 있으면서도 충실하게 적용하지 않거나, 심한 경우는 심리적으로 거부감을 갖고 있는 것도 사실이다. 나름대로 최선을 다해서 작성한 코드에 대해 동료들이 잠재적인 오류를 지적을 한다는 것 자체에 대해 불편하게 생각하기도 한다. 그러나 이러한 심리적인 저항에 대해

한편으로는 교육과 설득을 통해서, 다른 방법으로는 개발조직이 지켜야 하는 규정을 정해서 인스펙션 기법을 사용하도록 유도해야 한다. 개발자들이 실제로 인스펙션 기법을 적용해보고 효과가 있다고 생각되면 규정으로 강요하지 않아도 자발적으로 그리고 적극적으로 활용할 것이기 때문이다. 인스펙션에 대한 경험이 풍부한 리더급의 개발자들이 이러한 노력을 선도하면서 분위기의 변화를 유도하는 것은 매우 중요하다.

Agile 방법론에서 추천하는 Pair programming 기법은 인스펙션을 더욱 강조하는 것으로 볼 수 있다. 즉, 3명에서 6명까지 참여하는 것은 아니어도 한 명의 개발자가 소프트웨어를 개발하는 동안 다른 한 사람의 개발자는 인스펙션을 항상 수행하자는 것이다. 그렇게 해야만 소프트웨어 개발 중에 발생하는 오류를 가장 빨리 발견하고 제거할 수 있기 때문이다. MS사에서 시행하는 buddy testing도 비슷한 취지로 이해할 수 있다.

인스펙션 기법을 적용할 때 주의해야 할 점은 무엇인지 생각해 보기로 하자.

첫째, 인스펙션 기법은 오류를 발견하기 위한 목적으로 수행되므로, 목적에 충실하게 토론은 짧고 간단하게 행해져야 한다. 오류의 수정은 개발자가 혼자서 수행해야 하는 과정이며 개발자가 스스로 오류를 발견하는 것이 쉽지 않기 때문에 동료의 도움을 받는 것이다. 그러나 인스펙션 기법이 소프트웨어가 어떻게 수정되어야 하는지에 대한 해결책까지 논의하는 "그룹 프로그래밍 또는 디버깅"이 되면 생산성의 저하를 초래하게 된다. 인스펙션 미팅의 본질에 집중하지 않으면 쉽게 그런 함정에 빠질 수 있고, 이는 회의에 참석한 모두의 시간 낭비로 이어질 수 있다. 그러나 최근에는 이런 주장에 이견을 주장하는 전문가도 있는데, modern code review를 논의하면서 다루기로 하자.

둘째, 효율적인 토론을 위해서 인스펙션 미팅을 주관하는 Moderator의 역할이 중요한데, 논의가 본질에서 벗어나서 불필요한 또는 과도한 토의로 변질될 것 같으면 참석자들 모두에게 인스펙션 미팅의 목적을 상기시키는 것이 중요하다. 그러나 참여자들 사이에 직급의 차이가 있거나 선임 개발자가 인스펙션의 본질에서 벗어나는 논의를 하는 경우 이를 다른 사람들이 제지하는 것은 현실적으로 쉬운 일이 아니다. (이러한 주장은 초기의 Fagan인스펙션 기법에서 추천한 내용이고, 최근 많은 소프트웨어 개발조직에서 수행한다는 "modern code review" 또는 "lightweight review"는 이와는 상반되어 보일 수 있는 목표를 가지고 있는데, 후에 소개되는 에세이를 통해서 이 문제를 좀 더 깊이있게 다루기로 하자.)

셋째, 인스펙션 기법은 오류를 발견하고 제거하기 위한 방법이지 개발자 또는 author의 무능을 질책하기 위한 모임이 아니므로 개인적인 공격이나 비판은 절대로 삼가야 한다. 인스펙션 미팅은 개발자의 유죄 또는 무죄를 판단하는 재판정이 아니며, 개발자는 피의자가 아니기 때문이다. 개발자 또한 동료들이 잠재적인 오류에 대해 의견을 제시할 때, 일부는 맞는 지적이고 일부는 아닐 것이다. 전자의 경우는 본인이 찾지 못했던 오류를 발견해서 알려준 것이므로 불편하게 생각하거나 변명하지 말고, 동료의 도움에 고마워하는 태도를 갖는 것이 바람직하다. 혹시 동료가 판단의 실수로 오류가 아닌 것을 오류라고 지적할 때 이를 적극 반박하거나 논쟁을 하는 대신 본인은 왜 오류가 아니라고 생각하는지를 간단하고 정중하게 설명하는 자세가 필요하다.

넷째, 인스펙션 미팅은 소프트웨어의 오류를 가능한 조기에 발견하고 제거하기 위한 공동의 노력이지 검토에 참여한 각자의 능력을 평가하거나 과시하기 위한 자리가 아님을 기억해야 한다. 인스펙션 미팅의 성과를 인사고과를 판단하는 자료로 쓰여서는 안된다는 말이다. 구성원의 업무능력을 평가할 수 있는 방법은 인스펙션 결과물이 아니어도 여러가지가 많다. 매달 인스펙션을 제일 잘 수행한 개인이나 팀을 선정하여 격려하고 약간의 포상을 한다면 구성원들의 좀 더 적극적인 참여를 유도할 수도 있지만, 구성원들간의 불필요한 경쟁으로 변질되지 않도록 주의해야 한다.

인스펙션의 논의는 논리적인 오류와 옳지 않은 출력으로 이어질 가능성이 있는 Major 오류 또는 논리적인 오류를 발견하는데 집중하는 것이 좋겠다. 정적분석도구나 다른 자동화된 방법으로도 발견이 가능한 오류를 개발자들이 토론을 통해서 찾고자 하는 것은 생산성의 저하를 가져올 뿐이다. 결과의 정리는 온라인 도구를 사용할 수도 있고 스프레드쉬트를 사용할 수도 있을 것이다. 기타 건의는 필요하다면 개발자 본인에게 따로 전달하면 충분하다.

Reviewer: ***
Date:
Team: B팀
Author: B팀
ProductName : PV시스템
Moderator: ***
Range: PVR 시스템 SRS문서 전체

Start/End Time	
Review Time	20 min

Location	Description	Severity (Maj/Min)	Classification
1.1	PVR Software와 PVR System 용어 사용의 혼돈으로 SRS에서 기술하는 내용이 Software인지 Software를 포함하는 System인지 정확히 구분되어 있지 않음	Maj	Wrong
2.1.1	PVR 시스템 구조에서 PVR 소프트웨어 부분이 빠져 있음	Maj	Wrong
2.1.2	User Interface에 대한 구체적인 설명이 없어 여러 의미로 해석될 수 있음	Maj	Wrong
	...		
3.1.4	EPG 서버라는 용어가 정의되어 있지 않음	Maj	Missing
3.2	유스 케이스 중에서 녹화는 공통의 행위로 분리할 수 있음	Min	Redundant
3.4	Design Constraints 설명이 없음	Maj	Missing

개발자들이 편하게 온라인으로 리뷰하면서 의견을 남길 수 있도록 도와주는 도구의 지원은 꼭 필요한데, 오픈소스는 Gerrit 같은 도구가 있고, 각 기관에서 자체적으로 개발한 온라인코드 리뷰 도구도 많다. CodeFlow는 MS사에서 개발된 온라

인 코드리뷰 도구인데 누가 리뷰에 참여하고 있는지, 코드는 어느 부분에서 어떤 변경이 있었는지, 그리고 다른 사람은 어떤 의견을 제시했는지등을 쉽게 볼 수 있고 본인의 수정된 코드에 대한 의견 또한 쉽게 개진할 수 있는 기능을 제공하고 있다. CodeFlow는 사내에서 가장 성공적으로 쓰이는 도구의 하나라고 하며, Visual Studio도 유사한 기능을 제공한다.

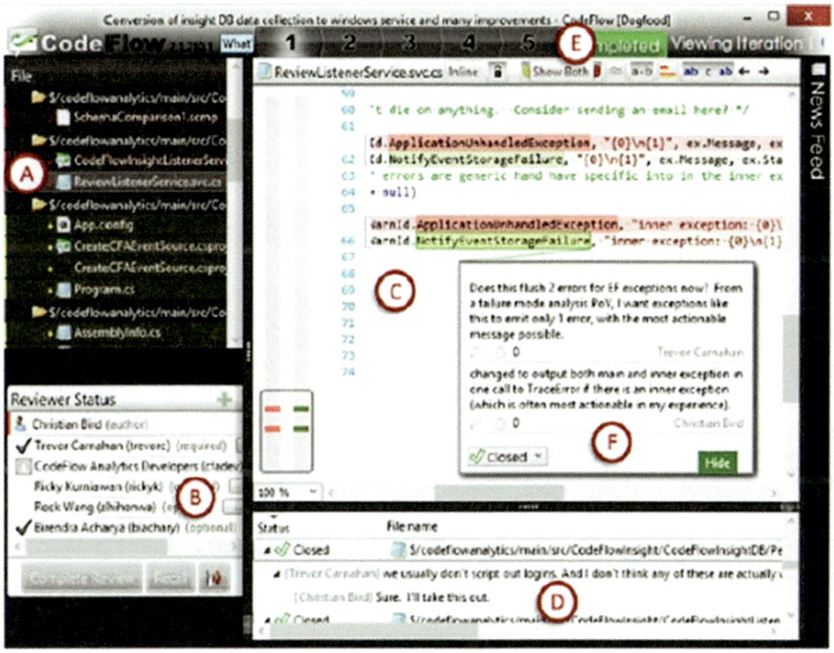

CodeFlow: 온라인 코드리뷰 도구
(출처: 차성덕외, Software Engineering Handbook, Springer, 2019, pp 250

또 다른 예로 NASA에서 개발한 Scrub(source code review user browser)이 있다. 소스코드를 보면서 오른쪽에 있는 별도의 윈도우에서 의견을 남길 수도 있고, 개발자는 이를 사전에 검토하고 본인의 의견을(동의한다, 동의하지 않는다, 또는 좀 더 논의해보자) 표시할 수 있다. 제시된 의견을 개발자가 회의전에 검토할 수 있으면 실제로 인스펙션에 사용되는 시간을 NASA의 경험으로는 60%까지도 줄일 수 있다고 한다. 개발자가 이해하고 동의한 내용을 다시 논의할 이유가 없고, 동의하지 않거나 좀 더 추가 설명이 필요하다고 생각하는 항목에 대해서만 토론을 집중할 수 있기 때문이다.

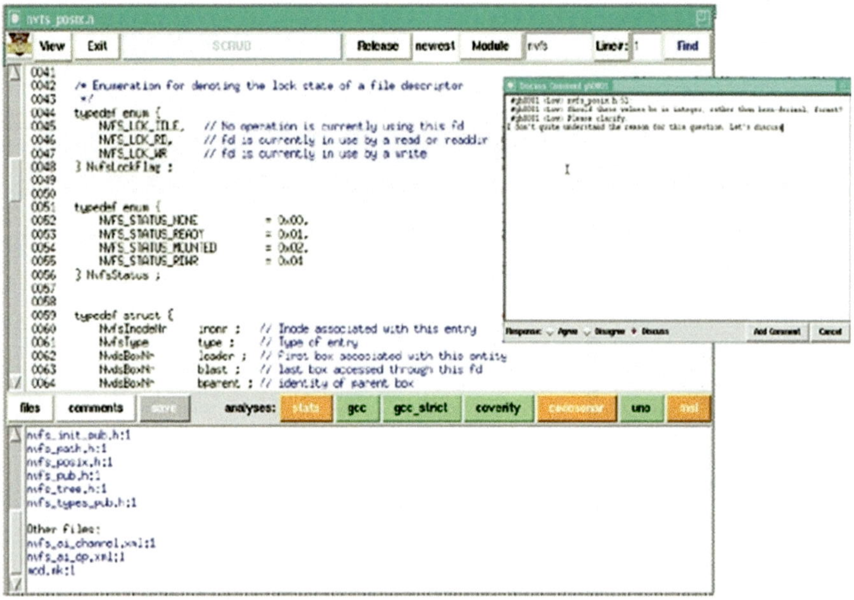

Scrub(Source Code Review User Browser)

마지막으로 강조할 사항은 Examination 단계 직전에 행해지는 Preparation 단계가 사실은 인스펙션의 효율을 결정하는 가장 중요한 요소라는 점이다. 준비가 부실한 상태에서 개최되는 회의가 생산적이지 않을 것은 당연하다. 인스펙션에 참여할 다른 사람들이 자료를 제대로 검토할 시간이 없었다면 Moderator는 예정되어 있던 검토 회의도 과감하게 연기할 수 있는 "용기"가 필요하다. 준비되지 않은 사람들이 모여서 검토하면 "코드는 무난해 보이는데 주석을 조금 보완하면 더 좋을 것 같습니다" 같은 오류 발견이라는 목적과는 관계없는 상투적인 대화만 나누게 될 가능성이 높고, 이는 참석자 모두의 시간 낭비가 되기 때문이다.

20

인스펙션을 효과적으로 할 수 있는 방법들

인스펙션 기법은 소프트웨어공학에서 가장 기본적이고도 효과적인 기법중의 하나로 알려져 있다. 그러나 일부 개발자들은 아직도 인스펙션 기법을 제대로 이해하지 못하거나, 냉정하게 평가하자면 흉내만 내는 수준인, 그래서는 실질적으로는 인스펙션을 안하는 것과 다름없는 태도를 보이곤 한다. 인스펙션 기법에 대해 개발자들이 자발적이고 적극적으로 참여하려면 어떻게 해야 할까? 인스펙션 기법이 효과적이라는 것은 인정하면서도 현실에서 적극적으로 사용되지 않는 이유로 가장 자주 인용되는 것은 인스펙션을 적용할 대상 코드가 너무 방대하고 현실적으로 가능하지 않다는 주장이다. 나름 일리가 있는 주장이라고 생각된다.

Fagan 인스펙션의 기법에서 추천하는 인스펙션의 속도는 시간당 150~200줄 정도이다. 이는 C언어와 유사한 구조적 프로그램에 일반적으로 추천되는 기준이며, 프로그래밍 언어에 따라 그리고 프로그램의 난이도에 따라 달라질 수 있음을 기억해야 한다. 추천하는 속도보다 느리고 자세하게 검토하면 좋을지 모르지만, 시간이 부족할 것이다. 그렇다고 인스펙션을 빠른 속도로 진행하면 꼼꼼한 검토가 어렵고 오류의 발견도 적을 것이기에 바람직하지 않다. 20만 줄짜리 소프트웨어를 개발한다고 가정할 경우, 추천하는 시간당 200줄 정도의 속도로 검토한다면 인스펙션에만 적어도 1,000시간이 소요될 것이고, 이를 주40시간의 근무시간을 기준으로 환산해 본다면 적어도 6개월은 걸리는 시간인데, 이렇게 시간을 "한가롭게" 쓸 수 있는 조직은 아마도 없을 것이다.

인스펙션과 다른 error detection 기법의 효과를 비교하기 위한 연구[57]에서 실험을 하였는데, 참가자에게 추천하는 인스펙션의 속도에 대해 설명하였으나 이를 반드시 지키도록 요구하지는 않았다. 일부는 이보다 약 3~4배 빠른 속도인 시간당 600여 줄의 소스코드를 검토하였는데, 우려했던 대로 발견한 오류의 숫자가 다른 팀에 비해 상당히 적었다. 생각해보면 사실 당연한 것이 해당 소프트웨어에 대해 제일 잘 아는 전문가인 개발자가 놓친 오류라면 일반적으로 쉽게 탐지되지 않을 것이며, 다른 사람이 그런 오류를 발견하는 것은 결코 쉬운 일이 아니다. 그런데 시간당 600여 줄을 읽는 속도로 검토하면서 오류를 발견할 것을 기대하는 것은 상식적으로 무리이다.

개발되는 소프트웨어의 크기가 엄청나게 증가하면서 모든 소프트웨어에 대해서 인스펙션을 실시한다는 것은 현실적으로 불가능한 일이 되었다. 모든 소프트웨어에 대해서 인스펙션을 시행하는 것이 현실적으로 불가능하면 이를 인정하고, 선별적으로 중요한 산출물만이라도 인스펙션을 실시하도록 해야 한다. 한 가지 방법은 개발자들이 소스코드의 중요도를 상, 중, 하의 셋 중의 하나로 자발적으로 분류하게 하고, 가장 중요하다고 지정된 코드에 대해서는 인스펙션을 반드시 실시하도록 정하는 것이다. 경우에 따라서는 이런 모듈은 Pair Programming 기법을 의무화할 수도 있겠다. 그리고 중간 단계의 중요도를 갖는 모듈에 대해서는 인스펙션을 원하면 선택적으로 적용할 수 있게 하고, 적어도 다른 개발자 한 명이 소프트웨어의 품질에 대해서 검토하고 긍정적인 평가를 받아야만 production quality code로 인정하고 code library에 포함되도록 하는 것이다. 나머지는 별도의 인스펙션이나

57. So, Cha, Shimeall, and Kwon, An Empirical Evaluation of Six Methods to Detect Faults in Software, Software Testing, Verification and Reliability, 2002; 12:155-171

walkthrough없이 일반적인 테스팅 및 품질보증 절차를 거쳐서 code library에 포함시킬 수 있겠다.

이런 경우 인스펙션을 하기 싫어하는 개발자는 규정을 교묘하고도 합법적으로 피해갈 수 있는 편법을 만들어 낼 수도 있을 것이다. 코드의 중요도를 모두 중 또는 하급으로 지정하면 인스펙션을 해야 할 의무가 하나도 없어지는 것이다. 중급으로 분류한 일부 소프트웨어의 경우 친한 동료 개발자의 도움을 받아 서로 품질을 확인해주면 walkthrough 요구사항도 쉽게 만족시킬 수 있을지 모른다. 서로의 실력과 개발의 열정을 믿으니까 꼼꼼하게 검토하지 않아도 된다고 자기합리화를 할 수도 있겠다. 나머지는 회사에서 개발자를 믿고 추가적인 인스펙션을 요구하지 않을 것이므로, 원하지 않는 인스펙션을 해야 할 이유가 없어지는 것이다.

이런 개발자의 편법이 통할까? 조금만 생각해 보면 그렇지 않으리라는 것은 너무도 명확하다. 프로젝트 관리자가 아주 무능한 경우가 아니라면 개발자들의 탈선에 가까운 의도가 너무나도 뻔히 보일 것이다. 많은 경우 프로젝트 관리자는 개발자로 충분한 역량을 인정받았기에 승진하여 더 중요한 직책과 책임을 맡았을 것이다. 그렇다면 일부 개발자들의 순수하지 못한 편법이 너무도 뻔하게 보일 것이다. 또한 편법에 의존하고자 하는 개발자는 프로젝트에서 적절한 기여를 하기 힘들 것이고 어쩌면 단기간은 본인의 능력의 한계를 숨길 수 있을지 몰라도 장기적으로는 불가능하다. Agile 기법을 적용하는 조직에서는 더욱 그렇다.

무엇보다 이런 걱정을 하지 않아도 되는 이유는 개발자들의 양심과 성실함을 믿을 수 없다면 소프트웨어 개발은 처음부터 실패의 가능성이 높은 "노동집약적이고 창의성과 신뢰에 기반한 성실성을 요구하는" 작업이기 때문이다. 대부분의 회사는 소프트웨어 개발을 철저하게 "실명제"로 관리하기에 오류가 발견되면 담당자가 끝까지 책임지고 수정해야 하는 것이 일반적이다. 그 담당자는 부서를 옮기거나 회사를 퇴사하기 전에는 그 코드에 대해 끝까지 책임지게 될 가능성이 높기 때문에, 개발자도 편법을 선택하지 않을 것이다.

구글 등 일부 소프트웨어 우량기업에서는 개발자들이 동료들의 소프트웨어 개발을 자발적으로 그리고 적극적으로 돕는 것을 권장하고 칭찬할 뿐만 아니라 승진이나 연봉 등 인사고과를 결정하는 과정에서 중요한 요소로 고려한다고 한다. 동료들에게 신뢰를 얻고 능력이 뛰어나다는 평판을 받는 것이 승진의 중요한 요소로 작용하며, 동료들에게 도움을 제공하는데 사용한 시간이 업무의 일환으로 그리고 본인의 업무 기여도의 일부로 인정되고 장려된다면 누구나 서로 돕는 것을 마다할 이유가 없다.

반대로 소프트웨어 개발 문화가 성숙하지 못한 조직은 본인의 고유의 업무를 얼마나 성공적으로 수행했는지 만을 평가하여 승진 등의 인사고과 결정을 내릴 가능성이 높다. 이런 조직에서는 동료는 경쟁상대일 뿐 그 이상도 그 이하도 아닌 존재일 가능성이 높으며, 동료를 돕기 위해서 시간을 쓰는 것 자체가 어리석은 행위로 보여질 수 있다. 경우에 따라서는 인스펙션 등의 검토회의에 얼마나 참석했는지 횟수에 따라 약간의 감점 또는 가산점으로 평가할 수도 있겠지만, 그런 조직에서는 개발자들이 준비된 상태로 인스펙션 회의에 적극적으로 참여하는 것을 중요하게 생각할 지, 아니면 인스펙션 회의록에 참석자 명단에 본인의 이름이 포함되는 것에 더 많은 관심을 가질지 진지하게 생각해 보아야 한다.

인스펙션 기법이 효과적인 것은 누구나 알지만 이를 내재화하고 내실있게 적용하는 일은 결코 쉬운 일이 아니다. 그러나 소수의 개발자들만이라도 인스펙션기법의 효과를 경험한다면 동료들에게 Best practice로 추천할 것이며, 그런 사람이 늘어난다면 개발자들이 강요에 의해서가 아니라 필요에 의해서 자발적으로 인스펙션을 하게 될 것이다.

checklist도 일반적인 내용이 아니라 과거의 개발 경험이나 이전에 발견된 적이 있는 유사한 오류에 대해 검토를 집중할 수 있도록 특화하는 것이 좋다. NASA는

Software Requirements Specification의 오류를 조기에 발견하기 위해서 아래와 같은 checklist[58]를 사용한다고 하는데, 아주 구체적이며 과거의 프로젝트의 경험에서 얻은 것이다. Voyager와 Galileo 두개의 프로젝트의 소프트웨어 개발을 마무리하고 탐사선이 발사된 후 뒤늦게 발견된 소프트웨어 오류가 192개가 있었는데, 그 원인을 분석해보니 그중 60% 가까운 149개 오류의 근본적인 원인이 요구사항의 오류였다고 한다.

	Voyager (18 KLoC)	Galileo (22 KLoC)	Total
1. Out-of-range values	5	11	16
2. Timeout	2	5	7
3. Input arrives when it shouldn't	10	7	17
4. Deterministic			
5. Data age	1	7	8
6. Arrival rate	5	3	8
7. Lost events	5	5	10
8. Overload response	9	4	13
9. All data used			
10. Startup / Offline / Shutdown	6	0	6
11. Degradation predictable	1		1
12. Delays in error responses	6	17	23
13. Feedback loops			
14. All modes reachable			
15. Paths lead to low-risk state	5	29	34
16. Inputs received before start		6	6
	55	94	149

58. Lutz, Targeting Safety-Related Errors During Software Requirements Analysis, Journal of Systems and Software, 1996

여기서 이런 의문이 들 수 있겠다. Out-of-range value의 처리를 제대로 하지 못해서 발생한 오류를 요구사항의 오류라고 판단하는 근거는 도대체 무엇인가? 이는 구현의 오류가 아닌가? 사실 근본적인 원인에 대한 결정적인 증거는 없을 지도 모르고 구현의 오류라고 보는 주장도 일리가 있는 것이 사실이다. 그러나 체계적인 소프트웨어 개발체계가 어느 정도 안정적으로 운영되고 있는 조직에서는 각 요구사항에 대응하는 테스트케이스가 정의되어 있는지를 자동적으로 확인할 수 있는 환경이 구축되어 있다. 물론 테스트케이스가 잠재적인 오류를 발견할 수 있을 정도의 변별력이 있는지를 자동화된 방법으로 확인할 수는 없겠지만.

개발자도 out-of-range value의 처리에 대한 명세가 있어도 구현하는 것을 놓칠 수도 있고 잘못 구현할 수도 있겠다. 그러나 그 범위가 요구사항 문서에 명시되어 있었다면 어느 정도의 능력을 가진 개발자들은 이에 적절한 대처를 하도록 소프트웨어에 구현을 했을 가능성이 높다. 설령 개발자가 이를 놓치고 구현을 빠트리거나 잘못 구현했다고 해도 테스팅을 담당하는 팀에서 요구사항을 바탕으로 생성한 black-box test case에 이런 경우를 확인하기 위한 test case가 포함되어 있을 것이다. 이런 오류가 실제 시스템을 운용하는 도중에 발견되었다는 것은 아마도 요구사항을 분석하는 사람도, 개발자도, 그리고 테스팅을 담당하는 엔지니어도 어떤 값이 정상범위에 포함되는지 또는 그 범위를 벗어나는 입력이 가능한지 또는 어떻게 대처해야 하는지에 대한 필요를 몰랐을 가능성이 높기 때문이라고 생각된다.

이런 오류가 실제 시스템이 운용되는 시점까지도 발견되지 않았다는 것은 아마도 요구사항을 분석하는 엔지니어도 이런 사항을 몰랐을 가능성이 높다고 생각된다. 그러니 요구사항에도 관련 정보가 없었고, 테스트엔지니어도 이에 대한 테스트케이스가 필요하다는 생각을 하지 못했을 것이란 추측이 가능하다. 나름 높은 수준의 소프트웨어 개발 역량을 가지고 있고 체계적인 프로세스를 가지고 있으며 경험이 풍부한 조직인 NASA에서 이런 오류를 개발 도중에 발견하지 못했다는 것은 품질이 높은 소프트웨어 개발이 쉽지 않은 일임을 다시 한 번 보여준다. 또한 같은 실수를 반복하지 않고 실수로부터 배우려는 자세를 가진 NASA의 성숙한 소프트웨어 개발 문화를 배울 수 있다.

이러한 경험을 바탕으로 같은 실수를 반복하지 않기 위하여 NASA에서는 Safety checklist를 다음과 같이 정하고 활용하고 있다고 하는데, 총 16개 항목중 상위 7개만 예를 들면 다음과 같다.

1	[out-of-range values] Is software's response to out-of-range values specified for every input?
2	[timeout] Are timeouts provided? Is the software's response to not receiving an expected input specified?
3	[input arrives when it shouldn't] Is a response specified?
4	[deterministic] Is the software's behavior deterministic?
5	[data age] Is each input bounded in time? Does the specification include at which time data should be considered invalid? This is necessary to avoid making control decisions based on obsolete data.
6	[arrival rate] Is a minimum and maximum arrival rate specified for each input?
7	[lost events] If interrupts are masked or disabled, can events be lost?

이런 아이디어는 반드시 safety-critical software에만 국한되는 것은 아니다. 보안 취약점을 찾는데도 그리고 모든 소프트웨어 개발조직에서 이전의 경험을 자산으로 활용하기 위한 방법으로 활용할 수 있다. 한 예로 미국의 연구조직중 하나인 Mitre에서는 이제까지 알려진 가장 대표적이고 위협적인 25개의 보안취약점에 관한 자료[59]를 정리해 놓았는데, 이를 코드리뷰할 때 체크리스트로 활용할 수 있을 것이다. 각종 보안 취약점이 얼마나 자주 발견되는지 그리고 과거의 취약점 사례와 비교해서 해당 취약점의 빈도가 증가하고 있는지 여부등도 보여주고 있다.이러한 자료들을 효과적으로 사용하면 인스펙션의 효율을 높여주는 유익한 checklist로 활용할 수 있다.

59. https://cwe.mitre.org/top25/archive/2022/2022_cwe_top25.html

Rank	ID	Name	Score	KEV Count (CVEs)	Rank Change vs. 2021
1	CWE-787	Out-of-bounds Write	64.20	62	0
2	CWE-79	Improper Neutralization of Input During Web Page Generation('Cross-site Scripting')	45.97	2	0
3	CWE-89	Improper Neutralization of Special Elements used in an SQL Command('SQL Injection')	22.11	7	+3▲
4	CWE-20	Improper Input Validation	20.63	20	0
5	CWE-125	Out-of-bounds Read	17.67	1	-2▼
6	CWE-78	Improper Neutralization of Special Elements used in an OS Command ('OS Command Injection')	17.53	32	-1▼
7	CWE-416	Use After Free	15.50	28	0
8	CWE-22	IImproper Limitation of a Pathname to a Restricted Directory('Path Traversal')	14.08	19	0
9	CWE-352	Cross-Site Request Forgery(CSRF)	11.53	1	0
10	CWE-434	Unrestricted Upload of File with Dangerous Type	9.56	6	0
11	CWE-476	NULL Pointer Dereference	7.15	0	+4▲
12	CWE-502	Deserialization of Untrusted Data	6.68	7	+1▲
13	CWE-190	Integer Overflow or Wraparound	6.53	2	-1▼
14	CWE-287	Improper Authentication	6.35	4	0
15	CWE-798	Use of Hard-coded Credentials	5.66	0	+1▲
16	CWE-862	Missing Authorization	5.53	1	+2▲
17	CWE-77	Improper Neutralization of Special Elements used in a Command('Command Injection')	5.42	5	+8▲
18	CWE-306	Missing Authentication for Critical Function	5.15	6	-7▼
19	CWE-119	Imprper Restriction of Operations within the Bounds of a Memory Buffer	4.85	6	-2▼
20	CWE-276	Incorrect Default Permissions	4.84	0	-1▼
21	CWE-918	Server-Side Request Forgery(SSRF)	4.27	8	+3▲
22	CWE-362	Concurrent Execution using Shared Resource with Improper Synchronization('Race Condition')	3.57	6	+11▲
23	CWE-400	Uncontrolled Resource Consumption	3.56	2	+4▲
24	CWE-611	Improper Restriction of XML External Entity Reference	3.38	0	-1▼
25	CWE-94	Improper Control of Generation of Code('Code Injection')	3.32	4	+3▲

또는 OWASP(Open Web Application Security Project)에서 발표된 취약점 리스트를 checklist로 활용할 수도 있겠다. https://www.owasp.org에서 구할 수 있는 Code Review Guide 2.0인데, 일부를 소개하자면 다음과 같다.

Vulnerability checklist

Input Handling

Is user-supplied input properly validated, sanitized, and filtered?

Is untrusted input data constrained for type, length, format, and range?

Authentication

Password Difficulty

Are minimum and maximum password lengths enforced?

Is the set of allowed characters for passwords limited?

Password Management

Are passwords hidden from the user, administrator, or system?

Does the password expire over time?

Session handling

Does the session ID length have a minimum of 128 bits (16 bytes)?

Are session IDs generated uniquely and provide at least 64 bits of entropy?

Is all session data validated?

Are session IDs of newly generated sessions issued to a user only after successful authentication?

Does session destruction after logging out or timeout happen on both the server and browser?

21

페이건 인스펙션과 최신 코드리뷰 기법

Fagan 인스펙션 또는 Formal Technical Review(FTR) 등으로 불리는 인스펙션기법은 많은 산업체 프로젝트에서 긍정적인 효과가 반복적으로 검증된 방법인 것은 틀림없는 사실이다. 이에 관한 연구는 80년대나 90년대 중반까지도 많이 행해졌으나, 그 이후에는 많지 않은데, 가장 큰 이유는 인스펙션 기법 자체에 대한 연구가 충분히 수행되었기 때문일 것이다. 그런데 Johnson이 발표한 논문[60]은 인스펙션 기법이 제안된지 20년 이상이 지났는데도 설문에 응했던 개발자들의 80%이상이 전혀 사용하지 않거나 가끔 사용한다는 답을 했다고 한다. 일부는 적용하기도 힘들고, 비용도 많이 들며, 많은 시간이 드는 귀찮은 작업이라고 불평을 했다고 한다. 인스펙션 기법에 대한 지식이나 경험이 부족하여 부정적인 의견을 제시했다고 생각할 수 있지만, 기존의 방법이 귀찮고, 시간이 많이 걸리는 등 적용하기 힘든 면이 있다는 점 또한 사실로 보인다. 리뷰에 참석해야 하는 사람들이 같은 시간에, 같은 장소에 모이는 것 자체가 어려울 수 있는 것이 휴가나 출장 등의 이유로 회의 시간을 잡는 것이 힘들고, 자율출퇴근제도나 재택근무 등으로 개발자들이 자리에 없는 경우도 흔하기 때문이다. 많은 회사에서 회의실등 인스펙션을 진행하는데 필

60. Johnson, Reengineering inspection, Communications of the ACM, Feb.1998

요한 공간이 부족하다는 점도 또 다른 원인이 된다.

그래서 기존 방법의 대안으로 modern code review 또는 lightweight code review 기법이 제안되었는데, 이는 기존의 waterfall 개발방법론의 대안으로 애자일 기법이 제안된 것과 비슷한 취지이다. 개선책으로 제안된 많은 방법들 중에서 가장 널리 알려진 것은 리뷰어들이 모여서 같이 검토하는 meeting-based examination 단계를 생략하는 것이다. 이런 이유로 Johnson은 인터넷이나 협업을 위한 도구 등이 보편화되지 않았던 1970년대의 개발환경에서 제안된 Fagan 인스펙션이나 FTR 기법이 새로운 환경에서 효율적으로 적용되려면 다음의 목표를 가지고 재창조되어야 한다고 주장한다.

- Provide tighter integration between FTR and the development method
- Minimize meetings and maximize synchronicity in FTR
- Shift focus from defect removal to improved developer quality
- Build organizational knowledge bases on review
- Outsource review and insource review knowledge
- Break the boundaries on review group size

위의 내용만 봐서는 무슨 이야기를 하는지도 명확하지 않을 수 있는데 간단히 설명하자면 다음과 같다.

- **Provide tighter integration between FTR and the development method**: Waterfall, Incremental, Agile 등 많은 방법론이 제안되었고, 각각의 고유한 특징이 있기 마련이므로 코드 리뷰 또한 그러한 특성을 반영해야 한다는 논리이다. Fagan의 방법은 모든 개발자들이 같은 장소에서 근무하며 필요하면 언제든지 쉽게 모일 수 있다는 가정을 하고 있는데, offshore development처럼, 많은 회사들이 사무실을 전세계 곳곳에 두고 각 개발자들이 협력하여 소프트웨어를 개발하는 경우에는 비현실적인 가정이다.

- **Minimize meetings and maximize synchronicity in FTR**: 위와 유사한 논리로 시간과 공간의 제약을 극복하는 리뷰 방법을 생각해야 한다는 주장이다. 또한 여러 명이 한 장소에서 검토하는 경우 지식의 전달 효과도 있겠지만, 누군가 본인이 생각하는 오류에 대해 설명하는 동안 개발자와 발표자는 집중하겠지만, 다른 사람들에게는 낭비되는 아까운 시간이 될 수 있으므로 물리적인 회의를 최소한으로 줄이고 각 리뷰어가 적절한 시간과 방법으로 검토결과를 전달하자는 논리이다.
- **Shift focus from defect removal to improved developer quality**: 기존의 인스펙션 방법의 목적은 defect removal에 모든 것이 맞춰져 있는데, 이러한 목표가 최선이 아닐 수 있다는 주장이다. 기존의 방법에서는 오류가 발견되면 수정하는 것은 개발자의 몫이므로 수정방법에 대해 토의하지 말 것을 강조하였다. "Raise issues, don't resolve them"이라는 말처럼 인스펙션이 그룹 디버깅으로 변질되는 것을 경계하였다. 그러나 전체적인 프로그램의 품질향상에 목표를 둔다면, 당장 소프트웨어에 있는 에러를 제거하는 것도 필요하지만, 개발자들의 역량을 향상시키는 것도 필요하며 그 방법으로 결함이 없는 높은 품질의 코드나 문서를 같이 검토하는 것도 도움이 된다는 주장이다. 소프트웨어 개발에서 품질만큼 중요한 것이 생산성이고, 하나를 얻기 위해 다른 하나를 포기할 수 있는 환경이 아니라는 점을 생각하면, 일부 소프트웨어공학 전문가는 동의하지 않는 주장일 수 있다.
- **Build organizational knowledge bases on review**: 이 주장은 FTR이 개발 조직의 경험을 저장하고 공유할 수 있는 수단으로 쓰여야 한다는 주장이다. 이를 통해 유사한 오류의 재발을 막기 위한 guideline을 만들 수 있고, 개발자들은 이런 정보를 바탕으로 추후에 개발되는 제품에서는 같은 실수를 범할 가능성을 줄일 수 있다는 주장이다. 한 가지 방법은 리뷰과정에서 발견된 오류에 대해서 특징을 해쉬태그의 형태로 기술하고 수정되기 전과 후의 코드를 쉽게 비교할 수 있는 환경을 구축하는 것이다. 인스펙션 참가

자들이 어떤 코드를 읽는 과정에 오류가 의심이 된다면 유사한 에러가 있었던 기존의 코드를 검색해 보고 판단하는데 참고할 수 있겠다. 의사들이 CT, MRI 등 각종 영상자료를 판독할 때 이미 판독된 수많은 다른 환자들의 유사한 CT나 MRI 결과를 참고하면서 판독의 정확성을 높이려는 노력과 유사하다.

- **Outsource review and insource review knowledge**: 소프트웨어 개발에는 직접 참여하지 않지만, 테스팅 작업만을 전문적으로 수행하는 컨설팅회사도 있는 것처럼, 소프트웨어 인스펙션 또한 미래에는 외부 전문업체에 의뢰할 수도 있다는 주장이다. 그러나 도메인 지식이나 제품에 특화된 지식이 필요할 경우에는 걸림돌이 될 수 있다. 더 심각한 요인은 기업이나 제품에 대한 비밀보호 문제이다. 법적인 보호장치를 마련한다고 해도, 어느 조직의 제품에 대한 비밀을 외부인과 공유하는 것은 결코 쉬운 일이 아니다.
- **Break the boundaries on review group size**: 기존의 인스펙션 기법에서는 물리적인 회의를 가정하고 있기에 참여자를 최대 6명에서 9명으로 추천하고 있다. 개인적으로는 6명에서 9명도 효율을 생각하면 너무 많다는 생각이다. 그러나 아주 중요한 모듈이나 디자인의 경우에는 더 많은 사람들이 리뷰에 참가하는 것이 필요하다는 주장이고, 개발자들이 함께 디자인을 검토하고 중요한 결정을 내려야 하면, 전체 회의를 통해 Chief Designer가 설명하고 참석자들이 의견을 개진하는 방법으로 사용할 수 있을 것이다. Johnson은 NASA의 "Electronic Design Review"를 예로 들면서, 20명에서 30명의 인원이 검토해야 할 필요가 있었다는 사례를 소개하고 있다.

그러나 가능하면 대규모의 인원이 참여하는 리뷰는 줄이는 것이 바람직하다는 것이 일반적인 소프트웨어공학의 원칙이다. 그래서 프로젝트팀의 구성도 Surgical Team approach가 추천되었던 것이다. 수술실의 모든 환경은 집도하는 의사가 제일 효율적으로 수술할 수 있도록 하는 것이 필요하듯 소프트웨어 개발 또한 Chief Designer 또는 Chief Programmer가 전체적인 구조를 정하고 이에 따라 각 컴포넌트의 interface가 정해지면 각 개발자는 정해진 인터페이스의 규정을 준수하면서 요구되는 기능을 수행하는 코드를 작성하는 것이 통상적인 방법인 것이다.

구글, 마이크로소프트, AMD 등의 코드리뷰 결과를 분석하여 발표한 논문[61]은 산업체에서 일어나고 있는 modern code review의 경향을 소개하고 있다.

- Reviews happen early(before a change is committed), quickly, and frequently. 1970년대 Fagan이 제안했던 방법은 소프트웨어 개발이 어느 정도 완성되고, 개발자 본인이 나름대로 디버깅도 마친 상태에서 동료들에게 품질에 대한 최종 확인을 받는 성격이 강했다면, 최근에는 개발자들이 개발 도중에 수시로 의견을 주고 받는 방법으로 사용한다는 것이다. Android, Chrome 프로젝트에서는 리뷰를 의뢰한 지 평균 1시간 이내에, Microsoft사의 검색엔진인 Bing, Office, 그리고 SQL Server 프로젝트는 몇 시간이 지나기 전에 리뷰를 받을 수 있었다는 것을 보여주고 있다.
- 코드리뷰가 수시로 일어나는 만큼, 변경되는 코드 또한 그리 많지 않은 편이어서 25~80줄 내외인 것으로 조사되었다. 또한 적극적으로 참여하여 의견을 개진하는 동료 또한 평균 2명으로 상대적으로 소수의 인원이었다. 2019년에 열린 SPLASH라는 학회에서 한 발표자는 구글에서 시행되는 코드리뷰가 매일 약 30,000여건이 된다는 설명을 하였다. 그렇다면 대부분의 리뷰는 여러 명이 한 장소에 모여서 하는 인스펙션이 아닐 가능성이 높다 하겠다.
- 기존의 Fagan 인스펙션 기법은 소프트웨어의 결함을 조기에 발견하기 위하여 시작되었지만, modern code review는 개발자들이 함께 문제를 풀어가는 과정의 일환으로 시도되고 있다. 마치 어느 개발 조직의 역량을 모으

61. Rigby and Bird, Convergent Contemporary Software Peer Review Practices, ESEC/FSE'13, 2013

고 개선해 나가는 집단지성 노력의 일환처럼 말이다. modern code review 는 각종 온라인 도구를 적절히 활용하여 대화의 수단으로, 경험을 공유하고 서로에게 배우는 학습의 수단으로, 그리고 이런 경험을 저장하는 지식의 창고로 활용하자는 것이다. MS사의 설문조사는 코드 리뷰를 하는 중요한 이유로 결함의 발견 외에도 품질개선, 더 좋은 해결 방법의 제안, 지식의 전달도 지적했다고 한다.

코드 리뷰를 효과적으로 시행하기 위한 단 하나의 또는 올바른 방법이 존재하는 것은 아니겠지만, 많은 조직에서 경험하는 어려움은 비슷할 것이고 이를 극복하기 위한 방법 또한 유사한 점이 많을 것이다. 이런 면에서 산업체에서의 코드리뷰 경험을 공유하는 논문은 매우 유익한데, 다음 논문을 추천할 만 하다.

- L. MacLeod et al, Code Reviewing in the Trenches: Challenges and Best Practices, IEEE Software, July/August 2018
- A. Bacchelli and C. Bird, Expectations, Outcomes, and Challenges of Modern Code Review, International Conference on Software Engineering (ICSE), 2013
- O. Kononenko et al, Code Review Quality: How Developers See IT, International Conference on Software Engineering (ICSE), 2016

2018년에 발표된 MacLeod등의 논문은 900명 이상의 Microsoft사의 개발자들이 참여한 설문조사를 바탕으로 개발자들이 또는 리뷰에 참여하는 검토자들이 경험하는 어려움을 잘 설명하고 있는데, 다음과 같다. (자세한 내용은 해당 논문의 표 5와 6에 설명되어 있다.)

Author로 경험하는 어려움	Reviewer로 경험하는 어려움
Receiving timely feedback	Difficulty managing large reviews
Receiving insightful feedback	Finding time to do reviews
Finding reviewers	Understanding a change and its motivation
Documenting changes for a review	Finding relevant documentation
Dealing with harsh rejections	Understanding the history of changes and decisions
Code review decision traceability	Insufficient training for reviews
Tooling slowing things down	Reviewing not valued enough
Dealing with multiple tools	Being unsure of how reviewing impacts job evaluation

위에 언급한 내용은 모두 소프트웨어 개발현장에서 근무하는 개발자나 관리자들이 자세하게 읽어보고 대응방안에 대해 고민해 보아야 한다. 그리고 효과적인 대응방법은 각 조직마다 세부적인 차이가 있을 수 있으나 공통점이 많을 것이다. MacLeod등은 MS사의 경험을 바탕으로 아래와 같은 Best Practice를 추천하고 있다. 각 항목은 좀 더 세분화된 자료를 참고할 수 있으며 MS사의 기술보고서[62]를 통하여 더욱 자세한 정보를 얻을 수 있다.

62. M. Greiler et al, Appendix to Code Reviewing in the Trenches: Understanding Challenges, Best Practices an Tool Needs, MSR-TR-2016-27, Microsoft, May 2016

	Selective Best Practices
Author	• Aim for small, incremental changes • Cluster related changes • Decide how many reviewers you really need (MS사는 2명을 추천) • Check who else to notify besides the reviewers, but don't spam people • Show gratitude to your reviewers • Be prepared to iterate on changes • Confirm that decisions are documented • …
Reviewer	• Set aside dedicated, bounded time for reviews • Focus on core issues first; avoid nitpicking • Choose communication channels carefully; talk face-to-face for contentious issues • Provide reasons for rejecting a change
Organization	• Build and maintain a positive review culture • Develop, reflect on, and review code reviewing policies • Ensure that time spent is counted and expected, but watch for negative impacts of assessment

22

코드리뷰는 누가 해야 적절할까?

코드리뷰는 얼마나 많은 사람이 참여하는 것이 좋고, 누구에게 부탁하는 것이 좋을까? 한편으로는 매우 간단하고 쉬운 결정으로 보일 수 있다. 함께 일하는 개발팀의 동료들중에서 코드를 잘 아는 사람들에게 부탁하면 될 것으로 생각되기 때문이다. 그리고 같은 프로젝트에 참여하는 동료가 그 코드를 제일 잘 알고 있을 가능성이 높기 때문이다. 프로젝트의 성공에 대한 목표도 같이 공유하고 있으므로 좀 더 적극적으로 리뷰를 해 줄 가능성도 높을 것이다.

그러나 가만히 생각해 보면 결정이 그리 간단하지 않을 수 있음을 금방 이해하게 된다. 모두가 자신의 업무를 수행하느라 바쁜데 동료들의 코드를 리뷰하려면 담당하는 업무가 늘어나기 때문이다. 서로 도움을 주고 받는 것이라고 생각할 수도 있지만, 프로젝트 관리자나 경영진의 입장에서 보면 적절한 수준 이상의 리뷰어들에게 검토를 요청하는 것은 회사의 입장에서 보면 제한된 자원의 효율적인 활용이 아닐 수 있기 때문이다. 또한 지금 같이 일하는 팀동료가 아니어도 관련 코드를 이해하고 있는 사람이라면 그리고 그 사람이 이전 버전의 코드를 리뷰해 본 경험이 있다면 오히려 더 적임자일 수 있을 것이다.

이런 이유로 코드리뷰에 대한 최신의 연구들은 코드리뷰를 효과적으로 진행하기 위한 방법에 대한 연구외에도 어떻게 리뷰를 선정하는 것이 효과적인지에 대한 연구 또한 진행하였다. 이에 대한 연구에서 관심을 가지고 공부할 만한 최근의 논문은 다음을 추천할 수 있다.

- Alami et al., Why Does Code Review Work for Open Source Software Communities?, 2019 International Conference on Software Engineering
- MacLeod et al., Code Reviewing in the Trenches: Challenges and Best Practices, IEEE Software, July/August 2018

Alami 등의 논문은 오픈소스 개발환경에서 어떻게 코드리뷰가 성공적으로 수행되고 있는지에 대한 분석을 보고하고 있다. 사실 오픈소스 소프트웨어의 개념 자체와 성공 가능성이 회의적으로 보이던 시절도 있었다. 특히 소스코드가 소프트웨어로 개발되는 제품의 지적재산권을 보호할 수 있는 가장 핵심적인 자료인데, 이를 다른 개발자들과 공유하고 같이 힘을 합쳐서 개발한다는 것이 이상적이고 낭만적인 운동으로 보인 적도 있었다. 그러나 리눅스 프로젝트의 성공과 확산으로 볼 수 있듯이, 그리고 안드로이드 및 많은 오픈소스에 기반한 제품의 성공과 광범위한 사용에서 볼 수 있듯이 오픈소스는 소프트웨어 산업계에서 꼭 필요하고 핵심적인 기능을 담당하고 있다.

코드리뷰가 오픈소스의 성공에 큰 역할을 하고 있다는 것은 소프트웨어 산업에서 활동하는 전문가들이 깊이 공감하는 내용이다. 그러나 오픈소스 운동이나 프로젝트에 참여하는 사람들이 단순한 취미활동으로 소프트웨어를 개발하는 것이 아니며, 오픈소스에 대한 열정만으로 코드의 품질을 확보할 수 있는 것이 아니기에 오픈소스 프로젝트에서 코드리뷰가 어떻게 수행되는지는 중요한 연구 주제가 된다. 오픈소스 프로젝트에 참여하는 모두에게 이메일을 보내고 관심있는 개발자의 자발적인 참여를 요청하는 것이 스팸메일을 남발하는 효과를 유발할 것은 너무도 쉽게 짐작할 수 있다. 더구나 수준높은 코드리뷰를 하기 위해서는 참여자들의 열정뿐만 아니라 전문성도 확보되어야 하기에, 그리고 경우에 따라서 코드리뷰에서 제기될 수 있는 부정적인 검토의견은 오픈소스 프로젝트에 참여하는 개발자들의 의욕과 사기도 꺾을 수도 있으므로 코드리뷰를 시행할 수 있는 여러가지 방법에 대한 각각의 장점과 단점의 비교와 분석이 필요하다. 또한 개발자들 사이에 서로 다른 의견이 충돌할 수도 있고, 경우에 따라서는 이해관계 (예를 들어 프로젝트의 주도권이나 리더쉽)가 충돌할 수도 있는 민감한 주제이다.

이 연구는 Linux Kernel 프로젝트를 포함하여 Apache Allura등 총 5개의 오픈소스 프로젝트에서 어떻게 코드리뷰가 시행되는지를 21명의 참가자를 면담하고 조사하여, 오픈소스 환경에서 코드리뷰가 어떻게 그리고 왜 성공적으로 수행되고 있는지를 중요한 요인을 다음과 같이 밝히고 있다.

1. Contributors are subject to frequent rejections in code review. Communities neither reduce nor eliminate the negative feedback, as they believe it is core to the practice.
2. The iterative improvement cycle in code review turns negative feedback into a positive opportunity for learning and technical-growth by contributors. Receiving feedback may even become a reason for participation.
3. The ethic of passion motivates FOSS contributors. Consequently, they dedicate effort to code review, deliver high quality, and are more resilient to rejection.
4. The ethic of care drives our subjects. They use the gate of code review to exercise care for quality. Care also helps them to control the negative feedback.
5. Altruism, and enjoyment are key intrinsic motivators for our subjects. Open source reviewers are effectively volunteers (even if paid) and can choose review tasks following intrinsic interests.
6. An established reciprocal gift culture, sharing in the fame of success, reputation, public visibility of status for employers, learning opportunities, and punishment for not performing ultimately the best are the key extrinsic motivators behind work and code review of our subjects. These are all nonmonetary motivators that can be used to improve code review.

이를 하나씩 자세히 설명하는 것 보다는 관심있는 개발자들이 각각의 요인에 대해 자세한 분석을 하고, 본인이 속해 있는 조직에서 이러한 비슷한 효과를 얻을 수 있는 구체적인 추진전략을 고민해 보아야 한다. 추구하는 목표는 같아도 효과적인 접근방법은 다를 수 있기 때문이다. 이 논문은 몇 가지 방법을 제안하고 있는데, 이 또한 각 기관에서 고민하고 우선순위를 정해야 한다.

목표	실천방법의 예
A working environment valuing code review *embraces rejection*, as rejection is inherent and valuable in code review.(cf. Observation 1)	• Provide code review guidelines on how to communicate constructive feedback and how to interpret feedback. • Include handling rejections into training for new engineers. Rejection is not failure.
Iterative improvement is an important method of programming work, besides the pervasive striving for perfection. (cf. Observation 2)	• Promote code review practice as a knowledge sharing and learning opportunities.. • Democratize the code review process. Allow reviewers to select what they want to review.
The *ethic of passion* should be nurtured in project teams and communities. (cf. Observation 3)	• Appoint passionate individuals to lead software engineers. • Include passion and self-determination as a parameter when allocating tasks. Contributors choose what to work on, what to review, when to do it, etc.
The *ethic of care* is a positive contributor in a project team involved in code review, worthwhile cultivating. (cf. Observation 4)	• Care and commitment shall be demonstrated at every level of the software team. Many project leaders are top code reviewers. • Develop a team as a community, especially regarding reviews. Develop "*our way*" of doing things and enforce it in reviews; emphasize common ownership, methods, designs and successes.

목표	실천방법의 예
Nurturing engineers' *intrinsic motives*, altruism and enjoyment. (cf. Observation 5)	
Many non-monetary exploitable *extrinsic motives* drive FOSS contributors to make code-review effective. (cf. Observation 6)	• Do not neglect non-monetary non-material rewards, but develop a relational environment in your team, where rewards come from collaboration. • Acknowledge and reward individuals and group achievements regularly, with growth opportunities (promotions, conference talks, etc.).

MacLeod의 논문은 주로 마이크로소프트사의 개발자들을 대상으로 하여 911명이 참여한 대규모의 설문조사에서 코드리뷰를 실행하는 과정에서 경험한 어려움과 Best Practice를 설명하고 있다. 이 논문 또한 소프트웨어 개발에 관한 경험으로는 성공적인 기관의 살아있는 경험이므로 시사하는 바가 많다. 설문에 의하면 응답자들의 상당수가 매일 또는 한주에 한 두번은 리뷰의 대상이 되는 코드의 개발

Reason	Overall rank
Improve code	1
Find defects	2
Transfer knowledge	3
Explore alternative solutions	4
Improve the development process	5
Avoid breaking builds	6
Increase team awareness	7
Share code ownership	8
Team assessment	9

* The survey respondents picked and ranked their top five reasons

자로 또는 리뷰어로 활동하고 있다고 보고하였다. 그렇지 않다고 대답한 응답자는 13~14% 정도 뿐이었다. 이들이 코드리뷰를 하는 이유나 목적은 다음과 같이 들고 있다.

이들이 공통적으로 지적한 코드리뷰를 할 때 경험하는 어려움은 이전의 연구에서 보고된 내용과 크게 다르지 않다.

Challenge	Overall rank
Receiving timely feedback	1
Review size	2
Managing time constraints	3
Understanding the cod's purpose	4
Understanding the motivations for the change	5
Obtaining insightful feedback	6
Bikeshedding(disputing minor issues while overlooking more serious ones)	7
Understanding how the change was implemented	8
Maintaining code quality	9
Reaching consensus	10
Finding relevant documentation	11
Managing multiple communication channels	12
Identifying whom to talk to	13

* The survey respondents picked and ranked their top five challenges

이 논문의 핵심은 코드리뷰를 성공적으로 정착시키기 위한 추진전략에 대한 조언인데, 아래와 같이 요약할 수 있다.

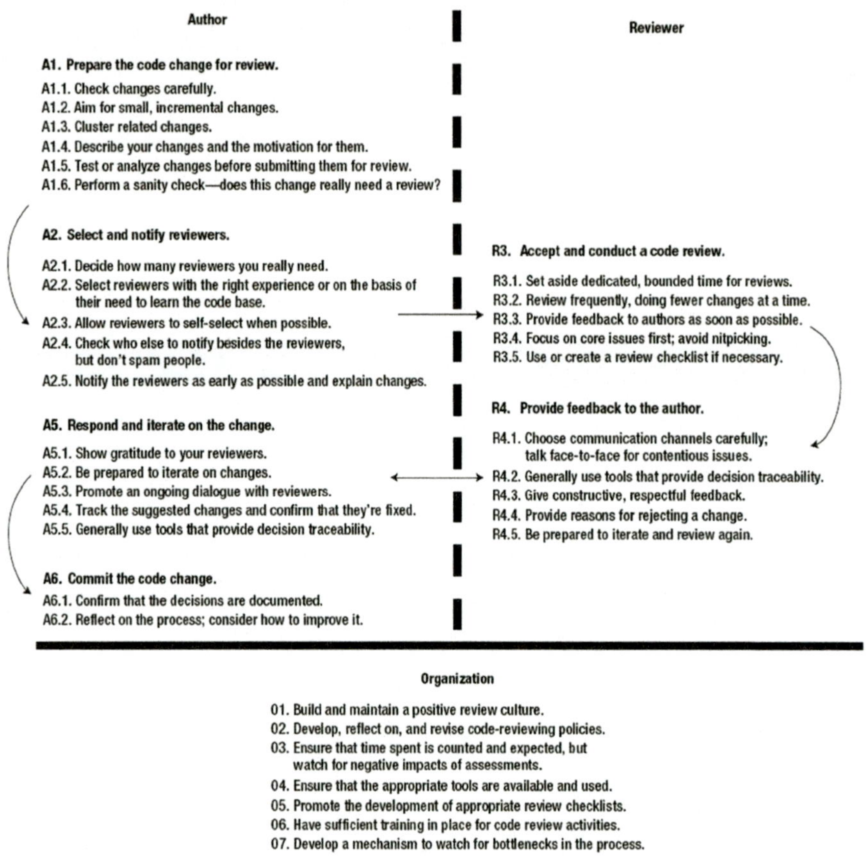

Best practices for autohors of code changes, code reviewers, and organizations, organized by the main steps of code review.

Alami의 논문과 마찬가지로 이 논문에서 MacLeod 등이 제안하는 추진전략 또한 각 기관의 특성이나 환경에 맞게 변경되어야 할 것이다. Microsoft사의 경험이 다른 소프트웨어 개발조직에서도 반복될 것이고 유사할 것이나 개발환경이나 회사의 문화에 따라 약간씩 다른 부분 또한 분명히 존재하기 때문이다.

23

보안취약점도 코드리뷰를 통해 발견할 수 있나?

위 질문에 대한 간단한 답은 존재하지 않을 것이다. 소프트웨어공학의 명제에 대한 대부분의 답이 그렇듯이 어느 상황에서나 항상 맞는 한가지 답은 존재하지 않기 때문이다. 리뷰하는 사람의 능력과 경험, 리뷰하는 동안의 집중력, 코드에 존재하는 보안 취약점의 종류에 따라서도 영향을 받기 때문이다. 그러나 오픈소스의 개발과 검증과정에서 생성된 많은 자료를 분석하면 위의 질문을 좀 더 현실적이고 구체적으로 재구성할 수 있고 개발자들에게 도움이 되는 패턴을 발견할 수 있는데, 이런 연구 결과[63]가 미국 Wayne State University의 연구진에 의해 발표된 적이 있어서 간단히 소개하고자 한다. 이 연구는 오픈소스 Chromium OS 프로젝트의 개발 및 수정과정에서 생성된 40만건 이상의 코드의 변경 및 리뷰자료를 분석하여 보안취약점을 발견하는데 성공한 516개의 코드리뷰와 반대로 취약점을 발견하는데 실패한 374개의 리뷰를 비교하고 분석하여 다음의 질문에 대한 답을 찾고자 하였다.

63. Rajshakhar Paul et al, Why Security Defects Go Unnoticed during Code Reviews? A Case-Control Study of the Chromium OS Project, 2021 IEEE/ACM 43rd International Conference on Software Engineering

1. 코드리뷰 과정에서 발견되지 않을 가능성이 높은 보안취약점들은 어떤 특성을 가지고 있는가?
2. 코드리뷰 과정에서 어떤 특징들이 보안취약점의 발견에 영향을 미치는가?

이 연구의 가장 중요한 결론은 아래의 표에 포함되어 있는데, 논문에 있는 자료를 좀 더 이해가 쉽도록 재가공한 것이다. YES의 비중이 높은 Improper Synchronization 등은 발견될 확률이 높은 반면에 Improper Input Validation 등은 상대적으로 발견될 가능성이 낮다는 것이 설문조사의 주요 결론이다.

보안취약점	발생빈도	발견여부 YES	발견여부 NO
Improper Synchronization	122	109(89%)	13
Concurrent Execution using Shared Resource with Improper Synchronization ('Race Condition')	83	73(88%)	10
Incorrect Calculation	82	65(79%)	17
Improper Input Validation	81	9	72(89%)
Improper Check or Handling of Exceptional Conditions	80	58(73%)	22
Improper Resource Shutdown or Release	75	71(95%)	4
Improper Access Control	66	8	58(88%)
Operation on a Resource after Expiration or Release	65	3	62(95%)
Improper Restriction of Operations within the Bounds of a Memory Buffer	58	42(72%)	16
Use of Potentially Dangerous Function	53	53(100%)	0
Exposure of Resource to Wrong Sphere	50	15	35(70%)
Incorrect Type Conversion or Cast	17	1	16(94%)
Insufficient Verification of Data Authenticity	13	0	13(100%)
Improper Initialization	10	5(50%)	5
Data Processing Errors	10	0	10(100%)

이 자료는 여러가지 교훈을 시사해 주는데, 첫 번째는 각 보안취약점의 발생 빈도에 관한 것이다. 물론 보안취약점의 특성상 발생 빈도가 낮다고 하여도 경우에 따라서는 심각하거나 치명적인 피해를 야기할 수 있으므로 잠재적인 위협을 무시할 수 없으나, 현실적으로는 제한된 시간과 인력으로 소프트웨어를 개발해야 하는 현실에서 발생 빈도에 관한 정보는 가장 위협적인 보안위협이 어떤 것인지를 판단하는데 도움이 된다.

또 다른 교훈은 코드리뷰 과정에서도 발견되지 않고 남아 있을 가능성이 높은 취약점들은 무엇이며, 이러한 취약점을 발견할 수 있는 또 다른 방법은 어떤 것이 있을지를 고민하고 보완책을 마련할 수 있는 아이디어를 얻을 수 있다는 점이다. 이 논문의 저자들은 코드리뷰 과정에서 발견될 확률이 높은 취약점들은 대개 관련된 코드의 길이가 상대적으로 짧고(예를 들어 C언어의 strcpy, strcat같은 보안취약점이 있다고 알려진 함수의 사용 등) 리뷰어가 상대적으로 쉽게 이해할 수 있는 특성을 가지고 있다고 지적하고 있다.

약간 의외의 결과로 보이긴 하지만, 메모리 사용과 관련된 취약점에 대한 통계도 흥미로운데 Improper Resource Shutdown or Release는 대부분(총 75건 중 71건) 코드리뷰 과정에서 발견되었지만 Operation on a resource after expiration or release 취약점은 총 65건 중 단 3건만이 발견되었다는 점이다. 특별히 이런 종류의 취약점은 코드를 리뷰하지 않아도 정적분석도구를 이용하여 자동으로 발견할 수 있음을 기억할 필요가 있겠다. 소프트웨어 개발자라면 쉽게 공감할 수 있는 결론이지만, 항상 그렇듯이 예외적인 상황도 보이는데 Incorrect Type Conversion or Cast 취약점이 17개중 단 한 번만 코드리뷰에서 발견되었다고 하는 사례가 해당된다.

Improper Input Validation이나 Insufficient Verification of Data Authenticity 관련된 취약점의 발견이 생각보다 어렵다는 점을 특별히 기억할 필요가 있다고 생각

되는데, 아마도 개발자도 리뷰어도 입력값에 대한 확인이 필요하다는 점을 제대로 인식하지 못했을 가능성이 크기 때문일 것이다. 단순하게 생각하면 입력값이 있으니 정해진 로직에 따라서 처리해야 한다는 생각만 하지 실제로 그 값이 유효한 값인지 또는 보안공격의 일환으로 악의적인 의도를 가지고 (어떤 방법으로든) 주어진 입력인지를 확인할 필요가 있다는 점을 인식하지 못했을 가능성이 높다 하겠다.

개인적으로는 발생 빈도의 상위권에 있는 Improper Synchronization이나 Race Condition과 관련된 취약점들이 코드리뷰 과정에서 발견될 가능성이 높다는데 의외라는 생각과 함께 다행이라는 생각이다. 이러한 취약점을 테스팅 과정에서 발견하는 것이 어려울 것은 너무나 분명하다 하겠다. 동일한 테스트케이스를 가지고 반복해서 소프트웨어를 수행하여도 실제로는 오류가 발생할 수도 있고 아닐 수도 있기 때문이다. 오류가 발생한 것 같아서 다시 수행하면 오류가 발생하지 않을 수 있기 때문이다. 보안취약점을 포함해서 거의 모든 오류의 원인이 논리적인 또는 구조적인 복잡도 때문에 발생한다는 점을 생각하면 코드를 가능한 이해하기 쉽고 분석하기 쉽게 구성해야 하는 소프트웨어 모듈화의 원칙을 기억해야 한다.

소프트웨어 오류의 특성상 그리고 대부분의 코드리뷰가 비슷한 과정으로 진행된다는 점을 생각하면 위의 표에서 코드리뷰를 통해서 발견되기 힘든 오류를 코드리뷰 하는 사람들이 조금 더 열심히 노력하고 신경써서 검토한다고 이런 오류를 잘 찾을 것으로 생각되지는 않는다. 프로젝트 매니저의 입장에서는 (또는 security engineer의 입장에서는) 코드리뷰를 통해서 잘 발견되지 않을 것 같은 오류들을 찾아내는 대안을 생각해 보는 것이 필요할 것이다.

이 논문은 코드리뷰의 어떤 특성이 보안 취약점을 발견할 가능성이 높고 낮은지를 분석한 결과도 보고하고 있는데, 코드리뷰 과정에서 검토해야 하는 Directory가 많을수록 발견될 가능성은 낮다고 한다. 누구나 충분히 예상할 수 있는 결론인데, 약간은 의외인 것도 있다. 즉 코드리뷰의 경험이 많은 사람들이 보안 취약점을 놓칠 가능성이 높다는 것이다. 물론 모든 경우로 일반화할 수 있는 결론은 아닐 것이나 잠재적인 원인을 생각해 보면 코드리뷰의 경험이 많은 일부 개발자들의 경우 "review fatigue" 증상이라고 부를 수 있는데 익숙한 방법으로 세밀함이 부족한 "일상적인" 리뷰를 수행할 가능성이 있다고 볼 수 있다. 또한 경험이 많다보니 실제로 리뷰를 수행하는데 사용하는 시간도 다른 리뷰어보다 적을 수 있고, 이는 피상적인 리뷰로 전락할 가능성 또한 있다 하겠다. 경험이 많은 개발자나 리뷰어가 기억할 가치가 있는 교훈이다.

보안 취약점과 코드리뷰 관련해서 참고할 만한 논문을 하나 더 소개하자면 2022년에 Braz와 Baccelli가 발표한 논문[64]이다. 아래 소개한 3가지 질문에 대한 답을 얻고자 현업에 종사 중인 182명의 개발자 또는 매니저들을 대상으로 설문조사를 시행하였다. 150명 이상 대부분이 3년 이상의 산업체 경험이 있는 사람들이며, 일부는 오픈소스 소프트웨어 개발에도 참여한 경험이 있고, 대부분이 개발자로 또는 리뷰어의 역할로 코드리뷰에 자주 ("several times per week or daily") 참여하고 있다고 대답하였다.

- RQ1. What is the current developer's perspective on ensuring software security during code review?
- RQ2. To what extent do companies/projects support security assessment during code review?
- RQ3. What are the main challenges experienced when ensuring security during modern code reviews?

64. Braz and Baccelli, Software Security during Modern Code Review: The Developer's Perspective, ESEC/FSE 2022: Proceedings of the 30th ACM Joint European Software Engineering Conference and Symposium on the Foundations of Software Engineering

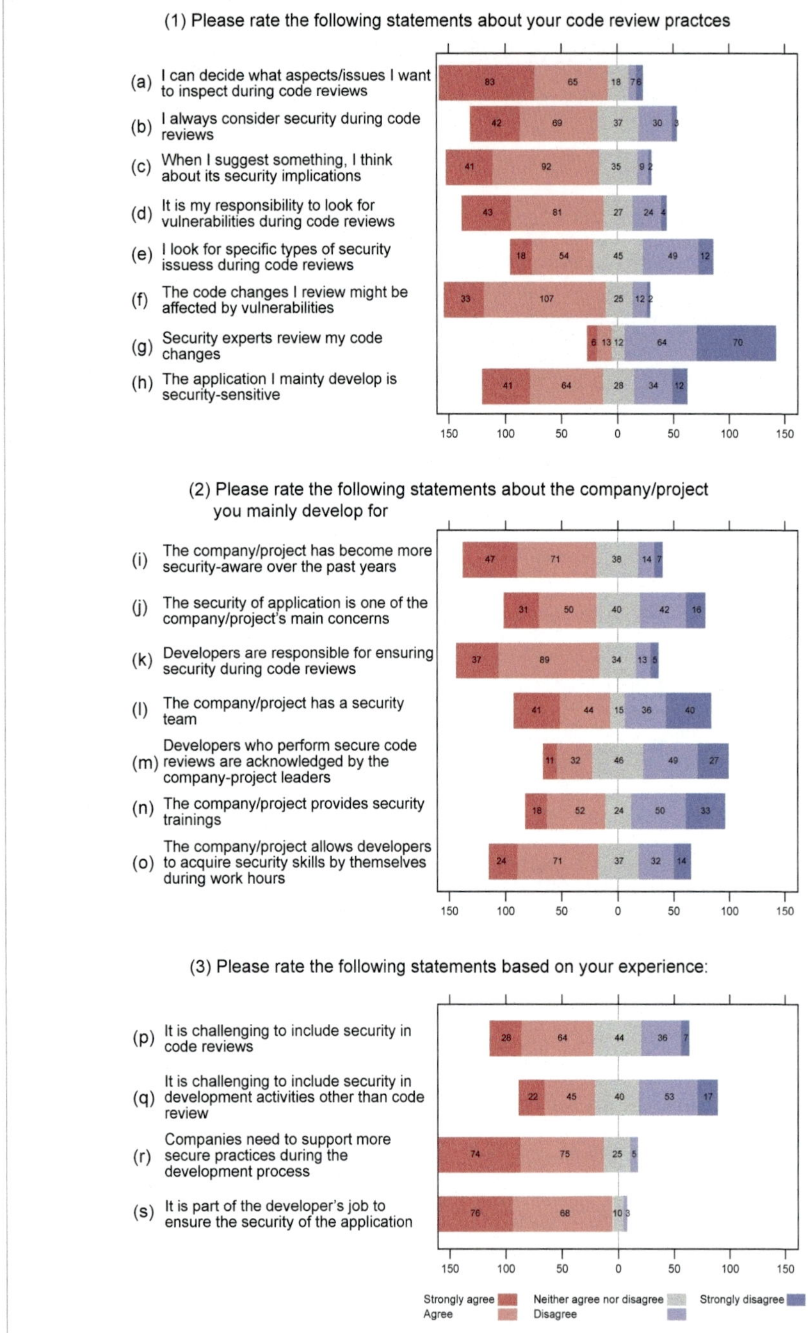

Participant's experiences, practices, and company/project culture

이런 질문에 대한 응답은 (d, s) 등으로 표시된 설문의 응답이 보여주듯 개발자가 보안에 관한 취약점이 없도록 소프트웨어를 개발해야 한다는 원칙에는 거의 모두가 동의하지만, 실제 개발현장의 적용사례는 개선의 필요가 여러가지 면에서 보인다. 보안취약점이 문제가 될 수 있는 소프트웨어를 개발하는 경우가 많다는 점을 (f), (h) 항목의 설문응답에서 확인할 수 있음에도 불구하고, 보안 전문가가 새로 개발되거나 변경된 코드의 검토에 참여하는 빈도가 낮다는 점을 설문 (g)에 대한 응답이 보여준다.

보안 전문가로 구성된 팀이 없는 경우도 흔하다는 것도, 보안 취약점에 대한 코드리뷰가 회사나 매니저로부터 기여도를 제대로 인정받는 경우도 적으며, 이에 관련된 교육이나 훈련의 기회를 제공하는 사례도 충분하지 못하다는 설문 (l)에서 (m)까지의 응답도 개선이 필요하다는 점을 잘 보여주고 있다. 실제로 연구자들의 분석에 의하면 코드리뷰를 하는 과정에서 처음부터 보안의 취약점에 대해 생각하고 참여하는 경우는 빈도가 낮으며, performance 등 다른 품질의 속성보다 보안이 개발자나 리뷰어의 관심이 낮다고 한다.

보안의 취약점에 대해 언급이 되는 경우에만 비로서 리뷰과정에서 보안의 취약점을 찾아보려고 생각하게 된다는 응답은 소프트웨어공학을 연구하는 사람들에게는 사실 놀라운 결과는 아니다. 보안의 중요성이 평소에 충분히 강조되지 않는 것도 사실이고, 대부분의 개발자들이 보안 취약점에 대해 생각하는 것 또한 익숙하지 않은 것이 현실이기 때문이다. 대부분의 개발자는 기능적인 측면이나 성능향상에 대해서는 늘 생각하지만 보안은 우선순위가 밀리는 경우가 그만큼 흔하기 때문이다.

보안 취약점을 소프트웨어에서 완벽하게 없앨 수 있는 쉽고 편한 방법은 없다. 근본적인 원인은 소프트웨어의 복잡도 그리고 개발과정에서 사용할 수 밖에 없는 외부 라이브러리등 개발자가 충분히 알지 못하고 정보가 부족한 코드에서 미처 발견되지 않은 오류, 그리고 코드의 사용과정에서 발생할 수 있는 의도하지 않은 상호작용 (예를 들자면 buffer overflow 등)에 의한 것이니 개발과 검증과정에서 보안 취약점에 특별한 관심을 가지고 전문인력이 그리고 fuzzer 등 각종 유용한 도구나 기법을 적용하여 조기에 발견하도록 노력하는 수 밖에는 없다고 생각된다. 그리고 이러한 노력은 소프트웨어의 보안 신뢰성을 완벽하지는 않을 지라도 적절한 수준으로 향상시킬 수 있다고 믿는다.

앞에서 소개한 논문의 저자들이 참여하여 보안 취약점을 코드리뷰를 통해서 어떻게 하면 잘 발견할 수 있는지를 다룬 또 다른 논문[65]이 ICSE 학회에 2022년에 발표되었는데, 온라인으로 진행된 실험에서 총 150명의 개발자들이 네 그룹을 아래와 같이 구성하여 보안취약점을 찾기 위한 코드리뷰를 실시하였다.

- **NI(No security instruction) group**(33명): 특별한 지시나 강조사항 없이 코드리뷰를 실시한 그룹
- **SI(Security Instruction) group**(41명): 코드리뷰를 하는 참가자들에게 보안취약점의 발견을 위하여 노력하도록 구체적으로 요청을 받은 그룹
- **SC(Security Checklist) group**(35명): SI 그룹과 마찬가지로 보안취약점의 발견을 위하여 노락하도록 요청함과 동시에 참고할 수 있도록 OWASP foundation에서 발표한 Code Review Guideline 78개 항목에 대한 정보를 제공받은 그룹
- **TC(Tailored security Checklist) group**(41명): SI 그룹과 마찬가지로 보안 취약점의 발견을 위하여 노락하도록 요청함과 동시에 SC 그룹에 제공된 78개 항목의 checklist는 내용이 너무 방대하여 효율적이지 않을 수 있으므로[66] 탐지대상이 되는 보안 취약점을 설명하는 내용이 포함된 22개의 항목에 대한 정보를 제공받은 그룹.

65. Braz et al, Less is More: Supporting Developers in Vulnerability Detection during Code Review, ICSE, 2022
66. 소프트웨어공학 분야에서는 코드리뷰에 활용하는 checklist는 한 페이지 정도로 분량을 적절하게 정리하도록 추천하며, NASA의 경우도 이전 프로젝트에서 발견된 심각한 오류의 원인을 분석하여 16개 항목으로 구성된 safety checklist로 활용하고 있다.

이 실험을 통하여 연구자들이 확인하고 싶었던 가설은

1. 보안취약점의 발견에 노력을 집중하도록 요청받은 SI 그룹은 그런 정보를 제공받지 않은 NI 그룹에 비해 보안취약점을 더 잘 발견할 수 있었는가?
2. 똑같이 보안 취약점의 발견에 노력을 집중하도록 안내를 받은 SI, SC, TC 그룹의 차이는 코드리뷰에 활용할 수 있는 checklist를 제공받았는가 여부가 성과에 영향을 미쳤는가?
3. Security checklist를 제공받은 SC와 TC그룹의 차이는 checklist 항목이 78개와 22개로 다른데 좀 더 적은 규모의 (그리고 포함된 취약점의 내용에 특화된) checklist를 제공받은 그룹은 더 뛰어난 성과를 보여주었는가?

실험에 사용된 코드는 약 150줄 정도의 Java로 구현된 웹서비스 온라인 로그인기능과 관련된 코드이며, 본 실험을 하기 전에 여러 번의 예비 실험과 보안 전문가의 자문을 통하여 두 개의 인위적으로 삽입된 보안 취약점이 실험대상으로 적절하다는 추천을 받았다고 한다. 두 개의 취약점은 MSI(Generation of Error Message containing Sensitive Information, CSW 209)와 BRA(Use of Broken or Risky Cryptographic Algorithm, CWE 327)에 관계된 것인데, 논문에 소개된 해당 코드는 다음과 같다.

```
try {
    con = DBConnection.createConnection();
    statement = con.prepareStatement("insert into user values(?,?,?,?,?,?)");

    statement.setString(1, firstName);
    statement.setString(2, lastName);
    statement.setString(3, email);
    statement.setString(4, userName);
    statement.setString(5, generateHash(password));
    statement.setString(6, salt);

    int result = statement.executeUpdate();

    if(result!=0) {
        return "SUCCESS";
    }
} catch (SQLException e) {
    String logMessage = "Unable to retrieve account information from database,"
            + "\n query: " + statement;
```

이 코드는 사용자로부터 firstName부터 generateHash 함수의 호출을 거친 password 및 salt값을 가지고 statement.executeUpdate( ) 메소드를 호출하는 과정에서 SQLException 이 발생하는 경우 statement 값을 포함하는 logMessage를 출력하는 코드의 일부이다. generateHash 과정을 거친 password가 logMessage에 저장되어 출력이 되며 암호화되지 않은 평문의 password가 logMessage에 저장되는 것도 아니라면 이를 취약점이라고 할 수 있을까? 그러나 이 코드의 잠재적인 취약점[67]은 1) logMessage에 generateHash(password) 값과 같은 — 판단하기에 따라서는 필요이상으로 자세한 — 사용자의 정보가 포함된다는 것과 2) salt의 값이 별도의 필드로 저장된다는 점에 있다. 이를 바탕으로 해커는 SQL Injection공격을 시도할 수 있고, rainbow table을 이용하여 해쉬값으로 처리되었다고 하여도 password의 값을 계산해 낼 수 있는 가능성이 있기 때문이다. 이런 내용을 모르는 개발자라면 코드를 아무리 꼼꼼하게 검토하여도 취약점이 보이지 않을 것이고, SQL Injection 공격에 대한 기본적인 지식이 있는 리뷰어라면 너무나도 쉽게 취약점을 찾을 수 있을 것이다. 그래서 보안 취약점을 찾고자 하는 경우에는 "아는 만큼 보인다"는 말이 적절한 표현인 것이다.

이 실험에서 인위적으로 추가된 다른 취약점[68]은 아래와 같다.

```
public class PasswordManagement {

    private final static char[] hexArray = "0123456789ABCDEF".toCharArray();
    private final static String HASH_ALGORITHM = "MD5";
```

67. https://cwe.mitre.org/data/definitions/209.html

CWE-209: Generation of Error Message Containing Sensitive Information: The log message may contain sensitive information stored in the prepared statement ('statement') it includes. If an error is raised, this sensitive information is output to a log file which in turn can be used to simplify other attacks such as SQL Injection. Furthermore, a password salt separated from the password hash can be exploited using rainbow tables.

68. **CWE-327: Use of a Broken or Risky Cryptographic Algorithm:** The MD5 algorithm has been designed for speed and has been subject to several security breaches, as it became computationally possible to generate collisions, meaning different messages will lead to the same hash. Due to its fast design, MD5 is also susceptible to brute-force attacks.

MD5는 이전에 개발된 MD4 알고리즘의 보안취약점을 개선하기 위한 목적으로 1991년 Ronald Rivest라는 MIT 교수에 의해 고안된 암호화 해쉬 알고리즘인데 이 암호화 기법 또한 여러가지 기법의 공격에 취약하다는 점이 발견되었다. (자세한 내용은 https://en.wikipedia.org/wiki/MD5 를 참고할 수 있다) 보안지식이 부족한 코드리뷰어의 입장에서는 MD5가 널리 사용되는 암호화 기법이라는 생각에 안전할 것으로 안일하게 판단하면, 이런 취약점을 발견하는 것은 매우 어려울 것이 분명하다. 반면 MD5 기법의 취약점에 대해 알고 있는 리뷰어라면 너무도 쉽게 발견할 것이다.

실제로 2008년에는 CMU Software Engineering Institute에서 MD5에 대해 "essentially cryptographically broken and unsuitable for further use"라는 선언을 하였고, 2012년에 발견된 Flame malware는 MD5의 취약점을 이용한 것임이 밝혀졌다고 한다. 그럼에도 불구하고 2019년에 발표된 분석결과에 따르면 널리 사용되고 있는 content management systems의 약 25%는 아직도 MD5를 password hashing의 목적으로 사용하고 있다고 한다. 보안 취약점을 찾아내고 새로운 보안 취약점이 발견될 때마다 기존의 시스템이 동일한 취약점을 갖고 있는지 확인하고 적절한 보안 패치를 설치하는 것이 현실에서는 얼마나 어려운 일인지 잘 알 수 있다.

NI, SI, SC, 그리고 TC 그룹에서 이러한 보안취약점이 삽입된 코드를 검토한 사람들은 보안에 대해 얼마나 잘 알고 있을까? 이에 대한 저자들의 논문은 직접적인 자료를 제공하고 있지 않으나 150명 중 93명이 소프트웨어 개발자로 현직에 종사하고 있다는 것과 대부분(127명 또는 82%)이 적어도 2년 이상의 professional development 경험이 있다고 한다. 실험에 참가한 150명중에 소수는 Java를 이용한 프로그램 개발경험이 없거나(2명), 코드리뷰를 해 본적이 없는 사람도 있으나(16명) 대부분은 Java 그리고 코드리뷰 경험이 있는 사람들인데, 2개의 보안취약점을 몇 명이나 찾았을까? 논문에 제공된 자료를 이해하기 쉽게 챠트로 재구성하면 다음과 같다.

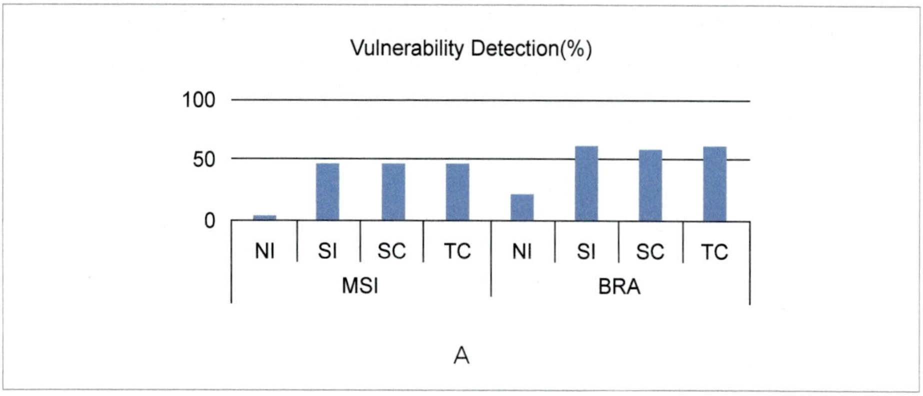

단순히 코드리뷰만을 의뢰받고 보안 취약점에 대해 집중하도록 요청받지 않은 NI 그룹에서는 33명중 단지 3%(1명) 그리고 21%(7명)만이 취약점을 발견하였다. 그러나 SI, SC, TC 그룹의 경우 해당 코드를 읽고 취약점을 발견한 비율이 MSI 취약점의 경우 46%로 차이가 없었고 BRA 취약점의 경우는 57%에서 61% 정도로 거의 비슷한 성과를 보여주었다. 보안취약점의 발견에 집중해 달라는 명시적인 요청을 받은 경우에 그렇지 않은 그룹에 비해 뛰어난 성과를 보여주긴 했으나 checklist의 제공 여부는 그리고 checklist에 포함된 잠재적인 취약점 항목의 개수는 별다른 역할을 하지 못했다는 점을 미루어 짐작할 수 있다.

Checklist는 보안취약점의 개념을 이해하는데는 도움을 줄 수 있지만 실제 관련 지식이 없는 사람에게는 큰 도움이 되지 않는다는 뜻이다. 실제로 이 논문에서는 실험에 참여한 참가자들에게 나중에 취약점에 대한 설명을 제공하고 어떤 계기로 취약점을 발견했는지 또는 실패했는지에 대한 설문조사를 한 결과도 포함되어 있어서 흥미로운데, 코드리뷰의 목표를 보안취약점의 발견에 두고 노력하는지 여부와 취약점에 대한 구체적이고 실전에 적용가능한 보안지식의 여부에 따라 성패가 갈리는 것을 볼 수 있다.

24

소프트웨어 테스팅은 정말 어려운가? 왜 어려운가?

소프트웨어 테스팅 학습의 첫 단계는 테스팅을 통하여 오류를 발견하는 것이 정말로 어렵고 시간이 많이 걸리는 작업인지를 이해하고, 그런 어려움은 왜 발생할 수밖에 없는지를 이해하는 것이다. Dijkstra가 핵심을 간파한대로, 테스팅 작업을 통해서 소프트웨어에 오류가 있음을 보일 수는 있어도, 오류가 없다는 점을 보일 수 없는 이유를 알아야 한다. 그래야만 소프트웨어가 의도한대로 작동하는 것을 보이는 것이 테스팅의 목적이 아니고, 어떤 경우에 의도한대로 작동하지 않는지 또는 전혀 예상하거나 의도하지 않은 행위를 할 수 있는지 확인하기 위한 작업임을 이해해야 한다. 그런 분명한 의도를 가지고 테스트케이스를 만들어야 오류를 찾게 될 가능성이 높아진다. 그래서 테스팅 작업을 "창조적인 파괴(creative destruction)"라고 부르는 것이다. 테스팅의 현실적인 어려움은 여러 가지가 있지만, 몇 가지만 생각해 보면 다음과 같다.

- 소프트웨어를 제대로 테스팅하려면 실제 사용되는 환경에서 검증하여야 하는데, 일부의 경우는 가능하지만 항상 가능한 것은 아니다. 적군의 미사일 궤적을 추적하여 파괴하는 요격 시스템의 경우, 시뮬레이션 환경에서 테스팅할 수 있고 어쩌면 제한적이나마 실제 탄두는 비어 있는 미사일을

대상으로 실험을 해 볼 수 있을 것이다. 그러나 방어작전을 수행하기 위해 개발된 소프트웨어를 "실전환경에서" 검증하기 위해서 전쟁을 할 수는 없기 때문이다.

- 테스팅을 완벽하게 하려면 소프트웨어가 처리해야 하는 모든 입력값의 범위 및 값들의 조합에 대해서 테스팅을 해야 하는데, 그것은 현실적으로 불가능하다. 자율주행 차량에서 운용되는 소프트웨어가 설정이 가능한 범위 내에서 그리고 여러가지의 상황에서 어떻게 대처하는지 테스팅을 할 수 있을지는 모르지만, 실제 또는 가상의 환경에서도 모든 상황을 테스팅 할 수는 없다.
- 소프트웨어의 오작동 여부는, 입력값외에도 환경의 영향을 받을 수 있어서 테스팅하는 과정에서 오류가 발생하지 않았다고 해서 실제 상황에서 오류가 발생하지 않는다는 장담을 할 수 없다. 소프트웨어가 작동되는 환경과 시험되는 환경이 조금이라도 다르다면 그 차이로 인하여 정확한 테스팅 작업을 수행하지 못할 수 있다. 제대로 검증하기 위해서는 소프트웨어의 작동환경에 대한 명세를 정확하게 기술할 수 있어야 하고, 이를 테스트케이스를 통해서 정확하게 표현해야 하는데 그것 또한 쉬운 일이 아니다. 작동환경을 정확하게 이해하는 것도 쉽지 않을 뿐 아니라, 설령 작동환경을 정확하게 알고 있다고 하여도 이를 테스트케이스에 충실하게 반영하여 검증하는 것은 현실적으로 어려운 일이다.
- 소프트웨어가 하나의 스레드로 구성된 경우, 같은 입력에 대해 항상 같은 출력을 낸다는 장담을 할 수 있지만, 만일 소프트웨어가 여러 개의 스레드(또는 프로세스)로 구성되어 있다면 소프트웨어의 행위 및 출력은 프로그램을 수행할 때마다 달라질 수 있다. 병렬로 처리되는 스레드간의 상호작용이 어떤 패턴으로 일어날지는 미리 예측할 수 없기 때문이다. 그러므로 어느 경우에는 프로그램이 제대로 작동하는 것 같다가 같은 프로그램을 다시 반복해서 테스팅을 해 보면 잘못된 출력을 생성하기도 한다. 혹시 같

은 입력에 대해 동일한 출력을 발생한다면 그것은 우연의 일치일 뿐이다.

- 소프트웨어를 테스팅하다 보면 일부 코드는 반복적으로 거의 항상 수행되는 반면에 일부 코드는 아무리 다른 값을 입력해도 수행되지 않는 경우가 흔히 존재한다. 이런 작업을 수없이 반복하고 모든 테스트케이스가 성공적으로 수행된다고 해도, 자신있게 할 수 있는 이야기는 1) 아직까지 발견된 오류가 없지만 그렇다고 소프트웨어가 결함이 없다고 장담할 수 없다는 것, 그리고 2) 아직까지 테스팅 작업이 수행되지 않은 코드에 결함이 있는지 없는지는 알 수 없다는 것 뿐이다.
- 또 다른 어려움은 사용하는 프로그래밍 언어에 따라서 테스팅 기법이 다르게 적용되어야 한다는 점이다. C나 Java로 구현된 프로그램과 스크립트 기반의 프로그래밍 언어인 JavaScript 또는 PHP로 구현된 프로그램을 테스팅하면서 특정 방법이나 도구가 같은 효과를 보이지 않을 것은 너무나 당연하다. Data-flow 기반의 PLC(Programmable Logic Controller) 언어인 Function Block Diagram으로 구현된 코드의 오류를 테스팅 작업을 통해서 발견하려면 전혀 다른 새로운 차원의 접근법이 요구된다. (이에 관한 구체적인 예제가 뒤에 간단하게 소개되어 있다.) 그래서 유능한 테스트 엔지니어가 되려면 개발경험도 풍부해야 하고, 추가로 전문적인 테스팅 지식 또한 가지고 있어야 한다.

이런 이유로 테스팅에 대해서 전문적인 지식을 많이 알고 경험이 많은 사람일수록, 테스팅에 자신있게 할 수 있는 말이 별로 없다. 아무리 해도 끝이 없고, 테스팅의 결과가 모두 성공적이어도, 해당 소프트웨어의 품질에 대해 확신을 가지고 할 수 있는 이야기가 적다는 것이 가장 큰 아이러니이다. 실제로 소프트웨어에 오류가 없을 가능성도 이론적으로 배제할 수는 없겠지만, 테스트케이스의 한계 때문에 실제로 존재하는 오류를 발견하지 못했을 가능성 또한 존재하기 때문이다.

소프트웨어의 검증에 필요한 테스트케이스는 일반적으로 명세 또는 소스코드 기반으로 만드는 것이 일반적이다. 명세에 기반하여 테스트케이스를 만드는 기법을 functional testing 또는 black-box testing, 그리고 소스코드 및 각종 coverage criteria를 기준으로 만드는 기법을 structural testing 또는 white-box testing이라고 한다. 이러한 기법은 각종 테스팅 기술의 기본이 되지만 모든 테스팅 작업이 black-box 또는 white-box 방법으로만 행해져야만 할 이유는 없다. 예를 들어서 자율주행자동차의 소프트웨어를 테스팅하는 경우 functional 그리고 structural testing 기법이 적용되어야 하지만 품질에 대한 충분한 검증이 이루어지지 않을 가능성이 남아 있다.

일반적인 소프트웨어 테스트케이스의 경우, 주어진 입력값외에도 예상되는 출력값에 대한 정보가 필요하고, 작동 환경에 대한 명세가 포함되어야 할 때도 있다. 그러나 이런 가정이 모든 테스트케이스에 적용되는 것은 아니어서 소프트웨어의 보안 결점을 찾고자 하는 경우, expected output은 필요 없는 경우도 있다. 출력 값이 생성되기 전에 runtime error 또는 crash 등의 이유로 프로그램이 비정상적으로 멈추면 보안상의 결점을 발견했다고 볼 수 있기 때문이다.

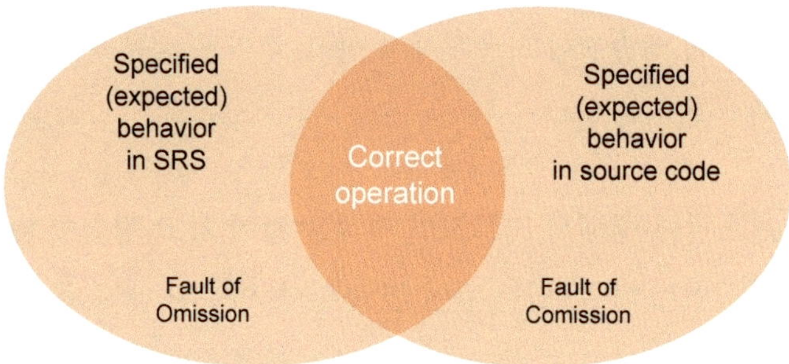

소프트웨어 개발의 근거가 되는 요구사항(SRS)과 개발작업의 결과물인 소스코드의 관계를 위의 그림으로 표현할 수 있다. 물론 현실에서는 두 개의 원으로 표시된 공간의 교집합을 나타내는 부분인 “Correct operation”이 대부분이겠지만, 100%인

경우는 없을 것이다. 그렇다면 누락에 의한 오류 즉 Fault of Omission은 무엇인가? 요구사항의 명세에 포함된 기능이 어떤 이유로든 구현되지 않은 경우인데, 이러한 오류는 상대적으로 발견하기 쉽다. 명세에 포함된 요구사항을 나름대로 이해했다면 그러한 요구사항이 제대로 구현되었는지를 확인하기 위한 테스트케이스를 만드는 것은 그리 어려운 일이 아닐 것이기 때문이다. 설령 그러한 테스트케이스가 기능의 일부만을 테스팅하기에 충분하지 않다고 하여도 말이다. 그 이유는 많은 개발조직에서 CASE(computer-aided software engineering) 도구를 사용하여 요구사항을 기술하고, 각 요구사항에 해당하는 테스트케이스를 연동하여 관리하기 때문이다. 다시 설명하자면, 개별적인 요구사항은 CASE 도구가 별도의 객체로 저장하고 관리하며, 각각의 객체에 대해서는 그에 상응하는 테스트케이스를 명시하도록 하기 때문에, 테스트케이스의 정확도나 변별력에 대한 판단은 하기 힘들어도 특정 요구사항에 대한 테스트케이스의 누락은 자동적으로 식별할 수 있다는 뜻이다.

요구사항을 기반으로 테스트케이스를 만드는 기법인 black-box testing을 적용하여 발견하기 어려운 경우가 Fault of Commission으로 표시된, 다시 말하면 요구사항에 포함되어 있지 않은 추가 기능이 구현되어 있는 경우이다. 나쁜 의도로 특히 보안공격을 목적으로 구현된 코드가 은닉되어 있는 경우, 이를 black-box 테스팅기법으로 탐지하는 것은 현실적으로 매우 어려운 일이다. 명세에 포함되지 않은 기능이 추가적으로 그리고 가능하다면 코드에서도 쉽게 발견되지 않도록 숨겨서 (또는 여러 함수에 기능을 분산해서) 구현되어 있는데 이런 코드의 존재 자체를 명세기반의 테스팅 기법으로 발견하는 것이 어려운 일인 것은 너무도 당연하다 하겠다. 아래의 예제를 생각해 보자.

```
// 오류가 없이 login 기능이 구현된 경우
read (id, password);
if IDisValid {
    if PasswordisValid (id, crypt (password)) {
        // login successful
```

```
            // Incorrect password. Try again
        }
    } else {
        //no such id
    }
```

사용자의 ID와 password를 입력으로 받고 password를 crypt( ) 등의 함수를 이용하여 암호화한 후 저장된 암호와 비교하는 로그인 기능을 예제로 생각하고, 왼쪽의 코드를 구현된 코드라고 할 때 오른쪽의 코드는 어떻게 omission 또는 commission 오류가 발생할 수 있는지를 보여준다. 실수로 패스워드를 암호화하는 과정을 누락한다면 omission fault가 될 것이며, 이는 실제 소스코드의 분석을 필요로 하지 않는 black-box 테스팅을 통해서도 비교적 쉽게 발견될 것이다. 암호화하기 전과 후의 패스워드는 다를 것이기 때문이다.

```
read (id, password);
if IDisValid {
    // omission fault. 암호화 기능이 실수로 누락된 경우
    if PasswordisValid (id, password) {
        // login successful
        // commission fault 개인정보의 고의적인 외부유출
        leak (id, password);
    } else {
        // Incorrect password. Try again
    }
} else {
    // no such id
}
```

그러나 암호화하는 코드도 정상적으로 구현되고 올바른 패스워드가 입력되어 로그인이 성공한 경우에, 해커가 유효한 로그인 정보를 비밀리에 외부로 전송하는 코드를 추가하여 심각한 보안위협을 발생시킬 commission fault의 경우를 생각해

보자. 예제로 제시된 코드에서 4.1로 표시된 부분이다. 과연 그런 오류를 black-box 테스팅 기법을 통해서 발견할 수 있을까? 요구사항에 기반해서 테스트케이스를 만든다고 생각해 보면 대부분 유효한 id, 존재하지 않는 id를 가지고 시험을 해 볼 것이고, 존재하는 id에 대해서도 올바른 암호, 틀린 암호를 가지고 테스트케이스를 만들면 충분하다고 일반적으로 생각할 것이다. 그러면 마지막에 제시된 보안취약점은 탐지하지 못할 가능성이 높다. 올바른 ID와 패스워드를 입력하면 로그인이 성공할 것이고 black-box테스팅의 결과는 "기대했던 대로" 소프트웨어가 동작한 것으로 보이기 때문에 문제가 없다고 판단할 것이기 때문이다. 그래서 black-box 테스팅 기법이 필요하지만 충분하지 않고, 코드 기반의 white-box 테스팅 기법이 보완적으로 필요한 것이다. 실제 코드를 꼼꼼히 읽어가면서 어떤 기능을 수행하는지, 혹시 buffer overflow 공격에 취약한 함수를 사용하고 있는 것은 아닌지, 코드에 나타나는 각종 branch condition은 모든 가능한 경우를 포함하고 있는지를 따져봐야 한다.

위의 관계를 확장하면 요구사항과 소스코드, 그리고 테스트케이스 간의 관계도 생각해 볼 수 있고, 테스트케이스의 정확도 또한 매우 중요한 품질요소임을 쉽게 알 수 있다. 테스트케이스의 오류로 인하여 실제로 존재하는 오류를 발견하지 못할 수도 있고, 존재하지 않는 오류에 대한 거짓정보로 인하여 소프트웨어 개발의 생산성을 저하시킬 수도 있기 때문이다.

완벽한 테스팅이 현실적으로 어려운 또 다른 이유는 소프트웨어 입력값이 수없이 많은 입력값의 조합으로 생성될 수 있는데, 가능한 모든 조합에 대해서 테스팅하려면 너무 종류가 많아서 현실적으로 불가능하기 때문이다. Khun의 논문[69]에서 이야기하는 combination testing의 어려움이다.

글꼴을 선택하고 효과를 지정하는 기능은 워드프로세서 등에서 자주 사용하는 기

69. Kuhn et al., Combinatorial Software Testing, IEEE Computer, August 2009

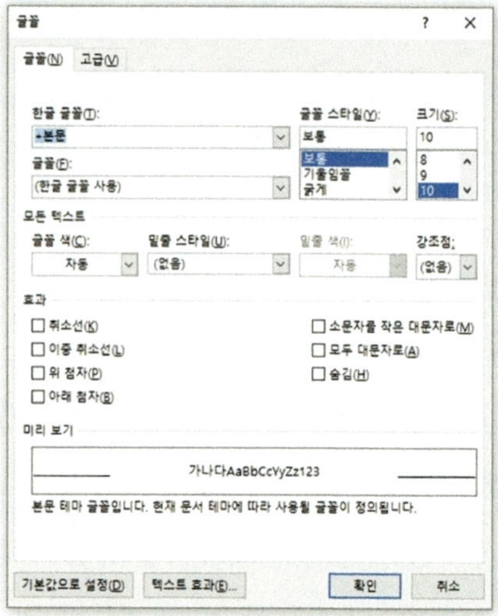

능이다. 과연 얼마나 많은 조합이 가능할까? 글꼴이 20개, 스타일은 5종류, 글꼴의 크기는 20가지, 글꼴의 색은 10가지만 있다고만 생각해 보자. (워드프로세서를 조금이라도 사용해 본 사람은 거의 모든 프로그램에 미리 설치되어 있는 글꼴이 얼마나 다양한지, 그리고 사용자가 인터넷에서 글꼴을 다운로드받아서 추가로 설치할 수 있다는 점을 생각하면 실제 문제는 얼마나 더 복잡한지 쉽게 이해할 것이다.) 단순계산으로도 가능한 조합이 1억 개가 넘는다(20×5×20×10×2×10×2×27). 만일 글꼴이 20종류가 아닌 100종류, 색깔이 256종류, 크기가 30가지로 확장된다면 가능한 조합은 상상을 초월할 정도로 늘어난다. 그 모든 조합에 대해서 테스팅을 한다는 것이 과연 가능하기나 할까?

일부 조합에 대해 성공적으로 테스팅을 수행했다고 해서 다른 조합에 대한 테스팅이 필요하지 않다는 주장은 근거가 있을까? 혹은 자주 사용될 것 같지 않아보이는 조합에 대해서는 테스팅을 할 필요가 없다고 자신있게 주장할 수 있을까? 곰곰히 생각해 봐야 하는 문제이다.

더 어려운 문제는 테스트하는 경우가 단순 조합만으로 끝나지 않고, 일부 효과는 서로 배타적인 관계가 있을 수 있다는 점이다. 글꼴에 대해서 위 첨자나 아래 첨자를 동시에 적용할 수는 없는 노릇이므로 하나가 선택되는 순간 또 다른 효과는 자동적으로 취소되어야 한다. 그러나 취소선과 위 첨자는 배타적인 효과가 아니므로 동시에 적용할 수 있으며, 필요에 따라서는 복수개의 효과를 동시에 지정할 수도 있을 것이다. "취소선, 위 첨자, 모두 대문자로"의 효과가 그 예이다. 직관적이고 쉬워 보이는 문제인 글꼴에 효과를 적용하는 테스팅이 얼마나 복잡해 질 수 있는지를 이해하면, 이보다 더 복잡한 입력값의 조합에 대해서 테스팅을 하는 것이 왜 현실적으로 불가능한지 쉽게 이해할 수 있다.

개별 기능의 명세도 복잡하고 다른 기능과의 의존성도 많다면 테스팅은 더 어려워진다. 매년 조세규정이 바뀔 때마다 소프트웨어를 수정하고, 새로운 규정도 구현해야 하는 홈택스같은 시스템의 소프트웨어 테스팅을 생각해 보자. 예를 들어, 다자녀가구의 추가적인 세금 공제 등 규정이 바뀌면 소프트웨어도 새로 구현되어야 하고, 각종 규정에 정의된 각종 제한들(예를 들면, 수입에 따라서 또는 다자녀 가구의 연령별로 다른 공제가 가능하다면)까지 생각하면 소프트웨어 테스팅은 정말로 끝이 없는 작업이라는 점을 이해하게 된다.

```
1:  int foo (int a, int b, int c, int d, float e) {
2:      float e;
3:      if (a == 0)
4:          return 0;
5:      int x = 0;
6:      if ((a == b) OR (c == d) AND bug(a) ))
7:          x = 1;
8:      e = 1/x;
9:      return e;
10: }
```

겨우 10줄밖에 안되는 이 프로그램은 어떻게 테스팅해야 하나? 일단 3번째 줄에 있는 조건문을 테스트하려면 a의 값이 0인 경우와 아닌 경우를 고려하여야 한다. 그리고 7번째 줄에 있는 조건이 참이 되는 경우는 (a==b)가 참이거나 (c==d) AND bug(a))가 참인 경우, 아니면 둘 다 참인 경우가 될 것이다. 이러한 프로그램을 테스팅하려면 가능한 모든 경우를 생각해야 한다. 두 가지 조건문 중에서 어떤 조건이 먼저 수행될 지 프로그래밍 언어에서 정해진 규칙이 없다면, 어떤 순서로 수행되어도 프로그램의 오류가 없다는 것을 테스트 엔지니어는 확인해야 한다.

call-by-value 방법으로 함수가 호출되어 parameter로 사용된 변수의 값이 변하지 않으므로 간단하지만, 만일 bug(a)가 아닌 bug(&a) 등으로 포인터 또는 call-by-reference로 호출되어 변수 a의 값이 변할 수 있다면 수식의 계산과정에서 수행되는 순서에 따라 실제 a의 값도 그리고 조건문의 결과도 달라질 수 있기에 테스팅 과정은 더욱 복잡해진다. (이런 가능성을 줄이기 위해서라도 개발자는 가능한 간단한 로직으로 그리고 계산의 순서에 따라 결과값이 영향을 받지 않도록 코드를 작성해야 하는 것이다.)

프로그래밍 언어의 정의에 따라서도 비슷한 구문의 실행 방법 그리고 테스팅의 결과가 달라질 수 있는데, short-circuit evaluation을 지원하는 Java 프로그램을 비교해 보자.

```
if ( a == 0 | b/a == 0 | c == d ) { // case 1: don't do short-circuit evaluation
    // say "hi"
} else {
    // say "bye"
}
```

```
if ( a == 0 || b/a == 0 || c == d ) { // case 2: do short circuit evaluation
    // say "hi"
} else {
    // say "bye"
}
```

두 프로그램의 차이는 조건문에서 사용된 |와 || 연산자가 다른 것 뿐이다. 그런데 위의 프로그램은 언제 "hi"라는 출력을 생성할까? a의 값이 0인 경우에 두 프로그램은 같은 행위를 보일까? 아닐까? 첫 프로그램의 경우는 a가 0인 경우에도 division by zero라는 runtime exception이 발생하지 않는데 비해, 두 번째 프로그램의 경우는 a가 0이라면 exception이 발생할 것이다. 차이를 정확하게 이해하려면 Java에서 정의하는 short-circuit evaluation 기능을 이해해야 한다. 테스트 엔지니어가 특정 프로그래밍 언어의 정의 및 semantics에 대해서도 잘 알아야만 효과

적으로 테스팅을 할 수 있는 것이다.

C언어는 정수형의 변수를 선언하면, 변수의 초기값이 어떻게 정의되는 가에 대한 정의가 없다. 이는 컴파일러가 변수의 선언을 처리하는 과정에서 4바이트의 메모리영역을 할당하는 것으로 충분하다는 뜻이며, 그 값을 0으로 초기화해야 하는 책임은 없다는 뜻이다. 경우에 따라서 어떤 C언어 컴파일러 개발자는 모든 정수형 변수의 초기값을 0으로 저장하는 코드를 생성할 수도 있겠지만 그렇게 하지 않아도 된다는 뜻이며, 테스트엔지니어의 입장에서 생각해 보면 정수형 변수의 값이 초기화 될 것을 기대하면 안된다는 뜻이다. 심지어는 정수형 변수의 경우, 통상적으로 4바이트의 메모리를 할당하지만, 반드시 그래야 한다는 요구사항 또한 존재하지 않기에 C언어로 개발된 프로그램을 다른 운영체제 등으로 포팅할 때는 그런 차이가 있는지도 확인해 보아야 한다. 반면에 예를 들어 Java의 경우, Bytecode의 개념을 지원하여 소프트웨어가 원래 개발된 운영체제에 상관없이 모든 다른 운영체제에서의 사용이 가능하도록 프로그래밍 언어의 정의에 정수형의 변수는 메모리를 얼마나 할당하여야 하는지, 따라서 정수형의 변수가 저장할 수 있는 값의 범위가 얼마나 되는지 등이 정의되어 있으며, 변수의 초기화에 대한 정의 또한 포함되어 있다.

분기를 결정하는 조건이 side-effect가 없는 변수의 비교에서 그치지 않고, 아래의 프로그램처럼 함수의 호출이 포함되어 있거나 shared memory 또는 external 변수를 이용하여 특정 메모리영역에 저장된 값을 공유하고 서로 변경할 수 있다면 테스팅은 더욱 복잡해진다.

```
if (foo(a) == bar(b) || cat(c) == dog(d) || apple(e) == orange(f)){
    // Do something (e.g., generate "hi" as output)
} else {
    //Do something different (e.g., generate "bye" as output)
}
```

Java로 구현된 소프트웨어라면 static binding과 dynamic binding의 차이 또한 정확하게 이해해야만 테스팅 작업을 제대로 수행할 수 있다. 언어에 따라서, 어떻게 구현되었는가에 따라서 코드의 차이는 사소해 보여도 테스팅 작업의 난이도는 엄청나게 달라지는 것이다. 그래서 소프트웨어공학에서는 불필요하게 복잡한 소프트웨어 구조가 바람직하지 않다는 이야기를 하는 것이고, 소프트웨어 디자인 과정에서 가독성 및 모듈화를 계속해서 강조하는 것이다. 또한 structured design / structured programming 개념에서도 하나의 모듈에서 single entry / single exit의 원칙을 핵심개념으로 지속적으로 강조하는 이유도 동일하다.

병렬프로그램의 경우 스레드간의 상호작용 때문에 오류가 생기기도 하고 아닌 경우도 생기기도 한다. 그러므로 테스팅하는 엔지니어의 입장에서는 어떤 스레드와 어떤 스레드가 상호작용을 하면서 잘못된 출력을 생성했는지 알기 위해서, 동적으로 발생하는 스레드의 상호작용을 모니터링 하기 원할 것이고, 이러한 목적으로 제일 널리 쓰이는 것이 capture-and-replay 시험도구인데 여러 가지의 상용도구들이 판매되고 있다.

그러나 테스트엔지니어가 기억해야 하는 것은 capture-and-replay를 하기 위해서는 프로그램을 수행하면서 스레드의 상호작용을 기록하는 추가적인 capture 기능을 수행해야만 replay가 가능한데, 이 과정이 스레드의 상호작용에 영향을 미칠 수 있다는 것이다. 이를 probing effect라고 부르는데, capture-and-replay 도구를 사용해서 오류없이 제대로 작동하는 것으로 판단되었던 프로그램도 capture 기능을 중지시킨 상태에서 작동하면 잘못된 출력을 낼 수도 있다는 사실이다. 그래서 병렬프로그램의 테스팅 작업이 순차적인 프로그램에 비해서 기술적으로 훨씬 더 복잡하고 어려운 것이다. 이런 이유로 소프트웨어공학 전문가들은 설계과정에서 꼭 필요한 경우가 아니면 병렬프로그램의 사용을 추천하지 않는 것이고, 꼭 필요한 경우라도 사용되는 병렬 스레드의 숫자를 줄이거나 발생가능한 스레드의 상호작용을 반드시 허용되어야 하는 경우로 제한하는 것을 권하는 것이다.

Gambi 등이 2019년에 발표한 논문[70]은 각종 교통사고의 발생의 처리후에 남는 경찰의 사고경위 보고서에 있는 내용을 자연어 처리기술등을 적용하면 사고 발생당시의 환경이나 (예를 들면, 날씨, 거리 환경등) 및 사고에 포함된 각종 차량의 움직임등에 대한 정보를 추출해 낼 수 있고, 이를 기반으로 테스트 케이스를 만들 수도 있음을 보여주고 있다. 단순하게 black-box 또는 white-box의 구분을 넘어서 창의적이고 체계적인 방법으로 테스팅 작업을 접근해야 하는 이유이다.

소프트웨어공학의 원칙을 충실하게 따르면 소프트웨어의 복잡도를 줄일 수 있고 테스팅의 복잡도 또한 그만큼 줄어들어 소프트웨어의 품질이 적절한 수준으로 확보되었음을 보이는데 필요한 테스팅 시간을 상당히 줄일 수 있다. 그래서 소프트웨어공학을 잘 알아야 하는 것이다.

70. A. Gambi, T. Huyhn, and G. Fraser, Generating Effective Test Cases for Self-Driving Cars from Police Reports, 27th ACM Joint European Software Engineering Conference and Symposium on the Foundations of Software Engineering (ESEC/FSE '19), August, 2019, Tallinn, Estonia

25

테스트 커버리지의 개념이란

소프트웨어 테스팅 특히 코드기반의 white-box testing(또는 흔히 structural testing) 기법을 적용하는데 가장 기본적으로 알아야 하는 개념이 coverage이다. 일반적인 소프트웨어공학 교재나 Wikipedia 등에서 핵심개념은 쉽게 배울 수 있으므로 반복되는 설명은 피하면서 소프트웨어 개발자들이 꼭 알아야 하는 내용을 정리해 보자.

첫째, 테스팅 작업을 효과적으로 관리하기 위해서는 coverage를 자동적으로 확인하고 관리해 줄 수 있는 도구가 필요하다. 이런 일은 테스트 엔지니어가 수동으로 할 필요도 없고 현실적이지 않기 때문이다. 컴파일 하는 과정에서 필요한 정보가 포함되도록 설정하고 바이너리코드를 생성한 후 프로그램을 수행하면 관련정보가 자동적으로 수집되며 나중에 어떤 코드가 수행되었는지 수행되지 않았는지를 확인할 수 있다.

둘째, white-box testing을 하는데 있어서 coverage의 척도가 되는 기준을 올바로 이해하고 여러 가지의 coverage 사이의 관계를 정확하게 이해하여야 한다. 그렇지 않으면 coverage 측면에서는 높은 수치를 얻었다고 하여도 실제 테스팅의 효과는 낮을 수 있기 때문이다. Statement coverage는 프로그램에 포함되어 있는 구문/문장 중 몇 개나 test case를 수행하는 과정에서 실행되었는지를 따지는 것으로 제일 약한 기준에 속한다. Branch coverage는 조건문을 비롯한 프로그램에 존재하는 각종 분기 중에서 얼마나 많은 분기를 따라서 프로그램이 수행되었는지를 측정하는 방법이다.

하나의 숫자를 입력으로 받아서 홀수인지 짝수인지를 판별하는 아주 간단한 그리고 동일한 두개의 프로그램을 비교해 보자.

```
1:  #include <stdio.h>
2:  void main() {
3:      int num;
4:      printf("Enter a number :");
5:      scanf("%d", &num);
6:      if (num%2==0)
7:      printf("Even number");
8:      else
9:      printf("Odd number");
10: }
```

```
1:  #include <stdio.h>
2:  void main() {
3:      int num;
4:      printf("Enter a number :");
5:      scanf("%d", &num);
6:      printf("%s", num%2==0 ?
        "Even number" : "Odd number");
7:  }
```

왼쪽의 프로그램은 변수의 선언을 제외하면 5개의 구문으로 구성되어 있다고 볼 수 있고(line 4, 5, 6, 7, 9) 홀수가 되었든 짝수가 되었든 어느 하나의 값을 가지고 실행해도 5개중 4개의 구문을 순차적으로 실행한다. 즉 statement coverage 기준으로는 임의의 입력값 하나만으로 80%의 statement coverage를 달성하는 것이다. branch 기준으로 보자면 조건이 참인 경우인 line 7 그리고 거짓인 경우인 line 9의 구문을 모두 실행해 보아야 branch 조건을 100%로 만족시킬 수 있으므로 하나의 입력은 50%의 branch coverage를 보일 것이다. 또한 아무리 많은 입력을 가지고 테스팅을 한다고 해도 모두가 홀수거나 모두가 짝수라면 branch coverage 기준으로는 50%에 머물고 말 것이다.

프로그램의 의미는 완벽하게 동일한 오른쪽의 프로그램을 생각해 보자. 이 경우는 구성상으로는 4, 5, 6번의 구문이 항상 순차적으로 수행되며 조건문이 사용되지 않았으므로 어느 하나의 입력으로도 statement coverage 100%, branch coverage를 100% 달성한다. 그러나 정말 그렇다고 주장할 수 있을까? 6번 구문에는 coverage 값에는 명시적으로 측정되지 않지만 "숨겨진" branch가 있다고 볼 수 있다는 점을 기억해야 한다.

또 다른 예제인 입력으로 제시된 특정 연도가 윤년인지 아닌지를 판단하는 프로그램을 보자. C언어를 제일 처음 배우는 학부 1학년 학생들이 연습문제로 삼을 만큼 쉬운 프로그램이다.

```
1:  include〈stdio.h〉
2:  void main() {
3:      int yr;
4:      printf("Enter year :");
5:      scanf("%d",&yr);
6:      if ((yr%4 != 0) && (yr%100 != 0)) // ==을 고의로 수정
7:          printf("Leap Year");
8:      else if ((yr%100==0) && (yr%400==0))
9:          printf("Leap Year");
10:     else if (yr%400==0)
11:         printf("Leap Year");
12:     else
13:         printf("Not a Leap Year");
14: }
```

이 프로그램을 조금 더 자세히 분석해 보면 6번과 8번에 제시된 조건문은 && 연산을 포함하고 있으며, 이 조건문에서 false값을 생성할 때는 두 가지의 가능성이 있다는 것을 쉽게 알게 된다. 그 중 어떤 expression이든 오류가 있을 수 있다는 점을 생각하면 Branch coverage를 100% 달성했다고 해서 충분한 테스팅이 실행되었다고 주장할 수 없다는 것을 이해하게 된다. 그리고 특정 분기문을 수행하게 되는 각각의 조건에 대해서 별도로 테스트케이스를 생성해야 한다는 것을 쉽게 이해할 수 있다. 이것이 branch coverage와 condition coverage의 차이이며, 이러한 if 문의 조건이 위의 예제보다 훨씬 더 복잡한 경우 condition coverage만으로도 부족

할 수도 있다. 그래서 테스팅 연구자들이 제시한 기준이 MC/DC(modified condition/decision coverage)라는 개념인데, 안전성이 중요한 avionic 소프트웨어의 경우 일반적인 소프트웨어보다 더 엄격한 테스팅의 기준을 요구하는데, 이런 요구사항이 DO-178B 및 DO-178C 등 인허가를 담당하는 FAA 등의 기관 등에서 요구하는 것이다.

MC/DC coverage의 개념과 다른 커버리지와의 차이를 잘 설명해 주는 자료를 많이 있는데, 그 중 하나가 https://www.rapitasystems.com/mcdc-coverage에 있다. MC/DC coverage의 핵심은 조건문에 포함된 각 변수나 조건이 전체 조건문의 결과값에 결정적인 (?) 영향을 미치는 모든 경우를 테스팅 해 보아야 한다는 것이다. 조건문의 구성이나 relational operator의 사용에 따라 true 또는 false 값이 생성될 수 있는 가능성은 여러가지가 있을 테니 모든 가능성을 꼼꼼하게 따져보고 혹시 하나의 조건문에 숨겨져 있을지도 모르는 오류가 다른 조건문의 수식 때문에 발견되지 않는 경우를 피하기 위함이다. 쉽게 이해할 수 있는 다음의 예제를 가지고 생각해 보자.

```
If (coffee && water && kettle && mug) {
    // 핸드드립 커피를 준비하려면 커피외에도 물, 주전자, 그리고 컵이필요하다
    return cup_of_coffee;
} else {
    return none;
}
```

Branch coverage의 경우 조건문이 true 또는 false로 판명되는 두 가지 상황만 테스팅하면 되지만 MC/DC에서는 false가 될 수 있는 많은 상황을 다양하게 테스팅할 것을 요구한다. 커피 외에도 물, 주전자, 그리고 컵이 모두 준비되었을 경우에만 핸드드립 커피를 준비할 수 있을 것이다. 물론 false가 되는 경우에는 4개의 조건중 하나 또는 복수의 조건이 미달되었을 경우일 것인데, MC/DC coverage는 다른 조건과 무관하게 하나의 조건 (변수)가 충족되지 않아 조건문의 결과가 false로 되는

경우를 독립적으로 확인해야 한다는 뜻이다. 그렇다면 다음의 5개의 테스트케이스를 준비해야 한다. Branch coverage는 test case 1번과 2~5번 중 아무 것이나 임의로 하나를 선택해도 100%를 달성했을 것이다. 물론 가능한 모든 16가지의 입력값의 조합을 가지고 테스팅하면 가장 바람직하겠으나 입력의 종류가 많거나 하나의 입력값도 수많은 값을 갖는 경우에 모든 조합에 대해 테스팅하는 것은 현실적으로 불가능하다는 점을 기억해야 한다.

	inputs				output
Test case ID	Coffee	Water	Kettle	mug	result
#1	1	1	1	1	1
#2	0	1	1	1	0
#3	1	0	1	1	0
#4	1	1	0	1	0
#5	1	1	1	0	0

그렇다면 실제로 필요한 테스트케이스는 실제로 조건문이 어떻게 구성되는가에 따라 달라질 수 밖에 없을 것인데, 아래의 예제에 대해 MC/DC coverage를 100% 만족하는 테스트 케이스를 한 번 만들어 보는 것은 개념을 제대로 이해했는지 확인할 수 있는 한 가지 방법이 될 것이다. 여기서는 &&, | |, 그리고 xor (exclusive or) 조건이 함께 사용되고 있으므로 조금 더 난이도가 높다.

```
#include 〈stdio.h〉
void main() {
    if ( (a && !b) || (c xor d) ) // conditions a, b, c, d are evaluated.
        printf (“Congratulations!”);
    else
        printf (“Ooops. Maybe next time.”);
}
```

이 경우 프로그램에 나타나는 단위조건은 a, b, c, d의 4개가 있고 모든 가능한 조합을 따져보면 16개의 test case를 생성하면 충분하겠지만 현실적으로는 이런 조건이 더욱 복잡한 변수들의 조합이나 함수의 호출등으로 구성되어 있다면 모든 가능한 조합에 대한 "완벽한" 테스팅은 현실적으로 가능하지 않을 수 있다.

그렇다면 이 경우에 MC/DC 커버리지의 개념을 이용하여 체계적으로 테스팅하려면 반드시 포함되어야 하는 테스트 케이스는 무엇일까? 먼저 3번 줄에 있는 조건이 TRUE 값이 되는 경우는 두 가지가 있는데 1) (a && !b)가 TRUE인 경우와 2) (c xor d)가 TRUE인 경우가 있을 것이다. 1)의 경우는 하나의 test case가 필요한데 (a=TRUE, b=FALSE, c=T/F, d=T/F)인 경우일 것이다. 이 경우 c와 d의 값은 어떤 값을 가져도 상관없다는 뜻이다. 2)의 경우는 (c xor d)의 의미상 c와 d의 값이 동일할 경우에만 TRUE 값을 갖게 되므로 (a=any, b=any, c=TRUE, d=TRUE), 그리고 (a=any, b=any, c=FALSE, d=FALSE) 인 경우가 반드시 포함되어야 한다.

동일한 논리로 3번의 조건이 FALSE가 되려면 (a && !b)와 (c xor d) 둘 다 동시에 false가 되어야 한다. 이러한 경우에 필요한 test case는 무엇일까? (a && !b)가 FALSE가 되기 위해서는 (a=FALSE, b=TRUE) 조건이 항상 필수적이다. 그러나 (c xor d) 조건이 동시에 false가 되기 위해서는 c와 d의 값이 달라야 한다. 그러니까 이런 경우에 MC/DC 커버리지 조건을 만족하기 위한 최소한의 테스트케이스는 (a=FALSE, b=TRUE, c=TRUE, d=FALSE)와 (a=FALSE, b=TRUE, c=FALSE, d=TRUE) 두개가 필요하니까 총 4개의 테스트케이스가 반드시 필요하다는 뜻이다.

Branch coverage라는 아주 간단하고 직관적인 개념에서부터 시작해서 MC/DC의 필요를 이해하면, 소프트웨어를 필요이상으로 복잡하게 작성하는 것은 품질이나 개발의 효율성이나 테스팅 과정의 어려움을 포함해서 여러 가지 이유로 바람직하지 않다는 중요한 교훈을 얻게 된다. 소프트웨어를 통해서 해결해야 하는 문제가 복잡하다면 이를 구현하는 소프트웨어가 복잡한 것은 당연하기도 하고 피할 수 없을 것이다. 그러나 개발자들의 실수로 소프트웨어가 필요 이상으로 복잡해지면 유지/보수/확장을 하는 과정에서 추가적인 비용의 발생 및 잠재적인 품질의 하락으로 연결될 수 있다.

그래서 모든 개발자는 가능한 코드를 간단하고 깔끔하게 작성하는 훈련을 해야 하는 것이다. 이런 훈련을 잘 할 수 있는 좋은 방법 중의 하나는 경험도 많고 실력이 뛰어난 개발자들이 작성한 코드를 보고 배우는 것이며, 이러한 훈련을 자연스럽게 받을 수 있는 환경 중의 하나가 pair programming이 될 수 있다. 경험이 많고 노련한 개발자와 같이 일을 하면서 후배들이 자연스럽게 경험과 지식을 배울 수 있기 때문이다.

산업체에서는 소프트웨어를 개발하고도 오랜 기간에 걸쳐서 유지/보수/확장해야 하기 때문에 전 과정의 업무를 한 사람이 담당할 가능성이 낮다. 그래서 프로그램의 이해가 가능한 쉽도록 가독성에도 많은 신경을 써야 하며, 많은 회사들이 coding guideline 또는 coding style을 정하고 모든 개발자들이 따르도록 하는 것이다. C언어와 Java만 비교해 보아도 차이가 금방 느껴지지만 이런 이유로 최근에 개발된 프로그래밍 언어들은 프로그램의 가독성을 강조하는 것이다.

프로그래밍 언어에 따라서는 전혀 새로운 개념의 coverage를 정의해야 하는 경우도 있다. 대표적인 예제중의 하나가 PLC(programmable logic controller) 구현에 널리 쓰이는 data flow 기반의 언어중 하나인 FBD(function block diagram)인데, 그 예제는 다음과 같다.

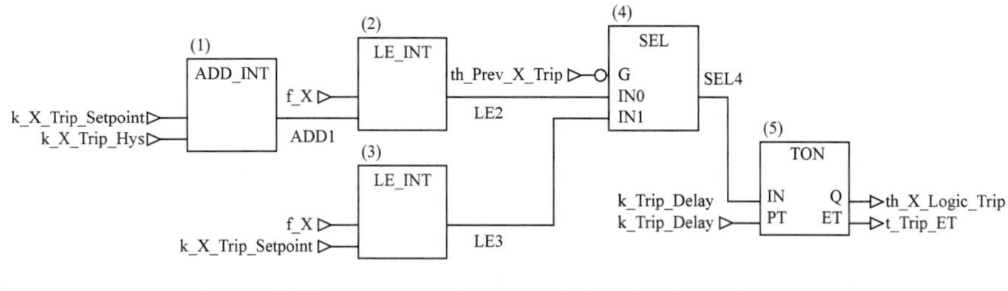

A small FBD program for calculating th_X_Logic_Trip

이 그림은 2000년부터 2007년까지 수행된 연구과제 결과물의 일부로, 저자와 연구실의 대학원생들이 참여하여 개발한 원자력발전소의 노심보호계통 시스템(RPS, reactor protection system)의 여러 기능 중 극히 일부 기능을 FBD로 구현한 것이다. RPS 시스템은 원자력발전소에서 여러 종류의 이상 상황이 감지되는 경우(예를 들어 온도나 압력이 일정 수준 이상으로 증가하고 이런 현상이 정해진 시간을 초과하여 지속되는 경우) 예방차원에서 안전하게 발전소를 가동 중지 시키는 기능이다. 원자력전문가들에 의해서 정의된 9가지 정도의 trip condition이 정의되어 있으며, 이를 기술하는 문서중 하나인 BP(bistable processor)라는 문서는 자연어로 기술했을 경우 약 200페이지 정도, FBD로 구현했을 때 위에 예제로 제시된 5개의 block으로 표시된 FBD를 포함해 2,000개 이상의 function block으로 구성되어 있다.

FBD 언어에 대한 자세한 설명은 가능한 피하고 테스팅 관점에서 설명해 보자. 먼저 위에 제시된 FBD가 어떻게 작동하는지를 간단하게 설명하자면, 디지털회로와 유사한데 k_X_Trip_Setpoint를 비롯한 k_Trip_Delay 등 노드에 왼쪽에 표시된 값들은 입력값이고, (1)로 표시된 ADD_INT는 정수형의 두 값을 받아서 그 합을 구하고 그 결과를 (2)에 LE_INT로 표시된 노드의 입력으로 전달하는 순차적인 계산과정을 표시한 것이다. 이를 받아서 (2) 노드에서는 f_X값과 비교를 하는 계산과정이니 이를 C언어와 유사하게 표현한다면 다음과 같다.

```
if f_X <= (k_X_Trip_SetPoint + k_X_Trip_Hys)
```

FBD의 기능 중에서 ADD_INT나 SEL 등은 정의가 간단한 반면에 TON 등으로 정의된 블록은 timer의 기능이 내장되어서, 특정 입력값이 발생한 이후에 정해진 시간동안 값이 변하지 않을 경우를 탐지할 수 있는 등의 복잡한 의미를 가지고 있다.

k_X_Trip_Setpoint는 (1)과 (3)으로 표시된 두 개의 기본적인 FBD블록의 입력으로 쓰이고, 마찬가지로 f_X 또한 (2)와 (3)의 입력으로 쓰이니, 위의 FBD는 총 5개의 입력과 2개의 출력을 가지고 있다고 하겠다. 그리고 이런 계산은 순차적으로 진

행되는데, (1)노드와 (2)노드의 계산 순서는 엄격하게 정의되어 있고 지켜져야 하지만 (3)노드는 (1) 및 (2)의 계산과는 독립적으로 수행되어도 무방하고, (1)부터 (3)의 계산이 완료된 후에 (4) 및 (5)의 연산이 순차적으로 계산되어야 한다는 것이 FBD의 연산에 관한 정의이다. 위에 제시된 FBD 블록의 최종 출력은 th_X_Logic_Trip과 t_Trip_ET이며 이 값들은 다른 FBD의 입력으로 쓰일 것이다. FBD 프로그램은 이러한 FBD block들의 조합으로 구성되어 있으며, 입출력의 관계에 따라서 계산이 수행되어야 하는 순서가 정해져 있다.

FBD 디지털회로에 관한 기본적인 이해를 가지고 있다면 쉽게 배울 수 있지만, 테스팅 관점에서 제일 먼저 갖게 되는 질문은 이러한 FBD 테스팅을 어떻게 할 것인지, 또 coverage는 어떻게 측정할 수 있을 것인가 하는 것이다. 기존에 C언어 등에서 익숙하게 접했던 statement coverage, branch coverage 등의 개념을 적용하려고 하면 당장 어려움에 처하게 되는데, 첫 테스트케이스로 5개의 입력값을 임의로 정하고 2개의 output에 대한 예상값을 구하여 테스트하면, 기존의 C나 Java에서 정의했던 statement, branch, 또는 condition coverage뿐만 아니라 path coverage 또한 항상 100% 만족한다. 단 하나의 테스트케이스로, 그것도 언제나.

근본적인 차이는 C언어가 control flow 기반의 프로그래밍 언어인데 반해, FBD는 data flow 기반의 언어라는 것이다. FBD의 입력값 또는 출력값이 몇 개이든 상관없이 그리고 프로그램에 포함된 FBD의 개수나 순서 등에 상관없이 아무 임의의 테스트케이스 하나만으로 FBD 내부에 존재하는 모든 path를 cover할 수 있다는 생각은 control flow 기반의 C언어에서 당연하게 받아들였던 branch coverage 등의 개념이 FBD의 특성을 적절하게 반영하여 새롭게 정의되어야 한다는 것을 분명하게 보여준다.[71] 임의로 만든 단 하나의 테스트케이스로 테스팅 작업을 마칠 수 없다는 것은 너무도 분명하기 때문이다.

71. 이에 대한 자세한 내용은 Jee et al, A data flow-based structural testing technique for FBD programs, Information and Software Technology, 51 (2009)를 참고할 수 있다.

그렇다면 테스트 엔지니어는 여러 종류의 입력들 가운데 어떤 입력이 언제 어떤 상황에서 출력값에 실질적으로 (또는 결정적으로) 영향을 미칠 수 있는지를 분석할 수 있는 방법이 필요하는 점을 이해하게 되고, 각각의 입력이 출력에 영향을 미칠 수 있도록 테스트케이스를 생성해야 한다는 필요를 느끼게 된다. (좀 더 자세한 이해가 필요한 사람은 위에 소개된 논문을 참고하면 된다. Data-flow 기반의 테스팅 기법 또한 여러가지 다른 수준의 신뢰도를 가진 테스팅 기준을 정의할 수 있고, 이러한 기준을 만족시키기 위해서 필요한 최소한의 테스트케이스의 숫자 또한 달라진다는 것을 배울 수 있다.) FBD는 특히 data flow 기반의 언어이므로 하나의 FBD의 출력이 다른 FBD 블록의 입력으로 사용되는 경우가 흔하다. 실제 최종 출력에 미치는 영향을 분석하려면 가능한 입력소스에서 제공되는 값들의 관계 및 계산과정에서 거치게 되는 FBD 블록의 특성까지도 고려하여 테스트케이스를 만들어야 한다.

테스트커버리지의 개념을 현장에서 효율적으로 그리고 광범위하게 적용하려면 개발자들이 편하게 사용할 수 있는 자동화된 그리고 결과를 시각적으로 분석할 수 있는 환경이 제공되어야 한다. Ivanlovic 등이 발표한 논문[72]은 구글에서 코드커버리지의 측정이 어떻게 10억줄이 넘는 대규모의 코드를 대상으로 사용되고 있는지를 5년 이상의 실제 자료를 분석하여 발표하였다. 코드리뷰 및 커버리지 적용이 개발과정에 언제 어떻게 적용되는지 잘 정의되어 있는데, 예를 들어 각 개발자가 본인이 작업한 코드가 어느 정도의 수준에 도달했다는 판단을 하면, 팀동료등 관련된 사람들에게 이메일로 통보를 하는 순간 자동적으로 코드리뷰 프로세스가 시작되며, 코드리뷰의 결과가 승인되고 관련된 테스트가 모두 통과해야만 codebase에 결과물이 반영되는 식이다.

72. M. Ivankovic et al, Code Coverage at Google, ACM Joint European Software Engineering Conference and Symposium on the Foundations of Software Engineering (ESEC/FSE), 2019, August 26-30, Tallinn, Estonia

또한 Eclipse나 Visual Studio 등 대부분의 개발환경에서 line number가 제공이 되며 대부분 (e.g., >75%)의 코드가 한 줄에 표현되므로 statement coverage와 line coverage가 현실적으로 동일하다는 발견 또한 개발현장에서는 결정에 참고할 수 있다. 그리고 커버리지의 측정이 매번 전체 코드에 대해서 반복적으로 적용되어야만 할 이유는 없으며, changelist coverage라는 현실적인 기준을 도입하여 새로 추가되거나 수정된 코드에 대해서만 이러한 분석을 적용하는 것도 꼭 필요할 것이다. 또한 직관적으로 알 수 있도록 적절한 시각화 도구를 개발환경이나 코드리뷰 환경의 일부로 제공하는 것 매우 중요하다는 것을 알 수 있는데, 이러한 노력을 통하여 2014년에는 사용빈도가 매우 낮았지만 2019년에는 대부분의 프로젝트가 이러한 테스트 자동화 환경을 활용하고 있다고 보고되었다. 또한 상당수의 개발자들이 이러한 환경이 제공해 주는 changelist coverage 등의 정보가 도움이 된다고 응답했다고 한다.

26

커버리지 수치가 보여주지 못하는 품질의 속성은?

구문 커버리지를 비롯한 각종 지표들은 소프트웨어 테스팅 작업이 현재 얼마나 진행되었는지를 판단하는데 유용한 정보를 제공할 수 있는 것이 사실이다. 커버리지가 높은 프로그램은 상대적으로 테스팅 작업이 잘 적용되었다고 할 수 있으므로 품질에 대해서도 좀 더 높은 신뢰도를 가질 수 있을 것이다. 그러나 테스트 커버리지를 비롯한 일부의 수치만으로 품질의 속성을 제대로 그리고 전부 파악하기 힘든 면이 있음을 개발자나 테스트 엔지니어는 알아야 한다. 약간 비현실적으로 보일 수 있으나 아래의 경우를 생각해 보자.

- 소프트웨어의 수정과정에서 테스트 커버리지 지표가 변경이 없었다고 하면, 품질도 같고 테스팅 되는 구문도 변경이 없다는 말인가? 당연히 아닐 것이다. 커버리지가 증가했다면 품질이 향상되었다는 말인가? 그것도 아닐 수 있다. 예를 들어서 (가상의 상황이긴 하지만) 프로그램 수정중에 불필요하다고 판단되는 코드를 찾아서 삭제했다면 그 행위 하나만으로 전체 구문대비 테스팅에서 수행되는 구문의 비율을 측정하는 구문커버리지 지수는 당연히 증가할 것이다. 그러나 실제 코드의 품질은 변함이 없을 것이다. 좀 더 간략한 코드를 얻었다는 것 외에는 아무 차이가 없기 때문이다.

어쩌면 삭제된 코드로 인하여 남아있는 다른 코드의 로직이 더 이상 올바르지 않을 수도 있다면 커버리지 지표는 증가했을 수 있어도 실제 코드의 품질은 더 나빠졌을 수 있음을 기억해야 한다.

- 새로운 코드의 추가나 불필요한 코드의 삭제는 변경이 일어나지 않은 코드의 실행에도 영향을 미치므로 커버리지 지표가 증가할 수도 있지만 줄어들 수도 있다. 그러므로 커버리지의 향상이 반드시 더 높은 수준의 테스팅 작업을 뜻하는 것도 아니며 그 반대의 결론도 근거가 없을 수도 있다.
- 커버리지 지표의 변경이 없거나 무시할 정도로 적은 변화가 있었다고 해서 소프트웨어의 품질에 변화가 적다는 결론도 근거가 없는 주장이다. 극단적인 예제지만 동일한 50%의 커버리지 수치라고 하더라도, 이전 버전에서 수행되던 코드와 새로운 버전에서 수행되는 코드는 완전히 반대일 수도 있는 것이다.
- 크고 복잡한 대부분의 산업체 프로젝트에서는 전체 코드의 규모에 비해 변경되는 코드의 숫자는 상대적으로 아주 적을 가능성이 높을 것이다. 10만줄이 넘는 코드가 포함된 프로젝트에서 1,000줄의 코드가 추가되거나 변경되었을 경우 커버리지 수치에 미치는 영향은 최대 0.1%가 안되겠지만 이를 사소한 변화라고 부를 수 없다는 점은 너무 명확하지 않은가? 이런 경우에는 전체 프로그램에 대한 커버리지 수치를 가지고 결론은 내리는 것은 별로 도움이 되지 않을 것이 분명하다.

예를 들어서 소프트웨어를 유지/보수하는 과정에서 새로운 코드가 추가되었다면 아마도 대부분의 개발자들은 새로 추가된 코드가 “충분히” 테스팅되어야 한다는 점에 동의할 것이고, 그렇다면 새로 추가된 코드에 대해서 별도의 지표를 정의하여 테스팅 과정에서 모니터링 하고자 할 것이다. 이를 흔히 patch coverage라고 부르기도 하며, 이는 새로 추가된 코드에 대해서 기존의 구문 또는 조건 커버리지 개념을 적용할 수 있을 것이다.

코드 변경시에 일어나는 여러가지 작업들과 이러한 변경들이 커버리지에 미치는 영향에 대해 오픈소스를 포함하여 많은 프로젝트를 분석하여 발표한 논문[73]을 발표하였는데, 이 논문을 자세히 공부하면 소프트웨어의 유지 및 보수과정이 커버리지에 미칠 수 있는 여러가지 영향을 파악할 수 있다. 기존의 관련 연구들이 상대적으로 적은 숫자(10개 미만)의 프로젝트와 변경 자료를 (예를 들면 1220개 정도의 빌드의 개수) 비교하고 분석한 것이라면, Hilton 등의 연구는 GitHub의 자료를 포함하여 47개의 프로젝트와 7800개가 넘는 빌드의 자료를 분석하였다는 점이 강점이라고 할 수 있다. 흔히 patch 라고 불리는 작업은 기존에 있는 코드의 수정 또는 새로운 코드의 추가도 포함하지만, 경우에 따라서는 기존에 있는 잘못된 (또는 불필요한) 코드의 삭제도 포함할 수 있으며, 커버리지의 관점에서 보면 변경이 없었

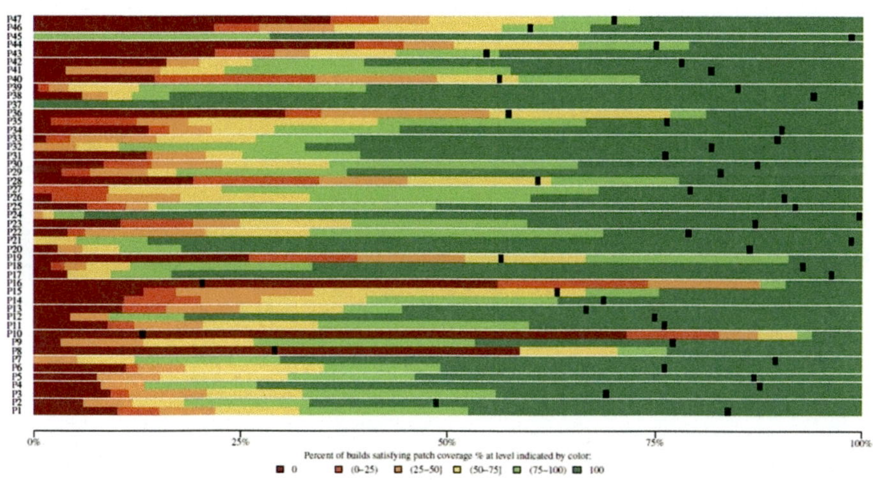

Coverage of new lines in each patch. Each bar represents the proportion of builds with that coverage level(as denoted by the color). The black bar indicates the average overall coverage of each build per-project(against the percentage scale)

73. Hilton, Bell, and Marinov, "A Large-Scale Study of Test Coverage Evolution", ASE (Automated Software Engineering) 2018. 이 논문에는 분석에 사용된 47개의 프로젝트에서 버전의 변경에 따라 커버리지가 어떻게 변했는지, 각 패치는 얼마나 많은 변경이 있었는지 정보를 제공하나 그 자세한 내용은 생략하기로 한다.

던 코드 또한 영향을 받을 수 밖에 없다는 점을 생각하면 각종 커버리지 수치의 비교만으로 소프트웨어 변경작업의 완성도를 판단하는 것이 큰 의미가 없음을 알게 된다. 이 논문에서 제시하는 몇 가지 자료를 가지고 그 의미를 생각해 보자.

첫째, 코드의 변경단위를 의미하는 patch를 놓고 본다면, 변경된 코드는 100% 또는 그에 가까운 patch coverage를 만족해야 한다고 요구할 수 있지만, 실제 프로젝트에서는 그렇지 않은 경우도 흔히 있을 수 있다는 것이다. 처음에 제시된 도표에서 볼 수 있듯이 7800개 이상의 patch를 분석해보면 (주로 녹색 계열로 표시된대로) 75%에서 100%의 patch coverage를 보이는 변경도 많이 있지만 그렇지 않은 (patch coverage 기준으로 볼때 50% 이하인) 경우도 꽤 있다는 점이다. 일부 프로젝트의 경우 (예를 들자면, P8, P10, P16 등) 그런 경향이 특히 두드러지게 나타남을 볼 수 있다. 많은 프로젝트에서 50%도 넘지 못하는 patch coverage를 얻었다는 점도 시사하는 바가 크다고 하겠다. 또한 각 프로젝트별로 검은 점으로 표시된 것이 모든 빌드에서 측정된 커버리지의 평균값인데, 그 지표 또한 프로젝트별로 큰

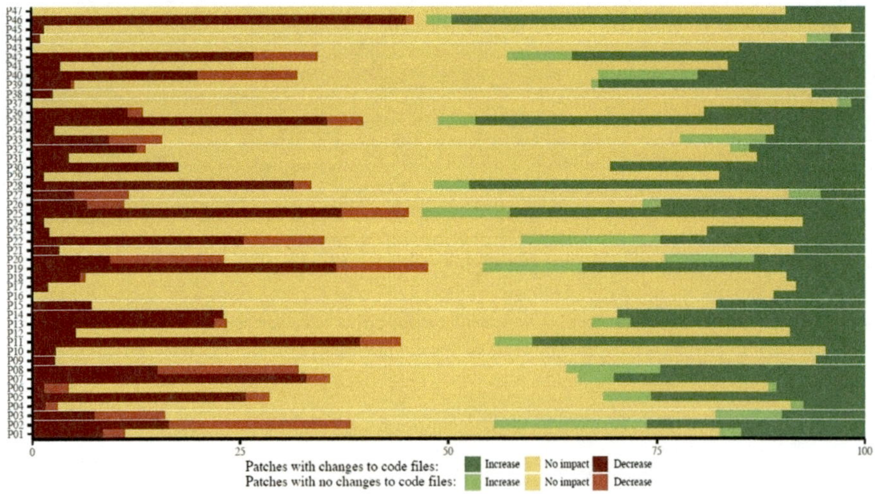

For each patch, we show whether it increases, decreases, or has no impact on coverage of existing(non-patch) code. The size of each bar represents the percent of patches in that bucket.

차이가 있으며 의외로 낮은 수치를 가진 프로젝트도 적지 않음을 알 수 있다. 특히 위 그림에서 p2와 p3의 두 개 프로젝트만 비교해 보아도 patch coverage의 평균값은 p3가 높지만 100% patch coverage를 얻은 코드의 변경은 p2에서 더 많다는 점도 흥미롭다. 또한 100%에 가까운 높은 average patch 커버리지를 보여주는 프로젝트가 상대적으로 몇 개 되지 않는다는 점은 테스팅 작업이 현실에서 얼마나 어려운 작업인지를 단적으로 보여준다 하겠다.

patch 작업은 변경되지 않은 코드 또한 영향을 줄 수 밖에 없는데, 변경작업의 결과로 기존에 있던 코드의 커버리지 또한 바뀔 수도 있다. 두 번째로 제시된 분석결과는 크게 3가지 영역으로 나누어서 생각할 수 있는데 왼쪽의 영역은 non-patch code의 커버리지가 낮아진 경우인데 상당히 많은 (많은 경우 25%~50%까지도) patch가 변경되지 않은 코드의 커버리지 수치를 낮추는 경우가 있었음을 보여주고 있다. 그 반대인 경우 (오른쪽에 녹색 계열로 표시된대로) 또한 확인할 수 있다.

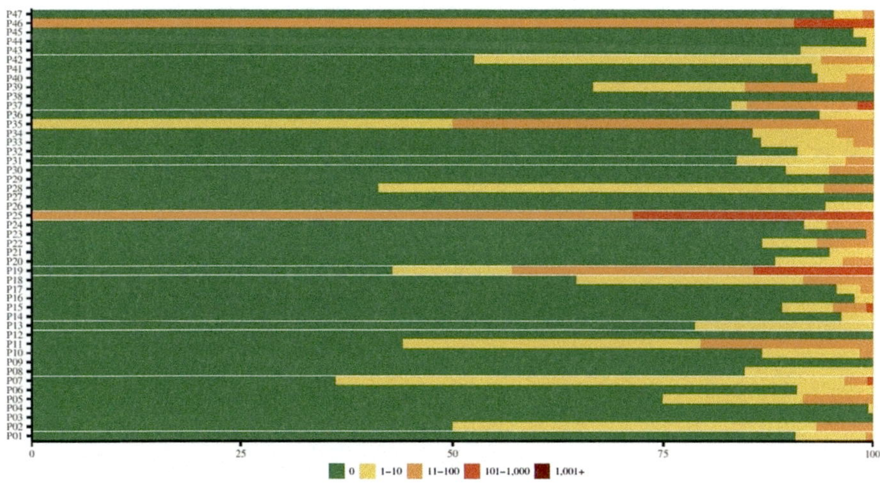

Percentage of commits(size of bar) with statements changing coverage(color of bar) even when the total project coverage did not appear to change.

Patch를 비교할 때 전체 프로젝트의 coverage 수치가 변화가 없거나 무시할 수 있어 보이는 정도의 사소한 변화가 있다고 해도 실제로는 코드에 많은 변화가 있을 수 있다는 점을 마지막에 세번째로 제시된 자료를 통해서 확인할 수 있다. 특히 P25, P35, P46의 경우에 100줄에서 1000줄 이상의 대규모 코드 변경에도 불구하고 커버리지 지표는 변화가 없었다는 점이 특이하다.

이 논문은 위에 소개한 자료외에도 어떤 경우에 코드의 변경이 일어났는지, 하나의 버전이 변경되어 다른 버전이 생성될 때 특정 구문의 coverage 여부가 얼마나 많이 변경될 수 있는지 여부등 더 많은 정보를 제공하고 있다. 그러나 개발자나 소프트웨어공학을 공부하는 사람이 반드시 알아야 할 핵심개념은 test coverage를 비롯한 소프트웨어공학의 많은 지표들은 "눈에 보이지 않는" 여러 가지의 생산성이나 품질과 관련된 지표를 보여줄 수 있지만 특정 수치를 가지고 내릴 수 있는 결론은 제한적일 수 밖에 없으며 경우에 따라서는 현실을 제대로 보여주지 못하거나 왜곡된 결론을 내릴 수 있음을 잊지 말아야 한다.

27

체계적인 소프트웨어 테스팅의 기본중 기본은?

소프트웨어 개발 전과정이 체계적으로 진행되어야 하는 것은 너무도 당연한 이야기지만 테스팅과정에서는 더욱 중요하다. 그렇지 않으면 테스팅 및 품질보증을 지칭하는 Software Quality Assurance 과정이 "밑빠진 독에 물붓기"처럼 끝도 보이지 않고 비용은 감당할 수 없을 지경이 될 것이기 때문이다. 체계적인 검증과정의 정의는 전문가에 따라 또는 정도에 따라 차이가 많겠지만, 기본중의 기본은 소프트웨어의 현재 품질 상태를 정량적으로 판단할 수 있어야 한다는 것이다. 다른 말로 설명하자면 현재까지 발견된 버그는 몇 개가 있고, 이 중 해결된 버그는 몇 개이며, 아직 몇 개의 버그가 해결되지 않았는가의 문제일 것이다. 그리고 이런 이슈들을 담당하는 실무 엔지니어는 누구이며, 버그가 발견된 시점부터 해결되기 까지 얼마나 시간이 걸렸는가 하는 정보도 필요하다. 그리고 발견된 버그가 얼마나 심각한 문제인지를 나타내는 severity 정보도 필요하다. 이러한 품질 지표의 변화 동향을 살펴보면 현재의 품질 상태를 예측할 수 있고 과연 이 소프트웨어는 지금 출시해도 될 만한 수준의 품질을 확보했는지를 판단할 수 있게 될 것이다. 이런 정보가 없이 테스팅을 한다고 상상해 보면서 예상되는 혼란과 낭비를 생각해 보면 더 쉽게 이해될 것이다.

이러한 기본적인 품질관리를 위해서 개발자들이 반드시 사용하고 잘 알아야 하는 도구가 있으니 흔히 Issue Tracking System이라도 부르는 것들이다. 상용도구도 있지만 오픈소스에도 훌륭한 도구들이 몇 가지 공개되어 있으며 널리 사용되고 있는데, 대표적인 도구 한 두 가지만 소개한다면 Redmine 이나 Jira를 들 수 있으며, 유사한 기능이 GitHub에도 제공되고 있다. 사용하는 도구는 프로젝트마다 회사마다 다를 수 있겠지만 소프트웨어 개발자라면 Visual Studio나 Eclipse같은 개발도구만큼이나 자주 사용하게 되며 잘 알아야 할 것이다.

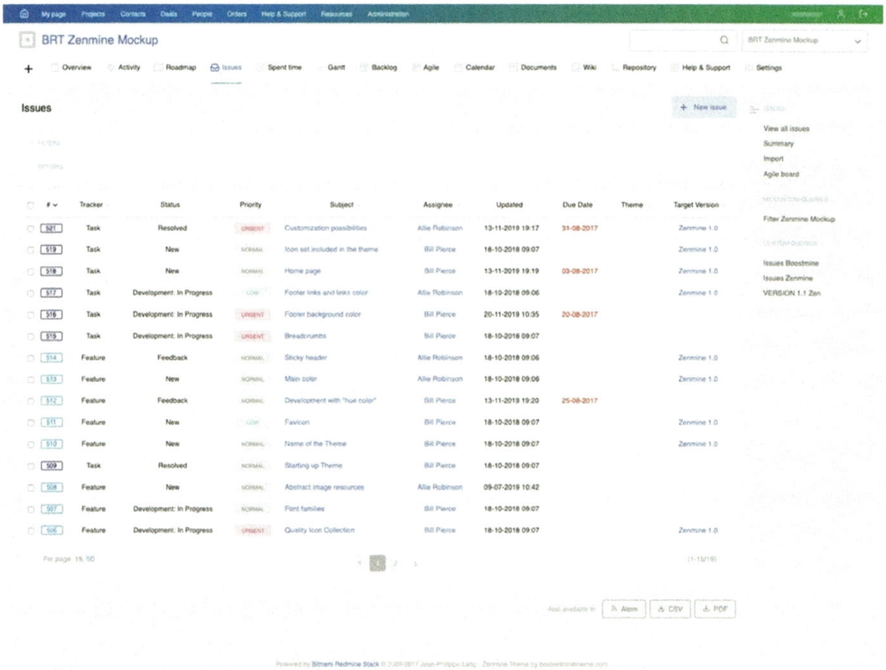

Redmine

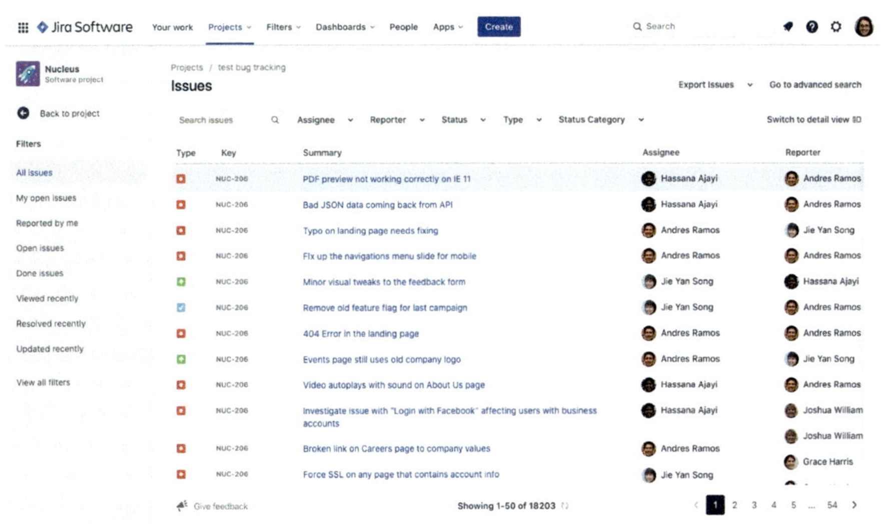

Jira

이 외에도 수정된 코드에 대한 Version Control 외에도 테스팅 또한 체계적으로 시행되어야 하는데 이를 Regression Testing이라고 한다. 일부 기능이 변경될 때마다 가지고 있는 모든 테스트케이스를 가지고 테스팅 작업을 반복하는 것은 비용측면에서도 비현실적일뿐만 아니라 일부 테스트케이스는 더 이상 "유효"하지 않을 수 있다는 점을 생각해야 한다. 그렇다면 Regression Testing은 어떻게 테스트케이스를 선별적으로 적용할 것인가를 결정하는 문제와 적용가능한 테스트케이스의 우선순위를 결정하는 문제로 정리할 수 있으며, Regression testing 기법 또한 소프트웨어공학에서 오랫동안 연구 주제가 되었다. 일부의 코드가 수정이 되는 경우에 수정된 코드가 테스팅 되어야 하는 것은 당연하지만 코드 수정의 여파로 다른 코드도 이전에는 오류없이 작동되던 것들이 더 이상 제대로 작동하지 않는 경우를 자주 경험하게 된다. 물론 이 경우 수정이 발생할 때 마다 전체 코드를 다시 테스팅하면 되겠지만 현실적으로는 가능한 이야기가 아닌 경우가 흔하다. 그러다 보니 regression 연구에서는 각종 변경에 따라 테스트 케이스를 선별적으로 테스팅하거나 오류를 탐지할 가능성이 높은 테스트케이스들을 찾아내는 방법을 연구하기도 한다. Regression 테스팅 기법에 대한 소개는 카이스트의 유신교수등이 발표한 논문[74]에 조금 더 자세한 소개가 잘 정리되어 있으므로 참고 논문을 소개하는 정도로 대신하자.

체계적이고 효율적인 테스팅 작업을 위해서는 각종 버그의 원인과 파급효과에 대한 자료 관리도 체계적으로 이루어져야만 하는데, 이런 사례를 볼 수 있는 논문[75]으로 Garcia 등이 발표한 자율자동차 소프트웨어에서 발견된 버그를 분석한 사례를 소개할 수 있겠다. 자율자동차 소프트웨어를 개발하지 않는 경우에도 유사한 접근방법은 여전히 도움이 되는데, 이 논문에서는 여러 자동차 회사에서 사용하는 오픈소스인 Baidu Apollo와 Autoware에서 발견된 499개의 버그에 대한 원인 및 결과에 대한 다양한 분석결과를 포함하고 있다.

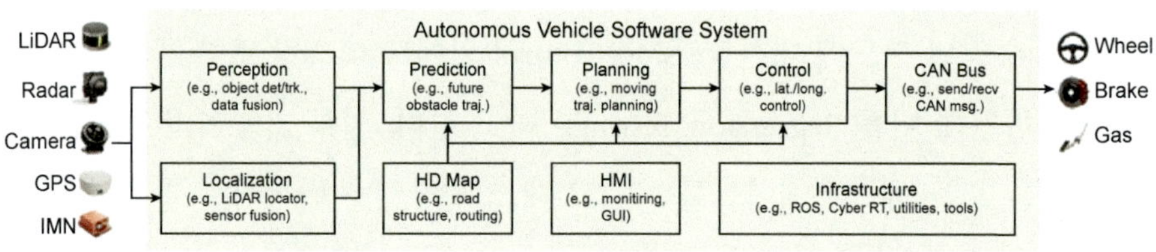

System	Start Date: End Date	SLOC[1] (C/C++)	SLOC (Python)	Commits	Issues	Bugs
Apollo	07/04/2017-07/15/2019	323,624	20,956	13,335	9,216	243
Autoware	08/25/2015-06/13/2019	164,299	14,463	3,516	2,314	256

[1]SLOC: source lines of code

Statistics of Apollo and Autoware from GitHub

74. Yoo and Harman, Regression Testing Minimization, Selection and Priortization: A Survey, Software Testing, Verification and Reliability (STVR), 2007
75. Garcia et al., A Comprehensive Study of Autonomous Vehicle Bugs, International Conference on Software Engineering, ICSE 2020, Seoul, Korea

이러한 버그의 원인은 다양하고 여러 가지 방법으로 분류할 수 있겠지만, 저자들은 Incorrect algorithm implementation(Alg), Incorrect Condition Logic(ILC), Concurrency(Conc), Memory(Mem), Incorrect configuration(Config) 등의 13가지 원인으로 분류하였으며, 각종 버그가 유발하는 결과를 Crash, Hangs, Speed and Velocity Control(SVC), Traffic Light Processing(TLP), Turning(Turn) 등 20가지로 분류하였다. 자율자동차가 아닌 다른 도메인이라면 같은 방법으로 도메인에 특화된 원인과 결과를 정할 수 있을 것인데, 소프트웨어의 특성상 버그의 원인은 중복되는 것이 많을 것이나 그 결과는 도메인의 특성에 따라 달라질 수 밖에 없을 것이다.

여기서는 Apollo나 Autoware의 품질을 비교하는 것이 목적이 아니라, 기본적인 Software Quality Assurance를 하려면 어떤 정보가 수집되고 분석되어야 하는 것임을 기억하면서 아래에 인용된 표를 통해서 알아보자. 왼쪽의 표는 그동안 발견된 모든 버그의 근본원인이 무엇인가를 보여주고 있는데, 어떤 종류의 버그가 자주 발생하는지와 그렇다면 어느 부분에 테스팅 노력이 집중되어야 하는지를 파악

Root Cause	Apollo	Autoware	$Total_{symp}$
Algorithm(Alg)	74	65	139
Numerical(Num)	14	15	29
Assignment(Assi)	25	22	47
Missing Condition Checks(MCC)	16	4	20
Data	8	2	10
External Interface(Exter-API)	1	5	6
Internal Interface(Inter-API)	5	0	5
Incorrect Condition Logic(ICL)	17	13	30
Concurrency(Cone)	2	4	6
Memory(Mem)	6	9	15
Incorrect documentation(Doc)	36	13	49
Incorrect Configuration(Config)	34	102	136
Others	5	2	7
$Total_{system}$	243	256	499

Root causes of Bugs in AV Systems

Symptom	Apollo	Autoware	$Total_{symp}$
Crash	24	29	53
Hang	1	2	3
Build	15	66	81
Camera(Cam)	2	7	9
Lane Positioning and Navigation(LPN)	20	5	25
Speed and Velocity Control(SVC)	26	16	42
Launch(Lau)	5	7	12
Traffic Light Processing(TLP)	6	1	7
Vehicle Stopping and Parking(Stop)	8	7	15
Vehicle Turning(Turn)	9	0	9
Vehicle Trajectory(Traj)	26	4	30
IO	2	8	10
Localization(Loc)	2	6	8
Obstacle Processing(OP)	3	1	4
Invalid Documentation(Doc)	36	13	49
Display and GUI(DGUI)	10	29	39
Security and Safety(SS)	3	2	5
Logic	33	24	57
Unreported(Un)	4	25	29
Others(OT)	8	4	12
$Total_{symp}$	243	256	499

Symptoms of Bugs in AV Systems

할 수 있다. 이런 정보를 바탕으로 개발자들이 어떤 부분에 좀 더 신경쓰고 노력해야 하는지를 알 수 있으며, 각종 버그를 발견하는데 정적분석이나 코드리뷰 또는 테스팅중에서 어떤 기법이 가장 효과적일지를 판단할 수 있게 한다. 오른쪽에 제시된 분석자료는 각종 버그가 자율자동차의 기능에 어떤 영향을 미치는 지를 보여주고 있다.

버그에 관한 자료를 체계적으로 수집하고 분석한다면 위에서 보는 원인과 결과에 대한 표면적인 분석외에도 조금 더 깊이있고 통찰력을 얻을 수 있는 분석이 가능한데, 그 예제를 아래의 표로 제시하고 있다. 알고리즘을 구현하는 과정에서 발견된 오류는 계산해 보면 모두 139개가 있었는데 그 중 12개가 충돌과 같은 심각한 오류를 야기하였으며, 4개는 AV카메라의 작동에 영향을 미쳤으며, 17개는 차선 이탈을 막기 위한 Lane Control 기능의 오작동을 일으켰는지등의 정보를 제공하고 있다. 각각의 오류에 대해 원인과 영향을 이 정도로 체계적으로 그리고 정량적으로 분석할 수 있다면 테스팅 작업의 수준이 상당하다는 것을 쉽게 알 수 있다. 모든 조직에서 이런 목표를 가지고 접근할 수 있다면 바람직할 것이다. 또 다른

Root Cause \ Symptom	Crash	Hang	Build	Cam	LPN	SVC	Lau	TLP	Stop	Turn	Traj	IO	Loc	OP	Doc	DGU	SS	Logic	Un	OT
Algorithm(Alg)	12	0	0	4	17	15	3	1	7	4	19	2	5	2	0	15	2	23	8	0
Numerical(Num)	1	0	0	4	2	4	0	0	0	3	4	0	1	0	0	3	0	9	2	0
Assignment(Assi)	5	0	1	2	1	6	0	1	2	2	4	3	1	0	0	4	0	11	2	2
Missing Condition Checks(MCC)	5	0	0	1	2	4	0	1	1	0	0	0	0	1	0	1	0	3	1	0
Data	1	0	1	0	0	0	0	3	0	0	1	0	1	0	0	0	0	1	0	2
External Interface(Exter-API)	1	0	0	0	0	0	0	0	0	0	0	0	0	0	0	1	0	0	2	2
Internal Interface(Inter-API)	0	0	0	0	0	0	0	0	1	0	0	1	0	0	0	2	0	0	1	0
Incorrect Condition Logic(ICL)	4	0	0	0	3	8	0	1	3	0	1	1	0	1	0	1	0	4	3	0
Concurrency(Conc)	1	3	0	0	0	1	0	0	0	0	0	0	0	0	0	0	0	1	0	0
Memory(Mem)	10	0	0	0	0	1	1	0	0	0	0	1	0	0	0	0	0	0	1	1
Incorrect Decumentation(Doc)	0	0	0	0	0	0	0	0	0	0	0	0	0	0	49	0	0	0	0	0
Incorrect Configuration(Conf)	13	0	79	2	0	3	8	0	1	0	1	1	0	0	0	0	3	5	8	2
Others	0	0	0	0	0	0	0	0	0	0	0	1	0	0	0	2	0	0	1	3
Total	53	3	81	9	25	42	12	7	15	9	15	10	8	4	49	39	5	57	29	12

Frequency of symptoms that each root cause of a bug may exhibit across Apollo and Autoware

Componet	Sub-Component	Apollo	Autoware	$Total_{symp}$
Perception	Object-Detection	17	38	55
	Object Tracking	2	9	11
	Data Fusion	11	6	17
Localization	Multi-Sensor Fusion	9	21	30
	Lidar Locator	1	26	27
Trajectory Prediction		7	1	8
Map		13	5	18
Planning		93	42	135
Control		4	0	4
Sensor Calibration		11	11	22
Drivers		3	15	18
CAN Bus	Actuation	4	2	6
	Communication	2	0	2
	Monitor	4	2	6
Robotics-MW		1	6	7
Utilities and Tools		12	41	53
Docker		7	6	13
Documentation and Others		42	25	67
$Total_{system}$		243	256	499

Frequency of bug occurrences for each AV component

분석자료는 발견된 총 499개의 소프트웨어 버그가 자율자동차의 어느 기능 또는 Subsystem에 영향을 미쳤는지를 보여주고 있다.

프로젝트 매니저의 입장에서는 이런 정보는 항상 확인하고 파악해야 하는 기본적인 품질 지표이다. 그래서 이런 분석을 가능하게 하는 시스템을 갖추는 것을 체계적인 품질관리의 최소한의 기본 조건이라고 부르는 것이다. 조직에서 이전에 수행되었던 그리고 지금 수행하고 있는 모든 프로젝트에 대해서 품질지표를 비교하고 분석할 수 있어야만 하는 것 또한 당연하다.

그리고 이런 기본적인 자료를 바탕으로 현재의 소프트웨어 품질과 시장 출시의 가능성에 대해 자료에 기반한 결정을 할 수 있는데, 그 사례를 아래의 표에서 볼 수 있다. 모든 개발자나 프로젝트 매니저라면 이러한 정보를 쉽게 파악할 수 있는지 확인해 보아야 할 것이며, 특정 숫자를 누르면 해당 코드에 쉽게 접근할 수 있다면 더욱 도움이 될 것이다. 예를 들어서 Crash를 유발한 총 53개의 버그에서 자율주행의 Object tracking기능에 관련된 버그가 3개가 있었는데, 실제 버그가 포함된 코드와 수정된 코드를 비교하면서 어느 부분이 처음에 잘못 구현되었으며, 이러한 오류가 어떻게 수정되었는지, 그리고 이런 수정이 버그를 해결할 수 있었다는 것을 어떤 테스트케이스를 사용하여 확인할 수 있었는지를 쉽게 파악할 수 있어야 하는 것이다.

Component	Sub-Component \ Symptom	Crash	Hang	Build	Cam	LPN	SVC	Lau	TLP	Stop	Turn	Traj	IO	Loc	OP	Doc	DGU	SS	Logic	Un	OT
Perception	Object Detection	12	0	16	1	1	3	2	4	0	0	0	1	0	0	0	5	0	4	6	0
	Object Tracking	3	1	2	0	2	0	0	1	0	0	0	0	0	0	0	0	0	2	0	0
	Data Fusion	5	0	1	1	0	0	1	0	0	0	0	0	0	1	1	1	0	2	4	0
Localization	Multi-Sensor Fusion	3	1	7	4	0	2	1	0	0	0	0	0	5	0	2	1	0	3	3	0
	Lidar Locator	8	0	5	0	0	2	0	0	0	0	1	0	3	0	2	0	0	4	1	1
Prediction		0	0	0	0	1	1	0	0	0	0	5	0	0	0	0	0	0	1	0	0
Map		0	0	1	0	4	1	1	1	0	0	3	0	0	0	1	0	0	5	1	0
Planning		8	0	4	0	17	29	0	1	14	6	21	3	0	2	4	4	1	12	8	1
Control		0	0	0	0	0	2	0	0	0	1	0	0	0	0	0	0	0	1	0	0
Calibration		2	0	1	1	0	0	1	0	0	0	0	2	0	1	3	3	0	6	0	2
Drivers		2	0	4	1	0	0	0	0	0	0	0	3	0	0	0	4	0	3	1	2
CAN Bus	Actuation	0	0	2	0	0	1	0	0	0	2	0	0	0	0	0	0	0	0	0	1
	Communication	0	0	0	0	0	0	0	0	0	0	0	0	0	0	0	0	1	1	0	0
	Monitor	2	1	1	0	0	0	0	0	0	0	0	0	0	0	0	1	0	0	0	1
Robotics-MW		2	0	2	0	0	0	1	0	0	0	0	0	0	0	0	0	0	1	1	0
Utilities		6	0	12	1	0	0	3	0	0	0	0	1	0	0	0	16	2	0	2	1
Docker		0	0	7	0	0	0	1	0	0	0	0	0	0	0	0	0	1	2	1	1
Documentation & Others		2	0	16	0	0	1	1	0	1	0	0	0	0	0	38	4	0	1	1	2

Occurrences of bug symptoms in components of Apollo and Autoware

Buggy code:

```
214 public Document ownerDocument() {
215   if (this instanceof Document)
216     return (Document) this;
217   else if (parentNode == null)
218     return null;
219   else
220     return parentNode.ownerDocument();
221 }
 .
 .
 .
362 protected void outerHtml(StringBuilder accum) {
363         new NodeTraversor(new
                  OuterHtmlVisitor(accum, ownerDocument()
                  .outputSettings()))
                  .traverse(this);
364 }
```

Bug fix →

Fixed code:

```
362 protected void outerHtml(StringBuilder accum) {
363   new NodeTraversor(new OuterHtmlVisitor(accum,
            getOutputSettings())).traverse(this);
364 }
365
366 // if this node has no document (or parent),
          retrieve the default output settings
367 private Document.OutputSettings
          getOutputSettings() {
368   return ownerDocument() != null ?
            ownerDocument().outputSettings() : (new
            Document("")).outputSettings();
369 }
```

(d) Bug Jsoup-59. Warning by Infer at line 363: null dereference. L_b = { 363, 364, 365, 366, 367, 368, 369 }. **Found by: Diff-based methodology and fixed warnings-based methodology.** Classification: **Full match.**

이 예제는 Meta에서 개발한 Infer라는 정적분석도구를 이용하여 Java기반의 HTML파서인 Jsoup라는 오픈소스 프로젝트에서 발견된 오류[76]인데 버그 수정 및 성능 개선을 위한 모든 소프트웨어의 변경에 대해 이와 유사한 정보를 쉽게 찾을 수 있어야 한다. 버그가 포함된 소프트웨어 버전의 생성을 포함하여 버그의 재현이 필요한 경우도 자주 있을 것이다.

이런 품질정보가 종합적으로 관리된다면 흔히 말하는 Quality Dashboard를 통해서 프로젝트 관리에 대한 결정을 내릴 수 있는데 Jira를 이용한 Quality Dashboard의 예제는 다음의 그림에서 볼 수 있다. 이 그림을 인용한 실제 웹사이트에서 보면 Scrum방법론을 사용하여 현재 진행중인 Sprint에서 날짜별로 개발진도가 계획과 어떻게 변하고 있는지, 현재 알려진 이슈는 총 몇 개이며 각각의 Severity는 무엇인지, 각종 이슈들의 변화가 시간대에 따라서 어떻게 변하고 있는지를 볼 수 있다. 물론 이 정도 수준의 Jira 대시보드를 만들고 관리하려면 Jira Issue Tracking system

https://www.atlassian.com/blog/it-teams/it-kpis-for-an-effective-it-dashboard

76. Buggy 코드와 Fixed 코드의 예제는 Habib와 Pradel이 Automated Software Engineering 학회에서 2018년에 발표한 논문에서 인용하였다.

에 대한 경험과 교육이 필요한데 효과를 생각하면 꼭 필요한 투자임을 쉽게 파악할 수 있다. 물론 비슷한 분석을 Redmine이나 GitHub의 기능을 잘 활용한다면 할 수 있을 것이다.

28

테스팅 자동화 기법: Concolic Testing과 Metamorphic Testing

테스팅 작업이 많은 시간과 자원이 필요한 작업이고, 효율이 시간에 비례한다는 보장이 없는 작업이므로 테스팅 작업의 자동화는 소프트웨어공학 연구의 초기부터 많은 연구자들의 관심을 받아왔다. 테스팅 자동화의 핵심은 잠재적인 오류를 찾아낼 수 있을 만큼의 변별력을 가진 좋은 테스트케이스를 어떻게 하면 자동으로 생성해 낼 수 있을 지에 대한 문제로 재정의할 수 있는데, 주목할 만한 기법으로 Concolic Testing 기법과 Metamorphic Testing 기법을 들 수 있다.

Concolic 테스팅 기법은 Concrete와 Symbolic 테스팅 기법을 함께 사용하는 hybrid 검증기법으로 Sen이 박사과정 연구주제로 이 분야를 개척한 것으로 알려져 있으며, UC Berkeley의 교수로 부임한 이후에도 관련 연구를 수행하고 있으며 다른 연구자들도 활발하게 연구하고 있는 분야이다. 기존의 방법으로는 검증하기 어려웠던 코드를 좀 더 쉽게 테스팅하기 위해 특정 branch를 수행할 수 있는 입력값을 자동으로 생성하는 방법으로 SMT solver 등의 도구를 사용한다. SMT는 satisfiability modulo theories의 약자로 전산논리학에 기반한 이론을 도구로 구현한 것이다.

예제 1

```
1:  void f (int x, int y) {
2:      int z = 2*y;
3:  if (x == 100000) {
4:      if (x < z)
5:          assert(0); /* error */
6:  }
```

예제 2

```
1:  typedef struct cell {
2:      int v;
3:      struct cell *next;
4:  } cell;
5:  int f (int v) {
6:      return 2*v + 1;
7:  }
8:  int testme(cell *p, int x) {
9:      if (x > 0)
10:         if (p != NULL)
11:             if (f(x) == p->v)
12:               if (p->next == p)
13:                 ERROR;
14:     return 0;
15: }
```

왼쪽에 제시된 예제 1 프로그램을 테스팅할 때 x와 y의 값으로 어떤 값을 선택해야만 f 함수의 5번째 줄의 assert(0)문을 실행시킬 수 있을까? 프로그램이 간단하여 당연히 x의 값은 100,000이어야 하며, z의 값은 그보다 커야 하니까, z는 y의 값을 2배로 곱한 값이므로, y값은 50,001 또는 그 이상이 되는 임의의 값, 예를 들어서 (x = 100000, y = 50001)이면 된다는 사실을 구하는 것은 너무도 쉽다. 그렇다면 오른쪽에 있는 프로그램[77]의 13번째 줄에 있는 ERROR문을 실행할 수 있는 입력을 결정하는 문제는? 포인터를 비롯한 자료구조가 포함되어 있어서 더 어렵지만 그래도 길지 않은 프로그램이니 꼼꼼하게 분석하면 ERROR 구문을 수행하는 입력을 찾아낼 수도 있을 것이다. 그런데 프로그램의 길이가 수천 줄 또는 수만 줄을 넘는 크기와 복잡도라면? GitHub에는 이런 규모를 훨씬 능가하는 코드들이 많이 있는데, 이런 소프트웨어를 테스팅하는 것이 과연 쉬울까? 결코 아닐 것이다.

77. Sen, Marinov, and Agha. CUTE: A concolic unit testing engine for C. In 5th joint meeting of the European Software Engineering Conference and ACM SIGSOFT Symposium on the Foundations of Software Engineering (ESEC/FSE'05), pages 263–272. ACM, 2005. ACM SIGSOFT Distinguished Paper Award를 수상한 논문에 포함된 예제

또 다른 예제를 생각해 보자. 어떤 정수값 x를 받아서 절대값을 계산하는 프로그램에 오류를 일부러 추가한 프로그램으로 123의 값을 받으면 절대값으로 124라는 값을 반환하고 그렇지 않은 경우에는 올바른 절대값을 반환하는 프로그램이다.

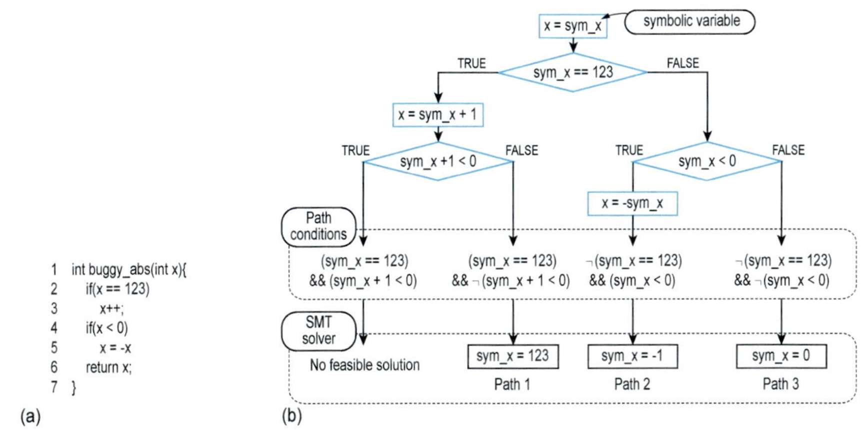

A symbolic–execution example. The funtion buggy_abs( ) executes with a symbolic parameter sym_x representing a set of values. (a) The function under test. (b) The symbolic–execution tree. SMT stands for Satisfiability Modulo Thory.

소스코드를 사용하지 않고 (경우에 따라서는 SQA팀이 소스코드를 볼 수 없는 경우도 흔할 수 있다는 점을 생각하면) Black-box 또는 Random testing을 통해서 이런 오류를 발견하는 것은 쉽지 않을 일이다. Random testing이 우연히 123이라는 값을 이용하여 테스팅을 하기 전에는. 그러나 Symbolic execution 기법은 sym_x로 표시된 값을 이용하여 이 프로그램의 각 경로를 따라 수행하는 경우에 어떤 Path condition을 만족해야 하는지 그리고 그 경우에 출력은 무엇인지를 자동으로 결정해 줄 수 있기에 큰 도움이 된다. 이 경우에는 조건문이 2개가 연속으로 사용되었으므로 이론적으로 수행가능한 경로는 4개가 있을 수 있는데 그 중 sym_x의 값이 123이며 동시에 음수인 경우는 존재할 수 없으므로 실행 불가능한 경로라는 것과 나머지 3개의 경로를 따라서 수행하려면 sym_x의 값이 어떤 조건을 만족해야 하는지를 결정할 수 있다. Path 1의 경우에는 Path condition,을 만족하는 값은 123밖에 없지만 Path 2나 Path 3의 경우에는 조건에 맞는 값은 무수히 많을 것이다.

Concrete와 Symbolic이라는 두 개의 단어의 합성어인 Concolic 테스팅 기법과 이 과정을 자동화 해주는 도구의 동작원리는 의외로 (?) 간단하다. SMT solver 등을 사용하여 조건에 맞는 하나의 값을 임의로 선택하고, 이런 작업을 반복하여 테스팅 작업을 자동화하는 것이다. 예제 1을 이용해서 설명하자면, 처음에는 임의의 값 x와 y의 값을 (예를 들어서 x = y = 1) 입력으로 프로그램을 수행한다. 사실 초기값은 어느 것이나 상관없다. z의 값은 2가 될 것이고, (x == 100000)라는 조건이 거짓이므로 프로그램은 종료된다. 이 과정에서 새로 얻은 지식이 x의 값이 100,000이었다면 조건이 만족되었을 것이므로, x의 값을 100,000으로 바꿔서 다시 수행하는 것이다. 100,000은 2보다 작지 않기 때문에 (x < z) 조건이 참이 아닌데, x = 100,000, z = 2×y, x < z (다시 쓴다면 x < 2×y)라는 조건을 동시에 만족하기 위한 해를 SMT solver 등을 이용해서 풀면 y의 값이 50,001 또는 그 이상이면 되겠다는 조건을 구할 수 있다. 그러면 새로운 입력으로 (x = 100,000, y = 50,001)을 사용하여 프로그램을 수행하고 assert (0) 구문을 실행할 수 있는 것이다. IF문에 포함된 식의 해를 자동적으로 구해주는 도구가 SMT(satisfiability modulo theory) solver이고 Yices 등이 있다.

이러한 도구를 SQL Lite(www.sqlite.org)라는 오픈 소스에 적용한 사례를 알아보자. 소스코드 와 헤더파일의 길이가 176,756줄이니 결코 간단하지 않은 소프트웨어임을 알 수 있다. 이 정도의 소스코드를 수작업으로 테스트 케이스를 만든다고 생각해 보면 자동화 도구가 얼마나 고마운지 실감할 수 있다. CREST와 같은 Concolic 테스팅 도구들은 이러한 SMT solver의 기능을 활용하여 Concolic testing 기법을 적용할 수 있게 해주며 그 외에도 KLEE, CREST 등 잘 알려진 기존의 Concolic testing 도구들이 있다.

Yoshida 등이 발표한 논문[78]에 소개된 예제를 보면 테스팅 자동화 도구가 어떻게 개발될 수 있으며 수작업으로 진행되는 테스팅 작업과의 비교를 통해서 자동화 기법이 개발자들에게 어떤 도움을 줄 수 있는지 이해할 수 있다.

이 논문에 포함된 자료를 분석하면 다음과 같은 추론이 가능하다.

첫째, 자동화된 기법이나 아무리 많은 시간과 노력을 들여서 진행하는 수작업도 Coverage 측면에서는 부족함이 많다는 점이다. SQL Lite는 21개의 c파일로 구성된 것으로 생각되는데 Line coverage, branch coverage 기준으로 100%를 만족하는 파일은 기껏해야 2개가 넘지 않는다(random.c, rowset.c). 그 외에 수작업으로 생성된 hash.c 파일의 Line coverage 수치가 100%에 가깝긴 하지만 자동으로 생성된 테스트케이스는 겨우 60%를 조금 넘는 수치일 뿐이다.

둘째, 전반적인 Coverage 수치를 보면 테스팅 기법만으로는 적절한 품질보증에 대한 신뢰를 얻기 힘들겠다는 점이 분명해진다. 논문에 자세한 숫자가 보고되어 있지 않지만 수작업으로 만든 테스트케이스의 Line coverage는 높게 잡아봐야 60~70% 정도이고 SMT solver를 비롯한 각종 도구를 사용하여 자동화된 방법으로 생성해 낸 Coverage 또한 큰 차이가 없어 보인다. 일부 파일의 경우 자동화된 방법으로 10%도 안되는 테스트케이스만을 생성해 낼 수 있었는데(pragma.c, update.c, vdbe.c 등) 정확한 이유는 자동화된 기법으로 cover되지 않은 Line 또는 Branch를 심층분석하기 전에는 알기 힘들 것이다.

셋째, Line coverage가 아닌 Branch coverage 기준으로 보면 테스팅 작업의 한계는 더욱 분명해 진다. Coverge 수치가 수작업으로는 20~30%, 자동화된 방법으로는 아마도 40~50% 정도밖에 되지 않아 보인다. 그렇다면 coverage에서 누락된 line이나 branch에는 오류가 있는데도 발견하지 못했다는 뜻인가? 아니면 오류가 없다

78. Yoshida et al, KLOVER: Automatic Test Generation for C and C++ Programs using Symbolic Execution, IEEE Software, Sep/Oct 2017

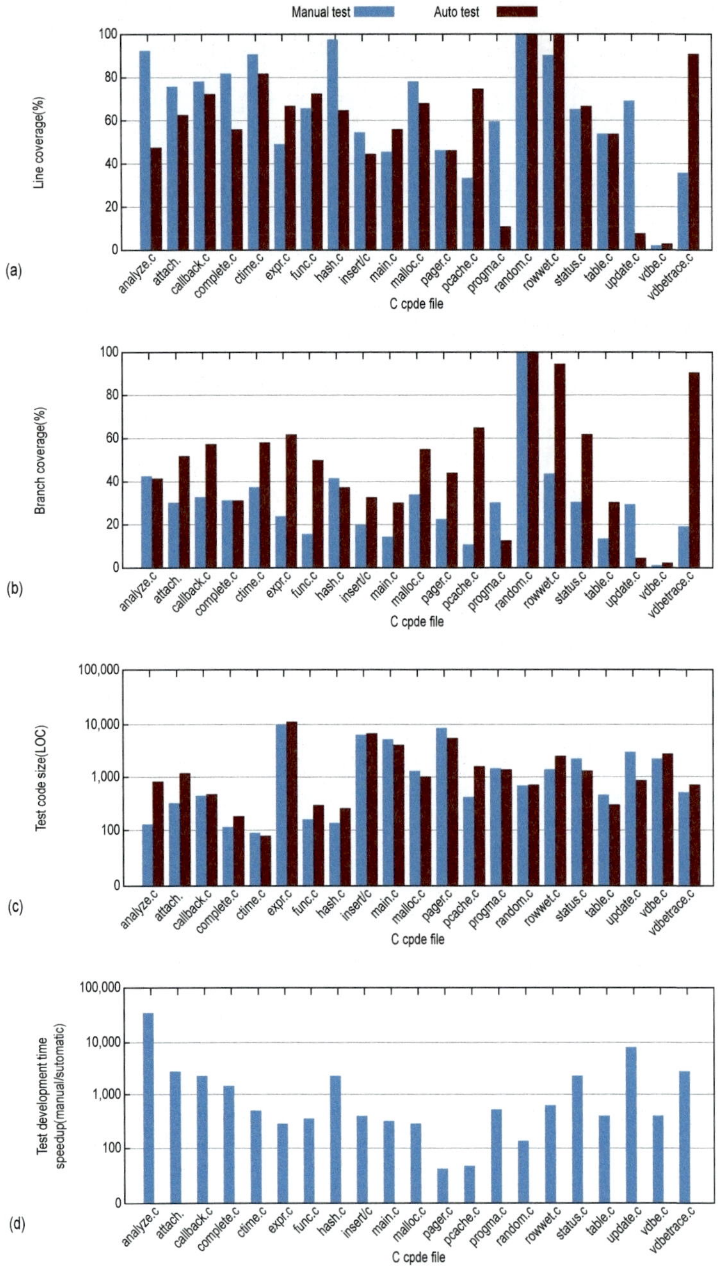

Comparing manual tests with KLOVER-generated tests for SQLite. (a) Line coverage. (b) Branch coverage. (c) Test code size. (d) Test development time speedup. The developer took on average more than a work day per file to manually write the tests, wherese KLOVER took approximately 15 minutes to generate tests for all the files.

는 뜻인가? 둘 다 아니다. 정확하게는 오류가 있는지 없는지 검증되지 않았으니 품질에 대해 신뢰성있는 예측 자체를 할 수 없다는 뜻이다.

넷째, 수동 또는 자동화된 방법으로 생성하는 테스트케이스는 아마도 서로 상호보완적인 역할을 할 것이라는 추측이 가능하다. 일부 파일의 경우는 Manual test의 coverage가 월등하게 높고(analyze.c, pragma.c 등) 일부의 경우는 정반대이다(pcache.c, vdbetrace.c 등). 물론 coverage 수치가 100%를 달성했고, 오류가 발견되지 않았다고 해서 해당 코드는 오류가 없다는 보장을 할 수 있는 것도 아니다. 나름대로 체계적인 방법으로 도구를 이용하여 자동으로 생성했거나 엔지니어가 나름 최선을 다해서 만든 테스트케이스를 사용해서 검증을 했는데(expected output에 오류가 없다는 가정하에) 오류를 발견하지 못했으니 적절한 품질을 가지고 있을 것으로 기대해도 무리는 없겠지만 그 이상의 결론을 내릴 수는 없다. 테스팅을 통해서 오류를 발견할 수는 있어도 오류가 없음을 증명할 수 없다는 Dijkstra의 명언을 다시 한 번 생각나게 한다.

다섯째, 자동화된 방법이든 수동적인 방법이든 test code의 크기는 거의 비슷하다. 기본적으로 입력과 예상되는 출력 값으로 이루어지는 테스트케이스의 구조가 생성방법에 따라 달라지는 것이 아니기 때문이다(그림 c). 그러나 테스팅 작업에 필요한 시간은 100배에서 1000배 또는 그 이상의 개선효과를 보여주고 있다(그림 d). 자동화된 테스팅 기법이 먼저 그리고 적극적으로 사용되어야 하는 이유이다.

Concolic testing 기법의 가치를 제대로 이해하려면, 테스팅이라는 작업이 얼마나 어렵고 시간과 노력이 많이 필요한지를 제대로 이해하려면 직접 경험해 보아야 한다. 개념으로 이해하는 것과 경험으로 이해하는 것은 큰 차이가 있기 때문이다. 소프트웨어공학 강의 중에 GitHub에 공개된 오픈소스를 가지고 테스팅하는 과제를 프로젝트로 부과하곤 한다. 이상적으로는 오픈소스에서 여러 버전에 걸쳐서 버그를 수정한 기록을 이용하여, 최신 버전이 아닌 중간 단계의 버전을 이용하여 테스팅과 디버깅을 하도록 할 수도 있겠으나, 현실적인 제약이 있다. 학생들이 두 소스 코드의 버전을 비교하여 차이를 찾으면 오류를 쉽게 찾을 수 있다는 것 외에도, 실제로 방대한 코드를 실제로 테스팅하고 디버깅하는 작업은 유익한 경험이긴 하지만 너무 많은 시간을 필요로 하여 비현실적이기 때문이다.

현실적인 대안으로 특정 프로그램을 실행할 때 수행되는 구문이 기록되도록 컴파일을 한 후, 학생들에게 가능한 높은 branch coverage를 달성할 수 있는 테스트케이스를 만들어 반복적으로 실행해 보도록 요구하였다. 두 주 정도의 시간을 주고 C언어로 구현된 grep(v1.2)이나 tree같은 너무 길지 않은 utility 소프트웨어를 이용하였다. 테스트케이스를 만드는데 아무런 제약없이 원하면 소스코드도 읽고 매뉴얼에 나와 있는 프로그램의 명세 또한 자유롭게 이용하도록 안내하였다. 각종 테스트케이스를 반복해서 수행하면서 이전에 수행되지 않았던 구문이나 branch가 새로 실행되면 coverage는 누적되며 기록되는데, 몇 학기에 걸쳐서 얻은 결과는 다음과 같다.

	Samples	Statement Coverage (min/max/average)	Branch Coverage (min/max/average)
tree.c (1,144 LoC)	55	49.5 / 93.8 / 78.3	34.1 / 81.1 / 62.1
grep.c (10,929 LoC)	47	34.9 / 74.2 / 57.3	25.2 / 52.4 / 36.9

Coverage의 결과는 프로그램의 특성(예외상황을 처리하기 위한 코드가 얼마나 많은지 등)에 따라 다르겠지만, 제일 약하다는 statement coverage 기준으로도 평균 60%~80%를 넘지 못했으니 실제 현장에서 테스팅이 얼마나 어려운지 알 수 있다. Branch coverage의 경우는 36.9%에서 62.1% 정도의 결과를 얻었으니, 테스트가 제대로 수행되었다고 자신있게 이야기 할 수 없을 것이다. 더 강력한 Coverage인 condition coverage를 사용해서 측정했다면 결과는 더 낮은 것이고, safety-critical

한 소프트웨어의 품질을 검증하는 표준 중 하나인 DO-178B 또는 DO-178C에서 요구하는 MC/DC 기준을 적용하여 테스팅의 coverage를 측정했다면 그보다도 더 낮은 수치를 얻었을 것이니 이러한 수치들은 실제 현장에서 극복해야 하는 테스팅의 어려움을 잘 보여주는 사례라 할 것이다.

그렇다면 Concolic testing 기법은 이러한 한계를 극복하는데 도움을 줄 수 있을까? 답은 그렇다! Sen교수가 발표한 논문[79]에서 CREST라는 Concolic testing 도구를 소개하면서 grep 프로그램을 대상으로 benchmark 실험결과를 공개하였는데, branch coverage 기준으로 60% 정도를 커버하는 테스트케이스를 자동으로 생성할 수 있었다고 보고하고 있다. 이들의 코드분석에 의하면 4,184개의 branch 중에서 실제로 수행가능한 branch는 2854개이고, 그 중에서 60%에 해당하는 분기를 실행할 수 있는 테스트케이스를 자동으로 생성했다고 한다. 위에서 소개한 학생들이 수작업으로 생성한 테스트케이스와 비교해서 생각해 보면 다음과 같은 결론을 내릴 수 있다.

- 정량적이고 객관적인 비교는 어려운데 그 이유는 Sen의 연구는 grep의 2.2 버전을 사용하였고, .c 파일만 13,300여 줄 정도를 포함하고 있다. 테스팅 과제에 사용된 버전은 그 보다는 오래된 1.2 버전으로 11,000줄이 조금 안되는 분량이다.
- 평균 37%가 안되는 Branch coverage 평균값을 보이는 수작업에 비해서 60%에 가까운 성공률을 보이는 그리고 자동화된 Concolic 테스팅 기법은 효과가 있다. grep 2.2 버전이 더 복잡한 소프트웨어라는 점을 고려하면 그 효과는 더욱 크다 하겠다.
- 그러나 정형검증 기법의 도움을 받아서 체계적으로 그리고 이전에 방문하지 않았던 branch를 방문할 수 있도록 특화된 알고리즘을 사용하면서 테

79. Burnim and Sen, Heuristics for Scalable Dynamic Test Generation, 23rd IEEE/ACM International Conference on Automated Software Engineering, 2008

스트케이스를 만들었음에도 불구하고 Branch coverage를 최대 60% 정도 까지 밖에 cover하지 못했다는 것은, 소프트웨어 테스팅 작업이 얼마나 어렵고, 많은 시간과 노력을 필요로 하는 작업인지 역설적으로 명확하게 보여준다.

- 실제로 4,100개가 넘는 코드에 존재하는 branch 중에서 저자들이 주장하는 것처럼 왜 2,854개의 branch만(68% 밖에 안되는) 도달 가능했을까? 이 연구는 한 번이라도 호출이 된 함수에 존재하는 모든 branch를 도달 가능한 것으로 간주했다고 하므로, Concolic 테스팅 기법을 사용한 경우에도 실제로는 한 번도 호출되지 않은 함수가 꽤 여러 개 존재한다는 뜻이 되겠다.

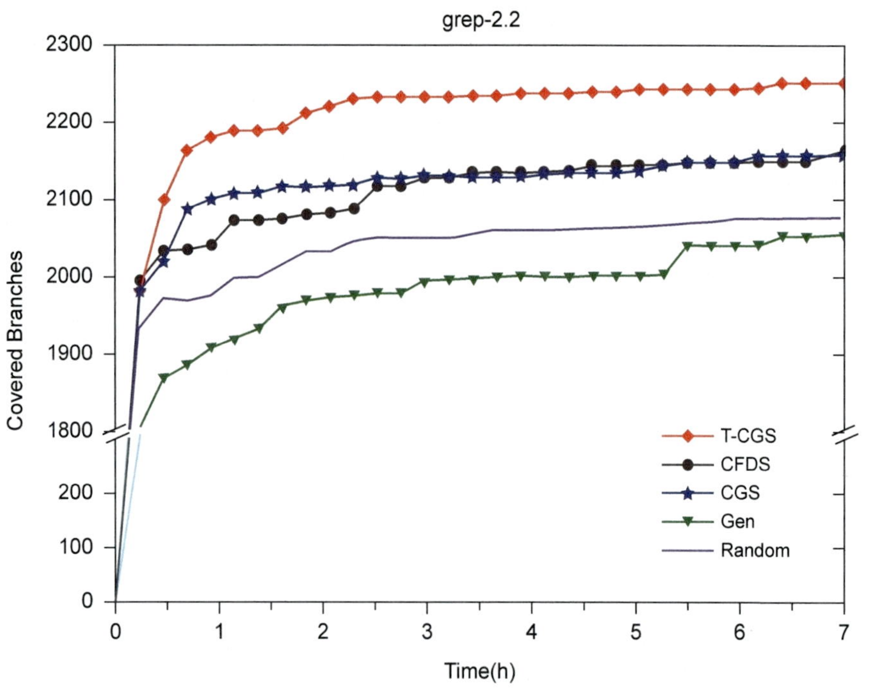

Concolic 테스팅 기법의 효과

- 그러나 이러한 수치도 실제 Concolic testing을 수행하는 과정에서 사용되는 Heuristics에 따라 개선될 수 있는 여지도 있는데, 2018년에 발표된 고려대학교 컴퓨터학과의 오학주교수 연구실에서 발표한 논문[80]에 의하면 기계학습 기능을 도입하여 성능개선이 가능하였다고 한다. 2008년에 UC Berkeley 연구진이 발표한 기법은 위 그림에서는 CFDS(Control Flow Graph Directed Search)로 표시되어 있고, 개선된 방법은 T-CGS로 표시되어 있다. 이전 연구에 비해서 상당한 개선을 보이고 있지만, 아직도 테스팅하지 못한 Branch가 많이 남아있다는 점은 동일하다.
- 소프트웨어 품질관점에서 본다면 특정 branch를 cover 할 수 있는 테스트케이스를 생성하는 능력도 도움이 되지만, 더욱 필요한 것은 소프트웨어에 실제로 존재하는 오류를 검출할 수 있는 능력을 가진 테스트케이스를 자동으로 생성하는 기능이 필요한 것이다. 예를 들자면, tree.c에서는 (if (!strncmp("--filelimit",argv[i],11))나 if (!strcmp("--dirsfirst",argv[i]))) 등과 같은 많은 옵션을 제공하는데, 각종 예외상황을 구현하는 이런 branch 조건을 실행할 수 있는 테스트케이스를 자동으로 생성하는 것은 쉬운 일이 아니다. Concolic 테스팅 기법은 이런 작업의 자동화를 가능하게 해 주는 효과적인 방법이다.

Concolic testing 기법은 소프트웨어에서 보안의 취약점을 찾는데도 효과적으로 사용할 수 있고, 이런 기법을 Fuzzing이라고 부르기도 한다. 보안취약점을 찾는 것은 일반적으로 매우 어려운 과정이며, Zerodium[81]같은 일부 회사에서는 실제로 아직 알려지지 않은 보안취약점을 제보하는 사람에게 최대 US$2,000,000까지도 포상을 하기도 한다.

---

80. Cha, Lee, and Oh, Template-Guided Concolic Testing via Online Learning, Automated Software Engineering, 2018
81. https://zerodium.com/program.html

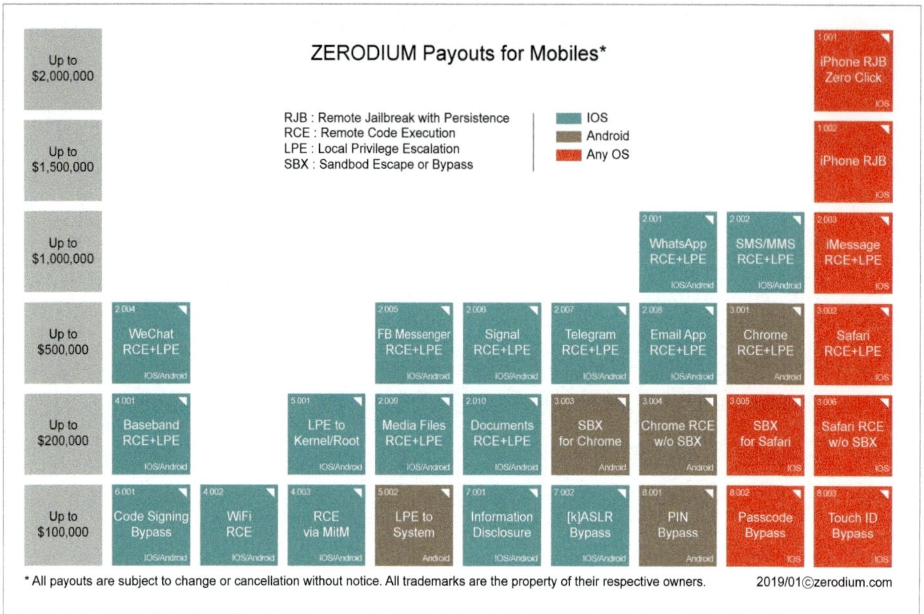

Fuzzing의 기본적인 아이디어는 소프트웨어를 테스팅 환경에서 임의의 입력을 사용하여 반복적으로 수행하면서 혹시 프로그램이 crash하는지를 알아보는 것이다. 이를 위하여 다양한 환경에서 프로그램을 수행하면서 각종 분기를 수행해 보려고 할 때 Concolic 테스팅 기법을 사용한다. 이전에 수행되지 않은 새로운 경로를 따라서 프로그램이 수행될 수 있는 입력을 찾는 것도 중요하고, 이미 수행되었던 경로라도 다른 입력으로 수행하면 프로그램의 취약점을 찾을 수도 있으므로 두 가지 가능성을 놓고 적절한 조화를 이루는 것이 기술적으로 중요한 요소이다.

프로그램의 출력이 제대로 생성되었는지를 확인하고자 하는 목적으로 Concolic 테스팅 기법을 사용할 때 예상되는 결과값까지 테스트케이스에 포함되어야 하나, 보안취약점을 찾는 경우에는 프로그램이 비정상적으로 종료되는 상황 즉 Crash하는 상황만 보여 줄 수 있으면 충분하므로 예상되는 출력값에 대한 정보가 없어도 입력값을 바꾸어 가면서 여러 가지 경우에 대해 프로그램을 수행하는 것으로 소기의 목적을 달성할 수 있고, 이런 경우 Concolic testing 기법은 매우 효과적이다.

Fuzzing 기법은 Chrome이나 Microsoft Edge 같은 웹브라우저를 개발하는 조직에서도 사용하는 것으로 알려져 있다.

소프트웨어 공학을 처음 접하는 사람이 Fuzzing이나 Concolic testing을 자동화해주는 CREST나 이러한 도구들이 내부적으로 사용하는 Yices 등의 SMT solver 등의 기술적인 내용을 모두 알아야 할 필요는 없다. 마치 컴퓨터그래픽스나 렌더링 알고리즘의 기술적인 내용을 몰라도 포토샵의 기능을 이해하면 사진을 더 멋있고 본인이 원하는 방향으로 수정할 수 있듯이 Concolic 테스팅 도구나 보안취약점을 자동으로 찾아주는 Fuzzer 등도 같은 방법으로 학습하고 활용하면 실전에 충분히 적용할 수 있고, 효과를 볼 수 있을 것이다.

또 다른 테스팅 자동화 기법으로 Metamorphic Testing 기법이 있다. 1998년 Chen에 의하여 제안된 이 기법의 핵심은 특정 입력값 또는 테스트케이스와는 관계없이 프로그램이 항상 만족해야 하는 특성(이를 metamorphic relation이라고 부른다)을 이용하여 더 많은 테스트케이스를 생성해 내는 방법이다. 일반적인 테스팅에서는 특정 입력값에 대한 올바른 출력값을 정하고, 이를 테스트케이스로 구성한다. 그러나 일부 프로그램의 경우에는 올바른 출력값을 특정하는 것이 어렵거나 많은 시간이 필요하여 비효율적인 경우가 있다. 예를 들어서 검색엔진의 특정 기능을 구현하는 소프트웨어라면 그 기능이 제대로 구현되었는지를 판단하는 출력을 정의하는 것 자체가 힘들 것이다. 예를 들어서 특정 날짜에 어느 도시에서 예약이 가능한 숙소를 찾는 프로그램이라고 하면, 올바른 결과값을 정의하는 것 자체가 현실적으로 어려울 것은 당연하다.

Metamorphic 테스팅 기법은 "발상의 전환"이라고도 볼 수 있는데, 기존의 테스트케이스를 Metamorphic관계를 이용하여 재정의하고 재사용할 수 있다는 점이다. 예를 들어서 두 개의 리스트를 중복되는 원소가 없이 하나로 합쳐주는 merge(L1, L2)라는 프로그램이 있다고 가정하자. 그렇다면 merge(L1, L2)와 merge(L2, L1)은 동일한 결과를 생성해야만 할 것이며, merge(L1, L1)은 L1과 같아야 할 것이다. 또 다른 예제로 정해진 날짜의 특정 도시에서 예약가능한 숙소의 목록을 추천순으로 정렬하여 얻었다고 생각해보자. 그렇다면 같은 기간, 같은 도시의 숙소를 가격이 낮은 순서로 정렬하여도 순서만 변동은 있을 수 있어도 목록에 포함되는 숙소 자체는 같아야 한다. 만일 다르다면 검색결과의 정확성에 의심을 갖는 것이 당연하다. 또는 숙소의 등급을 특정 등급을 (예를 들어서 3성급) 추가적인 조건으로 명시하고 다시 프로그램을 테스팅해보자. 그렇다면 처음에 받은 숙소의 일부가 그리고 같은 등급으로 표시되어 있어야만 검색결과를 신뢰할 수 있을 것이다.

그렇다면 처음에 만든 테스트케이스의 올바른 결과값에 대한 정보가 없어도 처음 수행한 테스트케이스를 약간 바꾸어서 프로그램을 실행하고 그 결과값을 비교하면서 오류를 찾을 수 있다. 이러한 관계를 잘 활용하면 하나의 테스트케이스를 여러가지 용도로 폭넓게 (?) 재활용할 수 있는 것이다. 물론 테스트엔지니어가 Metamorphic 관계를 정확하게 파악해 낼 수 있다는 가정하에 하는 말이다.

그래프에서 Dijkstra의 Shortest Path Algorithm을 적용하여 최단경로를 구하는 문제의 경우, ShortestPath (x,y) == ShortestPath (y,x)라는 metamorphic 관계를 설정할 수 있겠다. 그러나 이 경우는 특정 노드간의 거리가 방향에 관계없이 동일할 경우에만 유효할 것이다. 내비게이션 프로그램의 경우, 서울역에서 강남역까지의 거리는 방향에 상관없이 같을 것이나, 운전하는 사람에게 필요한 정보인 최소시간이 걸리는 경로는 방향에 따라 그리고 시간에 따라 달라질 수 있기 때문이다. 또한 ShortestPath (x,y) + ShortestPath (y,z)는 ShortestPath (x,z)와 같아야 한다는 주장 또한 x에서 z로 가는 경로가 y를 포함하지 않는 다른 경로가 존재하지 않을 경우에만 유효한 것이다.

산업체에서 Metamorphic testing기법을 성공적으로 적용된 사례가 여러 건 보고되어 있다. 2020년에 발표된 논문[82]에서는 구글이나 Microsoft의 검색엔진, CNU Compiler Collection (GCC), Spotify나 YouTube등의 API (Application Programming Interface)등의 오류를 발견하는데 Metamorphic 테스팅 기법이 효과적으로 사용되었다고 밝히고 있다. 모든 테스트케이스는 반드시 입력값과 올바른 결과값이 포함되어야 한다는 기존의 소프트웨어 테스팅에 대한 생각에 얽매이지 않고, 정확한 출력값을 특정하기 어려운 분야라면 Metamorphic 테스팅 기법은 매우 효율적인 방법이다.

82. Sergio Segura et al., Metamorphic Testing: Testing the Untestable, IEEE Software, May/June 2020

29

Mutation Testing 기법은 소프트웨어 품질향상에 실제로 도움이 될까?

mutation testing 기법이 실제로 산업체에서 사용되는지, 소프트웨어의 품질을 향상하는데 도움이 되는지는 전문가들도 의견이 다를 것으로 생각된다. 돌연변이를 일반적으로 지칭하는 mutant 라는 단어가 말해주듯이, mutation analysis는 실제의 오류는 아닐 수 있지만 가능성이 있을 법한 오류를 "일부러" 삽입하는 것으로 소프트웨어를 변경하는 것이다. 예를 들어서 프로그램에 a+b라는 연산이 있다면 a×b, a−b, 또는 a%b와 같이 연산자를 바꾸는 것이다. 이런 방법을 arithmetic operator replacement라고 부르는데, mutant를 생성하는 기법으로는 그 외에도 Logical connector를 변화하는 방식을 적용할 수도 있고(예를 들면, a&&b를 a||b 또는 true나 false값으로 치환하는 식으로), relational operator를 변환할 수도 있겠다(예를 들면 a > b를 a < b 또는 a <= b 등으로). 또는 프로그램에 사용된 특정 상수의 값을 변환하는 방법으로 mutant를 생성할 수도 있고 (예를 들어, x < 5를 x < 10으로 바꾸는등) 그 방법은 매우 다양할 것이다. 아래의 예제는 mutant를 만들기 위해 흔히 사용되는 방법을 정리한 것이다.

NAME		SCOPE
AOR	Arithmetic operator replacement	$a+b \rightarrow \{a, b, a-b, a*b, a/b, a\%b\}$
LCR	Logical connector replacement	$a\&\&b \rightarrow \{a, b, a \Vert b, ture, false\}$
ROR	Relational operator replacement	$a>b \rightarrow \{a<b, a \leqq b, a \geqq b, true, false\}$
UOI	Unary operator insertion	$a \rightarrow \{a{+}{+}, a{-}{-}\}; b \rightarrow !b$
SBR	Statment block remvoal	$stmt \rightarrow 0$

다음의 몇 가지 예제는 ROR(relational operator replacement) 방법을 적용했을 때 만들 수 있는 mutant의 예제이다.

원래 프로그램	가능한 mutant 의 예제

`function isUserOldEnough (user) {`
`return user.age 〉=18; // 술,담배 구입가능 연령`
`}`
	`/*1*/ return user.age 〉 18;`
	`/*1*/ return user.age 〈 18;`
	`/*1*/ return true;`
	`/*1*/ return false;`

이렇게 인위적으로 삽입된 오류가 있는 프로그램을 기존의 테스트케이스를 이용하여 수행하면, 일부는 예상하는 결과값과 다른 출력을 생성할 것이고, 이는 기존의 테스트케이스가 이러한 오류를 발견할 수 있는 변별력을 가지고 있다고 할 수 있다. 이런 경우를 mutant가 kill 되었다고 부른다. 만일 기존의 테스트케이스가 두 프로그램의 차이를 발견하지 못하면 특정 테스트케이스는 이런 오류에 대한 변별력이 부족한 것이고, mutant는 survive했다고 칭한다.

mutant를 생성하는 방법만 정해지면 나머지는 쉽게 자동화 할 수 있으므로 mutation testing 기법을 적용하는데 별 어려움이 없을 것이라고 단정하기 쉬운데 현실은 그렇지 않다. 그 이유는 mutant의 생성은 쉽다고 하여도 이렇게 생성된 수많은 프로그램들을 다 수행하는 것은 엄청난 계산 능력을 필요로 하기 때문이다. 프로그램이 길고 복잡하다고 가정했을 때 그리고 그 프로그램에 있는 수많은 구문에 각종 mutant 생성기법을 적용한다면 자동으로 생성 가능한 mutant는 무수히 많고, 그 많은 프로그램을 기존의 테스트케이스를 이용하여 다 실행시켜봐야 인위적으로 추가된 오류가 발견되었는지 여부를 판단할 수 있기 때문이다. 그래서 단순하고 초보적인 mutation testing 기법은 어느 정도 이상의 규모가 되는 소프트웨어에 적용하는 것이 현실적으로 가능하지 않을 것이다.

더 근본적인 질문은 이런 것이다. 프로그램에 혹시나 존재할지도 모르는 잠재적인 오류를 이전의 개발이나 디버깅과정에서의 경험을 바탕으로 수많은 mutant를 자동으로 생성해 낼 수 있다고 해서, 그것이 실제 개발중인 소프트웨어에 있을지도 모르는 실제 오류와 무슨 상관이 있단 말인가? 소프트웨어 개발자나 testing 엔지니어들이 mutation testing 기법의 효용성을 의심(?)하게 만드는 핵심요인이다.

Mutation 테스팅 기법에 대해 기억해야 하는 또 다른 점은 일부 mutant는 구문적으로는 차이가 있어 보일지 몰라도, 실제로는 동일한 코드일 수 있다는 점이다. 아래의 예제처럼 for loop을 10번 반복하는 프로그램에서 (i < 10) 을 (i != 10)으로 변경하면 다른 프로그램처럼 보여도 실제 의미는 동일하기 때문이다. 이런 경우는 아무리 많은 test case를 가지고 실행을 하여도 동일한 결과값을 생성하므로 mutant를 죽이지 못할 것이 당연하다.

for (int i=0; i 〈 10; ++i) {
...
}
	for (int i=0; i != 10; ++i) { // i〈10을
	i != 10 으로 변경
	...
	}

그렇다면 산업체에서는 mutation testing 기법을 어떻게 생각하고 있으며 어떻게 활용하고 있을까? 구글의 연구진들이 참여하여 발표한 논문[83]에서 힌트를 얻을 수 있다. 구글의 코드 repository 규모가 엄청나다는 것은 잘 알려진 사실이다. 일부 논문에서는 20억줄을 넘는다고 하고, 학회에서는 30억줄도 넘는다는 발표도 들은

83. Petrovic et al., Practical Mutation Testing at Scale: A view from Google, IEEE Transactions on Software Engineering, October 2022. Mutation testing 기법에 관한 논문은 많이 있지만, 가장 최근에 발표된 논문이고 구글에서는 mutation testing 기법을 어떻게 효율적으로 사용하고 있는지 잘 설명한 논문이다.

적이 있는데 mutation testing 기법을 그 정도의 방대한 코드에서 사용하려면 정교하고 효율적인 “선별과정”을 필요로 한다는 것은 자명하다. 구글에서는 20억줄 정도의 코드를 바탕으로 소프트웨어를 개발하거나 각종 서비스를 제공하고 있으며, 매일 평균 1억5천만건 정도의 테스팅 작업이 수행되고, 코드의 개발이나 수정으로 인한 변경요청이 4만여건 정도가 발생한다는 점을 생각하면 mutation testing 기법이 개발자들의 업무와 긴밀하고 유기적으로 통합되어야 하는 이유를 쉽게 공감할 수 있다.

자동적으로 생성해 낼 수 있는 가능한 mutant는 (이론적으로는 무한히 많고) 실제로도 매우 다양할 것이나, 실제로 소프트웨어 개발에서 자주 발생하는 오류와는 직접적인 연관성이 없는 것들이 많을 것이므로, “별 도움이 안될 것 같은” unproductive mutant는 무시한다고 한다. 수많은 mutant를 실제로 개발자들이 참고할 수 있도록 제공한다고 해도, 실제로는 오류일 가능성도 적고, 개발자의 관심을 받을 mutant도 아니라면 오히려 시간의 낭비를 초래할 것이다. 나름대로의 엄격한 선별작업을 통과해서 개발자들에게 제공된 mutant들도 실제로는 85%정도가 개발자들의 의견으로는 별 도움이 안되는 unproductive mutant라고 한다. 예를 들어 Java Collection 코드에서 new ArrayList(64)라는 코드가 있는데 다른 상수를 대입해 본다고 new ArrayList(16) 또는 new ArrayList(128) 등으로 변경할 수 있다고 해서 오류를 발견하고 품질을 향상시키는데 아무런 도움이 되지 않을 것이다.

mutation testing 기법이 개발중인 소프트웨어를 테스팅하는데 사용되고 있는 test case의 품질(efficacy)을 판단하는데 도움이 될 수 있다는 점에는 대부분 공감하지만, 이미 가지고 있는 테스트케이스가 두 개의 프로그램의 차이를 구별하지 못한다고 해서 그 차이를 찾아낼 수 있는 테스트케이스를 엔지니어가 추가한다고 해서 테스트케이스의 품질이 나아진다고 생각하지 않는다면 이는 도움이 되지 않는 작업에 고급인력을 낭비하는 것이다. 그렇다면 구글에서는 mutation testing 기법을 어떻게 사용할까?

첫째는 mutation testing 기법을 가지고 있는 또는 개발중인 코드 전체에 적용하는 것이 아니고 변경된 코드 그리고 기존의 테스트케이스가 cover하는 코드에만 적용한다는 것이다. Mutation testing의 범위를 줄이기 위한 너무도 상식적인 접근이다. 물론 변경된 코드가 이미 개발된 코드의 올바른 작동여부에 영향을 미칠 가능성도 있겠으나, 오류가 있다면 새로 추가되거나 변경된 코드에 있을 가능성이 훨씬 크기 때문이며, 기존의 테스트케이스가 수행하지 못하는 (uncovered) 코드에 대한 mutant를 생성해 봐야 그렇게 생성된 mutant는 모두 살아남을 것이므로 의미없는 작업이 될 가능성이 높다.

둘째는 변경된 코드를 대상으로 한 줄에 단 하나만의 mutant를 선별적으로 생성해 낸다는 것이다. 이론상으로는 생성해 낼 수 있는 mutant는 끝이 없을 것이다. 하나의 구문에 대해 여러가지의 mutation operator를 적용할 수 있고, 동일한 mutant도 여러가지 방법으로 적용할 수 있을 것이다. 한 줄에 여러가지 연산이 포함되어 있다면 각각에 대해서도 반복적으로 mutant를 만드는 것도 가능하겠지만 개발자에게는 도움이 되지 않을 것이다. 그리고 오랜 기간에 걸쳐서 쌓인 자료를 바탕으로 개발자들에게 제공되는 mutant의 효율을 높이는 것이다. 2만명 이상의 개발자들이 6년 이상에 걸쳐서 제공한 feedback을 바탕으로 unproductive mutant의 비율을 85%에서 11%까지 낮출 수 있었다고 하니 다른 개발조직에서도 참고하고 배울 가치가 있다.

조금 더 자세한 내용을 예제 및 자료를 바탕으로 알아보자. 먼저 mutation testing이 어떤 순서로 적용되는지 알아보자.

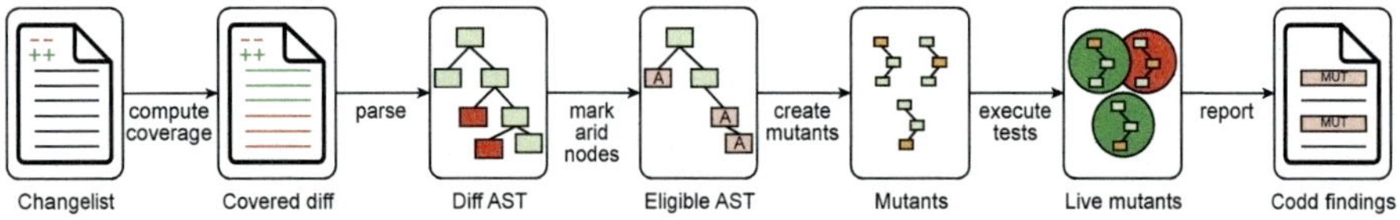

The Mutation Testing Service. For given changelist, line coverage is computed and the code is pasrsed an AST. For AST nodes spanning covered lines, arid nodes are marked, using the arid node detection heuristics, and only non-arid(eligible) nodes are mutated. The generated mutants are tested, and surviving mutanis are reproted as code findings.

Diff-based mutation testing이라고도 하는데, 기존의 테스트케이스를 적용하여 coverage 여부를 판단한 후, 변경되거나 추가된 코드에 대해서만 abstract syntax tree(AST) 생성하고 도움이 안되는 (e.g., arid nodes) 부분을 제외한 나머지를 대상으로 mutant 생성하는데, C++, Java, Go, Python을 포함한 10개의 다른 프로그래밍 언어가 지원된다고 한다. 그리고 코드 한 줄당 최대 1개, change list에 포함된 파일의 개수와 비교해 최대 7배까지의 surviving mutant를 코드리뷰에 참고하도록 제공[84]하고 개발자나 리뷰어는 이에 대해 도움이 되었는지 여부를 쉽게 표시할 수 있다. 이 그림은 기존의 테스트케이스들이 (a==b) 조건과 자동으로 생성된 (a!=b) 라는 상이한 프로그램의 행위의 차이를 식별하지 못하는 것으로 미루어 짐작할 때, 실제로 존재하는 프로그램의 오류일 가능성도 있으니 개발자나 코드리뷰를 하는 검토자들이 한 번 검토해 보라는 조언이다.

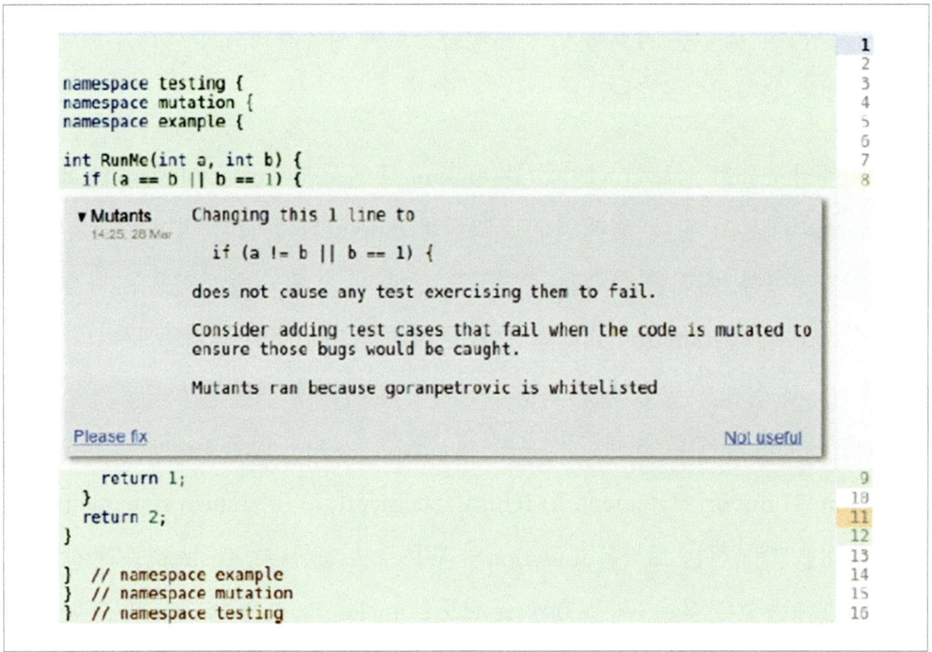

84. Petrovic et al, Practical Mutation Testing at Scale, IEEE TSE, 2022

변경된 코드에 한해서만 mutation 분석을 통해서 기존의 테스트케이스가 발견하지 못했기에 실제로 존재할지도 모르는 잠재적인 오류가 포함된 여러 개의 mutant 중에서 하나만을 골라서 개발자나 리뷰어에게 제시하려면 어떻게 결정할까? 구글에서는 매일 수많은 코드가 변경되고, bug fix의 과정을 통해서 수정되고 있으며, 어떤 종류의 오류를 소프트웨어 개발자들이 최선의 노력에도 불구하고 자주 실수하는 지를 알고 있으므로, 가장 가능성이 높을 것 같은 오류의 후보를 추천하는 방식이다. 이에 대해 개발자는 mutant를 식별할 수 있는 test case를 추가하거나 무시하기로 결정할 수 있다고 한다. 코드리뷰를 하는 사람도 자동으로 생성된 mutant가 코드의 품질을 판단하고 향상시키는데 도움이 되었는지 여부를 평가할 수 있으며, 이러한 의견은 Critique이라는 도구가 좀 더 도움이 될 수 있을 법한 mutant를 생성하는데 기초자료로 쓰인다고 한다. 이런 기능은 Facebook같은 SNS 플랫폼이나 YouTube 등이 사용자의 관심여부를 판단하고 사용자가 조금이라도 더 관심을 가질 것 같은 자료를 먼저 보여줌으로써 사용자의 접속시간을 최대화하려는 노력과 유사하다고 하겠다.

이전에 개발자들이 검토한 적이 있는 mutant 중에서 "Not useful"이라고 표시한 것들도 제외대상이 된다. 원래의 프로그램과 mutant가 동일한 의미를 갖는 경우도 마찬가지이다. 이러한 함수는 경험적으로 볼 때 오류도 상대적으로 적겠지만, 설령 있다고 해도 mutation 테스팅 기법이 발견할 가능성이 낮다는 뜻이다. 경험적으로 볼 때 실제로 발견되는 오류와 상이하기 때문에 현실적으로 고려할 가치가 적은 mutant의 종류에 대한 정보도 제공하고 있는데, 다음과 같다: 1) logging statement, 2) import statement, 3) return statement(그러나 return statement에 포함되는 값을 계산하는 로직은 mutation의 후보로 포함한다), 4) sleep 등과 같은 시간값을 매개변수로 갖는 구문, 5) reserve 또는 malloc과 같은 메모리 관련 함수들, 5) for loop에서 (i < 10) 을 (i !=10) 등으로 치환하는 함수등을 예로 들고 있다. 이 예제가 보여주는대로 겉으로는 다른 mutant이지만 논리적으로 동일한 경우가 흔하기 때문이다.

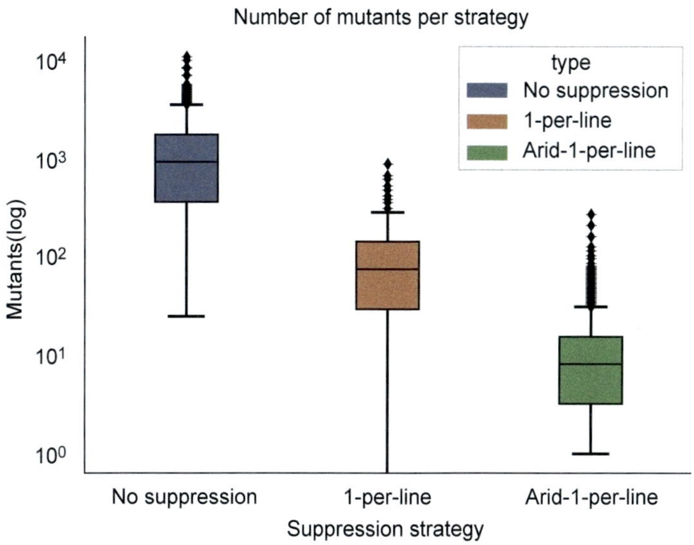

Number of generated mutants per changelist for no suppression(traditional mutagenesis), 1-per-line and arid-1-per-line(our approach). (Note the log-scaled vertical axis.)

위의 그림이 보여주듯이 볼 수 있는 것처럼 unproductive할 것 같은 mutant를 제외하고, 코드 한 줄당 하나만의 mutant를 생성하는 기법은 매우 효과적임을 할 수 있으며, 이런 방법을 적용해야만 대규모의 코드 개발과 수정이 일어나는 산업체 현장에서 mutation testing 기법을 적용할 수 있음을 알 수 있다. 그리고 Mutation testing 기법을 통해서도 쉽게 발견되지 않는 잠재적인 오류는 프로그래밍 언어에 따라서도 다를텐데, 구글의 경험은 "mutant survival rate"[85] 다음과 같이 보고하고 있다. survival rate의 반대되는 개념으로 mutation score라는 용어가 흔히 사용된다(예를 들자면 mutation score = 100 − survival rate).

85. 논문이 발표된 시점에 따라 사용된 mutation database의 크기나 내용이 다르므로 약간의 차이는 있으나 시사하는 내용은 동일하다고 생각한다.

Summary of the Mutant Dataset. (Note That SQL, Common Lisp, and Kotlin are Excluded From our Analyses Because of Insufficient Data

Language	Generated mutants			Survivability
	Count	Ratio	PerCL	
C++	7,197,069	42.5%	23.2	12.5%
Java	2,894,772	17.1%	14.8	13.2%
Go	1,988,798	11.7%	27.6	12.5%
Python	1,689,382	10.0%	21.3	13.2%
TypeScript	1,006,531	5.9%	20.8	10.8%
JavaScript	908,014	5.4%	31.0	9.4%
Dart	581,109	3.4%	17.4	16.3%
SQL	478,975	2.8%	91.2	11.7%
Common Lisp	148,289	0.9%	179.3	2.2%
Kotlin	42,209	0.2%	20.7	11.0%
Total	16,935,148	100%	21.8	12.5%

Number of mutants per mutation operator

Operator	Generated mutants		
	Count	Ratio	PerCL
SBR	11,522,932	68.0%	12.7%
UOI	3,137,375	18.5%	9.6%
LCR	1,305,499	7.7%	16.3%
ROR	672,009	4.0%	14.7%
AOR	297,333	1.8%	13.5%
Total	16,935,148	100%	12.5%

구체적인 숫자에 절대적인 의미를 부여할 수는 없지만, 아래와 같은 패턴을 발견할 수 있다.

- 프로그래밍 언어에 따라서 mutation testing 기법이 발견할 수 있는 잠재적인 오류의 차이가 있다는 점이다. Java나 C++같은 procedural한 언어에 비해(12~13%) Common Lisp의 경우 survival rate이 2.2%로 현저히 낮다.
- 비슷한 프로그래밍 언어라도 (예를 들자면 객체지향이면서 procedural 언어인 Java와 C++의 경우), 적용되는 mutation operator의 종류에 따라 편

차 (max-min)가 상당한 차이가 난다 (Java 2.4/ C++ 13.3). 이는 JavaScript와 TypeScript를 보아도 동일하다.

	SBR	UOI	ROR	LCR	AOR	max−min
Java	12.6	14.2	13.8	14.2	15.0	2.4
C++	12.6	5.2	14.5	18.5	16.7	13.3
Python	13.2	17.9	11.0	13.0	8.4	9.5
Go	15.0	7.8	17.9	12.0	15.0	10.1
JavaScript	13.3	6.6	15.3	17.9	10.8	11.3
TypeScript	8.4	4.9	8.1	7.1	22.7	17.9
Common Lisp	1.8	0.7		1.7		1.0
평균값	11.0	8.2	13.4	12.1	14.8	
max−min	13.3	17.2	9.8	16.8	14.3	

소프트웨어 개발현장에서의 mutation testing의 이러한 경험은 필요한 자원을 효율적으로 분배하기 위한 결정을 내리는데 다른 조직에서도 유용하게 활용할 수 있을 것이다.

30

정적분석 기법은 품질향상에 어떤 도움을 줄 수 있을까?

정적분석기법은 다양하게 정의될 수 있고 범위 또한 매우 광범위하지만, 일반적으로는 프로그램을 실제로 수행하지 않고 잠재적인 오류를 발견해 내는 기법을 지칭한다. 소프트웨어공학의 연구분야라고 볼 수도 있으나 프로그래밍언어 분야의 연구로 분류하는 것이 더 일반적이다. 소프트웨어공학과 프로그래밍 언어 연구가 겹치는 대표적인 분야가 정적분석기법이다. 프로그램에 존재할 수 있는 오류가 워낙 다양하고, 대상이 되는 Java나 Python 외에도 Go, JavaScript 등 프로그래밍 언어도 특성이 다르므로 정적분석 기법을 연구하는 사람들은 대부분 특정 언어나 일부 문제만을 연구주제로 다루는 현실이다.

정적분석을 통해서 기대할 수 있는 효과는 Linter 등으로 대표되는 코딩 표준을 위반한 사례와 같은 상대적으로 간단한 분석부터, null pointer exception 오류의 발견이나 버퍼 오버플로우가 야기할 수 있는 보안취약점의 발견까지 실로 다양하다. C언어의 malloc( )이나 free( ) 같은 동적 메모리 관리 함수의 오류도 발견할 수 있고, 코드에 포함되어 있으나 논리적으로 수행될 가능성이 없는 unreachable code의 발견부터, 특정 코드를 수행할 때 필요한 최장 수행시간(worst case execution time, WCET) 예상치를 계산하는 등의 실로 다양한 기능을 수행한다. 그러다 보니 개발자들의 입장에서 보면 배워야 할 기법이나 도구[86]도 너무 많을 뿐 아니라, 특정 기능을 수행하는데 전문가들이 추천하는 도구들도 여러가지가 있으니 정보의 홍수 속에서 혼란을 느끼게 된다.

개발자들이 더욱 어려움을 느끼는 문제는 정적분석 도구가 제공하는 정보에는 상당한 양의 거짓이 포함되어 있다는 것이다. 흔히 이야기하는 false positive이다. 정적분석 도구가 다루는 문제에 따라 그리고 도구에 사용된 알고리즘의 성능에 따라 많은 차이가 있지만, 일반적으로 false positive는 정적분석 기법에서 완전히 배제하기 힘든 것이 현실이다. 일부 도구에서는 매우 엄밀한 알고리즘을 사용하기 때문에 false positive가 없다는 주장도 있으나, 이런 경우에도 존재하는 오류의 미검출로 인한 true negative의 가능성 또한 배제할 수 없다. 정리하자면 defect의 존재여부와 정적분석을 통해 발견되는지 여부에 따라 다음과 같이 정리할 수 있다.

		정적분석 기법을 이용한 Defect의 판단 여부	
		검출 (positive)	미검출 (negative)
Defect의 실제 존재여부	True	True Positive 목표: 가능한 높게	True Negative 목표: 가능한 낮게.
	False	False Positive 목표: 가능한 낮게	False Negative 현실적으로 무의미한 지표

True positive의 경우, 실제로 존재하는 그리고 개발자의 입장에서는 정적분석 기법이 당연히 (?) 발견할 수 있었을 법한 오류를 찾아낸 것으로 매우 유용한 정보이며 도구의 신뢰도를 향상시키며 품질과 생산성에 긍정적으로 작용한다. 반대로 True negative는 도구나 방법론이 완벽했다면 찾아낼 수 있었을 잠재적인 오류를 찾아내지 못한 경우이며, 테스팅이나 코드리뷰등의 다른 기법등을 통해서 이러한 오류가 실제로 존재할 수 있음이 확인될 경우를 제외하면 true negative의 존재 자

86. https://en.wikipedia.org/wiki/List_of_tools_for_static_code_analysis#Static_code_analysis_tools 이 링크를 따라가 보면 쉽게 확인할 수 있다.

체를 알 수가 없다. False positive는 실제 개발자들이 정적분석 기법이나 도구의 사용을 주저하게 만드는 주된 원인이 되는데, 이론적으로는 가능할 수 있어도 실제로 존재하지 않는 오류이거나 또는 방법론이나 도구의 한계로 인해 거짓된 정보가 개발자에게 제공되는 경우이다. 이런 false alarm의 경우는 개발자가 일일이 따져가면서 이런 오류가 실제로 발생가능한지를 검증해야 하는데 많은 시간을 소비하게 된다는 점 외에도 개발자의 입장에서는 시간을 낭비하는 것으로 생각되기에 정적분석 기법의 사용을 기피하는 주된 논리로 사용된다. 그렇다고 분석을 하기 전에는 true positive와 false positive를 판단할 수도 없다는 점이 개발자들을 힘들게 한다.

정적분석 도구를 사용하여 소프트웨어를 분석하는데도 적지 않은 컴퓨팅 자원을 필요로 할 수도 있지만, 이런 작업은 개발자의 근무시간을 직접적으로 "빼앗지 않고" 수행할 수 있다는 것은 큰 장점이다. 그리고 이러한 오류를 발견할 수 있는 대안으로 사용할 수 있는 방법들인 테스팅이나 인스펙션 기법이 상대적으로 개발자의 시간과 직접적인 노력을 필요로 한다는 점, 개발자의 능력의 차이에 따라 성과에 많은 차이가 생길 수 밖에 없다는 점, 아무리 뛰어난 개발자라도 관련 소프웨어에 대한 이해부족이나 또는 분석하는 동안 일시적인 집중력의 저하 또는 실수등 여러가지 이유로 존재하는 오류를 발견하지 못하는 true negative의 가능성을 생각해 보면 정적분석 기법은 여러가지로 장점이 많은 기법이다.

개발자들은 정적분석 도구의 사용법만 잘 알고 있는 것으로 충분하며, 이런 기법의 기술적인 이론에 대한 자세한 지식이 없어도 사용할 수 있다는 것도 큰 장점이다. 마치 사진을 보정하고자 하는 사람이 이미지 처리에 대한 이론을 알지 못하더라도 포토샵을 비롯한 유용한 도구를 효율적으로 사용하는 법을 배워서 본인이 원하는 효과를 사진 또는 동영상의 처리를 통해서 얻을 수 있다면 충분한 것과 비슷한 것이다.

그렇다면 정적분석을 통해서 발견할 수 있는 소프트웨어의 오류는 어떤 종류가 있을까? 구글에서 개발된 정적분석도구이며 GitHub에 공개된 Error Prone이란 도구의 예제[87]를 가지고 생각해 보기로 하자.

```
import java.util.Set;
import java.util.HashSet;

public class ShortSet {
  public static void main (String[] args) {
    Set<Short> s = new HashSet<>();
    for (short i = 0; i < 100; i++) {
      s.add(i);
      s.remove(i - 1);
    }
    System.out.println(s.size());
  }
}
```

```
$ bazel build :hello
ERROR: example/myproject/BUILD:29:1: Java compilation in rule '//example/myproject:hello'
ShortSet.java:6: error: [CollectionIncompatibleType] Argument 'i - 1' should not be passed to this method;
its type int is not compatible with its collection's type argument Short
      s.remove(i - 1);
              ^
    (see http://errorprone.info/bugpattern/CollectionIncompatibleType)
1 error
```

위에서 지적한 오류는 정말로 버그일까? Java에 대한 정확한 지식이 있고, 실제로 개발경험이 많으며, HashSet 클래스의 세부 명세를 아는 사람만이 정확한 답을 할 수 있을 것이다. Short 타입의 변수는 16비트의 양수 및 음수값 (−32,768부터 32,767까지의)을 가질 수 있다는 점을 생각하면, 그리고 for문의 선언에서 i가 가질 수 있는 값이 0부터 99까지임을 생각하면 오류가 아니라고 주장할 수도 있겠다. 그러나 Java 언어에 대한 깊은 이해가 있는 개발자라면 i−1이라는 arithmetic expression에 쓰인 1이라는 값은 정수형 즉 integer 상수로 해석될 수 있고(short가 가질 수 있는 값의 범위에 포함되긴 하지만), short보다는 integer로 type이 정의되는 것이 일반적이라는 점, 그리고 short와 integer값이 포함된 연산에서는 좀 더 포괄적인 자료형인 integer값으로 결과값이 자동변환된다는 점을 생각하면

87. https://errorprone.info/에서 예제를 인용하였다.

s.remove(i−1)의 값이 short가 아닌 integer값으로 판단하는 것이 합리적이고, 그렇다면 type conflict가 일어난다는 점을 이해할 수 있을 것이다. 물론 이 경우는 개발자가 이런 오류 메시지는 false positive라고 판단하고 무시하고 넘어가도 문제가 생기지 않을 것이지만, type conflict를 비롯한 프로그램의 오류는 이처럼 다양하고 구체적인 지식이 있어야만 정확한 판단이 가능한 것이다. 100% 정확하지는 않을 수 있어도 오류의 가능성을 알려주는 도구가 있다면 (false alarm이 너무 많아서 개발자가 그 결과를 불신하는 일만 없다면) 소프트웨어의 품질향상이나 생산성 증가에 유용한 기법이라는 것은 확실하다.

그렇다면 정적분석도구로 흔히 발견할 수 있는 오류중 하나인 memory leak이란 어떤 문제일까? Geeksforgeeks는 다음의 코드를 예제로 보여주고 있다.

```
#include <bits/stdc++.h> // Program with memory leak
using namespace std;
void func_to_show_mem_leak() { // function with memory leak
    int* ptr = new int(5);
    return; // return without deallocating ptr
}
int main() {
    func_to_show_mem_leak();
    return 0;
}
```

위의 코드는 개념을 가능한 쉽게 설명하기 위하여 new라는 기능을 이용하여 동적메모리할당을 하고 free라는 함수를 이용하여 불필요한 메모리를 반환하는 코드를 누락한 경우를 보여주고 있다. 그러나 실제 프로그램에서 발견되는 오류는 이보다 훨씬 더 복잡할 것이다. 프로그램이 어떤 경로를 따라 수행되는가에 따라 malloc( ) 함수를 통해서 동적으로 할당받은 메모리가 정상적으로 free( ) 함수의 호출을 통하여 반환되는 경우도 있을 것이며, 미처 테스팅하지 못한 경로에서는 free( ) 함수의 호출이 누락될 수 있을 것이다. 위의 예제는 워낙 간단하여 누구라도 오류를 찾을 수 있겠지만 코드가 복잡하고 조건문이나 반복문의 일부로 free( ) 등의 함수가 포함되어 있다면 free( ) 함수가 호출되는 경우도 있겠고 그렇지 않은 경우도 있을 수 있으므로 실제로 memory leak이 발생하는지 여부를 판단하는 것은 간단한 일이 아니다. 경우에 따라서는 이미 free( )된 메모리를 또 다시 free( ) 함수를 재호출하는 것 또한 memory 사용의 오류가 될 것이다. 이를 double free 취약점이라고 흔히 부르는데 다음과 같은 예제를 생각할 수 있겠다.

```
char* ptr = (char*)malloc (SIZE);
...
if (abrt) {
    free(ptr);
}
...
free(ptr);
```

이 경우 abrt라는 조건이 만족되는 상황이 전혀 발생하지 않는다면 free( ) 함수는 한 번만 호출될 것이므로 메모리사용에 문제가 없다 할 수 있겠다. 그리고 실행중에 abrt라는 조건이 만족될 수 있는지 여부는 실제로 프로그램을 실행시켜보기 전에는 알 수 없으며, 설령 많은 테스트케이스를 이용하여 실행해 보았다고 해도 모든 경우에 대해 실행해 보았다는 보장은 할 수 없으므로 정적분석 도구는 이를 메모리 사용에 대한 잠재적인 오류로 판단하는 것이다. 인스펙션을 통해서 이러한 잠재적인 오류를 찾아낼 수도 있겠지만 개인의 능력차에 따라서 발견될 수도 있고 그렇지 않을 수도 있다는 점이다. 그러나 정적분석 도구를 이용하여 프로그램에 존재하는 control flow graph를 자동으로 생성하고 존재하는 모든 가능한 수행경로를 따라서 double free 또는 malloc( )이 아직 호출이 되지 않은 메모리에 대한 free( ) 함수의 호출 등을 발견하여 개발자에게 보여줄 수 있다면 매우 유용한 것이다.

위의 예제는 개념을 쉽게 전달하기 위한 목적으로 단순화한 것이므로 대부분의 개발자들이 오류가 있음을 쉽게 알 수 있지만 실제 코드에서는 동일한 오류도 발견하는 것이 결코 쉽지 않다. 이런 기법이나 도구의 진정한 가치를 이해하려면 왜 처음에 개발자가 작성한 코드가 에러가 없을 것 같고 "그럴 듯 해 보이지만" 메모리 사용에서 어떤 오류가 있는지를 이해해야 하고, 이후 몇 번의 수정과정을 통해서 코드가 어떻게 변화되었고, 그 과정에서 해결되었던 double free라는 메모리 사용의 문제가 memory leak 문제가 되었는지를 이해해야 한다. 이러한 메모리 할당, 사용 및 반환에 관한 오류를 자동으로 찾고 수정해 주는 도구인 MemFix를 소개하는 논문[88]에 소개된 Linux커널에서 실제로 발견되었던 코드에 있었던 오류인데, 그림 a에 소개된 코드에서 double free 오류가 보이는가?

```
1  in = malloc(1);
2  out = malloc(1);
3  ... // use in, out
4  free(out);
5  free(in);
6
7  in = malloc(2);
8  if (in == NULL) {
9
10   goto err;
11 }
12
13 out = malloc(2);
14 if (out == NULL) {
15   free(in);
16
17   goto err;
18 }
19 ... // use in, out
20 err:
21   free(in);
22   free(out);
23   return;
```

(a) Original code (double-free)

```
1  in = malloc(1);
2  out = malloc(1);
3  ...
4  free(out);
5  free(in);
6
7  in = malloc(2);
8  if (in == NULL) {
9    out = NULL; // +
10   goto err;
11 }
12
13 out = malloc(2);
14 if (out == NULL) {
15   free(in);
16   in = NULL; // +
17   goto err;
18 }
19 ...
20 err:
21   free(in);
22   free(out);
23   return;
```

(b) First patch (2007.9) (correct)

```
1  in = malloc(1);
2  out = malloc(1);
3  ...
4  // -
5  free(in);
6
7  in = malloc(2);
8  if (in == NULL) {
9    out = NULL;
10   goto err;
11 }
12 free(out); // +
13 out = malloc(2);
14 if (out == NULL) {
15   free(in);
16   in = NULL;
17   goto err;
18 }
19 ...
20 err:
21   free(in);
22   free(out);
23   return;
```

(c) Second patch (2008.6) (memory-leak)

```
1  in = malloc(1);
2  out = malloc(1);
3  ...
4  free(out); // +
5  free(in);
6  out = NULL; // +
7  in = malloc(2);
8  if (in == NULL) {
9    out = NULL;
10   goto err;
11 }
12 // -
13 out = malloc(2);
14 if (out == NULL) {
15   free(in);
16   in = NULL;
17   goto err;
18 }
19 ...
20 err:
21   free(in);
22   free(out);
23   return;
```

(d) Third patch (2008.7) (correct)

```
1  in = malloc(1);
2  out = malloc(1);
3  ...
4  // -
5  free(in);
6
7  in = malloc(2);
8  if (in == NULL) {
9
10   goto err;
11 }
12 free(out); // +
13 out = malloc(2);
14 if (out == NULL) {
15   // -
16
17   goto err;
18 }
19 ...
20 err:
21   free(in);
22   free(out);
23   return;
```

(e) Fix by MEMFIX (correct)

(a) Orriginal buggy code. (b)–(d) A series of patches made vy a developer. (e) Fix by our technique

자세한 분석은 어차피 이 내용을 공부하는 각자의 몫이므로 간단하게만 설명해 보자. 그림 a에 표시된 원래 코드는 처음에 1이라는 크기의 메모리를 1~5번 줄에서 in, out 변수에 할당하여 사용하고 반환한 후, 다시 2라는 크기의 메모리를 할당하

88. Lee, Hong, and Oh, MemFix: Static Analysis-based Repair of Memory Deallocation Error for C, ESEC/FSE, 2018

여 사용하는데(7~11번, 13~18번) malloc(2)라는 함수호출이 메모리 할당에 실패하는 경우(7번 또는 13번), 해당 변수는 null 값을 가지게 될 것이고 코드는 err이라는 레이블로 표시된 20번 줄을 실행하게 될 것이다. 7번째 줄에서 메모리할당이 실패할 경우는 in 변수는 null 값을 가지므로 21번째 줄에서 free해도 문제가 없겠으나, 22번줄에 있는 free(out) 함수 호출은 아직 할당되지도 않은 (또는 이미 반환된 후 재할당이 이루어지지 않은) 상태에서 수행되므로 두 번 연속으로 free 함수를 호출하는 경우이므로 double free 오류라고 하는 것이다. 20줄 내외의 코드에서도 오류를 파악한 것이 쉽지 않은데 중간에 추가된 코드가 많다면 (예를 들어 3번 또는 6번줄에) 이런 오류를 발견하는 일은 쉽지 않은 것이다.

이렇게 발견된 오류를 수정하기 위해 처음 패치가 적용되었고 결과적으로는 오류를 제대로 수행하는 코드가 작성되었으나(그림 b) 이해하기에 쉽지 않아서 다른 (또는 동일한) 개발자가 오류가 있다고 잘못 판단하고 다시 수정을 하였는데 이번에는 memory leak 오류가 포함된 코드를 작성한 것이다. 그림 c에 소개된 코드에서는 처음 할당된 크기 1의 in, out 변수중 in에 해당하는 메모리 영역이 반환되고 (out은 아직 반환되기 전이며 어딘가 필요한 메모리영역의 포인터 역할을 하고 있는데), 7번 줄에서 in 포인터가 크기 2의 메모리로 재할당되는 과정에서 실패하는 경우에 in 값은 null로 "올바르게" 값이 지정되겠지만 out까지도 null로 초기화 되는 것이므로 이전에 포인터 값으로 가지고 있던 메모리 영역은 반환되지 않은 상태에서 더 이상 접근할 수 없게 된 것이므로 이런 오류를 memory leak이라고 부르는 것이다.

그렇다면 이런 메모리의 할당에 관련된 오류들이 실제 프로젝트에서 얼마나 많이 발생할까? 같은 논문에 소개된 자료를 보면 memory leak(ML), double free(DF), use-after-free(UAF) 등의 문제가 꽤나 자주 발생하는 문제임을 알 수 있다. 그러니까 이런 종류의 오류를 자동화된 방법으로 찾아주고 고쳐주는 도구가 개발자들의 시간을 많이 절약해 주고, 고생을 덜어줄 수 있음을 알 수 있는 것이다. (더 관심이 있는 독자는 그림 d와 e에 소개된 코드까지도 같이 비교해 보면서 어떤 코드가 제일 잘 작성한 것인지 생각해 볼 것을 강력하게 추천한다.)

Repo.	#commits	ML	DF	UAF	Total	*-overflow
linux	721,119	3,740	821	1,986	6,363	5,092
php	105,613	1,129	148	197	1,449	649
git	49,475	350	19	95	442	258
openssl	21,009	220	36	12	264	61

Number of commits that mention memory leak, double free, use-after-free, and buffer/integer-overflow

정적분석도구로 널리 사용되는 기능중 하나는 coding style의 위배 여부를 찾아주는 것이다. Linter라고 흔히 불리는 도구인데, 각종 프로그래밍 언어에 특화되어 있으며 Go 언어에 적용되는 도구는 Golint, 안드로이드 앱의 경우는 AndroidLint 등이 있다. 그 외에도 Python에 특화된 style checker로 Pylin 등 다양한 도구가 존재한다. 그렇다면 style guide를 위반하는 것을 프로그램의 오류라고 분류할 수 있는가에 대한 질문부터 할 수 있겠다. Style guideline을 위반하긴 했지만 로직상의 오류가 없다면 문제가 없다는 주장도 일리가 있지만 하나의 프로그램의 최초 개발자와 이후 이 소프트웨어를 수정하고 확장하는 사람이 다를 수 있다면 (흔히 그렇듯이) coding style의 준수는 현실적이고 중요한 문제가 됨을 알 수 있다. 경우에 따라서는 실제 오류를 coding style을 준수했다면 발생하지 않았거나 미리 발견될 가능성이 높은 오류[89]도 있기 때문이다.

89. https://www.synopsys.com/blogs/software-security/understanding-apple-goto-fail-vulnerability-2/

```
static OSStatus
SSLVerifySignedServerKeyExchange(SSLContext *ctx, bool isRsa, SSLBuffer signedParams,
                                 uint8_t *signature, UInt16 signatureLen)
{
    OSStatus        err;
    SSLBuffer       hashOut, hashCtx, clientRandom, serverRandom;
    uint8_t         hashes[SSL_SHA1_DIGEST_LEN + SSL_MD5_DIGEST_LEN];
    SSLBuffer       signedHashes;
    uint8_t         *dataToSign;
    size_t          dataToSignLen;

    ...
    if ((err = ReadyHash(&SSLHashSHA1, &hashCtx)) != 0)
        goto fail;
    if ((err = SSLHashSHA1.update(&hashCtx, &clientRandom)) != 0)
        goto fail;
    if ((err = SSLHashSHA1.update(&hashCtx, &serverRandom)) != 0)
        goto fail;
    if ((err = SSLHashSHA1.update(&hashCtx, &signedParams)) != 0)
        goto fail;
        goto fail;
    if ((err = SSLHashSHA1.final(&hashCtx, &hashOut)) != 0)
        goto fail;

    err = sslRawVerify(ctx,
                       ctx->peerPubKey,
                       dataToSign,                /* plaintext */
                       dataToSignLen,             /* plaintext length */
                       signature,
                       signatureLen);
    if(err) {
        sslErrorLog("SSLDecodeSignedServerKeyExchange: sslRawVerify "
                    "returned %d\n", (int)err);
        goto fail;
    }
```

2015년 애플의 iOS에서 발견되었다고 알려진 위의 오류는 사실 따지고 보면 왜 이런 오류가 개발과정이나 테스팅 과정에서 발견되지 않았는지 믿기 어려울 정도이다. Goto 구문의 사용 자체가 반드시 문제가 되는 것이 아니라, 다른 조건문의 경우에는 goto 구문이 한 번만 사용되는데 특정 조건하에서는 두번이나 연속적으로 호출된 점이 의아하다. 더구나 goto 구문을 두 번 연속 호출하는 것이 프로그램의 의미상 별로 효과가 없다는 점도 쉽게 보이는데 말이다. 첫 번째 goto문을 수행하고 다시 두 번째 goto문을 순차적으로 수행할 것이 아니기 때문이다. 더구나 들여쓰기를 하면서 { }를 이용하여 compound statement를 만들지 않은 것도 의아하다. 만일 이런 코드를 style checker를 사용해서 검사했다면 아마도 다음과 같이 고치도록 제안했을 것이다.

```
...
If ((err = SSLHashSHA1.update (&hashCtx, &signedParams)) != 0)
    goto fail;
goto fail;
if ((err = SSSLHashSHA1.final (&hashCtx, &hashOut)) != 0)
    goto fail;
...
```

단 2개의 space를 이용하여 들여쓰기만 조정해도 두번째 goto문에는 아무런 조건이 정의되어 있지 않음이 너무도 분명해 보인다. 이 경우 위의 조건이 만족되지 않아서 goto fail 구문이 실행되지 않았을 경우에는, 두번째로 사용된 goto fail 구문이 항상 실행될 수 밖에 없음이 명확하며 이는 아마도 개발자의 의도는 아닐 것이라는 점이 분명하기 때문이다. 그러나 원래 코드의 들여쓰기 사용으로 인하여 코드리뷰 과정에서도 이런 잠재적인 오류가 개발자나 리뷰어의 관심을 끌지 못한 것으로 보인다. (물론 왜 두 번씩이나 연속으로 goto 구문의 사용이 필요한지부터 의문을 가지고 분석했으면 오류가 더 쉽게 발견되었겠지만, 모든 일이 그렇듯이 원인을 미리 알고나서 문제를 분석하면 모든 것이 쉽게 보이는 법이다). 코드의 유지 및 보수과정의 효율을 위해서도 필요하지만 coding style의 준수는 그래서 필요한 것이고, 이런 확인을 자동화 해주고 경우에 따라서는 요구되는 코딩 스타일로 고쳐주는 유용한 정적분석도구가 Lint 계열의 도구들인 것이다.

정적분석도구가 효과적으로 탐지할 수 있는 또 다른 오류는 null pointer exception[90] 오류를 찾는 것이다. 이러한 오류를 흔히 null dereferencing이라고 부르는데 C, Java, Ojbect-C를 포함한 널리 쓰이는 프로그래밍 언어에서 발생할 수 있는 문제이다. 이런 오류를 발견할 수 있는 대표적인 도구로는 Facebook (Meta)에서 개발한 Infer라는 도구, Uber에서 개발한 NullAway 등 여러가지가 있다. Habib와 Pradel의

90. https://www.geeksforgeeks.org/null-pointer-exception-in-java/에서 이에 관한 기초지식을 배울 수 있다.

논문에서 소개하는 Infer 도구를 사용하여 발견한 Null dereference의 예제는 다음과 같다.

Buggy code:

```
214 public Document ownerDocument() {
215   if (this instanceof Document)
216     return (Document) this;
217   else if (parentNode == null)
218     return null;
219   else
220     return parentNode.ownerDocument();
221 }
  :
362 protected void outerHtml(StringBuilder accum) {
363         new NodeTraversor(new
                OuterHtmlVisitor(accum, ownerDocument()
                .outputSettings()))
                .traverse(this);
364 }
```

Bug fix →

Fixed code:

```
362 protected void outerHtml(StringBuilder accum) {
363   new NodeTraversor(new OuterHtmlVisitor(accum,
          getOutputSettings())).traverse(this);
364 }
365
366 // if this node has no document (or parent),
        retrieve the default output settings
367 private Document.OutputSettings
        getOutputSettings() {
368   return ownerDocument() != null ?
          ownerDocument().outputSettings() : (new
          Document("")).outputSettings();
369 }
```

(d) Bug Jsoup-59. Warning by Infer at line 363: null dereference. L_b **= { 363, 364, 365, 366, 367, 368, 369 }. Found by: Diff-based methodology and fixed warnings-based methodology. Classification: Full match.**

이 예제에서는 왼쪽에 보여지는 Buggy code의 215~220번째 줄에 있는 (특히 217~218째 줄에 있는 코드를 보면) ownerDocument( )라는 메소드의 호출이 null 값을 반환할 수 있는 가능성이 있고, 그런 경우에는 363째 줄에 있는 코드에서 outputSettings( )라는 메소드를 호출할 때 NullPointerException이 발생한다는 것이다. 이를 방지하려면 오른쪽에 보이는 것 처럼 366~369번째 줄에 있는 코드를 추가해야 하는데 ownerDocument라는 객체가 null 값을 가지고 있다면 empty Document (" ")를 명시적으로 생성해서 null값을 가지지 않도록 보완하는 코드를 추가해야 한다는 것이다.

그렇다면 이런 종류의 null pointer dereferending 오류는 실제 산업체에서 개발되는 프로젝트에서 빈번하게 발생할까? 답은 당연하게도 "생각보다 자주" 발생한다는 것이다. 정확한 통계는 없지만 Infer도구를 개발한 연구자들이 발표한 논문[91]에서는 30일간 Uber Android 앱에서 발견한 NPE(null pointer exception) 오류가 100개가 되었다고 한다. 실제로 이런 NULL pointer 때문에 생기는 문제는 다양하고 흔

91. Banerjee et al., NullAway: Practical Type-based NULL Safety for Java, ESEC/FSE '19, August, 2019

Classification of NPEs from the Uber deployment

Category	Sub-category	Count
Unannotated library code	Android SDK/JDK	38
	Other Third-Party	16
	First Party Libs	10
	Total	64
Manual Suppression	Precondition and assertion-like methods	14
	@SuppressWarnings annotations	3
	Total	17
Post-checking issures	Reflection	10
	Instrumentation	3
	Annotation Processor Misconfiguration	2
	Code stripping	2
	Total	17
Other		2
Total		100

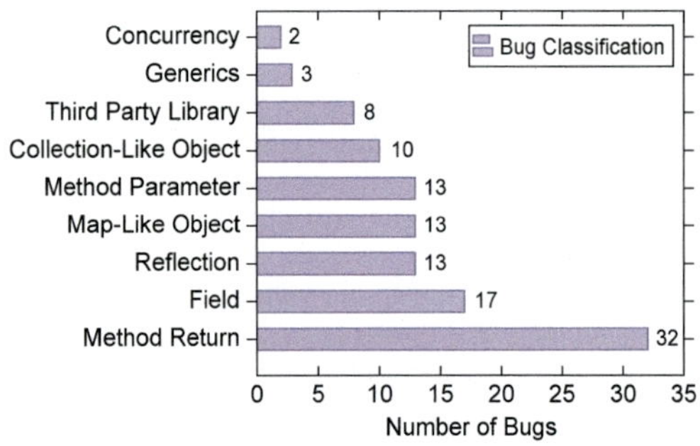

히 발생하기 때문에 Java에서는 객체에 대한 포인터 기능은 포함하지만 C언어에서 사용하는 포인터 연산은 제공하지 않는 것이다.

Tomassi와 Rubio-Gonzalez[92]는 42개의 오픈소스 프로젝트에서 발견된(그리고 검증과 재현이 가능한) Null Pointer Exception(NPE) 오류들이 포함된 BugSwarm과 Defects4J 데이터베이스에 포함된 102개의 오류들을 대상으로 CFNullness, Eradicate, Infer, NullAway, SpotBug 등의 정적 분석 도구가 몇 개의 오류를 발견할 수 있는지를 분석하였다. 오류를 분류해 보니 아래와 같은 결과를 얻었다고 한다. 가장 흔한 NPE오류는 역시 메소드가 반환하는 자료의 값이 null이거나(32건) 특정 필드의 값이 null인 경우로 17건이 있었다. (각 항목에 속하는 오류의 개수를 합치면 102개가 아닌 111이 나오는데, 하나의 오류가 복수의 항목에 해당하는 경우가 있어서 그렇게 되었다고 한다.)

그렇다면 Meta(구 Facebook) 또는 Uber에서 개발한 정적분석도구들을인 Infer나

92. Tomassi and Rubio-Gonzalez, On the Real-World Effectiveness of Static Bug Detectors at Finding Null Pointer Exceptions, 36th International Conference on Automated Software Engineering (ASE), 2021

NullAway 등이 포함된 여러 도구들은 102개의 오류들 중에서 몇 개나 발견을 했을까? 그 결과는 상당히 실망스러울 수도 있겠지만, 제일 많이 발견한 Eradicate가 20개, 가장 적게 발견한 도구는 SpotBugsHT로 4개등이며, 중복해서 발견한 경우를 제외하면 102개의 존재하는 오류들중에서 고작 (?) 30개만을 발견하는데 그쳤다는 것이다. 그리고 그 중 11개는 단 하나의 정적분석도구만이 발견할 수 있었으며 나머지 4개의 정적분석도구는 발견에 실패했다고 한다. (아래에 인용된 TABLE IV의 설명을 참조하기 바람) 즉 Eradicate라는 정적분석도구가 발견한 총 20개의 오류중에서 15개는 다른 도구에서도 발견되었으나 5개는 오직 Eradicate만이 발견했다는 뜻이다. Uber에서 개발한 도구인 NullAway는 102개의 오류중에서 총 5개를, 그리고 그 중 2개는 NullAway만이 발견한 오류임을 알 수 있다.

TABLE III: Number of all warnings and NPE warnings produced by each tool. "Avg All" and "Avg NPEs" refer to the average number of warnings produced per program.

Tool	All	NPEs	Avg All	Avg NPEs
CFNullness	231,860	241,860(100%)	1,137	1,137
Eradicate	266,682	266,682(100%)	1,307	1,307
Infer	37,035	12,307(33.2%)	181	60
Nullaway	25,065	25,065(100%)	122	122
SpotbugsHT	49,555	8,807(17.8%)	243	43
SpotbugsLT	129,183	22,656(17.5%)	633	111

TABLE IV: Bugs mapped by each method. We show the number of correct mappings/ the total number of mappings. Column "Bugs Found" gives the total number of bugs found per tool. Inside parenthesis are the number of bugs that a tool found but not others. 30 unique bugs are found across tools.

Tool	Method				Bugs Found
	Code	Report	Stack	Covered	
CFNullness	6/56	5/18	7/26	5/56	11(2)
Eradicate	10/51	7/24	7/22	8/52	20(5)
Infer	3/23	2/13	9/12	7/27	10(1)
Nullaway	1/17	0/21	1/4	5/26	5(2)
SpotbugsHT	4/18	4/6	1/5	2/13	4(0)
SpotbugsLT	6/46	6/13	6/12	3/26	9(1)
Total	30/211	24/95	31/81	30/200	30 Unique

그렇다면 이러한 도구들이 잠재적인 NPE 오류라고 제시한 경고 또는 오류 메시지는 몇 개나 되었을까? 그 자료가 TABLE III에 있는데 NPE 오류만 보아도 적게는 8,807개를 생성한 SpotBugsHT에서부터 많게는 266,682개의 경고메시지를 생성한 Eradicate까지 있다. 프로젝트별로 본다면 평균적으로 적게는 43개부터 많게는 1,307개의 경고 메시지를 생성했으니 적은 숫자가 아니며 에러메시지의 숫자와 실제로 발견한 오류의 숫자를 비교하면 흔히 false alarm 또는 false positive라고 부르는 메시지의 비율이 압도적으로 높다는 것을 알 수 있다. (이 논문에서는 각 도

구별로 왜 그렇게 소수의 오류만을 발견할 수 있었고 대부분의 NPE 오류를 발견할 수 없었는지에 대한 분석도 포함되어 있으나 새로운 정적분석 기법을 개발하는 연구자가 아니라면 별로 관심을 가질 만한 내용이 아니므로 그 논의는 생략하기로 하자.) 이 실험결과는 실제 프로젝트에서 NPE오류를 포함한 각종 오류가 얼마나 많이 발생할 수 있는지 그리고 이런 오류들을 발견하는 것이 결코 쉬운 일이 아님을 다시 한 번 잘 보여주는 사례라고 하겠다.

이 외에도 정적분석도구가 가장 널리 쓰이는 기법중 하나는 잠재적인 보안 취약점을 찾는 것이 될 것이다. 컴퓨터학을 공부하는 사람들에게 유용한 정보를 잘 정리해서 제공하는 사이트중 하나인 geeksforgeeks.org[93]는 다음의 예제를 보여주고 있는데,

```
#include <stdio.h> // A C program to demonstrate buffer overflow
#include <string.h>
#include <stdlib.h>

int main(int argc, char *argv[])
{
    char buffer[5];
    if (argc < 2) {
        printf("strcpy() NOT executed....\n");
        printf("Syntax: %s <characters>\n", argv[0]);
        exit(0);
    }
    // copy the user input to mybuffer, without any bound checking
    strcpy(buffer, argv[1]);
    printf("buffer content= %s\n", buffer);
    printf("strcpy() executed...\n");
    return 0;
}
```

93. https://www.geeksforgeeks.org/buffer-overflow-attack-with-example/

위의 예제를 보면 특정 프로그래밍 언어에 대한 충분한 이해가 없이는 이러한 취약점을 제대로 이해할 수 없다는 점이 분명해진다. 문제의 핵심은 최대 5개의 character 타입의 자료를 저장할 수 있도록 buffer 변수를 지정했는데, 사용자의 입력을 strcpy 함수를 호출하여 저장하는 과정에서 strcpy 함수는 글자가 5자 이상일 경우 할당된 공간을 초과하는 일이 발생하는지 여부를 검증하는 기능이 누락되었다는 점이 뒤늦게 발견되었다는 것이다. 프로그램의 이러한 잠재적인 오류를 이용한 가장 널리 알려진 사례가 1988년에 발생한 그리고 그 당시 전체 인터넷에 연결된 컴퓨터의 상당수를 감염시킨 Morris Worm이다. Morris는 당시 널리 쓰이던 unix 운영체제에서 발견되지 않았던 finger 프로그램의 취약점을 이용한 것이지만 buffer overflow를 유도하고, 이런 과정에서 다른 프로그램에 바이러스를 확산시키는 기능이 구현된 프로그램을 실행시킨 것이다. (자세한 내용은 wikipedia에서 morris worm이란 주제로 검색 가능하다). 물론 현재 이용가능한 모든 strcpy이란 이름의 C언어 함수의 구현이 지금도 항상 buffer overflow를 발생시킨다는 뜻은 아닐 것이다.

이러한 보안취약점이 보고된 후 strcpy 함수의 구현이 수정되어 더 이상 같은 취약점이 존재하지 않을 수도 있지만, 이러한 취약점이 보고된 사례가 있으므로 대안으로 strcpy_s 함수의 사용을 권장하는 것이다. 이러한 내용을 담은 것이 secure coding guideline이고 C와 Java를 비롯한 각종 프로그래밍 언어에 대해서 정의되어 있다. 그리고 이런 잠재적인 오류를 찾아낼 수 있는 정적분석도구로 Archer, Boon, Polyspace, Splint, UNO 등 여러가지가 개발된 것이다. 그리고 strcpy 함수의 오류 여부와 상관없이 개발자는 argv[1]의 값을 buffer라는 변수의 값으로 복사하기 전에 buffer overflow가 발생하지 않도록 확인하는 코드를 추가하는 것이 당연한 일이다. 마지막으로 꼭 기억해야 하는 것은 이러한 정적분석 기법이 효과적인 것은 사실이나 완벽하지 않다는 것 그리고 false positive 또는 false alarm이 많을 수 있다는 점이다. 일부 연구에서는 정적분석도구가 발견했다고 하는 오류 메시지의 최대 90%까지도 사실이 아니거나 경우에 따라서는 개발자가 별도의 수정조치를 취하지 않아도 되는 "사소한" (?) 오류라고 보고하기도 한다.

최근의 정적분석도구는 잠재적인 오류의 발견을 넘어서 오류를 자동으로 수정하는 단계로까지 발전하고 있다. MemFix라는 도구의 경우 오류의 패턴에 따라 23%에서 42%까지의, 평균으로는 37%의 메모리 사용과 관련된 오류를 자동으로 발견하고 수정할 수 있으니 이러한 도구를 개발자들이 어떻게 적극적으로 그리고 효과적으로 사용할 수 있는지 생각해 봐야 한다. 향후 추가 연구를 통한 기술개발로 이런 기능이 더욱 향상될 것임도 기대할 수 있는 것도 사실이다.

Repo.	ML	DF	UAF	Total
	Fix/#Pgm.	Fix/#Pgm.	Fix/#Pgm.	Fix/#Pgm.
Binutils	4/10	1/5	2/5	7/20(35%)
Git	1/10	1/4	2/6	4/20(20%)
OpenSSH	6/10	5/7	1/3	12/20(60%)
OpenSSL	5/10	3/5	1/5	9/20(45%)
Tmux	5/10	0/3	0/7	5/20(25%)
Total	21/50(42%)	24/95	31/81	37/100(37%)

정적분석도구 MemFix 를 이용한 자동수정이 가능한 비율

그러나 경우에 따라서는 기존의 방법으로는 발견하거나 수정하기 힘든 오류도 존재할 수 있다는 점을 인식해야 하며, 이를 방법론이나 도구의 한계로 인식하여 전체적인 효과를 무시하는 실수를 범하면 안된다고 생각한다. MemFix 논문에서 도구의 제약사항으로 설명한 다음의 예를 보자.

```
int *foo(struct st *p) {
   int *q;
   if(p->flag) q = malloc(1);
   else q = p->f;
   return q;
}
int main() {
  struct st p; int *q;
  p.f = malloc(1);
  q = foo(&p);
  // use q
  free(q);
  free(p.f); // double-free
}
```

(a) Double-free

```
int main() {
  p = malloc(n);
  for(i=0; i<n; i++)
    p[i].f = malloc(1);
  // use p[i].f
  if(...)
    return 1; // leak
  for(i=0; i<n; i++)
    free(p[i].f);
  return 0;
}
```

(b) Memory leak

여기 존재하는 double free 또는 memory leak의 원인을 분석해 보고, free나 malloc 같은 함수의 호출을 추가하거나 삭제하고 또는 위치를 옮기는 것으로 충분할지 생각해 보고, 이런 종류의 오류는 어떤 방법으로 발견할 수 있을지 생각해 볼 것을 추천한다. 이것이 실전 소프트웨어공학이다. 어떻게 수정해야 오류를 수정할 수 있는지 생각해 보는 것은 여러분의 실력을 향상시킬 수 있는 좋은 기회이다. 각자 분석해 보고 소개한 논문에 포함된 설명을 읽어볼 것을 권한다. 그리고 이러한 복잡한 (?) 오류가 발생할 수 있는 가능성를 줄이기 위해 할 수 있으면 코드의 로직이 필요이상으로 복잡해지지 않도록 노력해야 한다. 그래야 추후 이루어지는 코드의 수정 또는 확장과정도 효율적으로 그리고 경제적으로 진행할 수 있다.

물론 모든 개발자가 이런 정적분석도구가 어떤 방법으로 작동하는지 이론적인 지식을 갖춰야 할 필요는 없다. 그런 역할을 프로그래밍언어 또는 분석기술을 연구하는 연구자들의 역할이고, 개발자의 입장에서는 이러한 도구들이 무엇을 해 줄 수 있고 무엇을 해 줄 수 없는지를 이해하고 도구를 제대로 사용하는 방법을 배우면 충분하다.

31

정적분석 기법의 산업체 적용경험

정적분석기법이 발견하고자 하는 오류들은 buffer overflow나 memory leak말도 어떤 것들이 있으며, 실제로 산업체에서 널리 사용되는 정적분석도구들은 무엇일까? 그리고 이러한 정적분석도구의 사용에 대해 개발자들은 어떤 의견을 가지고 있는가? 이와 관련된 논문들은 무수히 많고 소프트웨어공학 또는 프로그래밍 언어 분야의 많은 학회에서 새로운 기법과 도구들이 발표되고 있으나 Microsoft Research의 연구자들이 MS를 비롯하여 Google, Facebook(Meta)에서 사용된다고 알려진 정적분석 도구의 사용 경험을 발표한 논문[94]은 소프트웨어공학을 공부하는 사람들이 또는 정적분석 기법을 연구하는 사람들이 정독할 만한 가치가 있다고 생각된다. 이 논문은 아래의 질문에 대한 답을 찾고자 하는 노력의 일환인데,

- 산업체 현장에서 일하는 개발자들은 왜 정적분석 도구를 사용하는데 어려움을 느끼는가?
- 그들이 정적분석도구에서 제공했으면 하고 바라는 기능은 무엇인가?

94. Chrisatakis and Bird, What Developers Want and Need from Program Analysis: An Empirical Study, ASE 2016

- 정적분석도구가 더 많이 그리고 유용하게 사용되려면 어떤 조건이 만족되어야 하나?
- 개발자들이 정적분석도구를 이용하여 발견하고자 하는 오류는 주로 어떤 것들인가?

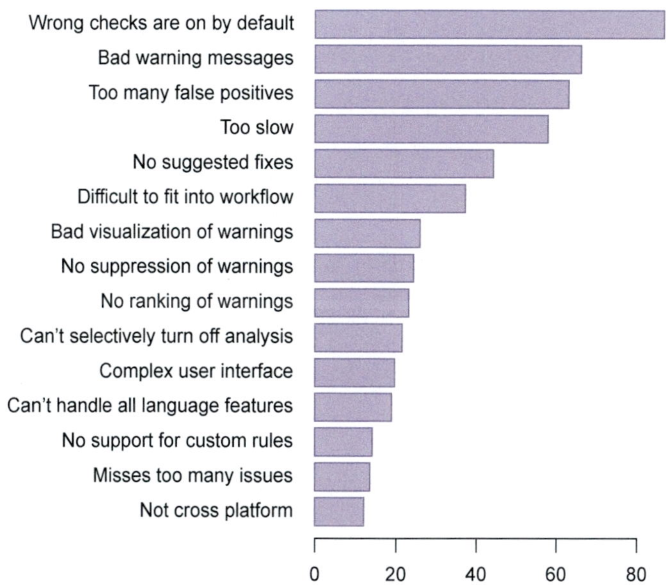

정적분석 기법/도구에 대한 개발자들의 불만

첫 질문에 대한 개발자들의 주된 불만은 정적분석도구가 제공하는 잠재적인 오류에 대한 메시지가 이해하기 어렵고, 개발자의 생각에는 실제 오류가 아닌데도 정적분석도구는 오류라고 제시하는 경우가 너무 많으며, 초기에 설정된 정적분석 도구의 설정(default checks)가 개발자의 입장에서는 만족스럽지 않다는 것이다. 그 외에도 분석도구를 실행하고 결과를 얻는데 너무 오래 걸리며, 정적분석도구가 잠재적이 오류만을 발견할 뿐 이를 어떻게 고칠 수 있는 지에 대한 정보를 제공하지 않는다는 것 등이다. 그 외에도 제공하는 정보가 방대한데 비해서 이해를 돕기 위한 시각화가 만족스럽지 못하고 흔히 사용하는 Eclipse 등의 개발환경과 밀접하게 통합되어 있지 않다는 등의 하소연을 담고 있다. 정적분석도구를 개발하는 사람들의 입장에서는 잘 새겨들어야 할 지적이라고 할 수 있다.

그러나 입장을 바꾸어서 이러한 도구의 개발자들이 "고객"의 입장에 있는 개발자들에게는 어떤 이야기를 하고 싶을까? 아마도 자동화된 도구보다 더 효율적인 대안을 알고 있느냐고 묻고 싶을 것이다. 도구에는 여러가지 가능한 상황에서 효율적인 분석을 할 수 있도록 경우에 따라서는 사용자가 찾고 싶은 오류의 패턴을 규칙으로 정의할 수 있는 기능도 구현되어 있을 것이다. 그러나 그런 자세한 기법에 대한 전문지식이 부족한 개발자의 입장에서는 초기에 기본으로 세팅되어 있는 (어쩌면 가장 보편적인 환경을 가정한) 조건에서만 이러한 도구를 사용할 것이고 그러다 보니 false alarm이 많을 수 밖에 없을 것이고, 이는 개발자들의 도구에 대한 불신으로 이어지며 도구를 사용하지 않게 되는 것이다. 마치 포토샵 프로그램이 사용자들이 원하는 최선의 방법으로 사진을 자동적으로 보정해 주는 기능이 없

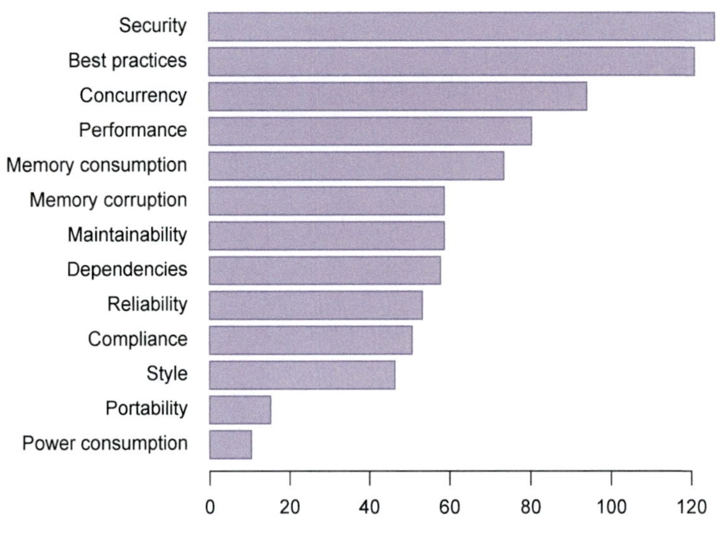

정적분석 기법/도구를 이용하여 발견하기 바라는 오류의 종류

으니 사용하지 않겠다는 주장과 비슷하다. 이에 대한 합리적인 대안은 분석의 정확도를 높여서 false alarm을 가능한 줄이는 것이고, 이런 방향을 추구하면 경우에 따라서는 실제로 존재하는 오류를 발견하지 못하는 false negative 경우가 증가할 수 밖에 없을 것이다.

개발자들이 정적분석도구를 통해서 발견하기를 바라는 잠재적인 오류에 대한 조사결과도 흥미롭다. 최우선 순위로 꼽은 것이 보안의 취약점을 찾고자 하는 것이고, 또 다른 것은 개발과정에서 따라야 할 Best Practice에 대한 이해의 부족으로 인한 코드의 개선방향에 대한 도움을 들고 있다. 그 외에 thread의 복잡한 상호작용으로 인한 concurrency 오류 등 여러가지를 들고 있는데, 현실적인 고충은 이러한 잠재적인 코드이슈들을 다 발견할 수 있는 만능의 또는 "다재다능한" 정적분석도구는 존재하지 않는다는 것이다. 또한 정적분석도구와 기존의 테스팅 도구들의 기능이 통합되어 구현되는 추세이므로, 개발자나 테스트엔지니어의 입장에서는 정적분석 및 도구를 효율적으로 사용하기 위해 더 많은 학습이 필요하고 이는 진입장벽의 증가로 이어지는 것이다. 또한 각종 이슈를 발견하는데 특화된 여러 도구가 있으며, 각종 도구는 경우에 따라 특정 프로그래밍 언어에서만 사용할 수 있으므로 개발자들이 정적분석도구의 활발한 사용을 거부하는 이유가 된다.

Security 관련된 필요가 최우선으로 지적되었듯이 개발자들 사이에서도 누가 얼마나 정적분석도구를 사용하는 가에 따른 차이도 분명한데, 이러한 도구를 자주 또는 매일 사용하는 개발자들의 상당수는 security engineer라고 한다. 정적분석도구를 사용하지 않는 주요한 원인으로도 개발환경과 정적분석도구의 효과적인 통합이 안되어 있다는 점, 분석도구를 실행하는데 너무 오랜 시간이 걸린다는 등 여러가지 사유를 들고 있지만, 정적분석 도구보다 더 좋은 대안은 아직까지는 없는 것으로 보인다는 점을 기억해야 할 것이다. 물론 더 효율적이고 강력한 프로그램 분석 기법의 개발과 이를 자동화하는 도구의 개발은 앞으로 정적분석 도구의 활용을 증가시킬 것이 분명하다.

정적분석기에서 false positive는 왜 발생하는지 아래의 예제[95]를 통해서 생각해 보기로 하자. 아래 프로그램의 왼쪽의 프로그램의 경우 A와 B, 두 개의 조건이 동시에 만족되는 경우가 없다는 것을 보장할 수 있다면 division by zero라는 runtime error는 발생하지 않을 것이다. 그러나 프로그램에 주어진 정보만 가지고는 이런 증명을 할 수 없기에 정적분석 도구는 이런 코드를 분석하고 오류의 가능성이 있다고 판단하는 것이다. 만일 개발자가 코드의 수정을 통해서 g(5/x) 함수를 호출하기 전에 condition A의 값이 true 또는 x의 값이 0이 아닌 다른 값이라는 것을 확인하는 코드를 추가하면 정적분석도구는 더 이상 아래의 코드에 대해 오류를 생성하지 않을 것이다. 다시 말하면, 이런 식으로 코드를 수정하고 보완하는 것이 secure coding 또는 defensive programming의 한 예제가 될 수 있다는 말이다.

```
// before: false positive
1:  int x = f();
2:  if (condition A) {
3:      x = 0;
    }
    ...
4:  if (condition B) {
5:  g(5/x); // Division by zero
    warning.
    }
```

```
// after: no false positive
int x = f();
if (condition A) {
    x = 0;
}
...
if (condition B) {
    assert (!(condition A));
    assert (x != 0);
    g(5/x); // Division by zero
    warning.
}
```

또 다른 예제를 생각해 보자. 왼쪽의 코드는 count의 값을 0으로 초기화하고 List l이 NULL이 아닐 경우 노드의 data 필드에 저장된 값들의 평균값을 구하는 코드이다. 물론 5번줄의 구문이 실행되는 경우는 4번 줄에서 NULL과의 비교가 포함되어 있으므로 null pointer reference는 발생하지 않을 것이다. 그러나 argument로 주어진 초기값이 NULL일 경우에는 5번, 6번 줄의 구문은 전혀 실행되지 않았을 것이

95. https://codechecker.readthedocs.io/en/latest/analyzer/false_positives/에서 예제를 인용하였다.

므로 count의 값은 아직도 0이고 7번줄에서는 division by zero 오류가 발생할 수 있다. 그러나 이 프로그램의 실행환경에서 NULL 값을 가지고 이 함수가 호출될 가능성이 없다면 false positive라고 주장할 수도 있겠다. 이 경우 더 바람직한 코드는 오른쪽에 제시된 것 처럼 평균값을 구하는 코드는 List의 값이 NULL이 아닌 경우에만 한정된다는 것이 구체적으로 명시된다면 정적분석 도구도 잠재적인 오류를 지적하지 않을 것이다.

```
// before: false positive 가능
1:  int avg(List *l) {
2:      int sum = 0;
3:      int count = 0;
4:      for(; l != NULL; l = l->next) {
5:          sum += l->data;
6:          ++count;
        }
7:      return sum/count; // potential error
    }
```

```
// after: no false positive
int avg(List *l) {
    int sum = 0;
    int count = 0;
    assert(l != NULL);
    for(; l != NULL; l = l->next) {
        sum += l->data;
        ++count;
    }
    return sum/count; // No warning.
}
```

정적분석도구는 정수형 변수의 값은 포함된 범위의 값 어느 것이라도 될 수 있다는 가정하에 분석을 실행하고, 각종 연산이 포함된 수식의 경우에는 constraint solver를 이용하여 각 변수나 조건식들의 가능한 모든 값이 어떻게 변하는지를 분석한다. 사용되는 constraint solver의 기능의 한계때문에도 분석하지 못하는 경우가 발생할 수 있으며, 가장 쉽게 생각할 수 있는 예제중 하나는 포인터 변수의 경우 메모리 영역의 어느 부분을 나타낼지 미리 알 수 없기에 false positive의 많은 원인이 된다고 알려져 있다. 또 다른 예제는 재귀함수인데, 몇 번이나 재귀함수가 호출될 지는 실제 수행시에 주어진 값에 따라서 또는 또 다른 원인으로 영향을 받을 수 있기 때문에 정적분석 기법의 적용이 어려운 환경인 것이다.

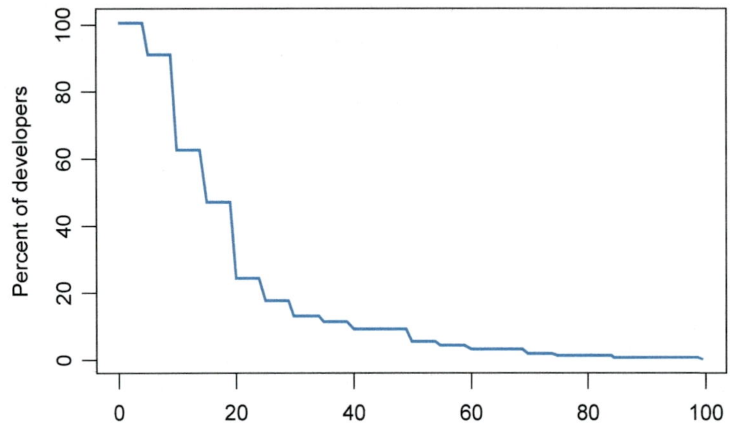

개발자들은 일반적으로 어느 정도까지의 false positive에 대해 받아들일 용의가 있는 것일까? 이런 여러가지 이유로 상용 정적분석도구로 제일 널리 쓰이는 Coverity의 경우도 false positive의 비율을 20% 이하로 줄이기 위한 목표를 가지고 있다고 한다. Microsoft의 연구진의 조사 결과에서도 비슷한 의견을 확인할 수 있는데, 15% 미만의 false positive는 충분히 받아들일 수 있고 이러한 정적분석도구를 개발현장에서 적극적으로 사용할 의사가 있다는 개발자들이 전체의 50% 가까이 된다고 한다. 그러나 그래프에서 보여주듯이 20%를 넘어 50%에 가까운 false positive결과물에 대해 개발자들이 분석을 해야 한다면 이런 도구를 사용할 의사가 있는 개발자는 10%도 안되는 것을 알 수 있다. 안타깝게도 일부 연구자들은 "뛰어난 성능"을 가진 기법이나 도구를만들어서 제공한다면 User Interface가 좀 불편해도 또는 어느 정도의 false alarm 이 있다고 하여도 일선의 개발자들이 "참고 이해하고, 도구의 성능에 대해 만족하면서" 사용할 것으로 착각하는 경향이 있다고 생각된다.

물론 이러한 설문결과가 정적분석 기법 및 도구에 대한 개발자들의 의견 전체를 정확하게 반영하는 것은 아니다. 특히 보안오류의 경우에는 문제의 특성상 false positive로 판명될 가능성이 매우 높아도 security engineer의 입장에서는 많은 비용과 시간이 들어도 확인해 보고 보안이슈가 되지 않음을 확인해야 한다. 이런 이유로 security testing을 하는 사람들은 특히 정적분석 도구를 잘 알아야 하고, 실제로 제일 자주 사용한다고 한다. 최근에는 보안 취약점을 탐지하기 위한 특성화된 정적분석 기법으로 fuzzing이란 기법에 대한 연구가 활발하게 진행되고 있으며 여러 도구 또한 개발되었고 공개되었다. 정적분석 이외의 다른 대안으로 생각할 수 있는 기법으로 보안취약점을 찾는 것이 얼마나 많은 비용과 노력을 필요로 하는지를 이해한다면 정적분석 기법의 유용성을 쉽게 이해하고 적극적으로 활용하게 될 것이다.

False positive오류가 발생하지 않는다고 보장할 수 있는 정적분석 기법이란 가능할까? False positive을 줄이기 위해 더욱 정교하고 시간이 오래 걸리는 정적분석 기법을 적용한다면 개발자들이 이를 선호할까? "아주 확실한 경우에만" 정적분석 도구가 오류를 보고한다면 실제로 존재하는 오류를 발견하지 못하는 true negative의 가능성에 대해서는 어떻게 대처해야 하는가? 이런 수많은 질문들에 대한 답을 구하기 위하여 프로그래밍 언어 및 분석기법을 연구하는 사람들은 기술을 개발하고 이를 도구로 구현하고 있다.

그렇다면 산업계 현장에서는 어떤 정적분석도구가 널리 쓰이고 있으며, 이런 도구들은 어떤 프로그래밍 언어에 적용가능하고 어떤 종류의 잠재적인 오류를 찾아낼 수 있을까? 앞에서 소개한 Christakis와 Bird의 논문에는 Microsoft에서는 자체 개발되었으며 외부에 공개되지 않은 정적분석도구를 제외하더라고 ReSharper, CoeRush, 그리고 Fortify, Checkmarx, Coverity, Cppcheck 등의 "third party" 도구를 사용한다고 한다. 각 도구에 대한 자세한 설명은 생략하더라도 Fortify의 경우 20여개의 프로그래밍 언어를 지원하며 코드에 존재할 수 있는 보안취약점을 찾아준다고 한다. Coverity 또한 아마도 산업체에서 가장 광범위하게 사용되는 정적분석도구이므로 일반 개발자들도 잘 알아둘 필요가 있는 유용한 도구이다. 구글에서도 자체 개발한 FindBugs, Tricorder 등의 도구 개발을 통해서 통합개발환경과 각종 정적분석도구의 유기적인 통합을 목표로 하고 있다고 알려져 있다. 개발환경과 정적분석 도구가 별개의 도구와 환경으로 존재한다면 개발자들은 아무리 정적분석 도구의 장점을 잘 이해한다고 해도 실제 이용빈도는 떨어질 수 밖에 없기 때문이다. 마찬가지고 Facebook(Meta)에서는 Infer라는 정적분석도구가 가장 잘 알려져 있다.

이러한 정적분석도구들은 그렇다면 실제 프로젝트에서 발견되고 수정된 오류를 얼마나 잘 탐지할 수 있을까? 어떤 종류의 오류를 탐지할 수 있을까? 이런 질문에 대한 정보를 Habib와 Pradel의 논문[96]에서 찾을 수 있는데, 구글과 Facebook에서 널리 사용중인 Error Prone, Infer, 그리고 SpotBugs라는 세 개의 도구를 Defects4J 라는 dataset에 포함된 15개의 Java 프로젝트에서 발견된 594개의 실제 버그를 대상으로 조사하였다. 이 연구에 의하면 총 27개의 버그를 자동화된 방법으로 발견하였는데, 하나 이상의 도구가 중복발견한 경우도 있었으며 이 연구에서는 SpotBugs라는 도구가 가장 뛰어난 성능을 보여주었다. 그러나 각 도구만이 발견할 수 있었던 오류들이 총 23개로 대부분이었다는 점을 생각하면 여러 도구들이 상호보완적으로 사용될 때 효과가 증가함을 알 수 있다. 각 도구가 주로 발견하는 오류의 종류들 또한 다른데, 도구별로 가장 많이 생성된 상위 5개의 목록은 다음과 같다. 물론 이러한 기능들을 모두 하나의 도구로 통합한 정적분석기를 만들 수 있을지도 모르지만 그리 효과적이지는 않을 것이다. 그만큼 false positive도 늘어날 것이기 때문이고, 이는 사용자들의 도구에 대한 불신을 낳게 되고, 도구를 사용하지 않게 될 가능성이 많기 때문이다.

594개의 버그중에서 최신의 정적분석도구들이 겨우(?) 27개만을 찾을 수 있었다

96. Andrew Habib and Michael Pradel, How Many of All Bugs Do We Find? A Study of Static Bug Detectors, Automated Software Engineering (ASE), 2018

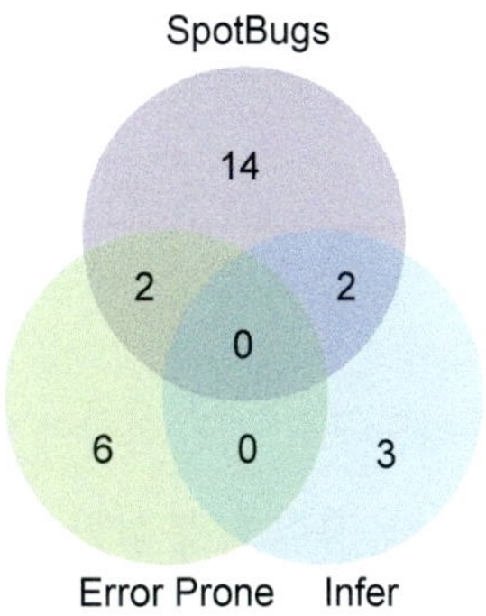

Tool	Bugs
Error Prone	8
Infer	5
SpotBugs	18
Total:	31
Total of 27 unique bugs	

정적분석 도구로 발견한 오류들

Warning	Count
Error Prone	
Missing @Override	3211
Comparison using reference equality	398
Boxed promitive constructor	234
Operator precedence	164
Type parameter unused in formals	64
Infer	
null dereference	90
Thread safety violation	43
Unsafe @GuardedBy access	30
Resource leak	29
Method with mutable return type returns immutable collection	1
SpotBugs	
switch without default	109
Inefficient Number constructor	79
Read of unwritten filed	45
Method naming convention	37
Reference to mutable object	31

정적분석 도구가 생성한 오류 메시지의 빈도

는 사실에서 실망감을 느끼고 개발자들이 도구의 가치를 느끼지 못할 가능성도 있을 것이다. 더구나 특정 도구가 찾은 버그의 숫자를 생각하면 고작 18개에 불과하니 성공률은 겨우 3%에 불과하다. 그러나 이러한 정적분석 도구의 진정한 가치를 평가하기 위해서는 어떤 종류의 오류를 발견할 수 있었는지, 이러한 오류를 발견할 수 있는 대안으로 사용할 수 있는 다른 기법들(예를 들어서 테스팅이나 인스펙션등)은 얼마나 많은 비용을 필요로 할 것 같은지 등을 비교해 보아야 할 것이다. 또한 이런 자료는 개발자나 테스트 엔지니어의 능력차이에 따라 많은 차이가 있을 수 밖에 없음을 이해하고 판단해야 한다. Error Prone 도구가 발견한 8개의 오류는 @Override annotation이 누락된 것과 switch 구문의 오류였다고 한다. 개발경험이 풍부한 사람만이 이러한 오류를 발견하는 것이 얼마나 쉬운지(또는 어려운지) 알 수 있는데 웹사이트의 백엔드단에서 사용되는 라이브러리중 하나가 변경되었을 때를 대비한 안전장치로 @Override 기능을 사용한다는 점을 생각하면 쉽게 발견할 수 있는 오류는 아니라고 보여진다. Infer가 발견한 오류 또한 대부분이 (5개중 4개가) null pointer의 dereference 문제라고 하는데 이 또한 개발자들에게는 발견하는데 난이도가 높은 오류로 생각되는 것들이다.

구글에서는 논문을 통해서 Tricorder라는 각종 정적분석도구를 개발현장에서 쉽게 사용할 수 있는 플랫폼 구조로 개발하고 이에 대한 사용경험을 분석한 논문[97]들을 2015년과 2018년에 발표했는데 소프트웨어 개발자들이 정독할만한 가치가 있다고 생각된다. 2015년 논문에서는 이전에 개발된 정적분석도구중 하나인 FindBugs 등이 왜 개발자들이 외면하는지 설명하고 있는데, 2014년 통계에 의하면 단지 35명의 사용자만이 이 도구를 개발현장에서 사용했으며, 그 중 20명은 단 한번만 사용하고 말았다고 한다. 가장 큰 원인은 command line interface만을 제공하기에 개발자들이 사용하기 불편하다고 느끼게 하고, false positive도 많으며 실제로 개발자들이 오류라고 생각하지 않는 잠재적인 오류를 발견하여 신뢰를 잃은 것이라고 한다. Tricoder는 이러한 단점을 극복하기 위하여 사용자들이 도움이 된다고 생각하는 정적분석도구만을 편리하게 사용할 수 있는 환경을 구축하였고, 신뢰를 얻기 위하여 10% 미만의 false positive 비율을 유지하고, 개발자들의 작업시간에 5% 미만의 overhead를 필요로 하며, 실제 도구를 사용하면 5~10분 이내에 분석을 마칠 수 있는 도구만을 제공하는 원칙을 고수했다고 한다. 이러한 조건을 만족하는 도구는 2015년에 ErrorProne, Golint 등을 포함하여 아래에 보여진 16개 도구를 포함하여 30여개의 도구가 포함되어 있다고 한다.

97. Sadowski et al, Tricorder: Building a Program Analysis Ecosystem, ICSE 2015
Sadowski et al., Lessons from Building Static Analysis Tools at Google, CACM 2018

Analyzer	Description	Stage	Impl. Lang.	Analyzed Lang.	# of Plugins	Avg. Results /day	Please Fix Users	Not Useful Users
Affected Targets	How many targets are affected	DEPS	Java	All		440	-[4]	13
AndoidLint	Scans android projects for likely bugs	COMP.	Java	Android		57	109	71
Auto Refaster	Implementation of Refaster[42]	COMP.	Java	Java	>60	122	3630	670
BuildDeprecation	Identify deprecated build targets	DEPS	Java	Build files		1689	1890	381
Builder	Checks if a changelist builds	COMP.	Java	All		4927	-[4]	491
ClangTidy	Bug patterns based on AST matching	COMP.	C++	C++	>30	4908	5823	1823
DocComments	Errors in javadoc	COMP.	Java	Java		1121	3694	954
ErrorProne	Bug patterns based on AST matching	COMP.	Java	Java	>80	80	2638	206
Formatter	Errors in Java format strings	COMP.	Java	Java		6	561	35
Golint	Style checks for go programs	FILES	GO	GO		1711	1528	486
Govet	Suspicious constructs in go programs	FILES	GO	GO		101	754	156
JavacWarnings	Curated set of warnings from javac	COMP.	Java	Java		288	1631	152
JsompilerWamings	Warnings produced by jscompiler	COMP.	Java	Javascript		876	733	338
Linter	Style issues in code	FILES	All	All	>35	79079	18675	8316
Unused	Unused variable detection	COMP.	Java	Java		606	5904	833
UnusedDeps	Flag unused dependencies	COMP.	Java	Ruild files		1419	5018	986

16 of 30 analyzers run in TRICORDER. The fourth and fifth columns report the implmentation language and the target language, respectively. The sixth column reports the number of plugins for analyzers providing an internal plugin mechanism. The seventh column shows the average number of results per day. The final two columns report th number of unique users who clicked on either PLEASE FIX or NOT USEFUL(see Section IV–E) in the year 2014.

이 자료를 보면 구글에서 사용하는 Java를 비롯한 각종 프로그래밍 언어가 지원되고 이미 알려진 버그의 패턴에 관한 자료를 기반으로 잠재적인 오류를 찾아주는 도구들도 있고 javadoc등의 오류를 찾아주는 도구외에도 style checker도 다양하게 제공됨을 알 수 있다. 또한 하루에 각종 도구들이 사용되는 평균빈도를 보면 Linter는 하루에 거의 80,000건 가까이 사용됨을 알 수 있고, Please Fix 컬럼은 도구에 대한 긍정적인 평가, 그리고 Not Useful 컬럼은 도구 개발자에게 feedback으로 제공되는 부정적인 평가의 빈도임을 생각하면 사용자들이 도구의 효과에 대해 전반적으로 긍정적인 의견을 가지고 있음을 알게 된다. 이렇게 사용자들의 호응을 이끌어낸 이유는 여러가지가 있지만 그 중 중요한 하나는 도구가 개발자들에게 오류를 어떻게 고치면 되는지 잠재적인 해결책 또한 제공한다는 것이다. ErrorProne의 경우 2015년 논문에 있는 자료를 보면 붉은 색으로 표시된 잠재적인 오류를 오른쪽에 보이는 것처럼 수정하면 된다는 "구체적인 제안"까지도 제공한다는 점이다. 이런 이유로 Tricoder에 포함된 정적분석도구는 2015년에 30여개에서 2018년 논문에서는 146개로 폭발적인 성장을 보여주고 있다고 한다.

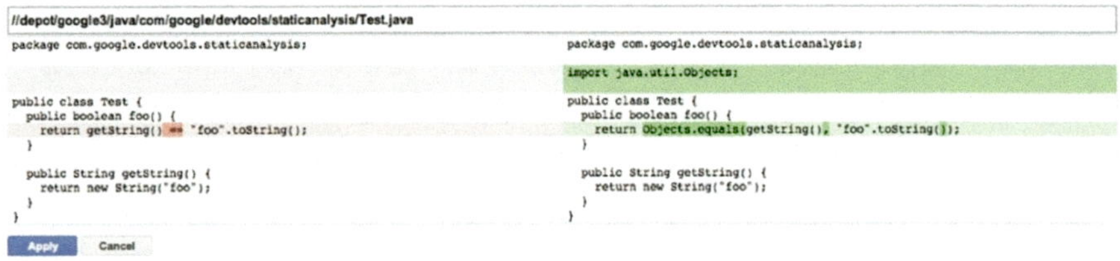

Screenshot of the preview fix view for the ErrorProne warning form Figure 3

최근 정적분석 기법의 연구는 분석과 오류를 고치는 프로그램을 제안하는 수준을 넘어서 "automated code repair" 방향으로 발전하고 있다. 또한 일부에서는 주어진 명세로부터 결함이 없는 코드를 자동으로 생성하는 기법까지도 활발하게 연구되고 있다. 물론 모든 일반적인 코드의 오류에 대해서 자동 수정이 가능한 것은 아니다. 적어도 아직까지는 아니다. 그러나 Python 코드의 type 오류를 자동으로 찾아서 수정할 있는 도구도 있고, Java 코드의 NULL pointer exception 오류를 자동으로 수정하는 기법[98]도 발표되었다. 잘 정의된 변수의 타입의 불일치로 생길 수 있는 문제나 포인터값이 NULL이 되어서 생길 수 있는 이슈등 나름 구체적이고 잘 정의된 문제에 대해서는 자동화된 해결방법이 존재함을 인식하고 개발자들이 잘 활용할 가치가 있다. 자동적으로 수정된 코드에 대해 개발자들이 검토하고 최종결정을 내려야 함은 너무도 당연한 상식이다.

98. Hakjoo Oh et al, PyTER: Effective Program Repair for Python Type Errors (FSE 2022), NPEX: Repairing Java Null Pointer Exceptions without Tests (ICSE 2022)

32

정형검증 기법은 소프트웨어 품질에 어떻게 기여할 수 있을까?

정형검증 기법은 소프트웨어 품질보증에서 테스팅기법의 한계를 보완해 줄 수 있는 효과적인 대안으로 각광을 받고 있다. 테스팅의 근본적인 한계는 모든 경우의 입력에 대해서 소프트웨어가 제대로 작동한다는 것을 보이는 것이 현실적으로 불가능하다는 것이다. 대안으로 입력값을 유사한 그룹으로 묶어서 각 그룹에 속하는 값을 임의로 골라서 테스팅을 하는 기법이 equivalent partition 기법이다. 예를 들어서 정수형 입력값의 특성을 분석해 보니, 음수값을 하나의 그룹으로 묶을 수 있고, 0부터 10사이를 다른 그룹, 11부터 99까지를 또 다른 그룹, 100 이상되는 값들을 별도의 그룹으로 묶을 수 있다고 가정하면, equivalent value partition 기법[99]은 각 그룹에 속하는 값 중에서 하나를 임의로 골라서 테스트케이스의 입력값으로 사용하는 것이다. 또한 경험적으로 볼 때 각 그룹의 경계에 해당되는 값들을 제대로 처리하지 못해서 오류가 흔히 발생하므로, 경계값을 테스트케이스로 사용하는 방법이 있는데 이를 boundary value analysis라고 한다. 위의 예제라면 boundary value analysis는 특별히 −1, 0, 10, 11, 99, 100 등 각 그룹의 경계에 있는 값들을 사용하여 프로그램이 제대로 작동하는지 확인하는 것이다.

99. https://www.guru99.com/equivalence-partitioning-boundary-value-analysis.html

경험과 직관에 따라서 테스팅을 한다고 하여도 테스팅의 근본적인 한계는 극복할 수 없기에 소프트웨어공학 및 이론전산학 연구자들은 새로운 방법론을 연구하게 되었다. 그 중 대표적인 것이 정형기법인데 정형명세 기법과 정형검증 기법으로 나눌 수 있다. 정형검증의 구체적인 기법은 symbolic execution, program proof/verification, model checking, program synthesis 등을 포함한다.

높은 신뢰도를 요구하는 safety-critical 시스템의 경우에는 각 단계마다 체계적인 검증이 필수적이다. DO-178C에서 정의한 여러 등급(Design Assurance Level, 또는 DAL) 중에서 최고 등급인 catastrophic 등급으로 분류되는 시스템(또는 소프트웨어)의 경우 오류가 인명피해 그리고 일반적으로는 비행기의 추락 등의 사고를 유발할 수 있으므로 더욱 높은 신뢰도를 요구한다. 이런 제품의 경우 정형명세 기법 또는 정형검증 기법이 효과적인 방법으로 추천이 되며, 일부 표준에서는 정형기법의 사용을 필수로 요구하기도 한다.

EAL1: Functionally Tested
EAL2: Structurally Tested
EAL3: Methodically Tested and Checked
EAL4: Methodically Designed, Tested and Reviewed
EAL5: Semiformally Designed and Tested
EAL6: Semiformally Verified Design and Tested
EAL7: Formally Verified Design and Tested

침입탐지 시스템, 방화벽, Secure 운영체제 등 보안제품을 평가하는 기준인 Common Criteria(CC)[100]는 7개의 보안평가등급을 정의하고 있는데, 가장 낮은 EAL1 등급은 보안기능에 대한 기능검사만 요구될 뿐이다. 구현된 보안기능이 제대로 구현되었을 때 기대할 수 있는 입력값과 출력값을 포함하는 테스트케이스를 만들고, 이러

100. https://en.wikipedia.org/wiki/Common_Criteria

한 테스트케이스를 사용하여 시스템의 보안기능을 시험하고 합격하면 EAL1 인증을 받는 것이다. 이런 보안 인증은 최소한의 보안 기능을 검사할 수 있을 뿐이므로 높은 신뢰성을 기대하기는 어렵다.

중간등급인 EAL4에서는 단순한 기능검사만으로는 부족하고, 개발 전 과정에 걸쳐서 보안 기능에 대한 분석이 적절하게 고려되었음을 보이도록 요구한다. "Methodically designed"라는 요구사항을 만족시키려면 소프트웨어 디자인 단계에서 보안에 필수적인 기능이 어느 모듈에서 구현되었는지, 그리고 전체적인 시스템의 디자인은 모듈화의 개념에 따라 architecture가 적절하게 정의되었는지 확인한다. 그리고 review가 요구사항에 포함되어 있으므로 평가자들은 security 관점에서 중요한 모듈의 소스코드까지 분석하여 보안기능에 대한 구현이 적절한지 확인한 후에 EAL 4 등급의 승인을 추천하게 된다.

CC에서 제일 높은 등급인 EAL 7은 더 강도높은 분석을 요구하는데 그것이 Formal Verification of Design이다. 보안 기능에 대한 정형명세는 물론이고, 시스템이 제공하는 security policy 또한 "formal" notation으로 기술되어야 하고, policy와 구현의 일관성 또한 수학적인 이론에 기반한 증명기법으로 확인하여야 한다.

Common Criteria가 제정된 1999년부터 2019년까지 미국, 호주, 한국, 영국, 캐나다 등 각 국에서 평가를 마친 2,567개의 보안시스템에 대한 통계자료[101]를 분석하면 다음과 같다.

- IC나 스마트카드 등의 관련제품이 1,229개로 전체의 거의 절반에 해당하며, 그 외에 네트워크 보안에 관련된 장치들(266개), Secure 운영체제(110개), 전자서명 제품(110개) 등이 포함되었다.

101. https://www.commoncriteriaportal.org/products/stats/

2567 Certified Products by Category*		
Category	Products	Archived
Access Control Devices and Systems	55	81
Biometric Systems and Derives	3	0
Boundary Protection Devices and Systems	69	139
Data Protection	78	97
Databases	31	53
Detection Derices and Systems	13	58
ICs, Smart Cards and Smart Card-Related Devices and Systems	1229	60
Key Management Systems	24	28
Mobility	31	33
Multi-Function Devices	211	196
Network and Network-Related Devices and Systems	266	258
Operating Systems	110	76
Other Devices and Systems	287	347
Products for Digital Signatures	110	8
Trusted Computing	50	0
Totals:	2567	1434
	Grand Total:	4001

Certified Products by Assurance Level and Certification Date																						
EAL	1999	2000	2001	2002	2003	2004	2005	2006	2007	2008	2009	2010	2011	2012	2013	2014	2015	2016	2017	2018	2019	Total
EAL1	0	0	0	0	0	0	1	1	6	3	1	0	1	10	2	1	3	3	8	7	2	49
EAL1+	1	0	0	0	0	0	0	0	17	0	2	11	2	0	1	2	1	0	0	1	0	38
EAL2	0	0	0	0	0	0	1	0	8	1	6	2	3	1	6	13	18	15	26	13	10	123
EAL2+	0	0	0	1	1	1	2	2	8	8	8	4	4	7	7	19	59	76	66	42	21	336
EAL3	0	0	0	0	0	0	0	0	10	3	0	2	4	1	5	8	9	1	3	6	6	58
EAL3+	0	0	0	0	0	2	1	1	32	8	10	9	12	15	5	21	17	19	10	9	1	172
EAL4	0	1	0	1	0	0	0	0	15	2	3	4	5	1	6	2	0	5	2	9	3	59
EAL4+	0	1	1	2	2	3	2	2	141	54	63	52	57	82	61	49	56	55	52	49	31	815
EAL5	0	0	0	0	0	0	0	0	6	3	2	0	1	0	0	0	0	3	1	4	1	21
EAL5+	0	0	0	0	0	0	3	0	50	27	31	41	34	27	53	48	41	69	69	55	23	571
EAL6	0	0	0	0	0	0	0	0	0	0	0	0	0	0	0	0	0	0	0	0	0	0
EAL6+	0	0	0	0	0	0	0	0	0	0	2	3	0	4	5	6	9	8	12	22	12	83
EAL7	0	0	0	0	0	0	0	0	0	0	1	0	0	0	4	0	0	0	0	1	0	6
EAL7+	0	0	0	0	0	0	0	0	0	0	0	1	0	0	0	0	0	0	0	1	0	2
Basic	0	0	0	0	0	0	0	0	0	0	0	0	0	0	0	0	0	0	0	0	0	0
Medium	0	0	0	0	0	0	0	0	0	0	0	0	0	0	0	0	0	0	0	0	0	0
US Standard	0	0	0	0	0	0	0	0	0	0	0	0	0	0	0	0	0	0	0	0	0	0
None	0	0	0	0	0	0	0	0	0	0	0	0	0	0	4	4	14	15	45	88	64	234
Totals	1	2	1	4	3	6	10	6	293	109	129	129	123	148	159	173	227	269	294	307	174	2567

Common Criteria와 평가완료된 보안제품들

- CC 평가를 완료한 많은 제품들의 등급이 EAL 4 또는 5등급에 몰려있고, EAL 1 또는 EAL 7 등급의 평가제품은 상대적으로 적다. EAL 1 등급의 인증을 받은 제품은 87개이고, 특히 EAL 7 등급의 인증을 받은 제품은 고작 8개에 불과하다. EAL 1 등급의 제품이 적은 것은 현실적으로 기대할 수 있는 보안 신뢰성이 낮아서 시장의 외면을 받은 것으로 보이고, 낮은 수준의 보안 기능이 요구되는 경우에도 EAL 2 또는 EAL 3 등급의 제품을 주로 선택한다는 추론을 가능하게 한다. 비슷한 이유로 중간 등급의 보안신뢰성이 요구되는 경우 EAL 4 등급의 제품이, 높은 보안 등급을 필요로 하는 경우에도 EAL 5 또는 EAL 6등급의 제품이 선택될 가능성이 높아 보인다.
- EAL 6 등급과 EAL 7 등급 차이는 semi-formal과 formal이 전부여서 사소한 것처럼 보일 수 있지만, 현실적으로 그 차이는 매우 크며 기술적인 장벽 또한 매우 높다. EAL 6 등급의 Semi-formal의 경우 UML 등의 기법을 사용하여 security architecture를 기술하고, 이에 대한 “설득”과 설명으로도 평가에 합격할 수 있는 가능성이 있는 반면에, EAL 7 등급에서는 security architecture, security policy 등에 대한 mathematical proof가 필수이다. EAL7 등급의 제품이 적은 것은 수요도 적어서 그렇겠지만 개발 및 인증의 어려움 또한 영향을 끼쳤을 것이다. EAL 7 등급 제품의 경우에는 정형명세와 정형검증이 필수적인데 디자인 문서가 자연어로 기술되어 있다면 정형검증은 불가능하기 때문이다.

```
void foobar(int a, int b) {
    int x = 1, y = 0;
    if (a != 0) {
        y = 3+x;
        if (b == 0)
            x = 2*(a+b);
    }
        assert(x-y != 0);
}
```

정형검증 기법으로 제일 처음 제안된 symbolic execution은 어떤 프로그램을 1이나 −1 등의 특정한 값을 입력으로 사용해서 수행하는 것이 아니라, 입력을 a 등의 기호로 나타내고 프로그램의 수행결과를 symbolic expression을 통해서 나타내는 것이다. Baldoni의 논문[102]에서 예제로 사용된 같은 프로그램을 사용하여 기본적인 아이디어를 공부해보자.

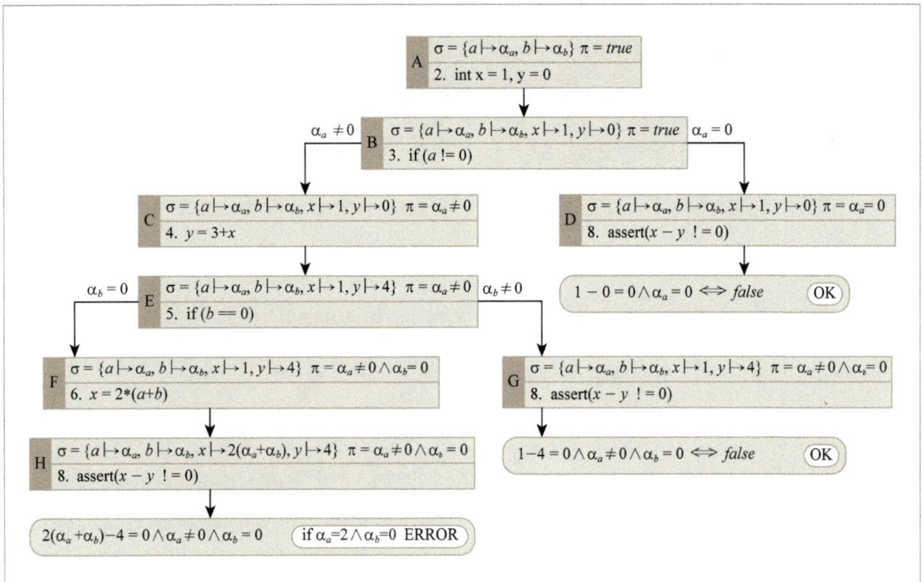

프로그램의 분기조건은 입력값인 a와 b의 값이 0과 같은지 다른지이며, 이에 따라서 프로그램의 실행경로가 달라짐을 알 수 있고(line 3, line 5), a와 b의 값을 (0, 0), (0, 1), (1, 0), (1, 1) 등 네 가지의 입력을 사용하여 테스팅하면 모든 경로를 따라서 수행할 수 있다. 물론 (0, 0), (0, −1), (−1, 0), 그리고 (−1, −1)을 가지고도 같은 효과를 기대할 수 있다. 그러나 이 프로그램에서 언제 8번 줄에 표시된 assert((x−y) != 0) 조건이 만족되지 않는 a와 b의 입력값을 알고 싶다면, 임의의 a, b값을 가지

102. Baldoni et al., A survey of Symbolic Execution Techniques, ACM Computing Surveys, Vol 51, No 3, 2018

고 assert문이 에러메시지를 출력하고 프로그램 수행이 종료될 때까지 반복적으로 수행해야 한다. 임의의 입력값을 생성하여 사용하는 테스팅의 경우 위의 조건을 만족하는 a와 b의 값이 언제 선정될지 모르고, 설령 그런 경우가 발견되었다고 하여도 또 다른 어떤 a와 b의 값에 대하여 assert문이 에러메시지를 낼지 알 수 없다.

Symbolic execution은 특정 값이 아닌 symbolic value, 즉 a와 b의 값을 α와 β로 표현하고 프로그램을 수행하는 것이다. 프로그램의 수행 결과 또한 symbolic 값으로 표시되게 된다. π로 표시된 path condition의 초기값은 true이나 프로그램이 4번째 줄을 수행하기 위해서는 a의 값이 0이 아니어야 하고(B에서 C로의 전이), π는 ($a_\alpha \neq 0$)로 변경되었다. 또한 y = 3 + x 구문을 수행하면 그 결과로 x와 y의 값이 1과 4로 변경된다(노드 E). 그리고 5번째 줄의 수행 여부에 따라서 path expression은 더 자세한 정보를 가지게 되고(노드 F와 G), 각각의 경우 symbolic execution을 계속하면 H노드에 표시된 대로 a의 값이 2, b의 값이 0인 경우에만 에러메시지가 생성될 수 있음을 알 수 있다.

이렇게만 생각하면 symbolic execution이라는 아이디어가 단순하고 모든 프로그램에 쉽게 적용될 수 있을 것 같지만, 현실은 그렇지 않은데, 한 두가지의 기술적인 어려움은 다음과 같다.

- table[x]와 같이 array 특히 index의 값이 변수로 표시되는 경우나 포인터가 사용된 프로그램의 symbolic execution은 난관에 직면하게 된다. Symbolic 값이나 pointer는 메모리 영역의 아무 주소나 임의로 나타낼 수 있기 때문이다. 또한 이런 값들이 함수 호출시에 parameter로 사용된다면 symbolic execution은 매우 어려운 문제가 된다.
- while(a > 0) 등과 같은 반복문의 경우, 구체적인 값이 아닌 symbolic 값으로는 반복문이 몇 번이나 수행될지 결정할 수 없고, loop invariant를 알기 전에는 프로그램의 수행효과를 symbolic expression으로 표현할 수 없다.

Loop invariant란 반복문을 몇 번을 수행하든 상관없이 항상 만족되는 조건을 나타내는데, 이를 구하는 것은 이론전산학 분야에서 오래전에 NP-complete 문제라는 것이 증명되었다. Loop invariant를 자동으로 생성할 수 없으니 간단한 프로그램에서도 symbolic execution을 수행하는 것이 어려운 것이다.

이러한 이유로 1976년에 제안된 symbolic execution의 아이디어가 실제 산업체의 프로그램에 적용할만한 수준으로 발전되는데는 거의 반세기에 가까운 시간이 필요했다. 최근에 들어서야 KLEE, PathFinder, SAGE, CUTE 등의 도구들이 각 연구기관에서 발표되어 사용될 수 있는 수준에 이르게 되었다. 예를 들어서 마이크로소프트 연구소에서 개발된 SAGE라는 도구는 MS사에서 개발 중 발견되는 전체 오류의 30% 가량을 자동적으로 찾아낸다고 하니 이러한 기법이 프로그램의 품질과 생산성의 향상에 얼마나 기여할 수 있는지 알 수 있다.

그 외에도 Program Verification이라는 아이디어를 사용해서 프로그램이 모든 경우의 입력에 대해서 제대로 작동함을 보여주려는 시도 또한 있었는데, 이 연구의 시초는 Turing Award를 수상한 C.A.R. Hoare경[103]이 1969년에 발표한 “Hoare logic”이라는 논문에 기초하고 있다. 흔히 Hoare triple이라고도 불리는 이 아이디어는 {P} C {Q}로 표시되는데, 프로그램 또는 특정 구문 C를 수행하기 전에 만족해야 하는 precondition을 P, 수행 후에 만족하는 postcondition을 Q로 표현할 때,

103. 이 사진은 Hoare경이 Oxford대학교에서 은퇴후 마이크로소프트 연구소의 Principal researcher로 재직중 2008년 북경 Microsoft 아시아연구소에 주최한 Computing in the 21st Century학회에서 기조연설을 하는 장면을 직접 찍은 사진이다. Hoare logic에 대한 자세한 설명은 https://en.wikipedia.org/wiki/Hoare_logic에서 구할 수 있다.

프로그램의 수행결과를 수학적으로 나타낼 수 있다는 것이다. 이런 제안은 프로그램이 모든 입력에 제대로 작동한다는 것을 테스팅을 통해서 보여줄 수도 없지만 그럴 필요도 없다는 "발상의 전환"에서 시작되었다.

이런 시도는 흔히 program correctness proof 또는 program verification이라고도 불리는데, 예를 들어서 두 개의 양의 정수 x와 y의 값을 가지고 나눗셈을 하여 몫(q)과 나머지 (r)을 구하는 다음과 같은 코드를 생각해 보자.

```
r := x; q := 0;
while (r >= y) do {
      r := r - y;
      q := q + 1;
}
```

이 프로그램을 x와 y의 값을 가지고 끝없이 (?) 테스팅하는 것이 아니라, 문제의 정의로부터 precondition이 $(x \geq 0,\ y > 0)$라는 것을 알 수 있고, 자동으로 생성할 수는 없지만 전문가의 노력으로 이 문제에 해당하는 Loop invariant가 $(x = y \times q + r,\ 0 \leq r < y)$ 것을 알고 있다고 가정해 보자. 그렇다면 program proof는 프로그램의 수행 과정 및 결과를 다음과 같이 표현할 수 있다[104].

```
{ x ≥ 0 && y > 0 } // p1: precondition
r := x; q := 0;
{ r ≥ 0 && y > 0 && x = y*q + r } // p2
while (r >= y) do {
{ r ≥ 0 && 0 < y ≤ r && x = y*q + r } // p3
r := r - y;
q := q + 1;
{ r ≥ 0 && 0 < y ≤ r && x = y*q + r } // p4
}
{ 0 ≤ r < y && x = y*q + r } // p5: postcondition
```

104. Cornell 대학의 Gries 교수가 1981년에 출판한 The Science of Programming이라는 이 분야의 "고전"과도 같은 책에서 인용한 예제이다.

p1으로 표시된 조건은 문제의 기본 가정(precondition)에서 도출된 것이다. 그리고 r: = x;라는 assignment 구문은 precondition의 $x \geq 0$을 $r \geq 0$로 변경하는 효과를 갖게 된다. 다시 말하면 1번 문장의 수행결과로 r이라는 변수는 x과 같은 값을 갖게 되므로 p1에서 x가 나타나는 곳에 r의 값을 대입한 것 뿐이다. q: = 0;는 precondition에 영향을 미치지 않게 된다. 나머지 조건은 Loop invaraint에서 얻은 것이다. p3는 loop invariant라고 흔히 불리는데, 자동적으로 계산하는 방법은 알려져 있지 않지만, 반복문을 몇 번 수행하든 관계없이 항상 만족되어야 하는 조건식을 표시하는 것이다. 그리고 p3와 p4는 3번과 4번 문장을 수행하기 전의 precondition과 postcondition을 나타내는데, 1번 문장의 수행결과로 p1에서 p2를 도출하는 과정과 동일하다.

직접 해보기 전에는 이해가 쉽지 않을 수 있지만, p3에 r이 나타나는 조건에 r−y라는 값을 대입하고, q에는 q+1을 대입한 후, 식을 다시 전개해서 정리해 보면 p4가 생성됨을 알 수 있다. 마지막으로 5번 문장이 수행될 때, 즉 프로그램이 종료되는 시점에는 (r >= y) 반복문의 조건이 더 이상 참이 아니므로, 다시 쓰면 r < y로 수정할 수 있고, p2 또는 p4에 r < y 조건을 추가하면 p5를 얻게 된다. 물론 이 예제는 실제 프로그램의 분석에서 어려움을 초래하는 배열이나 포인터 등은 고려하지 않은 것이고, parameter passing 과정에서 생기는 변수의 aliasing 문제 또한 다루고 있지 않지만, 테스팅이 아닌 program verification이라는 것이 어떻게 이론적으로 가능한지를 쉽게 이해할 수 있도록 도와준다.

어안렌즈가 어떤 원리로 작동하는지 또는 줌렌즈에서 이미지 stabilizer 기능이 어떻게 작동하는지에 대한 광학적인 이론을 알아야만 좋은 사진을 찍을 수 있는 것이 아니다. 어떤 상황에서 작가의 촬영의도나 구도를 어떤 렌즈가 제일 효과적으로 나타낼 수 있는지, 노출과 셔터스피드는 어떻게 선택하면 원하는 사진을 얻을 수 있는지 아는 것으로 충분하다. 마찬가지로 프로그램 증명 또한 모든 원리를 다 이해하는 것 보다는 testing의 한계를 극복하기 위한 노력으로 연구자들이 어떻게 정형검증 기법을 발전시켰는지, 어떤 도구가 제일 효과적인지를 알면 현장에서 매우 유용하게 사용할 수 있다. 마찬가지로 소프트웨어 개발자나 테스트엔지니어의 입장에서 본다면 formal verification의 기본 개념을 이해하고 SAGE, PathFinder 등의 정형검증 도구의 작동법을 이해하고 실제 현장에서 잘 사용할 수 있으면 충분하다.

33

정형검증: Model Checking vs Theorem Proving

정형검증 기법은 전산논리학에 속하는 분야로 소프트웨어공학을 연구하거나 강의하는 사람들도 이 분야를 얼마나 깊이 강의해야 적절한지에 대한 의견이 다를 수 있다. Formal Methods라고 불리는 이 분야는 소프트웨어공학의 영역이 아니라고 주장하는 전문가들도 있을 것이다. 그러나 개발자나 테스트 엔지니어의 입장에서 정형검증 기법은 매우 유익한 프로그램 분석도구 중의 하나이므로 어떤 도구가 널리 쓰이는지, 이러한 도구들은 어떤 작업에 도움이 되는지, 그리고 어떤 작업은 별로 도움이 되지 않는지를 아는 것으로 충분하다고 생각한다.

Formal Verification이라는 분야는 크게 두 가지 기법이 있다고 할 수 있는데, 하나가 Theorem Proving 기법이고 다른 하나가 Model Checking 기법이다. Theorem prover로 개발된 도구가 여러 개 있으며, Coq, Isabelle, PVS[105] 등은 산업체에서도 사용되는 도구들이다. PVS는 특히 NASA의 소프트웨어 분석 분야에서 성공적으로 쓰인 것으로 알려져 있는데, SRI International 이라는 연구소에서 1993년부터

105. PVS의 이름이 Prototype Verification System이라고 해서 "수준이 낮은, 시제품수준의" 정형검증도구라고 오해하면 안된다. 아마도 현존하는 Theorem Prover 중에서 가장 완성도가 높고 강력한 기능을 가졌을 것으로 생각된다.

오랜 기간에 걸쳐 개발된 도구로 Yices, SAL 등과 함께 FormalWare의 핵심도구이다. 그 외에도 Coq, HOL(High Order Logic) 기반의 다른 Theorem Prover들도 산업체에서 활용된 것으로 알려져 있으나, 개발자나 검증을 담당하는 테스트 엔지니어의 입장에서 본다면 Theorem Prover의 사용은 몇 가지의 현실적인 제약이 존재한다.

첫째, Theorem prover의 사용법을 배우고 실제 현장에서 쓰기 위한 진입장벽이 무척이나 높다. PVS를 예로 든다면 도구 자체는 open source로 쉽게 받고 설치할 수 있으나 high-order logic에 기반한 PVS 고유의 명세언어를 배워야 한다. 또한 PVS 증명기를 능숙하게 사용하는데도 많은 교육과 훈련이 필요하다. PVS 시스템의 주요 개발자 중 한 명인 Shankar 박사와 학술대회에서 만나서 대화를 한 적이 있다. PVS를 아주 복잡한 경우는 아니더라도 강의나 교육에 사용되는 단순한 예제가 아닌 실제 현장에서 사용하기 위해서는 얼마나 시간이 필요할 것 같은지 질문하였다. Shankar 박사는 PVS에 대한 기본적인 교육을 받고도 추가로 주 40시간의 full-time 교육 및 사용을 전제로 적어도 6개월 이상을 PVS 전문가의 도움을 받아가면서 체계적으로 훈련을 받아야만 가능할 것 같다는 의견을 제시하였다. 현실적으로 PVS의 명세언어 및 도구를 배우기 위해 6개월 또는 그 이상의 시간을 낼 수 있는 개발자들은 별로 없을 것이다. 이런 이유로 실제 산업체에서 개발하고 분석하는 시스템을 PVS를 사용하여 명세하고 검증할 수 있는 전문가는 정형 기법을 전공한 컴퓨터공학자들 사이에서도 극소수에 불과하다.

둘째, 정리증명기를 사용하는 개인의 능력과 경험에 따라서 증명의 성공과 실패 여부가 달라질 수 있다. PVS를 예로 설명해보면 증명과정에서 사용할 수 있는 induct, grind, simplify 등 많은 증명 명령어가 있는데, 각각의 명령어의 자세한 기능과 적절한 사용법을 배우는 것도 많은 시간과 경험을 필요로 한다. 그리고 증명을 완성해 나가는 과정은 전문가가 수동적으로 결정해야 하며, 그 과정에서 어떤 명령어를 어느 시점에 사용하는가에 따라 증명이 성공할 수도 또는 실패할 수도 있다. 동일한 프로그램을 동일한 검증도구를 이용하여 분석하는데, 일부는 성공하고 일부는 실패할 수 있다면 이런 방법론이 널리 확산되는 것은 쉽지 않을 것이 분명하다.

모든 소프트웨어 분석도구들에도 똑같이 해당되는 사항이지만, PVS를 포함한 Theorem Prover도 이론전산학 또는 High-Order Logic 등의 수학적인 이론에 기반한 정형검증 방법을 소프트웨어로 구현한 도구이다. 이러한 소프트웨어 또한 오류가 포함되어 있을 수 있으므로 증명에 성공했다고 해서 반드시 그 증명이 수학적으로 항상 맞다고 보장을 할 수도 없다. 마찬가지로 어떤 경우에 증명이 실패했다고 해서, 그 명제가 증명이 불가능하다는 보장 또한 할 수 없다. PVS를 구현한 소프트웨어 자체의 오류로 인하여, 증명에 성공할 수 있는 명제를 가지고도 실제 증명에는 실패하는 경우 또한 있을 수 있다.

본인의 박사과정 졸업생 중에도 PVS의 개발팀이 소속된 SRI International에서 1년 이상 같이 연구를 수행하고, PVS의 증명과정에 능숙한 PVS 전문가가 있는데, 본인이 알고 있는 PVS의 지식에 의하면 당연히 성공했어야 할 것 같은 증명에 여러 번 실패하고 마지막 수단으로 Shankar 박사를 포함한 PVS 개발팀에 도움을 요청한 적이 있었다. 그 과정에서 PVS 개발팀도 모르고 있던 PVS Theorem prover의 구현상의 오류를 발견했던 경험이 있다. 당연한 이야기지만, PVS는 High-Order Logic 언어로 기술된 명세에 대해서 증명을 할 수 있는 능력을 가진 유용한 도구이긴 하지만, PVS 정리증명기를 구현한 소프트웨어 자체가 증명과정을 거친 무결점 소프트웨어는 아님을 기억하자.

이러한 단점에도 불구하고 Theorem Prover로 분류되는 정형검증도구는 큰 장점을 가지고 있는데, 그것은 상태폭발의 문제에서 자유롭다는 것이다. 이 장점을 제대로 이해하려면 정형검증 기법에서 Theorem Prover와 함께 또 다른 큰 축을 이루고 있는 Model Checking 기법을 이해하여야 한다.

모델체킹 기법은 Theorem Prover와 달리 사용이 쉽다는 것이 가장 큰 장점이다.

그리고 모델체커는 증명과정 전체가 자동화되어 있으며, 증명에 성공한다면 true라는 답을, 그리고 만일 증명하고자 하는 특성이 만족되지 않는다면, 하나의 반례를 출력으로 생성한다. 다시 말하자면, 모델체커는 모델을 분석하여 도달 가능한 모든 상태에 대해서 사용자가 검증하고자 하는 성질이 만족되는지를 자동적으로 분석한다는 뜻이다. 그러므로 모델체커가 true라는 답을 생성했다면 주어진 모델의 모든 상태가 분석되었고, 도달가능한 모든 상태에서 그 특성이 만족한다는 것을 보장한다. 그리고 증명의 전 과정이 자동화되어 있으니 매우 강력하고 편리한 검증도구인 것이다.

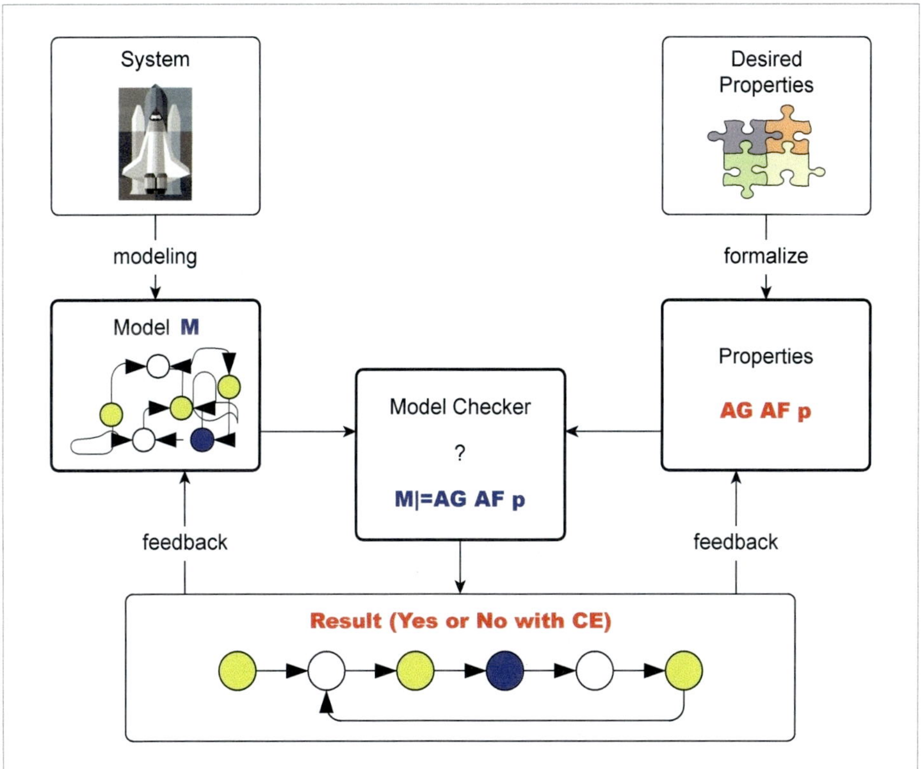

이 그림은 모델체킹의 개념을 잘 설명하고 있는데, 보통은 유한상태기계로 표현된 명세 또는 모델과 시제논리로 표현된 증명하고자 하는 Property를 입력으로 받는

다. 또한 증명이 실패한 경우에도, theorem prover는 증명이 실패했다는 것 외에는 추가로 제공하는 정보가 없는데, model checker의 경우에는 어떤 경우에 주어진 특성이 만족되지 않는지 구체적인 반례를 제공하므로 검증하는 사람에게는 매우 유용하다. 이런 이유로 모델체커가 Theorem Prover보다 산업체에서 훨씬 더 많이 사용되며, 이러한 연구를 선도한 공로로 카네기멜론 대학의 Clarke 교수를 포함한 Emerson, Sifakis는 컴퓨터공학계의 노벨상이라고 불리는 최고의 영예인 Turing Award를 2007년에 수상하였다.

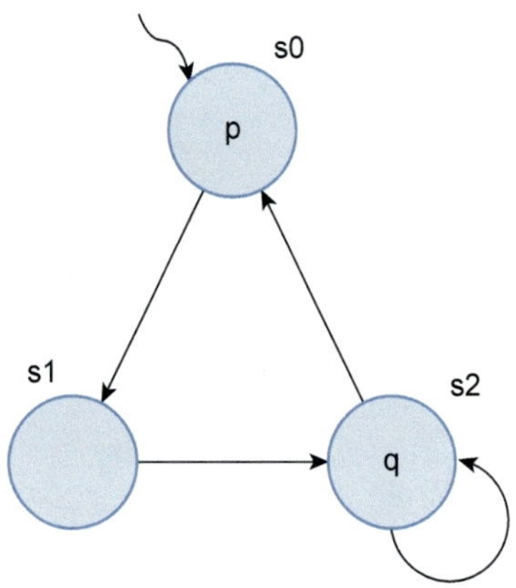


```
MODULE main
VAR
state : {s0, s1, s2};
ASSIGN
init(state) := s0;
next(state) := case
    state=s0 : s1;
    state=s1 : s2;
    state=s2 : {s2, s0};
    1 : state;
esac;
DEFINE
p := state=s0;
q := state=s2;
SPEC AG (p -> AF q) // p1 to prove
SPEC AG AF p // p2 to prove
```

개발된 모델체킹 도구는 매우 다양하지만, 가장 초기에 개발되었고 교육용으로 그리고 산업체에서도 폭넓게 사용되는 SMV[106] model checker가 실제로 어떻게 사용될 수 있는지, 구체적인 예를 가지고 설명해 보자. 위의 그림은 s0, s1, 그리고 s2 라는 3개의 상태를 가진 아주 간단한 유한상태기계 모델을 나타내고 있다. 초기상

106. SMV(또는 NuSMV)는 McMillan에 의해서 개발되었으며 인터넷에서 쉽게 다운로드 받을 수 있고 배울 수 있다.

태는 s0이고, s0에서는 s1으로만의 전이가 가능하고, s1에는 다시 s2로만, 그리고 s2에서는 s0로 또는 s2로의 전이가 가능하다. 그리고 s0라는 상태에서는 p라는 조건으로 정의된 명제가 참이고, 마찬가지로 s2에서는 q라는 명제가 참이라고 정의되어 있다. 이를 SMV의 language로 표현하면 오른쪽의 명세가 된다. 추가된 부분은 마지막 두 줄에 명시된 시제논리인데, 간단히 설명하자면 다음과 같다.

- **AG(p → AF q)**: p가 참이라면(즉 s0라는 상태를 방문한다면) 항상 반드시 q 또한 미래에는 (AF, Always in the Future, 언제가 될지는 모르지만) 만족된다는 (다른 말로 설명하면 s2를 방문하게 된다는) 뜻이다. 그리고 이 조건은 모든 경로에서 (AG의 A가 For all paths를 나타낸다) 항상 (globally) 만족되어야 한다는 뜻이다.
- **AG AF p**: p라는 조건은 모든 경로에서 항상 그리고 언젠가는 반드시 만족된다는 뜻이다. 즉 모든 가능한 경로는 항상 s0를 반복적으로 포함하고 있어야 한다는 뜻이다.

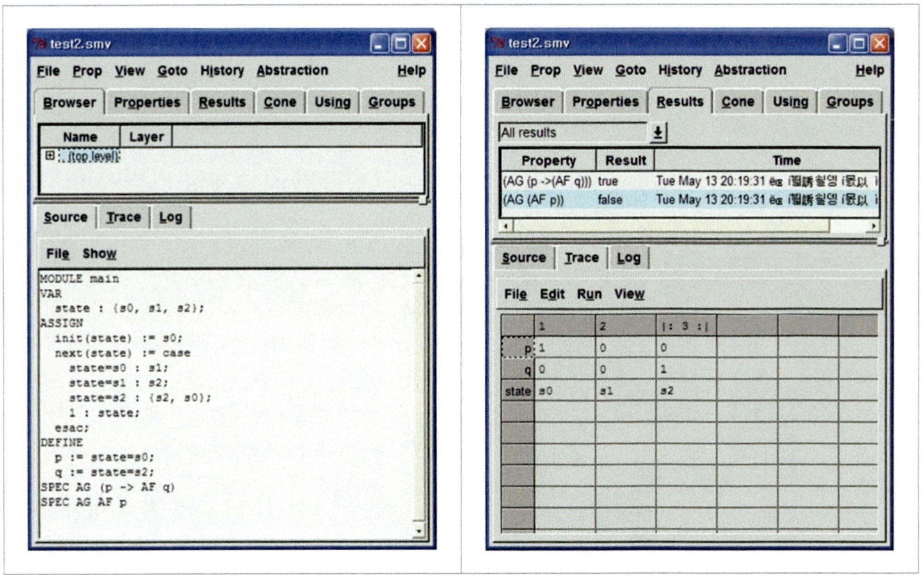

이렇게 특성을 기술하는 방법을 CTLcomputational tree logic이라고 한다. 주어진 유한상태기계 모델을 (자동적으로) SMV input으로 변환하는 것이 가능하며, 증명하고자 하는 특성을 CTL로 표현할 수 있다면, 증명의 나머지 과정은 도구를 사용하여 쉽게 할 수 있는데, 왼쪽에 보이는대로 파일을 읽어들이고 (File > Open) 그리고 증명을 하라는 명령어(Prop > Verify All)만 선택하는 것으로 충분하다.

그러면 오른쪽 화면에서 보는 것처럼 결과창이 뜨는데, 이 경우, 첫 번째 특성은 도달 가능한 상태에서 모두 만족된다는 것이 성공적으로 증명이 되었으나, 두 번째 특성의 경우는 (안타깝게도) 증명에 실패하였는데, 반례를 보면 s0 → s1 → s2 → … → s2로 가는 경로에서는 그 특성이 만족되지 않는다는 뜻이다. 즉, p2가 명세하고자 하는 특징은 “p is inevitable on all states” 즉, 모든 경로에 대해서 항상(AG, for all paths and globally) 언젠가는 p가 만족이 된다는 것인데(AF, for all paths, in the future), 그렇게 되려면 s0는 언제가 되든 미래에 반복적으로 방문하는 경우가 모든 가능한 경로에서 만족되어야 한다. 그러나 주어진 반례를 보면 시스템이 s2라는 상태에 진입 후 영원이 그 상태에만 머무르는 경우에는 (그 확률이 실제로 얼마인지는 상관없이) 이러한 특성이 위배된다는 점을 자동적으로 보여주는 것이다.

그렇다면 모델체킹 기법이 어떤 경우에 실제 개발자들이나 검증자들에게 실질적인 도움을 줄 수 있을지 생각해보자. 폴더폰 형태의 휴대폰에 탑재되어 많은 사람들의 사랑을 받은 푸쉬푸쉬 게임은 보이는 구슬을 밀어서 집 모양의 자리에다가 옮기는 게임이다. 50판까지의 게임이 공개되어 있는데, 후반부로 갈수록

게임이 어려워진다고 알려져 있다. 이러한 게임 소프트웨어를 검증하는데 모델체킹 기법이 과연 어떤 도움을 줄 수 있을까?[107] 푸쉬푸쉬 게임을 구현하는 소프트웨어의 정확성 자체를 검증하는 것은 아니지만, 각 단계별로 제시되는 문제에 대해서 실제로 답이 존재하는지를 검증하는데 모델체킹 기법이 도움을 줄 수 있다. 이런 것이 가능한 이유는 특정 푸시푸시 게임의 해법을 찾는 문제가 유한상태기계의 reachability로 정의될 수 있기 때문이다. 푸쉬푸쉬 게임의 해법은 처음에 제시되는 초기상태로부터 최종 상태로의 전이가 가능한 경로가 있는지를 찾아내면 되는 것이다. 이 경우 검증하고자 하는 특성을 "최종 상태에서 초기상태로는 도달가능한 경로가 없음"이라고 제시하는 것이다.

```
module main() {
adir : {left, right, up, down};                 // direction
cell : array 1..10 of array 1..10 of 0..2;
x : 1..10;                                      // agent location
y : 1..10;
init(x) := 2; init(y) := 4;                     // initial agent location
init(adir) := {right, left, up, down};          // 13번째 판의 초기 상태 정의.
                                                   0:wall, 1:empty, 2:ball
init(cell[1]) := [0, 0, 0, 0, 0, 0, 0, 0, 0, 0];
init(cell[2]) := [0, 1, 1, 0, 1, 1, 1, 0, 0, 0];
init(cell[3]) := [0, 1, 2, 1, 1, 2, 1, 0, 0, 0];
init(cell[4]) := [0, 1, 2, 1, 2, 1, 0, 0, 0, 0];
init(cell[5]) := [0, 1, 2, 1, 1, 2, 1, 0, 0, 0];
init(cell[6]) := [0, 1, 1, 0, 1, 1, 1, 0, 0, 0];
init(cell[7]) := [0, 0, 0, 0, 0, 0, 0, 0, 0, 0];
init(cell[8]) := [0, 0, 0, 0, 0, 0, 0, 0, 0, 0];
init(cell[9]) := [0, 0, 0, 0, 0, 0, 0, 0, 0, 0];
init(cell[10]) := [0, 0, 0, 0, 0, 0, 0, 0, 0, 0];

if (adir = left) {            // 푸쉬푸쉬 게임의 규칙. 왼쪽으로 이동하는 경우
    if(cell[y][x-1] = 1)      // 왼쪽이 빈 공간이면 에이전트는 이동가능
        next(x) := x-1;
```

107. 자세한 내용은 경기대학교의 권기현교수 연구팀이 모델체킹 기법을 어떻게 게임풀이에 적용할 수 있는지를 다룬 논문들을 참고할 수 있다.

```
    else if ( (cell[y][x-1] = 2) & (cell[y][x-2] = 1) ) {
        default next(cell[y][x-2]) := 2;   // 빈 공간으로 공을 밀어서 이동
        in next(cell[y][x-1]) := 1;
        next(x) := x-1;
    }
}
... // right, up, down에 해당하는 유사한 코드는 생략
assert G ~(cell[3][4]=2 & cell[3][5]=2 & cell[4][4]=2 & cell[4][5]=2 &
cell[5][4]=2 & cell[5][5] = 2);
}
```

위의 SMV 코드는 푸쉬푸쉬 게임의 13번째 단계를 구현한 것이고, 중복을 피하기 위해 일부의 내용을 생략하였다. 처음은 초기의 상태를 정의한 후, 움직임에 대한 규칙을 네 가지 방향으로 나누어 정의하였다. 증명하려는 Property인 assert G ~(cell[3][4] =2 & … & cell[5][5] = 2)는 이 단계를 해결했을 때 도달해야 하는 상태이며, ~을 통하여 그런 상태는 존재하지 않는다는 Negation 방법으로 특성을 명시한 후 모델체킹을 수행해보자.

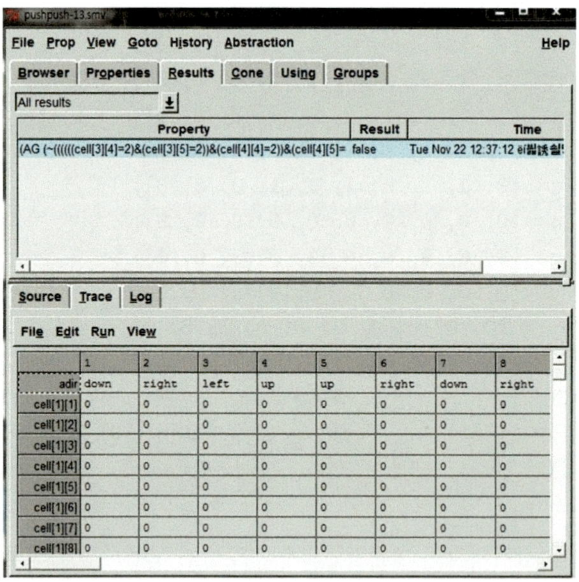

실제로 이 문제가 답이 없는 문제라면 모델체커는 이러한 특성에 대해서 true라는 답을 생성하면서 실제로 해결 가능한 답이 존재하지 않음을 증명할 것이고, 만일 존재한다면 위의 특성은 만족하지 않는다는 false 결과와 함께 반례를 함께 제시할 것인데, 이 반례가 바로 게임디자이너가 찾고자 하는 해법인 것이다 (그림에 보이는 스크롤바를 통해서 모델체커가 제공하는 반례에 포함된 정보의 양과 길이를 짐작할 수 있다).

소프트웨어 검증 분야에서도 여러 종류의 모델체커가 사용되고 있는데, SMV 외에도 SPIN, PathFinder, SLAM 등의 도구가 개발되어 있다. 각 모델체커는 입력으로 사용되는 언어가 다른데, SMV는 위의 예제에서 제시된 고유의 finite state machine 언어 외에도 하드웨어 디자인에서 널리 사용되는 VHDL 명세도 직접 증명할 수 있고, Verilog 명세를 SMV 입력으로 자동변환해 주는 도구도 존재하므로 더욱 활용도를 높일 수 있다. PathFinder는 자바코드에 대한 모델체킹을 할 수 있는 도구이다.

항공우주연구원의 연구진에 의해서 개발된 아리랑 2호 다목적실용위성에 탑재된 소프트웨어의 분석에 모델체킹 기법을 적용해 본 사례가 있는데, 5,300줄이 넘는 SMV 프로그램으로 구성되어 있으며 550여개의 변수가 포함되어 있는 나름 복잡한 프로그램이다. 이 프로그램을 대상으로 Cadence SMV라는 도구를 사용하여 5개의 특성을 대상으로 모델체킹을 하였는데, 그 결과는 다음과 같다.

No.	Properties	# of BDD Nodes	Time	Result
1	AG AF stable	40,542,465	25 min	Ture
2	AG (KOMPSAT_BOOT_SIGNAL -> AF (in-OBC_CORE_OBC_NORMAL)	25,609,629	30 hrs	False
3	AG (in_OBC_CORE_OBC_COLDBOOT -> AF (in-OBC_CORE_OBC_NORMAL)	23,786,310	13 hrs 7 min	Ture
4	EF (OBC_WDT_INHIBIT_FLAG = 1)	21,558,901	1 hrs 24 min	Ture
5	AG ((OBC_WDT_INHIBIT_FLAG = 1) -> AF (in-OBC_CORE2_OBC_NORMAL2))	22,982,974	5 hrs 8 min	False

첫 번째 특성은 소프트웨어가 부팅되고 난 이후에는 (얼마나 걸릴지는 판단할 수 없으나) 소프트웨어가 궁극적으로는 지상 관제소로부터 명령을 받아 제어 작업을 수행할 수 있는 상태인 stable로 정의된 상태로 항상 도달 가능하다는 것을 검증하고자 하였다. 위성 소프트웨어가 부팅되고 난 이후에 관제소로부터 더 이상의 제어가 불가능한 상태로 빠지는 것이 소프트웨어의 구현로직상으로 볼 때 불가능하다는 것을 증명하고자 하는 것이다. 이러한 검증을 테스팅의 방법으로 수행한다면 그 어려움이나 비용이 얼마나 많이 필요할지 그리고 그렇게 얻을 수 있는 검증의 신뢰도를 생각해보면, Pentium4 기반의 CPU가 탑재된 PC에서 25분만에 증명을 완료했다는 것으로 모델체킹 기법의 효과를 쉽게 이해할 수 있다.

실무자의 입장에서 볼 때 더욱 놀라운 결과는 5번째의 특성에 제시된 사례이다. OBC_WDT_INHIBIT_FLAG이 만족되는 경우에도 언젠가는 미래에 in_OBC_CORE2_OBC_NORMAL2라는 상태에 도달하게 될 것이라는, 쉬운 말로 설명하자면 탑재된 컴퓨터가 이상이 없이 정상상태로 항상 복귀할 것이라는 것을 증명하고자 하였다. 결과적으로는 증명에 실패하면서 반례를 생성했는데, 이러한 반례를 실무자들이 자세히 분석한 결과 실무자도 몰랐던 추가적인 요구사항을 발견하였다. 이를 통하여 요구사항에 대한 좀 더 정확하고 깊은 이해를 할 수 있었으며, 이에 소요된 5시간은 소프트웨어 개발자들의 노력이 전혀 필요하지 않는다는 점을 이해하는 것이 중요하다.

그러나 모델체킹 기법 또한 결정적인 단점이 있는데, 도달 가능한 모든 상태를 생성하고 각 상태에서 주어진 특성이 만족되는지 여부를 판단하는 과정에서 분석해야 하는 상태가 급격하게 늘어나 상태폭발 문제로 검사가 불가능한 경우가 발생할 수 있다는 점이다. 실제로 푸시푸시 게임의 제일 마지막 단계인 50번의 경우에는 단순한 모델체킹 기능으로는 상태폭발 문제로 해결할 수 없어서 문제를 여러 개의 중간단계로 나누고 나서야 해결할 수 있었다고 한다. 실제 현장에서의 문제 중 일부는 모델체킹 기법으로는 해결하기 어려운 것들도 있는 것이 사실이다. 그러나 모델체킹 기법에 대한 기술의 발전으로 분석이 가능한 시스템의 크기나 복잡도는 지속적으로 증가하고 있으며 상태폭발의 문제가 발생하는 경우에도 분석해야 하는 상태의 숫자를 줄일 수 있는 효과적인 방법들이 지속적인 연구를 통하여 계속 개발되고 있다. 이런 이유로 산업계에서 모델체킹 기법의 적용은 지속적으로 증가할 것으로 생각되며, 개발자들이나 테스트엔지니어가 모델체킹 기법 및 도구를 품질향상의 효과적인 도구로 배우고 사용할 만한 가치가 있는 것이다.

34

소프트웨어의 오류와 Fault-Tolerance 기법

1980년대는 Fault-Tolerant Computing이라는 분야가 Safety Engineering, Reliability Engineering의 세부 주제로 활발하게 연구되고 있었다. 당시의 하드웨어는 신뢰성이나 내구성이 지금과는 비교가 될 수 없는 수준이던 시절이었고, 이러한 장비들을 이용하여 안정적으로 작동할 수 있는 전화 교환기 등의 기능을 운용하려면 고장감내(Fault-Tolerance) 기법을 사용한 전체 시스템의 신뢰성 향상은 필수적인 요구사항이었다. 이러한 시스템의 경우 일반적으로 1년에 서비스가 불가능한 downtime이 5분 미만으로 유지되어야 하는 등의 높은 신뢰도를 요구한다. 하드웨어의 경우 중복을 통해서 비교적 손쉽게 (?) 그런 목표를 달성할 수 있었는데, TMR(triple modular redundancy)라는 개념처럼 동일한 기능을 하는 복수의 하드웨어를 설치하여 운용하는 것을 기본으로 한다. 예상할 수 있는 모든 하드웨어의 오류의 조합에도 견디는 시스템을 만드는 것은 비현실적이고 경제성도 없으므로, 현실적인 대안으로 single point failure를 피하고자 하였다. 어느 특정 하드웨어 컴포넌트 하나의 오류가 전체 시스템의 마비로 이어지는 것은 막자는 것이 목표이다. 그러나 개념적으로 간단한 하드웨어의 고장감내 기능을 구현하는 것도 실제로 기술적으로는 매우 복잡하며, 하드웨어 컴포넌트가 중복되면서 소프트웨어 특히 운영체제는 더욱 복잡해 질 수밖에 없게 된다.

Fault-tolerance 기능을 소프트웨어에서도 제공하고자 하는 노력 또한 자연스럽게 시도되었는데, 소프트웨어의 논리적인 오류때문에 (또는 다른 어떤 이유로든) 잘못된 결과가 나오더라도 이런 한계를 극복해 보려는 필요에서 시작되었다. 실제로 보잉이나 에어버스사에서 생산하는 fly-by-wire 기능을 제공하는 여객기에서 안전에 필수적인 기능을 담당하는 소프트웨어의 경우 software fault tolerance기능은 필수적이다. 소프트웨어의 오류 때문에 safety-critical software가 작동을 멈추거나 최악의 경우 여객기가 추락하는 일이 발생하면 안되기 때문이다. Software Fault-Tolerance 연구분야에서는 크게 두 가지 흐름이 있는데, 하나는 영국 Newcastle 대학의 Randell 교수 연구팀이 주도했던 Recovery Block이라는 개념이고, 다른 방법은 UCLA의 Avizienis 교수 연구팀이 주도했던 N-version programming 방법이다.

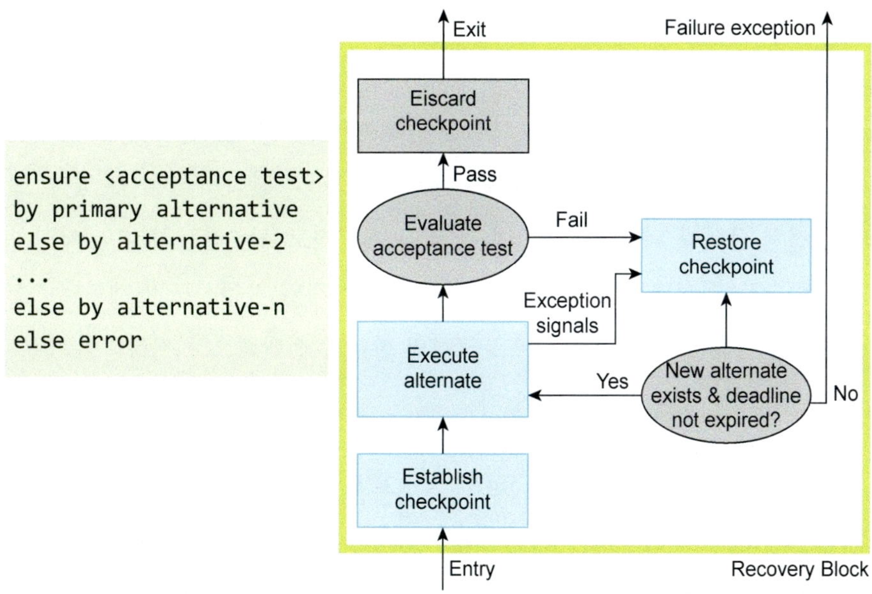

Operation of the Recovery Block

Recovery Block 기법의 개념은 그림에 표시된 대로 제일 먼저 primary alternative 블럭에 명시된 알고리즘을 이용하여 계산하고, 그 결과값의 적합성 여부를 acceptance test 루틴을 통하여 검사하는 것이다. 만일 acceptance test를 통과한다면 그 결과값을 사용하게 될 것이고, 실패한다면 소프트웨어 런타임 환경을 원래 위치로 roll back하고 난 다음 첫 번째 대안으로 제시된 alternative-2 로직을 이용하여 재시도를 하게 된다. 그리고는 동일한 acceptance test를 사용하여 결과값의 적합성 여부를 검사하는 과정을 acceptance test를 통과하거나 alternative block이 소진되어 에러 값을 반환하는 것 말고는 다른 대안이 없을 때까지 반복한다. 개념적으로는 간단해 보이지만 실제로 fault tolerance 기능을 성취하려면 "산 넘어 산"이란 말이 생각날 정도로 극복해야 할 난관이 한 두가지가 아니다. 과연 어떤 기술적인 문제를 극복해야 할까?

첫째, 먼저 동일한 조건에서 primary block이나 alternative block들을 수행하기 위해서는 checkpoint를 설정하고 필요하면 복원하는 기능을 수행해야 한다. 그래야만 프로그램의 수행상태를 원위치로 복원하고 대안으로 준비된 alternative block을 같은 환경에서 수행시킬 수 있기 때문이다. 개념적으로는 간단해 보여도 실제로 어떤 정보를 저장해야 하는가에 대한 결정은 그리 간단하지 않을 수 있다. 프로그램의 전체 상태를 저장하고 복원하는 것은 개념적으로는 간단하지만, 저장하고 복구해야 하는 데이터의 양이 너무 많다면 비현실적일 가능성도 배제할 수 없다. 그렇다고 수행하는 중에 변하는 프로그램의 상태를 선택적으로 저장하는 것은 생각보다 간단하지 않은 결정일 수 있다.

Fault tolerance 기능을 요구하는 많은 시스템들은 실패해서는 안되는 중요한 기능을 담당하기 때문에 Recovery block 구현 대상으로 선정되었을 것인데, 이런 기능은 실시간 소프트웨어의 일부일 가능성 또한 높다. Real-time software의 특징 중의 하나가 결과값이 정확해야 함과 동시에 정해진 deadline 내에 계산이 완료되어야 한다는 것이다. 정확한 출력값을 계산하는 것도 중요하지만, 출력값을 계산하는데 걸리는 시간 또한 시스템의 신뢰도에 중요한 영향을 미칠 수 있다는 뜻이다. 이러한 실시간 소프트웨어의 구현에서 생길 수 있는 또 다른 어려움은 checkpoint에 저장되는 일부 데이터의 값이 시간의 경과에 따라 더 이상 유효하지 않을 수 있다는 점이다.

둘째, 방금 수행한 primary block 또는 alternative block을 수행한 결과가 acceptance test를 통과하지 못하면 또 다른 alternative block을 이용하여 새로운 방법으로 같은 계산을 다시 시도해 보아야 한다. Primary block 또는 alternative block이 실패한 계산과정을 다른 alternative block이 성공적으로 수행할 수 있을 것이란 기대감을 가질 수 있으려면 어떻게 할 수 있을까? 다시 말하면 소프트웨어의 여러 버전에서 공통적으로 발생할 수 있는 common mode failure를 피할 수 있는 방법이 있을까? Primary block과 alternative block을 같은 개발자들이 모두 개발한다면 유사한 소프트웨어 오류로 인한 common mode failure가 발생하지 않을까? Primary block, alternative block을 별도의 개발조직에서 독립적으로 구현하도록 한다면 과연 common mode failure는 발생하지 않는다고 보장할 수 있을까? 만일 별도의 개발조직에서 독립적으로 알고리즘을 구현하도록 하였는데, (우연의 일치이든 어떤 이유든) 모두 같은 알고리즘을 사용하는 경우에도 소프트웨어의 다양성을 통한 신뢰성의 향상을 기대할 수 있을까? 그렇다고 각 개발조직에서 사용할 독립적인 (?) 알고리즘을 지정한다면 이를 독립적인 개발이라고 볼 수 있을까? 서로 다른 알고리즘 사이에서는 과연 common mode failure가 발생하지 않는다는 보장을 할 수는 있을까? 그리고 어떤 근거로 어떤 알고리즘을 primary block으로 또는 alternative block에 사용하는 등의 우선순위에 대한 결정을 합리적으로 내릴 수 있나? 모두 하나같이 대답하기 어려운 그러나 recovery block을 통하여 원하는 효과를 얻으려면 반드시 생각해 보아야 하는 질문들이다.

셋째, primary block과 alternative block과의 관계도 명확하지 않지만 acceptance test는 도대체 어떻게 만들 수 있을까? 과연 acceptance test와 primary 또는

alternative block과의 근본적인 차이는 있기는 한 것일까? 실제 문제에 대해 acceptance test를 정의해 보라고 하면 실제로 어떻게 할 수 있는지에 대한 구체적인 접근방법을 생각하는 것이 쉽지 않은 경우가 흔하다. Acceptance test를 만드는 과정이 어렵다면 recovery block의 유용성 또한 보장하기 쉽지 않은 것이 사실이다. 물론 학술논문 등에서는 개념을 쉽게 이해시키는 것이 주된 목적이기에 누구나 직관적으로 이해할 수 있는 아래와 같은 예제를 사용한다. 그러나 개념의 이해와 실제 산업현장에서의 성공적인 적용은 다른 차원의 문제인 것이다.

```
ensure "배열이 오름차순으로 제대로 정열되었다는 확인
(예를 들어, 모든 배열의 원소에 대해 a[i]>=a[i-1] 인지)"
By Quick-sort
else by Bubble-sort
...
else by Selection-sort
else error
```

넷째, Fault-tolerance 기능을 반드시 요구하는 소프트웨어의 경우 안전성이 중요하기 때문에 비용과 복잡도의 증가를 감수하고서도 recovery block을 사용하지만 그렇다고 비용 문제를 완전히 무시할 수는 없다. primary block의 구현 비용을 100이라고 가정할 때, acceptance test와 alternative block을 함께 그리고 가능한 독립적으로 구현한다면 그 비용은 얼마나 들까? 과연 그 추가 비용을 acceptance test와 alternative block의 개발에 쓰지 않고 primary block을 좀 더 높은 수준의 프로그램으로 개발하는데 추가 비용을 쓰는 것이 더 경제적이고 효율적이지 않을까? Fault-tolerance 기법을 적용할 때도 소프트웨어의 어느 subsystem에 선택적으로 적용할지 개발자들이나 프로젝트 매니저들이 심각하게 고민해 보고 철저하게 분석한 후 결정해야 한다.

무엇보다도 Recovery block 개념은 산업체에서는 실제로 적용되지 않는 것으로 보여지는데, 이런 개념을 지원하는 프로그래밍 언어도 없기 때문이다. 그렇다면

primary block, alternative block 등이 별도의 프로그램으로 작성되어야 하고, 운영체제가 recovery block의 기능을 수행하여 필요한 경우 checkpoint의 설정 및 저장, 그리고 필요하면 복원 등을 수행해야 하는데 이는 소프트웨어의 복잡도를 많이 증가시키는 요인이 된다. 또한 supervisory code의 오류가 문제를 야기시킬 수도 있다. 만일 acceptance test 자체에 오류가 있어서 제대로 계산된 primary block의 값을 실패한 것으로 판단하여 거부하고 alternative block이 잘못 계산한 값을 맞는 것으로 판단해서 사용한다면 이는 fault-tolerance 기능을 구현하려고 하다가 오히려 신뢰도를 낮추는 결과를 초래할 것이다. recovery block의 개념의 경우, 개념적으로는 간단하고 완벽해 보여도 실제 구현은 쉽지도 그리고 효율적이지도 않다는 것이 가장 큰 약점이라 하겠다.

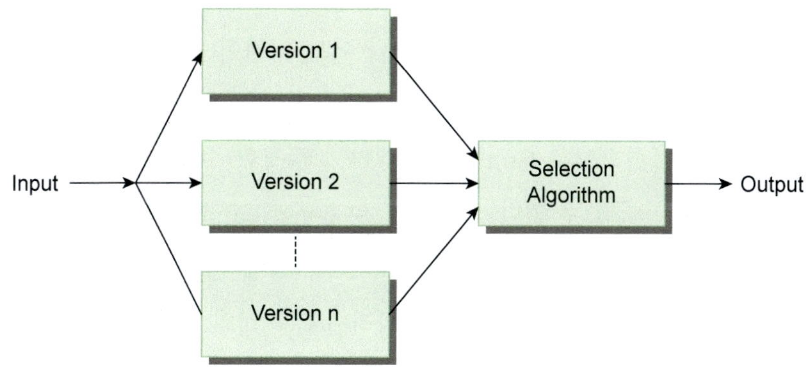

N-version programming(NVP)

Recovery block 개념의 대안으로 제시된 N-version programming(NVP)[108]은 동일한 명세를 가지고 N개의, 즉 2개 또는 3개의 버전을 독립적으로 개발하고 그 결과값을 비교하여 과반수 또는 다수의 답을 전체의 결과값으로 사용하는 것이다. 어쩌면 개념은 Recovery block의 개념보다도 더 간단하고 명료해 보인다. 복수의

108. https://en.wikipedia.org/wiki/N-version_programming

버전의 수행결과를 놓고 다수결 투표를 하여 최종 결과를 결정한다는 가정은 다수의 의견은 항상 옳을 것이라는 전제를 바탕으로 하고 있다. 물론 상용소프트웨어의 신뢰도가 99% 또는 99.99% 이상의 신뢰도를 통상적으로 가진다고 생각하면 무난하고 합리적인 가정으로 보일 수 있다. NVP 기법의 대부로 흔히 소개되는 Avizienis 교수가 설명하는 NVP 기법은 위에서 설명한 Recovery block을 적용하고자 할 때와 비슷한 문제들을 가지고 있는가? 이러한 문제들을 생각해 보자.

첫째, 2-version의 경우, 간단하게 생각해보면 fault detection은 가능할 수 있을지 몰라도 fault tolerance 기능은 불가능하다. 두개의 버전의 결과를 비교하면, 같을 수도 있고 다를 수도 있다. 전자의 경우 내릴 수 있는 합리적인 판단은 두 개의 버전이 동시에 맞을 수도 있고 틀릴 수도 있다는 것뿐이다. 이 경우는 fault detection 자체도 불가능하다. 만일 두 개의 버전이 다른 결과값을 반환했다면, 두 개의 버전이 다 맞다고 할 수는 없을 것이다[109]. 그러나 어느 버전이 옳은 값을 계산했는지의 판단은 불가능하다. 둘 다 맞는 값이 아니라면 적어도 하나는 또는 둘 다 틀렸을 가능성을 발견하였으므로 fault를 발견했다고 주장할 수는 있으나, 어느 버전의 답이 맞는지는 판단할 수 없다. 이런 이유로 2-version programming에서 fault tolerance를 기대할 수 없음은 자명하다. fault tolerance를 이루기 위해서는 적어도 3-version 이상을, 그리고 majority voting을 하려면 홀수 개의 버전을 준비해야 한다.

둘째로, NVP 또한 recovery block 만큼이나 정교한 계획이 필수적이다. 이 경우는 여러 개의 버전이 독립적으로 구현되었을 것이라고 가정하고 또한 이러한 버전의 수행은 별도의 프로세서에서 병렬적으로 진행될 수 있다고 가정하면 Recovery block에서 요구하는 roll back이나 acceptance test를 별도로 구현하지 않아도 되므로 개념적으로는 더 간단하다고 생각할 수 있다. 그러나 모든 버전이 같은 시간에

109. 이 경우도 예외가 있을 수 있어서 결과값이 정수등으로 정확한 비교가 가능할 경우에만 적용되고, 만일 출력값이 실수의 경우, 맞고 틀리고의 여부를 판단하는 것이 간단하지 않아서 어느 정도의 오차가 있는가에 따라 단순비교를 할 수 없는 경우도 생각할 수 있기 때문에 실제 현장에서의 N version 프로그래밍 기법의 적용은 더 복잡해진다.

또는 거의 비슷한 시간대에 계산을 마치고 majority voting이 항상 쉽게 할 수 있다는 생각은 근거없는 희망에 그칠 수도 있다. 어떤 버전은 계산이 이미 끝나서 결과가 나온 반면에 다른 버전은 알고리즘의 비효율성 때문에 아직도 계산이 진행 중일 수 있다. 그렇다면 언제까지 기다렸다가 voting을 할 것인지, 혹시 하나 또는 이상의 버전에서 계산이 끝나지 않은 이유로 투표과정에 참여하지 못한다면 이런 상황에서 어떻게 majority voting이 진행될 수 있는지를 정해야만 할 것이다.

그러나 NVP 관련하여 가장 핵심적인 쟁점은 과연 Avizienis 교수가 주장하는 만큼 효율적인가 하는 것이다. 다시 말하자면 99%의 신뢰도를 가진 — 따라서 실패확률이 1%인 — 3개의 버전을 가지고 NVP를 할 때, 세 버전 모두가 동시에 실패할 확률이 과연 0.01*0.01*0.01인가 하는 것이다. 그렇다면 각각 10^{-2}의 실패확률을 가진 세 개의 버전을 가지고 NVP 기법을 적용하면 100배 이상 신뢰도의 향상을 얻을 수 있기 때문이다. 다시 말하면 NVP 기법이 효율적인 fault tolerance 기능을 제공할 수 있다고 믿는 바탕에는 각 버전의 오류 확률이 독립적일 것이라는 가정하에 얻어진 가설이다. 과연 그럴까?

UC Irvine의 Leveson 교수와 버지니아대학의 Knight 교수는 학부 고학년 및 대학원생들을 고용하여 27개의 버전을 동일한 명세로부터 독립적으로 구현하고 각 버전의 reliability를 측정하고, 임의로 N-version program을 생성한 후 기대할 수 있는 NVP 시스템의 신뢰도를 측정하였다[110]. 이를 통하여 NVP를 통해서 기대할 수 있는 신뢰도는 기대보다 낮다는 것과 소프트웨어의 경우 각각의 failure가 확률적으로 독립적이라는 가설은 근거가 없음을 보여주었다. 그러니 NVP 기법은 하나의 버전에서 기대할 수 있는 신뢰도보다 훨씬 성능이 우수한 신뢰도를 제공할 것이라는 그리고 NVP 기법은 비용면에서도 경제성이 있다는 주장은 설득력이 없다

110. Knight, J. C. and Leveson, N. G. 1986. An experimental evaluation of the assumption of independence in multiversion programming. IEEE Transactions on Software Engineering, 12, 1 (Jan. 1986), 96-109.

는 것이 소프트웨어공학계의 정설이다(http://sunnyday.mit.edu/critics.pdf 논문을 읽어보면 NVP 관련한 논쟁의 핵심이 잘 정리되어 있다).

Software Fault Tolerance와 관련된 연구는 아직도 해결하지 못한 문제가 많이 남아 있으며, 그 동안 획기적인 기술의 발전이 없이 미완성의 연구로 남아 있다는 생각이다. 그만큼 연구 주제 자체가 어려운 분야라고 볼 수도 있겠다. Leveson 교수와 Knight 교수는 NVP 기법을 통해서 기대할 수 있는 신뢰도의 향상이 "기대보다 많이 낮을 것이라는"점을 실험을 통해서 설득력있게 보여주는 기여는 하였으나, 그들도 그리고 다른 연구자들도 Recovery Block이나 NVP의 단점을 어떻게 극복하여 소기의 목표를 어떻게 달성할 수 있는지에 효과적인 대안을 제시하지는 못하였다. 이런 이유로 산업체에서 특히 보잉사나 에어버스사에서 생산한 여객기의 운항에 필요한 safety-crfitical software의 개발에서는, 여러 가지 단점에도 불구하고 N-version programming 기법을 사용하고 있다는 것이 전문가들의 추측이다.

Software fault tolerance라는 간단한 개념을 실제로 적용하는 것이 얼마나 힘든 일인가를 이해한다면 소프트웨어 공학에 대한 이해 또한 한 단계 더 깊어졌다고 할 수 있다. 그래서 NVP 기법을 적용하더라도 각각의 버전의 개발에는 소프트웨어 공학 기법이 체계적으로 적용되어야 하고 테스팅 및 품질관리 기법도 체계적으로 적용되어야 하는 것이다.

35

소프트웨어 프로젝트 관리기법

소프트웨어 프로젝트관리라는 분야는 언뜻 생각하면 소프트웨어공학의 한 분야가 아니라고 생각할 수도 있겠다. 어차피 "프로젝트"의 관리라는 측면에서는 공통점도 많을 것이므로, 인사관리나 노무관리처럼 경영학에서 다루는 수많은 분야 중 하나로 생각될 수 있고, 경영학에서 제안된 많은 관리 이론을 소프트웨어 프로젝트 관리에서 적용하는 것으로 충분하다고 생각할 수도 있겠다. 그러나 소프트웨어 프로젝트에 특화된 이슈들에 대해서 생각해 보기로 하자. 소프트웨어 프로젝트관리는 독립적으로 존재하는 분야가 아니며 software cost estimation, software metrics, software development methodology 등과 깊은 관계가 있다. 개발 비용을 예측하고 프로젝트가 진행되는 중에 각종 지표를 효율적으로 수집하여 도중에 발생할 수 있는 여러 가지 문제점을 가능한 조기에 정확하게 판단하여 적절한 조치를 취하는 것은 유능한 프로젝트 매니저가 해야 할 가장 기본적인 임무이기 때문이다. 또한 개발방법론에 따라 효과적인 프로젝트 관리기법 또한 달라져야 한다.

소프트웨어 프로젝트 관리가 중요한 이유는 개발팀의 기술적인 역량이 아무리 우수해도 관리가 제대로 되지 않는 소프트웨어 개발 프로젝트는 성공할 확률이 그만큼 낮아지기 때문이다. 반대로 개발팀의 역량이 탁월하지 않은 경우라 할지라도 프로젝트의 계획 및 관리가 효율적으로 시행될 수 있다면 프로젝트의 성공을 항상 장담할 수는 없다고 할지라도 어느 정도 납득하고 만족할 만한 수준의 품질을 가진 소프트웨어를 완성할 수 있는 확률이 그만큼 높아질 수 있다. 이것이 소프트웨어 프로젝트의 관리가 중요한 이유이며, 토목공사의 관리 또는 하드웨어 개발 프로젝트의 관리 등과 비교해서 다른 이유도 잘 이해하여야 한다. 유능한 소프트웨어 프로젝트 매니저가 소프트웨어공학의 핵심 개념을 잘 알아야 하는 이유이다.

소프트웨어 프로젝트 관리에 대한 유용한 자료나 서적은 많은데, 다음을 추천한다.

- **Facts and Fallacies of Software Engineering**(저자 Robert L. Glass): 소프트웨어공학에 대한 사실과 오해라는 제목으로 번역이 되기도 한 책인데, 30년 이상 산업현장에서 일하면서 많은 경험을 쌓고 연구를 수행한 저자의 통찰력을 배울 수 있다. 소프트웨어공학을 연구하는 사람들 사이에서 흔히 회자되는 이야기들을 저자는 Fact 또는 Myth로 구분하고 저자의 의견을 상세하게 기술하였으며 더 자세한 정보를 얻는데 필요한 정보를 제공하고 있다. 독자들이 Glass가 이야기하는 주장에 동의하든 동의하지 않든, 각각의 주장에 대해서 생각해 보고 프로젝트 관리자가 된다면 어떻게 이런 지식을 활용할지 생각해 보는 것은 매우 유익한 학습이다.
- **Software Project Survival Guide**(저자 Steve McConnel): Code Complete라는 책으로도 유명한 저자가 프로젝트를 준비하는 각 단계부터 프로젝트가 진행되는 각 과정에서 프로젝트 관리자가 꼭 알아야 할 Best Practice를 잘 설명한 책이다. 경험이 많은 개발자나 프로젝트 관리자는 상식적이라고 생각할 수 있는 내용이지만, 이 책은 소프트웨어 개발 프로젝트에 특화된 내용을 담고 있다.

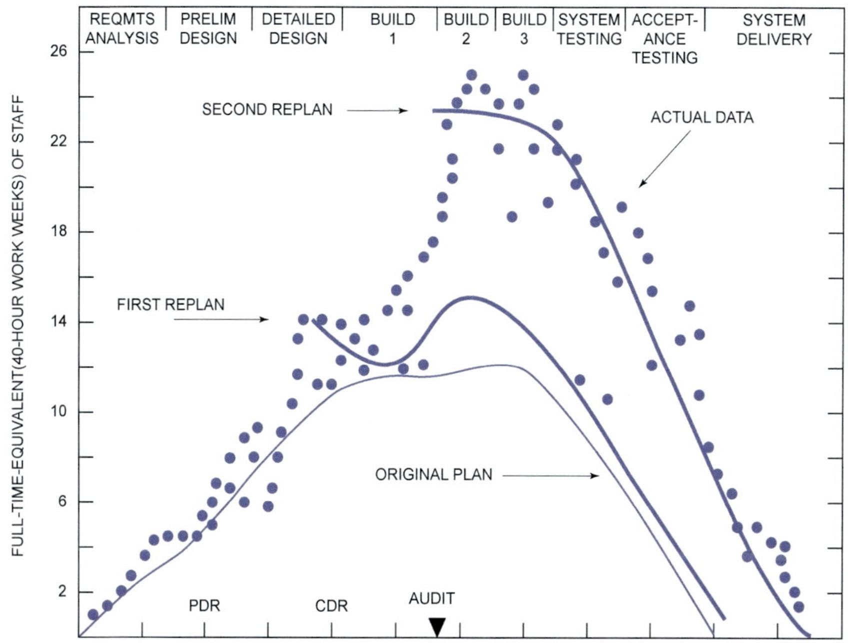

Explanation: The original staffing plan was based on an underestimate of the system size. Toward the end of the design phase, 40% more effort was required on a reqular basis. This was one of many indicators that the system had grown, and the project was replanned accordingly. However, effort continued to grow when the second plan called for it to level off and decline. When it was clear that still more staff would be required to maintain progress, an audit was conducted. The audit revealed that the project was plagued withe an unusually large number of unresolved TBDs and requirements changes that were causing an excessive amount of rework and that — as part of the corrective action — another replan was necessary.

NASA에서 출판한 Recommended Practices to Software Development에 나오는 이 그림은 프로젝트 매니저에게 시사하는 점이 많다. 가는 실선으로 표시된 것이 최초의 소프트웨어 개발 계획일정이고, 굵은 실선으로 표시된 것은 변경된 일정이며, 전체의 면적이 개발비용을 나타낸다. 여기서 프로젝트 매니저가 배워야 할 교훈을 무엇일까?

첫째, 프로젝트가 시작되기 전에 이러한 계획이 반드시 있어야 한다는 점이다. 그렇지 않은 상태에서 프로젝트가 진행된다면 프로젝트가 순탄하게 진행되고 있는지 점검하는 것부터 쉽지 않다. 또한 프로젝트를 진행하면서 필요한 자료를 수집하고 분석하여 원래 계획대로 프로젝트가 수행되고 있는지 가능하면 정량적으로 확인할 필요가 있다.

둘째, 대부분의 소프트웨어 프로젝트는 실제 수행되는 과정에 원래 계획과 다르게 진행되는 경우가 빈번하다. 개발기간 및 비용을 처음부터 정확하게 예측하는 것이 현실적으로 어렵고 요구사항의 추가 및 변경 등 여러 가지 이유로 원래 예상보다 늦어지는 경우 또한 흔하다. 나름 근거가 있는 이유로 일정이 계획에서 어긋나는 경우에는 프로젝트가 잘못 관리되고 있다고 생각할 이유가 없다. 그러나 능력이나 경험이 부족한 프로젝트 매니저는 프로젝트가 원래 계획대로 진행되어야만 성공적으로 관리하는 것으로 생각하고, 계획에서 어긋나는 경우 관리상의 실패로 간주하고 본인의 실책으로 판단될 수 있다는 두려움에 프로젝트의 지연을 감추거나 덮으려고 할 수 있다.

그러나 숨기려고 한다고 프로젝트 지연의 문제가 해결되는 것도 아니며 어떤 경우는 관리자의 통제를 벗어난 이유로 늦어지기도 한다. 어떻게든 숨기고 다른 방법으로 만회하여 원래 일정에 맞추겠다고 생각하는 소프트웨어 프로젝트 매니저를 지혜롭다고 하기 어려울 것이다. 원래 계획보다 일정 비율이상(예를 들어서 10%) 늦어지는 경우 프로젝트의 일정도 새로 얻어진 최신 정보를 바탕으로 수정하고, 이 사실을 전체 개발조직과 공유하고 원인을 파악하며 어떻게 효과적으로 대처할 수 있는지 같이 고민하는 자세가 바람직하다. 수정된 계획도 실제 프로젝트를 진행하다 보면 또 다시 어긋나는 경우가 있음을 위 그래프는 보여주고 있다. 소프트웨어 프로젝트를 둘러싸고 있는 상황이 변했는데, 계획이 변경되지 않는 것이 오히려 더 이상한 것이다.

Software Project Survival Guide라는 책에 포함되어 있으며 웹에서도 구할 수 있는 유익한 자료 중에서 Project Survival Test라는 33개 문항의 질문이 있다. Requirements(14개), Project Control(10개), Risk Management(3개), 그리고 Personnel(6개)의 분야에 걸쳐서 매니저 스스로 0(전혀 그렇지 않다)부터 3(매우 그렇다)까지

의 값으로 평가할 수 있는데, 설문지 전체를 인용하는 것보다 각 항목마다 소수의 샘플을 보면서 생각해 보자.

Require-ments	1	프로젝트가 명확하고 분명한 비전 또는 사명을 가지고 있습니까?
	2	모든 팀 구성원들이 비전이 현실적이라고 생각합니까?
	3	프로젝트가 비즈니스 이익과 그 이익을 어떻게 계량할지를 상술한 비즈니스 케이스를 가지고 있습니까?
		. . .
Project Control	15	의사결정의 책임과 권한을 가진 사람이 정해져 있으며, 이 프로젝트는 책임자로부터 필요한 지원을 적극적으로 받고 있습니까?
	16	프로젝트 관리자의 업무부하는 이 프로젝트의 관리에 필요한 적절한 시간을 쓸 수 있을 정도입니까?
	17	프로젝트가 잘 정의되고, 상세한 이진 마일스톤("binary milestones")을 가지고 있습니까?
		. . .
Risk Mgmt	25	프로젝트 계획이 프로젝트에 대한 현 위험 목록을 분명히 제시하고 있습니까? 그 목록이 최근에 경신되었습니까?
	26	프로젝트에 새롭게 나타난 위험들을 식별하는 책임을 지고 있는 위험 관리자가 지정되어 있습니까?
	27	프로젝트에 하청 계약자가 있다면, 각 하청 계약 조직과 이 각각을 책임지고 있는 사람을 관리하기 위한 계획을 가지고 있습니까?
Per-sonnel	28	프로젝트가 프로젝트 완료를 위해 필요한 모든 기술 전문가를 가지고 있습니까?
	29	프로젝트 팀이 소프트웨어가 운영될 비즈니스 환경에 대한 전문가를 가지고 있습니까?
	30	프로젝트가 프로젝트를 성공적으로 리드할 능력을 가진 기술 리더를 가지고 있습니까?
		. . .
Total		
Score		Team Size: FTE(Full time employee) <=3: 150%; FTE <= 6: 125%; Otherwise: 100%

이 설문의 답을 구하면 0점부터 최대 99점까지의 점수를 얻게 될 것이고 McConnel은 그 점수를 프로젝트의 규모에 따라 환산하여 프로젝트가 "성공할 (좀 더 정확하게 표현한다면 실패하지 않고 살아남을)" 가능성이 얼마나 되는지를 판단할 수 있다고 주장한다. 위 표의 마지막에 보는 것처럼 FTE(Full-time employee) 기준으로 3인 이하의 작은 규모의 프로젝트라면 처음에 얻은 survival score의 1.5배를, 그리고 3명에서 6명까지의 FTE 규모의 작은 프로젝트라면 1.25배를 실제 survival score로 사용하라는 것이다.

McConnell은 평가점수가 90점 이상이라면 프로젝트의 관리는 아주 잘 하고 있으며 프로젝트가 실패할 가능성은 적으므로 걱정하지 말라고 조언한다(Outstanding, don't worry, be happy). 80점에서 89점 사이라면 Excellent, 즉 잘하고 있지만 좀 더 잘할 수 있는 가능성이 있다는 결론이다. 60점에서 79점 사이는 Good, 굳이 번역하자면 프로젝트 관리 측면에서 특별하게 잘하는 것도 아니지만 특별하게 못하는 것도 아닌 평범하고 무난한 수준이라는 뜻이다. 40점에서 59점 사이라면 Fair, 부연해서 설명하자면 프로젝트 관리를 잘한다고 할 수는 없지만, 모두가 열심히 하고 또 운도 따라 준다면 프로젝트는 실패하지 않을 수 있다는 전망이다. 40점 이하는 At Risk라고 해서 기본기가 부족한 기초부터 하나씩 갖춰가야 하는 수준미달의 프로젝트 관리라고 진단하고 있다.

Project survival test가 절대적인 진리라고 생각해서 추천하는 것은 아니다. 이 내용은 일반적인 내용을 포함하고 있으며 위에 예제로 소개된 항목에서 보는 대로 상식적인 내용을 담고 있다. 90점 이상, 80점에서 89점 등 프로젝트의 생존가능성에 대한 판단 자체 또한 절대적인 것은 아니지만, 만일 어느 조직이 위의 질문에 대한 대답을 모르고 있다면 소프트웨어 프로젝트가 효과적으로 계획되고 관리되고 있다고 주장하기는 어려울 것이다. 또한 위의 33개의 Project Survival에 관련된 설문이 Requirements, Project Control, Risk Management, 그리고 Personnel에 집중되어 있다는 것은 소프트웨어 프로젝트 매니저가 특별히 신경을 써서 집중해야 하는 업무가 위의 4개 분야라는 것을 보여준다. 그리고 각 분야에서 프로젝트의 성공과 실패에 직접적인 영향을 줄 수 있는 중요한 요소가 무엇인지를 잘 보여주는 자료로써 소프트웨어 프로젝트 매니저가 꼭 알아야 할 핵심적인 지식을 포함하고 있다.

또한 유능한 관리자는 프로젝트의 규모 및 기간에 따라 적절한 위험관리를 주기적으로 수행하고 각 단계별로 위험 요소를 관리하는 것이 중요하다. Top 10 risk 항목을 관리한다고 했을 때, 그리고 risk analysis를 한 주에 한 번씩 수행하여 업데이트를 한다고 가정하면 아래와 비슷한 자료를 얻을 수 있다.

Risk	Current Priority	Previous Priority	Weeks on Top 10	Action Plan Status	Risk Rating
SW 생산성	1	1	2	요구사항 획득 tool로 요구사항 획득, 적절한 인력자원 획득 가능성 보장	High
Off-site SW 개발	2	9	2	Site 리뷰를 위한 여행 경비 증액, 네트워크 접근 능력 설치	High
시스템 부담	3	3	2	이 이슈를 처리하기 위한 action team 설치	High
알고리즘 검증	4	4	2	알고리즘 획득, Output 검증 시험 계획 작성	High

설명을 위해서 가상의 예제를 가지고 만든 자료이지만, 이 분석은 소프트웨어 개발의 생산성이 2주 연속 제일 큰 위험요소로 부각되고 있음을 강조하면서, Off-site SW의 개발에 따른 위험이 지난 번 분석에서는 상대적으로 낮은 9위의 risk item이었는데, 현재는 2위로 급부상했음을 보여준다. 이런 자료를 바탕으로 유능한 소프트웨어 프로젝트 매니저는 SW 개발의 생산성과 Off-site SW 개발의 위험을 줄이기 위한 적절한 대처 방안을 찾고, 이를 문서화하여 프로젝트의 주요 관계자들과 공유해야 하는 것이다.

위험분석의 중요성은 많은 프로젝트 매니저가 충분히 이해하고 강조하지만 실제 업무에서는 낮은 우선순위로 처리되는 경우가 흔하다. 이렇게 말과 행동이 일치하지 않으면 프로젝트 매니저의 권위나 신뢰가 타격을 받을 수 있으며 효과적인 업무의 수행이 어려워지는 경우가 있음을 명심해야 한다. 또한 추상적이거나 개념적인 분석이 아닌 가능한 구체적이고 정량적이며 체계적인 위험분석이 필요하다. 이를 위하여 Risk management에 쓰이는 양식을 활용할 수 있는데, 위험분석 기법이나 Software Project Management에 관련된 책에서 그리고 인터넷 검색을 통해서 쉽게 구할 수 있다. 기본적으로 Risk가 무엇이며, 이러한 위험요소가 실제로 발생할 것 같은 확률은 얼마인지, 그리고 이러한 위험이 실제로 발생했을 경우에 발생할 수 있는 피해는 얼마인지 가능한 정량적으로 (그리고 금액으로) 표시한다. 또한 각종 위험요소가 현실적인 이슈로 부각되었을 때 어떻게 대처할지에 대한 계획을 구성원들과 공유하는 것이 중요하다. 이를 효과적으로 수행하기 위해 다음과 같은 양식을 사용할 수도 있겠다.

Risk Planning	
Risk Planning	Risk Action Plan:
☐ Avoidance	1. Use reserve to purchase COTS automated test tool & training
☐ Protection	2. Use tool to increase productivity of test engineers and
x Reduction	decrease likelihood of schedule slip
☐ Research	
x Reserves	
☐ Transfer	

Risk Tracking	
Quantitative Target: 2,000 object classes	Comments: Per original estimated
Indicator: Object class count	
Threshold: 2,400 object classes	Anticipated SW growth
Trigger: At each unit test	Update actual object class count

프로젝트 관리자는 소프트웨어 프로젝트를 실제로 수행하면서 터득한 성공사례나 또는 실패사례로부터 교훈을 배우는 것이 무엇보다 중요하다. 예를 들어서 Silva 등이 발표한 논문[111]은 Software project management에 대한 antipattern을 정의하고 다음과 같은 사례를 제시한다. 소프트웨어 프로젝트 매니저들이 흔히 범하는 실수에 대한 설명이 있으므로, 같은 실수를 반복하지 않기 위해서도 이 논문을 정독할 가치가 있다. 또한 이러한 antipattern들의 원인과 누가 영향을 받는지, 어

111. Silva, Moreno, and Peters, "Software Project Management: Learning from Our Mistakes", IEEE Software, May/June 2015

떻게 해결할 수 있는지에 대한 교훈도 제시하고 있으므로 모든 소프트웨어 프로젝트 매니저는 꼭 읽을 만한 논문이라 하겠다.

소프트웨어 개발 프로젝트의 매니저로 일을 실제로 해 본 사람이 아니면 이런 부류의 정보는 원론적이고 추상적이어서 별로 도움이 되지 않는 내용이라고 생각할 수도 있겠다. 그러나 각자가 프로젝트 매니저의 역할을 수행한다고 생각하면서 이러한 antipattern의 함정에 얼마나 쉽게 빠질 수 있는지, 그리고 이러한 antipattern에 해당하는 행동의 부작용을 깨닫고 고치는 것이 얼마나 어려운 일인지 한 번 생각해 볼 가치가 있다. 예를 들자면 "Absentee Manager"의 경우 프로젝트 초반에는 특히 가시적인 결과가 없기 때문에 할 수 있는 일이 별로 없다고 생각할 수도 있고, 프로젝트가 지금은 원래 계획대로 잘 안되는 것 같지만 팀원들을 믿고 어느 정도 기다려주어야 하며, 그러면 어느 순간 모든 어려움이 해소되고 프로젝트가 성공할 것이라는 "착각"때문에 적절한 조치를 취하는 기회를 놓칠 수 있다. 또는 "문제"가 있다는 현실을 인정해도 가능하다면 피하고 싶은 심정으로 미루다 보면 나도 모르는 사이에 Absentee Manager가 되는 것이다. 다른 항목들도 마찬가지이다. 지혜로운 매니저라면 이런 정보를 피해야 하는 행동을 잘 정리한 checklist처럼 활용하면 도움이 될 것이다. 프로젝트 매니저로 어느 정도 경험이 있는 사람이라면 아래에 언급된 antipattern에 해당하는 행동을 하는 것이 얼마나 쉽게 빠질 수 있는 함정인지 절실하게 공감할 것으로 생각된다.

또 하나 생각해 볼 만한 것은 지나치게 극단적인 태도는 좋은 매니저가 취할 태도는 아니라는 것이다. 예를 들면, 아래의 표에 소개된 antipatter의 5번과 20번(Detailitis Plan, Road to Nowhere)은 반대되는 행동으로 해석될 수 있다. 요구사항을 결정하고 정리하는 SRS(Software Requirements Specification)도 완벽할 수는 없는 법이다. 미확정 요구사항도 적은 숫자라면 용납하고 설계단계로 넘어가야 할 수도 있을 것이다. 그런데 모든 요구사항이 확정되고, 검토결과 아무런 오류가 없다고 확신이 들때까지 요구사항의 분석 작업을 한다면 생산성 측면에서 경쟁력이 없을 것이다.

그렇다고 품질 측면에서 완벽한 소프트웨어가 만들어 진다는 보장도 없다는 점을 이해해야 한다. 비슷한 예로 Absentee Manager와 Fire Drill로 표현된 antipattern도 생각해 보면 공통점이 있음을 발견하게 된다. 어찌 보면 전혀 다른 이야기처럼

No.	Antipattern name	Description
1	Absentee Manager	A manager who engages in avoidance behavior or is invisible for long time periods
2	All You Have is a Hammer	One-dimensional management that uses the same techniques on all subordinates in all situations
3	Appointed Team	The false assumption that a management-selected group of people will immediately become a team
4	The Brawl	A project manager with no leadership or management experience
5	Detailitis Plan	Excessive planning leading to complex schedules with a high level of detail, giving the false perception that the project is fully under control
6	The Domino Effect	Moving critical resources between projects, blurring project boundaries
7	Dry Waterhole	Specifying stringent requirements for a job when this isn't strictly necessary, resulting in a limited pool of available talent
8	Fire Drill	Months of boredom followed by demands for immediate delivery
9	Glass Case Plan	Lack of tracking and updating of initial plans, assuming the plan is enough
10	Inflexible plan	Lack of flexible plans and processes
11	Irrational Manageement	Irrational management decisions, habitual indecisiveness, and other negative management practices
12	Leader Not Manager	A manager with a vision(a leader) but no plan or management methodology
13	Micromanagement	Excessive management involvement in tasks beyond their responsibility
14	Mushroom Management	Isolating developers from end users, under the mistaken assumption that the requirements are stable and well understood by both the software team and end users at project inception
15	Myopic Delivery	Management insisting on the original delivery date even when reducing staff or funding
16	Process Disintegration	Failing processes due to a decline in overall cooperation and morale
17	Project Mamanagement	Lack of proper software project monitoring and control
18	Proletariat Hero	The false assumption that coercion is an efficient way to increase productivity
19	Rising Upstart	Superstars who can't wait their time an want to skip learning phases
20	Road to Nowhere	Lack of planning
21	Sise Isn't Everything	Assuming developers are interchangeable and that the number of people working on a problem is inversely proportional to the development time
22	Ultimate Weapon	Relying heavily on a superstar on the team

A consolidated list of software project management antipatterns

들릴 수 있지만, absentee manager도 어느 순간에 프로젝트가 계획보다 많이 늦어졌다는 점을 깨닫게 되면 갑자기 Fire Drill로 표현된 행동을 하게 되는 것이다.

저자들은 후속연구에서 Daily Sstand-Up 기법을 비롯한 각종 애자일 기법과 프로젝트관리에관한 antipattern 간의 관계를 분석한 논문[112]을 발표하였는데 30여명의 Scrum master로 애자일 프로젝트의 리더 역할을 하는 전문가들의 의견 또한 반영된 것이라고 한다. 거의 모든 애자일 기법이 antipattern과 관련된 부작용을 줄이거나 발견하는데 도움이 된다고 주장하지만 Single Team 기법(Single team is a practice in which, theoretically, every team member is open to take up any work, irrespective of skill sets.)이 잠재적으로는 Dry Water Hole, Myopic Delivery, 그리고 The Domino Effect로 표현된 세 가지 종류의 anitpattern을 야기할 수 있다고 생

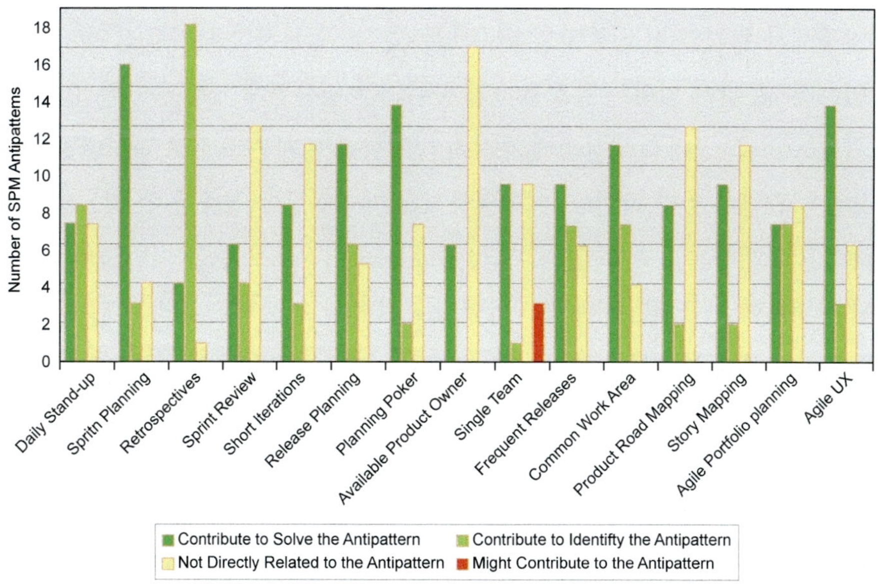

The number of antipatterns addressed by Agile practice

112. Flores et al, Agile and Software Project Management Antipatterns: Clarifying the Partnership, IEEE Software, Sep/Oct 2021

각하는 점이 주목할 수 있다. Antipattern의 정의를 통해서 본질을 이해하고 Single Team 기법이 장점도 있겠으나 어떤 부작용이 있을 수 있는지, 애자일 기법으로 소프트웨어를 개발하는 경우 이런 잠재적인 부작용을 줄이거나 조기에 발견할 수 있는 방법이 무엇인지 생각해 볼 만한 가치가 있다.

마지막으로 하나 더 추천하고 싶은 논문은 개발자들의 생산성에 어떤 요소들이 긍정적인 또는 부정적인 영향을 미치는가를 조사한 연구이다. IEEE Transactions on Software Engineering에 2021년에 발표된 Murphy-Hill 등의 논문[113]은 구글을 비롯한 3개 회사에서 600명 이상의 개발자들이 참여한 설문결과를 분석한 것으로 총 48개의 요소에 대해 생산성에 미치는 영향을 정량적으로 비교하였다. 이 조사는 개발자들이 자기 일에 대해 느끼는 열정, 새로운 방법론 또는 아이디어에 대한 동료들의 응원, 작업 성과에 대한 의미있고 유익한 의견등을 제일 중요한 요소로 꼽고 있다. 그 외에도 회사에 따라 약간의 차이는 있으나, 필요에 따라 방해받지 않고 집중해서 원격의 장소에서 일할 수 있는 환경, 업무시간을 자율적으로 결정할 수 있는 환경, 같이 일하는 동료들과의 팀워크를 생산성에 가장 중요한 요소로 보는 의견도 있다. 반대로 생산성에 부정적인 영향을 미치는 요소로 과도한 (설령 개발작업에 관련이 있다 하여도) 이메일등으로 개발업무에 집중할 수 없는 환경, 과다하다고 느껴지는 문서 작업의 부담, 동료들의 이직으로 인한 개발팀의 잦은 구성원 변경등이 언급되었는데 효과적인 소프트웨어 프로젝트 관리를 위해 모두가 생각해 볼만한 일이다.

이 외에도 많은 회사들이 도입하고 있다는 집중근무제도 또한 소프트웨어 개발자들에게는 도움이 될 것으로 생각된다. 어차피 소프트웨어 개발이 집중과 창의력이 필요한 일이기 때문에 가능한 방해를 받는 요소를 줄이자는 취지이다. 협력하여 개발하려면 회의도 필요하지만 긴급한 이슈가 발생하지 않는다면 회의하는 시

113. Emerson Murphy-Hill et al, What Predicts Software Developers' Productivity, IEEE Transactions on Software Engineering, March 2021

간대를 팀원들이 미리 협의하고 정하는 것이다. 집중근무시간에는 가능하다면 전화나 메신저를 이용한 업무 협의도 자제해야 할 것이다. 일부 조직에서는 개발자들이 본인의 업무에 집중할 수 있도록 "no meeting day"를 지정하기도 한다고 한다. No meeting day에는 개발자들에게 재택근무를 허용하거나 장려할 수도 있겠다. 어차피 업무의 성과는 공유되어 매니저나 팀원 모두가 알 수 있으며 각 개발자의 인사고과를 평가하는 과정에 반영될 것이니 개발자가 재택근무 제도를 악용하여 재택근무를 휴가로 쓰지는 않을 것이기 때문이다.

한 가지 더 생각해 볼 수 있는 방법은 유기적이고 효율적인 팀원의 협력이 소프트웨어 프로젝트의 성공에 중요하다면, 각 개발자가 코드리뷰나 다른 방법으로 팀원을 적극적으로 도와주는 것을 업무 성과의 일부로 그 가치를 인정해 주는 것이 중요할 것이다. 구글을 비롯한 여러 조직에서 매니저의 업무능력 평가외에도 동료들의 평가를 승진 등의 중요한 요소로 꼽는 이유가 바로 그것이다.

또 다른 방법은 누군가가 다른 동료에게 큰 도움을 주었을 경우 "공개적으로" 칭찬하고 회사에서 고마움을 표시하는 방법을 채택할 수도 있겠다. 미국의 방산업체인 Hughes Aircraft에서 저자가 잠시 근무했던 부서는 새로운 기술을 연구하는 것이 주요 업무가 아니었지만, 학술대회에서 논문을 발표하는 경우 한 가족이 좋은 식당에서 한 번 식사를 할 수 있을 정도의 금액을 포상으로 지급하는 제도가 있었다. 연구를 장려하고 회사의 위상을 높이는 것을 격려하지만 업무의 본질은 아니기 때문이다. 비슷한 방법으로 회사의 구성원들이 동료들에게 큰 도움이 된 다른 동료를 칭찬하고, 회사는 이에 대한 고마움을 적당한 방법으로 표시하는 것도 한 방법이다. 미국회사들이 흔히 사용하는 "Employee of the month" 포상도 비슷한 맥락에서 이해할 수 있다.

36

소프트웨어 개발자의 성과나 기여도를 어떻게 판단할까?

소프트웨어 프로젝트 매니저에게 꼭 필요한 역량중 하나는 각 개발자들의 성과 또는 기여도를 공정하고 정확하게 판단하는 것이다. 많은 회사들에서 "성과있는 곳에 그에 합당한 보상이 있다"는 원칙이 지켜진다면 임직원이 열심히 그리고 자발적으로 일할 것이기 때문이다. 회사 차원에서는 매출과 순이익이라는 분명하고도 객관적이 지표가 있지만 개발부서 또는 프로젝트에서는 다른 방법이 필요할 것이다. 또한 각 개인의 업무 성과나 기여도를 판단하는데 있어서 주관적이고 정성적인(qualitative) 요소를 배제할 수는 없겠지만, 어느 정도의 정량적인(quantitative) 요소 또한 필요할 것은 당연하다. 개발자의 업무 성과를 수집하는 기본적이고 상식적인 방법으로는 여러 가지 지표를 자동적으로 수집하고 분석하는 방법이 있을 것이고, 각 개발자가 스스로 판단하고 이를 매니저에게 설득하고 인정받는 방법이 있을 것이다. 이러한 방법들은 각각 장단점이 있는데 먼저 그것을 생각해 보자.

한 가지 방법은 개발자 각자가 주장하는 성과를 바탕으로 기여도를 판단하는 방법이다. 이를 흔히 self-reported productivity라고 하는데, 이 방법의 근본적인 한계는 무엇보다도 각 개발자의 판단이 (정직할 수는 있어도) 주관적일 수밖에 없다는 점이다. 정량적으로는 비슷해 보이는 성과에 대한 개발자의 판단은 크게 다를 수 있기 때문이다. 소프트웨어 개발의 본질이 소위 말하는 지식집약적인 작업이고 (knowledge worker), 일부 소프트웨어 개발작업은 (특히 graphical user interface 등은) 대부분의 작업이 자동화된 도구를 사용하여 진행되지만, 아직도 소프트웨어 개발은 개발자의 능력에 성과가 달려 있음을 생각하면 개발자들에 대한 신뢰가 바탕이 되지 않은 프로젝트 관리는 실패할 가능성이 높다고 하겠다.

자동화된 방법으로 생산성에 관련된 지표를 수집하는 방법도 가능하겠지만, 제일 먼저 생각할 것은 도대체 어떤 종류의 자료를 수집할 수 있으며, 각 지표는 어떤 방법으로 활용될 수 있는지를 생각해 보아야 할 것이다. Wikipedia에서 software metrics라는 주제어로 검색하면 나오는 정보가 그 시작점이 될 수 있겠다. 가장 기본적인 방법은 특정 평가 기간 동안에 각 개발자가 개발한 코드가 얼마나 되는지를 측정할 수도 있겠다. 일반적인 상식으로는 생산성이 높은 개발자라면 더 많은 양의 코드를 작성할 것이고, 더 많은 양의 코드가 정해진 리뷰과정을 통과하여 제품에 포함될 것이기 때문이다. 무엇보다도 자료의 수집이 자동화될 수 있으므로 비용도 적게 들고 자동화 될 수 있으며, 다른 사람들이 보기에는 객관적인 지표로 보일 수도 있다. 그러나 이러한 지표에도 함정이 존재하는데, 두 명의 개발자가 있는데, 한 사람은 (상대적으로 기술적인 난이도가 높지 않은) 많은 양의 코드를 완성하여 제품에 포함되었고, 또 다른 개발자는 실제 코드의 양은 많지 않지만 기술적으로 난이도가 높은 문제를 해결했다면 누가 더 많은 기여를 했다고 판단해야 할까? 단순히 코드의 양으로 기여도를 판단할 경우에는 이를 교묘하게 (?) 악용하는 개발자가 본인의 기여도보다 과장된 인정을 받을 가능성은 없을까? 예를 들어서 같은 문제를 구현하는데도 코드의 양이 많고 Lines of Code(LoC) 지표상으로 높은 수치가 인정된다면 합리적인 판단이 아닐 가능성이 높다 하겠다. 오히려 같은 코드를 적은 양의 코드로 해결한 개발자가 더 인정을 받아야 하는 것 아닐까?

얼핏 보이게는 공정하고 객관적으로 보이는 지표도 주관적인 면이 상당히 많음을 생각하면, 코드의 양으로 성과를 판단하는 것은 초보적이고 원시적인 방법이라는 것을 깨닫게 된다. 그렇다면 코드의 품질이나 알고리즘의 효율성에 따라서 판단을 해야 합리적일까? 조금만 생각해 보면 이 또한 비슷한 한계가 있음을 깨닫게 된다. 지표에 의한 — 좋게 말하면 data-driven 또는 evidence-based — 평가는 각 개발자가 지표에는 잘 나타나지 않는 성과를 반영하지 못한다는 한계 또한 분명히 존재한다. 예를 들어서 팀원들이 회의하는 도중에 기술적인 난제를 해결하는 결정적인 아이디어를 제공했거나, 코드리뷰에 적극적으로 참여하여 오류의 발견이나 궁극적으로 제품의 품질향상에 기여한 일등은 지표로 명확하게 드러나지 않을 수도 있기 때문이다.

software metrics에 관한 학술서적 등에 소개된 taxonomy를 참고할 수도 있겠다. 한 예로 Card등의 저자가 쓴 Practical Software Measurement라는 책에서는 일정과 진도관리에 되는 지표, 소프트웨어 품질을 예측하기 위한 지표등으로 분류할 수 있으며, 각각에 대한 세부적인 지표를 제시하고 있다.

Information Categories	Measurable Concepts	Prospective Measures
Schedule and progress	Milestone completion	Milestone Dates
	Critical path performance	Stack Time
	Work Unit Progress	Requirements traced Requirements tested Problem reports opened Problem reports closed Reviews completed Change requests opened Change requests closed Units designed Units integrated Test cases attempted Test cases Passed Action items opened Action items completed
	Schedule and progress	Components integrated Functionality integrated

예를 들자면, 일정과 진도를 측정하는 요소는 각 단계별로 충족시켜야 하는 일정상의 milestone이 계획대로 진행되었는지 또는 얼마나 늦어지고 있는지를 측정하는 방법이 있을 것이고, 각 단위작업별로 성과를 측정하는 방법으로는 구현단계에서는 아직까지 해결되지 않은 이슈가 얼마나 있는지(problem reports opened) 또는 전체 모듈중에서 코드리뷰까지 통과한 것은 얼마나 되는지(reviews completed) 등을 생각해 볼 수 있을 것이다. 각 프로젝트에서는 이러한 자료를 바탕으로 수집 가능한 지표는 어떤 것이 있으며 이러한 지표가 도움이 될 지 여부를 검토할 수 있을 것이다.

또 다른 방법으로는 다른 조직에서는 프로젝트를 수행하는 과정에서 어떤 지표를 수집하고 어떻게 활용하는지를 조사하고 분석하는 것이다. 이런 과정에서 Best Practice라고 볼 수 있는 방법을 도입할 수 있겠다. 소프트웨어 개발계획서에 대한 내용을 다루는 곳에서 언급되었지만, NASA에서는 각 개발단계별로 어떤 지표를 수집하고 어떻게 활용하는지가 설명되어 있는데 다음의 그림과 같다.

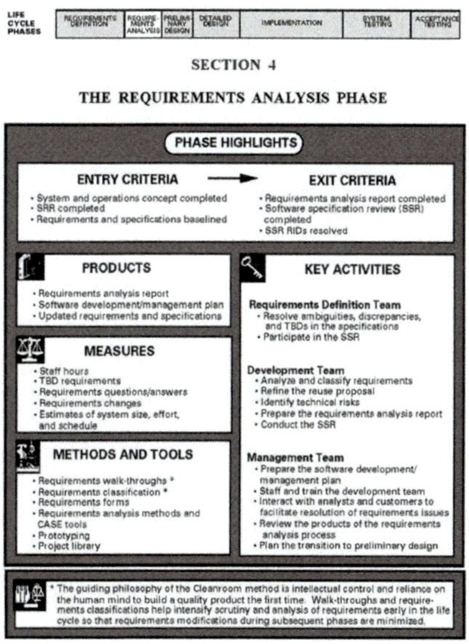

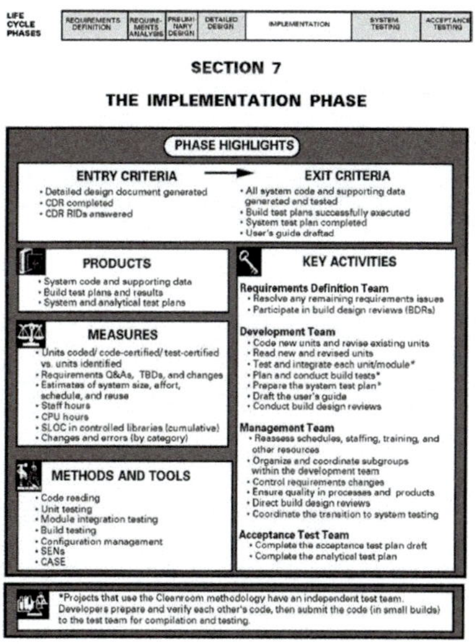

이 그림은 NASA의 사례를 보여주는데, Measures라는 항목에 표시된 것 처럼 요구사항을 분석하는 단계에서는 Staff Hours부터 미확정 요구사항의 개수(TBD requirements), 그리고 요구사항의 변경 빈도(requirements change) 등의 자료를 수집하고 분석한다고 한다. 구현단계에서는 구현이 또는 테스팅이 완료된 모듈의 숫자부터 코드의 변경 빈도 및 발견된 오류의 수치등을 이용하여 프로젝트 관리에 사용하는 것이다. 이러한 단계별로 수집되고 분석되는 지표가 구체적으로 명시되어 있으며, 이러한 자료는 얼마나 자주 그리고 어떤 방법으로 수집되고 분석되는지도 정의되어 있다.

또 다른 사례로 구글에서 소개하는 Goals/Signals/Metrics 라고 불리는 GSM framework을 참고할 만하다. Software Engineering at Google: Lessons Learned from Programming Overtime[114]이라는 온라인에서 무료로 받을 수 있는 eBook에 소개된 내용인데 소프트웨어 개발자가 정독할 만한 가치가 충분히 있는 책이다. 600여 페이지라는 방대한 내용이 걸림돌이긴 하지만 개발자가 관심을 가질 만한 내용만 선별적으로 읽는다면 많은 도움이 될 것이다. 이 책의 7장은 Measuring Engineering Productivity라는 주제로 15페이지 정도의 내용이 있는데, 핵심적인 주제는 자료를 수집하는데 있어서 관심있는 주제 또는 목표(Goals)를 정하고, 이때 도움이 될 수 있는 신호(Signals) 또는 지표는 무엇이 있으며(Signals), 이러한 시그널에 기반하여 Metric을 정하자는 것이다. 이때 놓치지 말아야 할 중요한 목표로 QUANTS라는 약자로 설명하는 기준을 정하는데 그것은 Quality of the code, Attention from engineers, Intellectual complexity, Tempo and velocity, Satisfaction으로 설명한다. 더 자세한 내용은 사실 길게 설명해 봐야 무로 eBook의 내용을 번역하는 것이 될 것이므로 코드의 가독성을 향상시키기 위해 노력하던 팀에서 사용한 QUANTS framework의 내용의 일부를 소개하는 것으로 대신하자면 다음과 같다.

114. https://github.com/aboelkassem/References_Books/blob/master/Software%20Engineering%20at%20Google.pdf

Quality
Engineers write higher quality code as a result of the readability process; they write more consistent code as a result of the readability process; and they contribute to a culture of code health as a result of the readability process.
Attention
We did not have any attention goal for readability. This is ok! Not all questions about engineering productivity involve tradeoffs in all 5 areas.
Intellectual complexity
Engineers learn about the Google codebase and best coding practices as a result of the readability process, and they receive mentoring during the readability process.

추상적인 면이 아직도 많이 있는 이러한 목표들은 Signal로 다음과 같이 좀 더 구체화될 수 있다.

Goals	**Signals**
Engineers write higher quality code as a result of the readability process.	Engineers who have been granted readability judge their code to be of higher quality than engineers who have not been granted readability. The readability process has a positive impact on code quality.
Engineers learn about the Google codebase and best coding practices as a result of the readability process.	Engineers report learning from the readability process.
Engineers receive mentoring during the readability process.	Engineers report positive interactions with experienced Google engineers who serve as reviewers during the readability process.

그리고 이렇게 선정된 Signal을 기반으로 적절한 Metric을 결정하자는, 사실 생각해 보면 지극히 당연하고 상식적이며 체계적인 방법론이다. 물론 회사에 따라서

Goal까지는 동일하다고 하여도 Signal이 틀릴 수 있고, 이에 따른 Metric 또한 다를 수도 있겠다. 그러나 소프트웨어 개발이라는 본질적인 작업의 핵심이 같다면 구글에서 사용한다는 QUANTS framework에 기반한 생산성 측정방법은 모든 소프트웨어 개발 조직에서 충분히 받아들일 만한 가치가 있다고 보여진다.

QUANTS	Goal	Signal	Metric
Quality	Engineers write higher quality code as a result of the readability process.	Engineers who have been granted readability judge their code to be of higher quality than engineers who have not been granted readability.	Quarterly Survey: Proportion of engineers who report being satisfied with the quality of their own code
		The readability process has a positive impact on code quality.	Readability Survey: Proportion of engineers reporting that readability reviews have no impact or negative impact on code quality
			Readability Survey: Proportion of engineers reporting that participating in the readability process has improved code quality for their team

이러한 내용을 외우는 것은 현실적으로 개발자 본인에게나 프로젝트 매니저에게도 아무런 도움이 되지 않을 것이다. GSM framework처럼 생각하는 방법에 공감하고 각자의 환경에서 의미있는 지표를 정하고 자료를 수집하고 분석하는 과정에서 다른 지표로 대체하거나 추가로 다른 지표를 수집하는 결정을 내리는 것이 현명한 일이다. 그리고 이렇게 수집된 자료를 어떻게 효과적으로 그리고 긍정적으로

사용할 수 있을지를 먼저 고민해야 할 것이다. 수집할 수 있는 자료는 무수히 많을 수 있겠으나, 자료를 수집하고 분석하는 과정 또한 비용을 지출해야 하며, 이러한 지표가 품질향상과 생산성을 증가시키는데 반드시 긍정적인 효과를 내는 것은 아닐 수 있기 때문이다. 이 중요한 질문에 대한 정해진 정답은 없지만, 많은 조직에서 같은 고민을 해 왔고 지금도 고민하고 있는 문제이므로 모범적인 사례들을 찾아보면서 각 조직에서 스스로 결정을 내려야 할 것이다.

37

개발자의 생산성에 영향을 미치는 요소는 무엇인가?

개발자의 생산성에 긍정적인 또는 부정적인 영향을 미치는 요소를 찾고자 하는 연구는 소프트웨어공학에서 활발하게 (?) 연구가 진행되는 분야는 아니지만, 프로젝트 매니저나 소프트웨어 개발조직의 경영진의 입장에서는 가장 중요한 이슈일 것이다. 가능한 유능한 개발인력을 채용하고 그들이 집중하고 몰입해서 능력을 최대한 발휘하고 높은 품질의 소프트웨어 개발에 전념하게 할 수 있는 환경을 만들어주는 것이 품질과 생산성의 향상이라는 두 가지 목표를 동시에 성취할 수 있는 길이기 때문이다. 높은 수준의 금전적 보상외에도, 개발자들에게 별도의 사무실을 마련해 주어 주위의 소음이나 환경으로부터 방해받지 않고 몰입할 수 있는 환경을 만드는데 큰 비용을 지출하기도 하고, 피로와 스트레스를 풀 수 있는 안락한 휴게시설이나 운동기구를 제공하는 것은 일반적이다. 출퇴근 길에서 교통체증에서 고생하지 않도록 교통편을 제공하며, 하루 세끼의 맛있는 식사를 무료로 제공하고, 근무시간에 그것도 무료로 마사지 서비스를 받을 수 있도록 제공하기도 한다고 한다. 개발자들을 위해 육아시설을 운영하며 원하면 반려동물과 같이 근무할 수 있게 허용하기까지 한다. 우수한 인재를 유치하고 그런 인재들이 경쟁사로 이직하는 것을 막기 위한 방법이지만, 더 중요한 것은 그렇게 힘들게 뽑은 우수한 개발자들이 최고의 실력을 발휘할 수 있는 환경을 제공하기 위함이다.

회사가 개발자의 생산성을 향상시키기 위해 할 수 있는 일은 그 외에도 무수히 많겠지만, 여기서는 어떤 환경이나 근무환경이 생산성에 긍정적인 또는 부정적인 영향을 미치는지를 개발자들이 참여한 설문조사를 통해서 분석한 연구결과를 소개하려고 한다. 개발자들이 근무중에 어떤 일로 시간을 보내는지, 그리고 개발과정에서 수행되는 여러가지의 작업이 생산성에 어떤 영향을 갖는지 알아야 조금 더 실질적이고 도움이 되는 근무환경을 만들 수 있을 것이기 때문이다.

개발자들이 출근해서 퇴근때까지 식사나 휴식시간을 제외하고 모든 시간을 개발 즉 코딩하는데 시간을 쓰는 것은 아니다. 더 많은 시간을 개발작업과 관련 문서를 읽거나 작성하기도 하고, 웹서핑을 통해서 필요한 자료를 찾고 또는 개발해야 하는 코드와 유사한 기능을 수행하는 코드를 오픈소스에서 검색하고, 많은 양의 이메일을 처리하거나 각종 회의에 참석한다. 특히 대규모 프로젝트에 참여하는 경우 프로젝트와 관련된 공지나 코드리뷰 요청이 이메일로 전달되는 경우가 흔하기에 개발자들은 하루에도 100건 이상의 이메일을 받고, 일부에는 답을 해야 하며 수시로 소집되는 회의에 참석하기도 할 것이다. 개발자들에게 이메일 처리나 회의 참석은 프로젝트의 성공적인 수행을 위해 필요하다고 인정하지만, 집중력을 분산시키는 효과가 있으므로 부정적인 영향을 미칠 것으로 생각한다. 충분히 공감되는 내용이다.

산업체의 연구조직에서 근무하는 소프트웨어공학 전문가들이 설문조사를 통해서 생산성에 영향을 미치는 여러가지 요인들에 대한 조사결과를 발표했는데, 일부의 내용은 위에서 언급한 "상식"과 다른 내용도 있어서 생각한 것처럼 간단한 문제가 아닐 수 있다고 하겠다. 아직 매니저 역할을 수행하지 않고 있는 개발자는 "아직은 내 이야기가 아닌 남의 이야기"로 볼 수도 있겠다. 그러나 멀지 않은 미래에 그런 역할을 수행하게 될 가능성이 높다고 생각하면 남의 이야기가 더 이상 아니다. 조금 다른 시각에서 본다면, 어느 조직에 근무하고 있든 또는 어느 직급에 있든 상관없이 각 개발자가 자신의 환경을 조금 더 생산적인 환경으로 바꿀 수 있는 아이디어를 얻을 수 있을 것이다. 더 깊은 이해를 얻고자 하면 다음의 논문을 참고할 수 있겠다.

- Meyer et al, The Work Life of Developers: Activities, Switches and Perceived Productivity, IEEE Transactions on Software Engineering, December 2017
- Murphy-Hill et al, What Predicts Software Developers' Productivity?, IEEE Transactions on Software Engineering, March 2021
- Meyer at al, Today Was a Good Day: The Daily Life of Software Develops, IEEE Transactions on Software Engineering, May 2021

Application	% of time used	# of users
Microsoft Outlook	14.2%	18
PuTTY	12.8%	8
Google Chrome	11.4%	16
Microsoft Internet Explorer	9.4%	20
Microsoft Visual Studio	8.3%	13
File Explorer	6.6%	20
Mozilla Firefox	5.9%	8
Eclipse	3.0%	10
Microsoft OneNote	2.3%	9
Command Line	2.2%	16

Top 10 Used Allpications(Sorted by Usage)

첫 논문은 미국, 캐나다, 스위스에 있는 4개의 회사에 근무하는 20명의 개발자들이 실제로 어떻게 일을 하는지에 대한 구체적인 자료를 통해서 개발자들 본인이 체감하는 생산성에 긍정적인 또는 부정적인 영향을 미치는 요인들이 무엇인지 분석한 것이다. 실험에 참여한 개발자들은 경력이 1년 남짓한 사람부터 40년 가까이 소프트웨어 개발에 참여한 다양하게 포함되어 있으며 평균 경력이 14~19년 정도라고 한다. 키보드의 사용 패턴부터 근무중에 사용한 각종 프로그램의 빈도 등을 11일간의 근무기간 동안에 수집하였는데, 주요 결과만을 요약하면 다음과 같다. (개발 경험이 있는 독자들은 본인의 경험과 비교해 보는 것도 흥미로울 것이다.)

코딩작업을 반영하는 Visual Studio나 Eclipse 등의 IDE(Integrated Development Environment) 사용빈도는 합쳐봐야 11%를 조금 넘을 뿐이고, 이메일 작업(14.2%)과 웹브라우저(26.7%)의 사용빈도가 더 높다. PuTTY가 윈도우 환경에서 원격접

Activity Category		% of time over whole period	Duration per day (in hrs)			Time spent before switching(in mins)		
			Avg	Stdev	Max	Avg	Stdev	Max
Development								
Coding	reading/editing/navigating cod (and other code related activities)	21.0%	1.5	±1.6	7.3	0.6	±2.6	135.7
Debugger Use	using the debugger inside the IDE	0.4%	0.1	±0.2	0.8	0.5	±0.8	13.4
Code Reviews	performing code reviews	1.3%	0.3	±0.4	2.1	1.3	±4.5	13.4
Version Control	reading/accepting/submitting changes	0.7%	0.1	±0.3	2.2	0.6	±1.0	12.9
Email	reading/writing emails	14.5%	1.1	±0.3	8.1	0.9	±4.8	89.6
Planning	editing work items/tasks/todos; creating/changing calendar entries	4.8%	0.5	±1.1	5.1	1.1	±2.5	67.5
Read/write documents	reading/editing documents and other artifacts, e.g., pictures	6.6%	0.5	±0.7	4.5	0.8	±3.3	114.7
Planned meeting	scheduled metting/call	6.5%	1.0	±1.3	7.1	15.8	±35.3	203.1
Informal meeting	ad-hoc, informal communication; e.g., unscheduled phone call/IM, or colleague asks a question	3.4%	0.5	±0.6	4.2	2.0	±6.5	138.2
Work related browsing	Internet browsing related to cdoe/work/task	11.4%	0.8	±1.3	12.8	0.5	±5.5	102.6
Work unrelated browsing	Internet browsing work unrelated	5.9%	0.5	±0.7	3.4	1.1	±4.3	91.8
Other	Anything elsd; aggregates several small sub-categories, such as changing music, updating software, using the file explorer or having a break	11.4%	0.8	±1.4	10.5	0.4	±5.6	112.5
Other RDP	Remotedesktop use which could not be mapped to another category	12.0%	1.5	±1.8	8.2	0.3	±2.6	85.4

Developers' Fragmented Work: Activities Performed

속에 사용하는 Secure Shell(SSH) 또는 telnet을 이용하기 위한 도구라고 생각하면, 개발자들이 넓은 의미의 인터넷 사용 빈도는 그 보다 훨씬 더 높다. 개발자들이 실제로 코딩에 쓰는 시간은 전체의 21%에 불과하고, 여러가지 일들을 수행하며 작업내용의 전환에 상당한 시간을 필요로 한다는 것을 쉽게 파악할 수 있는데 특히 회의는 실제로 사용하는 시간에 비해 overhead가 상당함을 알 수 있다. 이런 이유로 많은 조직에서 개발회의를 효율적으로 진행할 수 있는 아이디어를 찾으려고 할 것이다.

이 연구는 개발자들마다 생산성이 높은 작업을 수행하는 시간이 다르다는 일반적인 상식을 재확인했는데, 쉽게 표현하자면 아침형 또는 오후형의 개발자가 있다는 것이다. 많은 회사들이 허용할 수 있는 범위내에서 자율근무 시간제도를 운용하는 이유이기도 하다. 생산성에 긍정적인 또는 부정적인 영향을 미치는 요인은 개인간의 차이가 큰데 일반적으로는 이메일 관련된 작업, 회의 참석, 개발작업과 직접 관련이 적은 web browsing 등은 생산성에 부정적인 영향을 미친다는데 의견이다. 각 개발자가 근무시간에 어떤 일을 얼마나 하는지를 매니저가 감독하고 관리하는 것은 바람직하지도 않고 현실적이지도 않지만, 성과를 내고자 하는 동기부여가 있는 개발자라면 자기 개발 또는 관리차원에서도 각자 생각해 볼 가치가 있는 일이다.

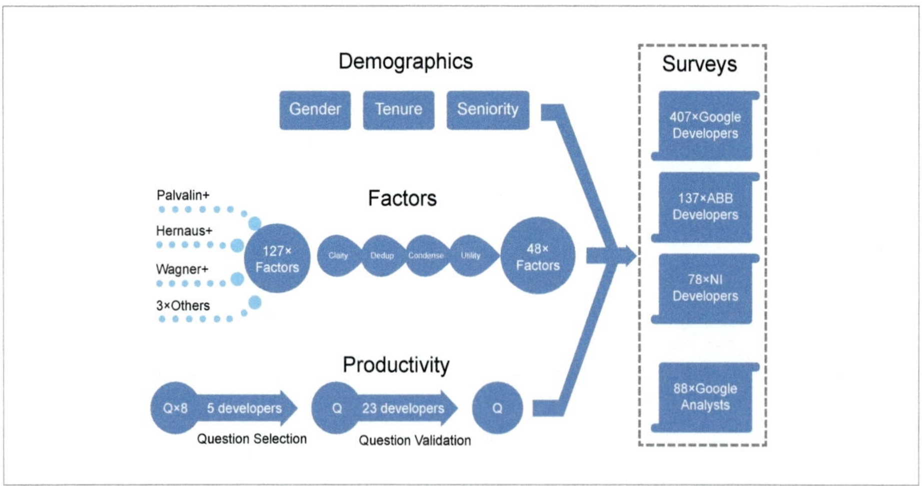

두 번째 논문은 구글에서 407명, ABB에서 137명, National Instrument에서 78명 등 총 600명 이상이 참여한 설문조사 및 자료 분석을 통하여 어떤 요소나 환경이 개발자들의 생산성을 예측하는데 도움이 되는지를 분석한 논문이다. 기존의 연구에서 개발자의 생산성에 영향을 미친다고 알려진 127개 요소들을 48개로 재정의하고, 설문조사에 참여한 개발자들의 추가 의견까지 포함해서 분석하였다. 회사에 따라서 또는 특정 팀의 "개발 문화"에 따른 차이가 있으므로 이런 연구결과의 일반화는 무리가 있을 수 있지만 소프트웨어 개발 작업의 본질이 특정 회사나 도메인과 상관없이 공통점이 많다는 점을 이해하면 이 연구 또한 개발자나 프로젝트 매니저에게 유용한 정보를 제공한다고 하겠다.

		Google (n=407)		ABB (n=137)		NI (n=78)			Google Analysts (n=88)		
		estimate	error	estimate	error	estimate	error	estimate μ (σ)	estimate	error	diff
I am enthusiastic about my job	F1	0.414 *	0.049	0.386 *	0.090	0.484 *	0.089	0.43 (0.051)	0.422	0.097	-0.01
People on my project are supportive of new ideas	F2	0.337 *	0.059	0.318 *	0.090	0.312 *	0.102	0.32 (0.013)	0.461	0.133	-0.12
My job allows me to make decisions about what methods I use to complete my work	F3	0.298 *	0.058	0.360 *	0.093	0.237	0.106	0.30 (0.061)	0.365	0.157	-0.07
My job allows me to make my own decisions about managing my time	F4	0.293 *	0.056	0.318 *	0.078	0.237	0.121	0.28 (0.042)	0.487	0.106	-0.19
People who manage my project are highly capable, efficient, thorough, communicative, and cooperative	F5	0.318 *	0.053	0.241 *	0.084	0.264	0.112	0.27 (0.04)	0.287	0.105	0.03
The information supplied to me (bug reports, user stories, etc.) is accurate	F6	0.233 *	0.061	0.161	0.087	0.418 *	0.111	0.27 (0.132)	-	-	-
I feel positively about other people on my project	F7	0.291 *	0.063	0.240	0.103	0.278	0.148	0.27 (0.027)	0.611	0.135	-0.32
My job allows me to use my personal judgment in carrying out my work	F8	0.372 *	0.058	0.242 *	0.090	0.172	0.100	0.26 (0.101)	0.519	0.127	-0.15
My project resolves conflicts quickly	F9	0.295 *	0.048	0.207	0.085	0.272	0.115	0.26 (0.046)	0.456	0.111	-0.16
People who write code for my software are highly capable, efficient, thorough, communicative, and cooperative	F10	0.348 *	0.058	0.177	0.084	0.245	0.124	0.26 (0.086)	-	-	-
…											
My software is extremely complex	F44	-0.013	0.053	0.115	0.084	-0.143	0.111	-0.01 (0.129)	-	-	-
I shut down email and other tools' notifications to concentrate on my work	F45	-0.005	0.040	-0.058	0.068	-0.035	0.086	-0.03 (0.027)	0.014	0.091	-0.02
My software's platform (e.g. development environment, software stack, hardware stack) changes rapidly	F46	0.054	0.046	-0.058	0.083	-0.166	0.095	-0.06 (0.11)	-	-	-
Extensive documentation is required to use my software at different points in its lifecycle	F47	-0.043	0.047	-0.069	0.076	-0.085	0.111	-0.07 (0.022)	-	-	-
Personnel turnover on my project is high	F48	-0.040	0.045	-0.153	0.079	-0.160	0.102	-0.12 (0.068)	-0.096	0.097	0.06

이 연구의 핵심적인 결론은 위에 일부가 소개된 방식으로 정리된 표에서 찾을 수 있는데 실제의 내용은 너무 방대하므로 여기서는 48개의 모든 요소에 대한 랭킹보다는 상위 10개 및 하위 5개만을 예제로 설명하기로 하자. 상위권에 포함된 요소들은 (회사마다 약간의 차이는 있으나) 긍정적인 요인이고, 하위권에 포함된 요소들은 부정적인 요인이다. 예를 들어서 F1에 언급된 것 처럼, 개발자 본인이 자신의 일에 대해 열심히 하고자 하는 의지가 강하면("I am enthusiastic about my job") 당연히 긍정적인 효과가 있을 것이다. 그만큼은 아닐지라도 같이 일하는 동료들에 대한 신뢰가 높다면(F7, "I feel positive about other people on my project") 긍정적인 효과를 낼 것은 분명하다. 그러나 F46("My software's platfom changes rapidly")

에서 언급된 대로 소프트웨어의 플랫폼이 자주 변경된다면 개발자는 재작업 및 변경된 코드의 검증에 많은 시간을 소비하게 되므로 당연히 생산성에 부정적인 요소이다. 내가 작업하는. 개발 난이도가 높다면(F44, “My software is extremely complex”) 또는 개발팀의 구성원에 변화가 많다면(F48, “Personnel turnover on my project is high”) 생산성 측면에서는 아마도 최악의 효과를 초래할 것이다.

이 연구결과가 “소프트웨어 개발자 누구나 쉽게 유추할 수 있는 상식”을 정리한 것으로 평가절하될 수도 있겠다. 특히 부정적인 요소에는 개발자 본인의 역량이나 노력으로 개선하거나 바꿀 수 없는 여러가지 요인들이 포함되어 있으므로 (굳이 예를 들자면 F44, F46, F48 등) 알아도 도움이 안되는 정보라고 생각할 수도 있겠다. 그럼에도 불구하고 이러한 정보는 소프트웨어 개발조직의 경영진 또는 프로젝트 매니저에게 도움이 된다고 생각하는데, 예를 들어서 소프트웨어 기능 자체에 내재된 복잡도는 줄일 수 없을지라도 설계과정에서 architecture가 필요이상으로 복잡하게 된 것은 아닌지 검토할 수 있고, 인력관리 측면에서 구성원의 변동을 가능한 줄이려면 어떤 관리적인 결정을 할 수 있을지를 고민할 만한 가치가 있다.

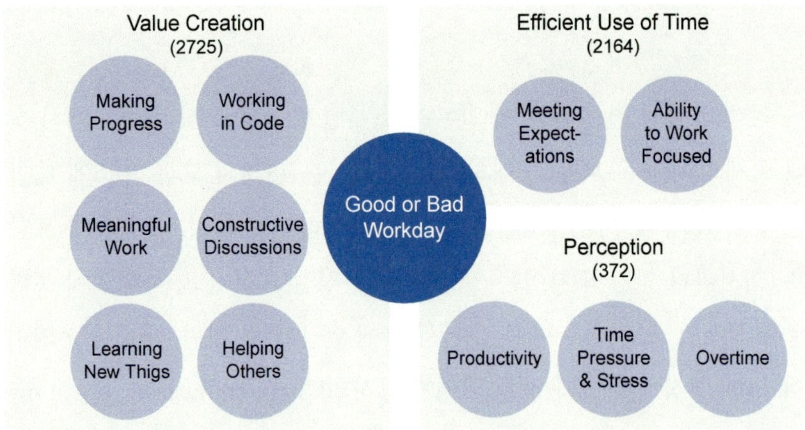

Conceptual framework for good work days. The 3 high-level factors are visualized as square layers; outer layers influence the inner layers

세번째 논문은 마이크로소프트사의 개발자들을 대상으로 4개월정도의 설문조사를 한 연구결과인데 참여자들은 하루의 근무를 마친 다음 날 5분정도 소요되는 설문조사를 통하여 어제 본인이 수행한 작업의 생산성을 1~5까지의 점수로 스스로 판단하고, 일상적인(typical) 하루였는지 아니면 평소와는 다른 하루였는지, 어떤 이유가 생산성이 긍정적이거나 부정적인 영향을 끼쳤는지를 기술하도록 하였다. 연구주제는 앞서 소개한 두개의 논문과 유사한 점이 많지만, 20명 또는 600명이 아닌 5,971명이 그리고 평균 10년 정도의 경력을 가진 참여한 노련한 개발자들이 참여한 연구라는 차이가 있다. 위에서 제시된 그림 1이 보여주듯이 개발자들은 "의미있는" 일을 했다고 생각하는지 여부(value creation), 시간을 효율적으로 사용했다고 판단하는지 여부(efficient use of time), 그리고 일정에 대한 압박이나 잔업의 수행 여부(perception) 등으로 만족도를 판단하였다. 가치를 창조한 일의 예로 실질적인 성과를 낸 경우 말고도 동료들에게 도움을 줄 수 있었다든지, 새로운 지식을 습득

Activity Category	All 100%(N=5928)		Typical WD 64%(N=3750)		Atypical WD 36%(N=2099)		Good Wd 61%(N=3028)		Bad WD 39%(N=1970)	
	pct	Min	pct	Min	pct	Min	pct	Min	pct	Min
Development-Heavy Activites										
Coding(reading or writing code and tests)	15%	84	17%	92	13%	70	18%	96	11%	66
Bugfixing(debugging or fixing bugs)	14%	74	14%	77	12%	68	14%	75	13%	72
Testing(running tests, performance/smoke testing)	8%	41	8%	44	7%	36	8%	43	7%	38
Specification(working on/with requirements)	4%	20	3%	17	4%	25	4%	20	4%	20
Reviewing code	5%	25	5%	26	4%	23	4%	24	5%	26
Documentation	2%	9	1%	8	2%	10	2%	9	2%	8
Collaboration-Heavy Activities										
Meetings(planned and unplanned)	15%	85	15%	82	17%	90	14%	79	18%	95
Email	10%	53	10%	54	10%	54	9%	52	10%	57
Interruptions(impromypth sync-up meetings)	4%	24	4%	25	4%	22	4%	22	5%	28
Helping(Helping, managing or mentoring people)	5%	26	5%	27	5%	25	5%	26	5%	28
Networking(maintaining relationships)	2%	10	2%	9	2%	12	2%	11	2%	10
Other Activities										
Learning(honing skills, continuous learning, trainings)	3%	17	3%	14	4%	22	3%	19	3%	16
Administrative tasks	2%	12	2%	11	3%	14	2%	11	3%	15
Breaks(bio break, lunch break)	8%	44	8%	44	8%	45	8%	44	8%	45
Various(e.g., traveling, planning, infrastructure set-up)	3%	21	3%	17	5%	57	3%	19	4%	25
Total	9.08 hours		9.12 hours		9.05 hours		9.17 hours		9.15 hours	

The left mumber in a cell indicates the aberage relative time spent(in percent) and the right number in a cell the absolute average time spent(in minutes)

Mean and Relative Time Spent on Activities on Developers' Previous Workdays(WD)

했다고 생각될 때, 그리고 동료들과의 토론이 도움이 되었을 때등을 성공적인 하루의 일과 기준으로 제시하였다.

또한 개발자들의 하루 일과를 분석하면 주로 구현작업이 주로 이루어진 날(coding day)부터 테스팅 작업이 주로 수행된 날(testing day), 그리고 회의등 동료들과의 협업작업이 대부분의 시간을 차지한 날(collaboration day or meeting day) 등 여러 패턴이 있다고 하며, 생산성이 높았던 날과 그렇지 않았다고 생각되었던 날에 수행된 작업들의 패턴 또한 보여주고 있다.

이 자료를 보면 개발자들이 실제로 코딩이나 문서작업등 개발에 직접적으로 관련된 일을 하는 시간은 하루 근무시간을 9시간 정도로 볼 때 47%의 시간을 사용하며, 회의나 이메일등 동료들과의 협력이 필요한 작업에 상당한 시간 (26%)을 사용한다는 것, 그리고 그 외의 시간은 교육 또는 결재등 다른 일에 사용됨을 알 수 있다. 그런데 생산성이 높다고 판단한 Good WD (workday)와 그렇지 않다고 판단한 Bad WD에는 큰 차이는 아닌 것으로 볼 수 있지만 개발에 직접 관련이 있는 일에

Aspect	Typical	Atypical	Good	Bad	Total
a) Number of Interruptions	4.80	4.43	4.30	5.24	4.66
b) Minutes needed to rewume work after an interruption(in mins)	8.55	8.81	8.19	9.29	8.64
c) Longest period of uninterrupted coding time (in mins)	50.3	42.4	52.9	39.3	47.3
d) Percentage of useful meetings	56.6%	61.7%	61.2%	54.8%	58.5%
e) Number of impromptu sync-ups	21.5	2.30	2.15	2.50	2.20
f) Number of unplanned meetings	0.61	0.63	0.51	0.84	0.62
g) Total time spent in unplanned meetings (in mins)	21.1	22.1	16.6	28.8	21.5
h) Percentage of total time spent in meetings	17.7%	22.7%	18.4%	21.4%	19.5%

Significant relationships between the aspect and good or typical workdays are visualized in bold(α<0.05)

How Meetings and Interruptions Influence Good and Typical Workdays

좀 더 많은 시간을 할애할 수 있었는지(50% vs 42%) 또는 미팅에 소요된 시간의 길이에 따라(14% vs 18%) 판단이 달라졌음을 볼 수 있다.

구체적이 자료를 보면 Good WD에는 50분 이상을 방해받지 않고 코딩작업에 몰입할 수 있었던 데 반해 Bad WD에는 40분에도 미치지 못함을 알 수 있고, 여러가지 이유로 하던 일을 멈추고 다른 일을 해야 하는 Interruption의 빈도가 (4.30 vs 5.24) 개발자들에게는 중요한 관건임을 알 수 있다. 단순하게 생각한다면 개발자들에게 회의는 생산성에 방해만 되는 것으로 오해할 수 있는데, 논문에 소개된 결과들은 구현단계에서 참석하는 회의는 대부분 부정적으로 비친 반면 개발 초기단계에서 참여하는 회의는 긍정적이고 생산적이라고 생각한다는 점이 흥미롭다.

사실 이 내용은 개발자나 매니저에의 입장에서는 새로운 발견으로 보이지 않을 것이다. 그러나 정말로 중요한 것은 개발자들이 가능한 능률적으로 일할 수 있으려면 Good WD가 typical WD가 되어야 할 것이고, 이러한 목표를 달성하기 위한 구체적인 실천방향을 고민해야 할 것이다. 그 방법은 대부분의 소프트웨어 개발조직에서 공통점이 많을 것이나 구체적인 방법 그리고 우선순위는 각 조직마다 다를 것이므로 이에 대한 진지한 고민이 필요한 것이며, 이런 고민을 시작하는 시작점을 위에서 소개한 연구들이 시사하는 것이다.

마지막으로 생산성에 관한 논의에서 하나 더 생각할 요소는 개발자들에게 도움이 되는 정보를 어떻게 효과적으로 공유하고 전파할 수 있는가? 하는 문제이다. 인터넷에서 수없이 많은 블로그나 웹사이트에서 소프트웨어 개발에 관련된 어려움을 극복해 준다는 정보가 넘쳐나는 현실이다. 소프트웨어 개발자들이 알아두면 좋을 만한 도구들도 넘쳐나는데 실제로 개발자들은 그 많은 도구들을 다 배울 수도 없고 도구를 효과적으로 사용할 수 있도록 필요한 교육을 받을 기회도 별로 없거니와 설령 그런 기회가 주어진다고 하여도 아마도 대부분은 관심이 없다고 할 것이다. 업무상 해야 하는 일을 하는 것도 바쁜데 어쩌면 생산성을 높여줄지도 모르고 그렇지 않을지도 모르는 새로운 방법론이나 새로운 도구를 배우는데 아까운 시간을 쓸 이유가 없기 때문일 것이다.

회사의 입장에서 본다면 구매한 상용도구이든 오픈소스로 개발된 도구이든 개발자들의 생산성을 높여 줄 수 있는 좋은 도구가 있다면 적극적으로 알려서 사용되길 원할 것이다. 경우에 따라서는 개발자들이 본인의 업무를 효율적으로 하기 위하여 개발한 도구가 주위의 입소문이나 SNS채널을 통하여 다른 팀에서도 사용하게 되고 경우에 따라서는 회사 전체에서도 널리 쓰이는 도구가 되기도 한다. 마이크로소프트사에서 개발되어 코드리뷰 과정에서 범용도구로 발전한 CodeFlow가 그 예이다. 정보의 홍수속에서 효과적으로 경험과 지식을 공유하는 것은 가능할까?

개발자들 사이에서 효율적인 정보공유는 어떻게 할 수 있을까? 이에 관한 연구도 어느 정도 진행되었는데, 널리 사용되는 방법중 몇 가지를 소개한다면 다음과 같은 것이 있겠다.

- **Tech Training**(또는 Continuing Education): 소프트웨어 개발에서의 생산성 향상을 주업무로 하는 팀에서 전체 조직에 도움이 될만한 각종 도구들을 시범적으로 사용해 보고 전사적으로 사용을 권장할 만한 도구들을 선정하고 엔지니어들에게 적절한 사용법에 대한 교육을 진행하는 방법이다. 경영진의 적극적인 지원과 정책적인 결정이 성공의 중요한 관건이다.
- **Tools Fair**(또는 Science Fair나 Hackfest라고도 불린다): 정기적으로 회사내에서 공개적인 행사를 통해서 각종 소프트웨어 개발도구를 개발한 사람들이 발표를 하고 경험을 공유하는 자리를 마련하는 것이다.
- **Brown bags**(또는 Informal lunch presentations): 점심시간들을 이용하여 관심있는 사람들이 가벼운 마음으로 (?) 모여서 경험을 공유하면서 도구의 사용경험이나 개발경험중 나눌 만한 Best Practice에 대한 대담을 나누는 것이다.

- **Testing on the Toilet**(TotT): 구글에서 사용한다고 알려진 방법[115]으로 개발자들에게 짧은 시간에 도움이 될 만한 각종 도구에 대한 홍보를 한 페이지 정도의 Newsletter 형식으로 작성하고 이를 화장실등에 비치하는 방법에서 TotT라는 이름도 붙게 되었다. 개발자들이 잠시나마 이 내용을 읽어보고 본인의 업무에 도움이 된다고 판단하면 관련된 도구에 대한 더욱 자세한 정보나 사용방법이 제공되는 사이트에 접속하여 도구도 다운로드받고 사용하게 될 것이며, 사용중 어려움이 생긴다면 관련 담당자에게 질문하거나 도움을 받을 수 있는 방법이다.

115. Murphy-Hill et al, Do Developers Discover New Tools On The Toilet, ICSE 2019

38

뛰어난 소프트웨어 개발자에게 필요한 역량은? 누가 훌륭한 소프트웨어 프로젝트 매니저일까?

소프트웨어 개발의 일부 기능은 — 특히 User Interface(UI) 등은 — 대부분이 자동화되어 도구를 이용하여 원하는 UI의 배치와 필요한 속성을 명세하는 것으로 코드의 자동생성이 가능하지만, 아직도 소프트웨어 개발의 대부분은 개발자가 직접 알고리즘을 선택하고 구현하는 과정이 필요한 고도의 창의력과 집중력이 필요한 작업이다. 그래서 소프트웨어 개발에서 "생산원가"의 대부분은 인건비로 지출되기 마련이며, 각 회사는 개발능력이 탁월한 인재를 영입하기 위해 학력등의 "스펙"외에도 실제 코딩능력을 입사과정에서 검증하기도 한다. 또한 이미 선발한 개발인력에 대해서도 빠르게 변화하는 기술의 발전에 대응하기 위해서 지속적인 교육과정을 제공하기도 한다. 그래야만 개발자들의 업무능력과 효율이 향상될 수 있고, 이는 회사의 경쟁력의 강화로 연결되기 때문이다.

같은 이야기를 다르게 표현한다면 지속적이고 자발적인 학습의 의지나 능력이 부족한 개발자는 입사 초기에는 우수한 인재로 보일 수 있어도 변화하는 기술추세에 따라갈 수 없다면 몇 년이 지나지 않아 개발자로 역량을 충분히 발휘할 수 없는 낙후된 인력으로 전락할 수 있다는 뜻이기도 하다. Client-Server 환경에 익숙한 개발자가 모바일 환경에서 또는 클라우드 환경에서 필요한 소프트웨어 개발을 지속적으로 할 수 있기 위해서는 부단하고 자발적인 신기술에 대한 학습이 필요하기 때문이다.

소프트웨어 개발조직의 매니저의 역량도 소프트웨어 제품의 품질은 물론 언제 프로젝트를 성공적으로 마무리할 수 있는가에 직접적이고도 지대한 영향을 미친다. 일반적으로는 개발자들중에서 능력을 인정받은 사람들이 승진하여 개발조직의 매니저로 활동하게 되는데, 훌륭한 매니저의 소양을 타고난 사람도 있겠으나 소수일 것이고, 대부분은 관리자의 역할을 수행하면서 어려가지 실수도 경험하고 배우면서 역량을 키워가는 것이 일반적이다. 그래서 소프트웨어 산업계에서 흔히 하는 농담 같은 진담이 뛰어난 개발자를 매니저로 승진시키면, 회사는 결과적으로 탁월한 개발자를 한 명 잃고, 숙련되지 않은 초보 매니저 한 명을 얻는다는 이야기를 하게 되는 것이다.

스포츠에서도 훌륭한 스타 플레이어가 지도자로 활약해도 명장으로 거듭나는 경우도 있는데, 프랑스 국가대표 축구팀의 주장이었던 지단이 이에 속할 것이다. 그러나 큰 기대를 받고 스타플레이어가 지도자로 활약했으나 선수시절만큼의 명성을 얻지 못하는 경우 또한 흔하다. 반대로 선수로는 스타플레이어로 인정받지 못했으나 지도자로 성공한 경우도 많다. 2002년 한국의 월드컵 대표팀의 히딩크감독이 그 대표적인 예가 아닐까 한다.

그러나 동료 개발자들 사이에서도 뛰어난 실력을 인정받는 소위 말하는 "슈퍼 개발자"가 있는데 이들의 공통적인 특징이 무엇일까? 소프트웨어공학의 사실과 오해라는 훌륭한 책을 저술한 Bob Glass는 — 조금 오래되긴 했지만 — 소프트웨어 개발자의 능력차이는 최대 28배가 될 수도 있다는 주장을 하고 있다. 일부 전문가는 실제 개발자들의 능력차이는 28배 이상이라고 생각할 수도 있겠다. 일부 천재적인 개발자들은 세상에 존재하지 않던 새로운 프로그램을 개발하고, 새로운 산업을 만들어 내기도 하니까 타당한 주장이다. 빌게이츠 말고도 유닉스운영체제를 처음 개발한 Dennis Richie와 Ken Thompson, 리눅스를 처음 만든 리누스 토르발스, 페이스북을 처음 만든 마크 저커버그, 정해진 규칙에 따라 트래픽을 관리하는 네트워크 보안제품인 방화벽(firewall)을 처음 만든 사람등 컴퓨터 산업계의 뛰어난 슈퍼개발자는 정말 많다.

그리고 개발자보다는 매니저의 역할에서 훨씬 더 뛰어난 역량을 보이는 사람들도 있다. 누구나 쉽게 생각할 수 있는 창의력, 탁월한 지적능력, 리더쉽등의 추상적인 개념외에도 동료들에게 인정받는 탁월한 개발자들에게, 그리고 개발자들이 믿고 따르고 같이 일하고 싶어하는 "great manager"들에게 공통적으로 발견할 수 있는 것은 무엇이 있을까? 이는 소프트웨어 공학의 핵심연구 주제는 아닐 수 있어도 소프트웨어 산업에 있는 사람이라면 꼭 알아야 할 유익한 정보이다. 이런 것들을 알고 필요한 역량을 키우기 위해 노력하면 자신의 발전에도 회사의 경쟁력 향상에도 도움이 되기 때문이다. 이 주제에 관해 아래의 두 논문은 필독을 권할만한 하다.

- Li, Ko, and Zhu, What Makes a Great Software Engineer, IEEE/ACM 37th International Conference on Software Engineering (ICSE), 2015

Microsoft사의 59명의 시니어 개발자들을 대상으로 한 설문조사를 바탕으로 동료들이 인정하는 "Great Software Engineer"들에게서 공통적으로 발견되는 특성이 무엇인지를 소개하고 있다. 이들은 MS사의 다양한 그룹에서 시니어 개발자 또는 architect, technical fellow 등의 직급에 있는 각자 25년 이상의 경력을 가진 경험도 풍부하고 업무능력 또한 인정받은 전문가들이다.

- Kalliamvakou, Bird, Zimmermann, Begel, DeLine, and German, What Makes a Great Manager of Software Engineers?, IEEE Transactions on Software Engineering, Nov 2017

이 논문 또한 MS사의 설문조사를 통해서 얻은 자료를 분석한 것으로 37명의 MS

내부의 다양한 경험을 가진 여러 직급(Engineer, Team Lead, Manager 및 Upper Manager)의 인원들에게 매니저들에게 MS사에서 매니저들의 업무능력을 평가할 때 사용하는 11가지의 항목과 그 외 다른 연구에서 사용된 항목 5가지를 기초로 하여 1차 설문조사를 하고, 각 참여자들과의 심층 인터뷰를 통하여 도합 15개 항목의 총 83개의 문항을 대상으로 각 속성의 중요도를 1점부터 10점까지 부여하도록 하였다. 그리고 3,646명의 MS사 직원들을 대상으로 익명의 설문조사를 통하여 받은 563명이 생각하는 "Great Software Engineering Manager"들이 가지고 있는 특징을 정리하였다.

탁월한 소프트웨어 개발자들에게 필요한 소양을 총 53가지로 정리하고, 그 중에서도 중요하다고 특별히 강조된 몇 가지의 특성을 소개하고 있는데, 다음과 같다.

Personal Characteristics	• Improving—not satisfied with the status quo: constantly looking to improve themselves, their product, and/or their surroundings. • Passionate—intrinsically interested in the area they are working in (i.e. not just in it for extrinsic rewards like a pay check). • Open-minded—willing to judiciously let new information change how they think. • Data-driven—taking and evaluating measurements of their actions and of the software, often relative to expectations.
Decision Making	• Knowledgeable about people and the organization—informed about the people around them: their responsibilities (i.e. organizational structure), their knowledge, and their tendencies • Sees the forest and the trees—considering situations at multiple levels, including technical details, industry trends, company vision, and customer/business needs • Updates their mental models—keeping up to-to-date their mental models through evaluating changes in their context • Handles complexity—able to grasp and reason about complex and intertwining ideas

Teamwork	• Creates shared context—molding another person's understanding of the situation while tailoring the message to be relevant and comprehensible to the other person. • Creates shared success—enabling success for everyone involved, possibly involving personal compromises. • Creates a safe haven—creating a safe setting where engineers can learn and improve from mistakes and situations without negative consequences. • Honest—truthful (i.e. no sugar coating or spinning the situation for their own benefit).
Software Product (e.g., Design)	• Elegant—simple and intuitive (i.e. not complex) software/designs that others can understand. • Creative—novel solutions based on understanding of the context, existing solutions, and the limitations of existing solutions. • Anticipates needs—producing software that accommodate likely needs and problems based on contextual knowledge

각 항목에 필요한 소양이 무엇인지 개념적으로 이해하는 것은 어렵지 않다. 다만 이를 실제로 본인의 역량으로 만들기 위해서는 부단한 노력이 필요하다. 예를 들어서, Open-minded 항목에 대해 경험이 많은 개발자들이 하는 아래와 같은 이야기에 귀를 기울일 필요가 있다.

- "You should be open... what you think need not be the right thing tomorrow...like the Facebook explosion, when Myspace was already there, but it exploded... no one knew that Facebook would explode when it started". -Senior SDE, Windows Services
- "No matter how much you know, the software industry is so large... there's so many other areas... If that person has something to say that hadn't occurred to me, I'll stop everything and say, ok, explain this. What did you see, that I didn't see?" -Senior SDE, Office

그리고 뛰어난 개발자들에게서 자주 발견되는 위에서 언급된 특징을 이해하는 것도 중요하지만, 더 중요한 것은 각 개발자들이 어떤 분야의 "재능"을 더 발전시켜야 할 것인지, 그리고 구체적인 실천전략이 무엇인지를 생각해 보는 것이다. 예를 들어서 아키텍트로 "탁월하고 우아한(elegant)" 디자인을 만들어 내는 능력을 키우기 위해서는 이미 알려진 여러 종류의 아키텍쳐 스타일을 먼저 이해하고 대표적인 시스템이 무엇이 있는지를 이해해야 한다. 그리고 대안으로 생각할 수 있는 스타일은 어떤 것이 있는지, 각 후보로 생각할 수 있는 아키텍쳐 스타일의 장점과 단점은 무엇인지를 이해해야 한다. P2P(peer-to-peer) 공유서비스를 구현하는데도 다양한 방법이 있어서 Napster와 Skype는 선택한 디자인과 매우 차이가 있으며 각기 명확한 장점과 단점을 갖고 있는데 뛰어난 개발자라면 이런 상황에서 현명한 기술적인 판단을 할 수 있어야 할 것이다.

유사한 방법으로 진행된 Great Software Engineering Manager에 대한 연구 결과는 다음의 그림으로 요약할 수 있다.

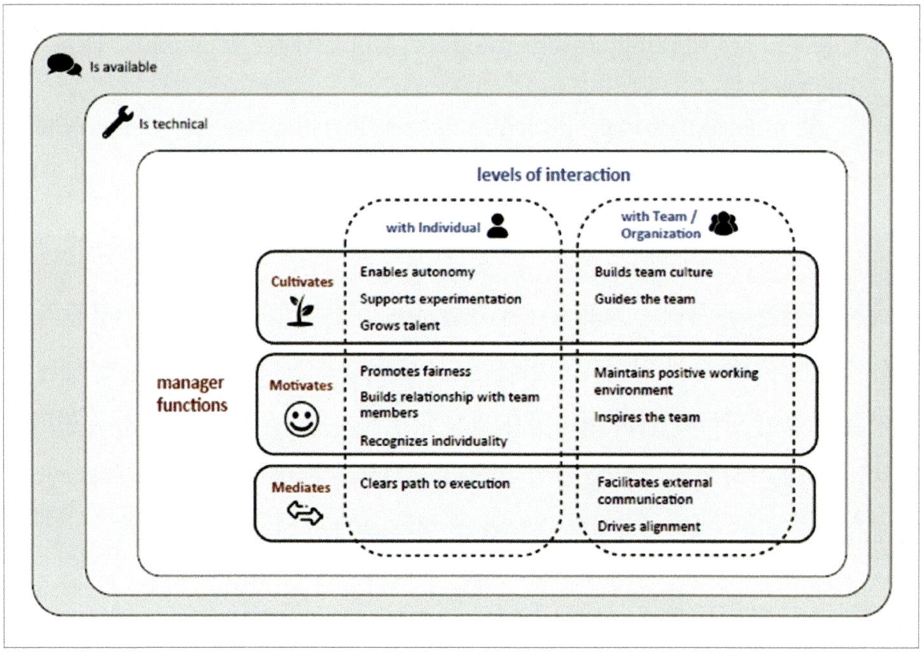

그리고 이러한 속성들을 개발자들이 현장에서 느꼈던 여러 가지 사례들을 설문조사에서 응답자들이 실제 사례를 언급한 대표적인 경우들을 언급하고 있다. 예를 들어서 Grows talent라는 항목의 경우 매니저의 역할을 자신이 이끄는 팀원들이 더 도전적이고 창의적인 일을 할 수 있게 격려하고, 필요한 지식이나 기술을 배우고 습득할 수 있는 기회를 마련해 주고, 소프트웨어 개발자들이 자신의 업무능력을 향상시킬 수 있는 구체적이고 실천 가능한 조언을 해 주는 것으로 설명하고 있다. 매니저라면 실제 개발의 실무를 직접 담당하는 것이 아니라 같이 일하고 있는 그리고 본인의 관리 및 리더쉽 역량을 이용하여 실무자들이 효율적으로 소프트웨어를 개발하는 일이 가능한 환경을 만들어 주어야 한다. 그리고 Grows talent가 언급되는데, 실무를 담당하는 개발자들은 훌륭한 매니저에 대해 다음과 같이 언급하고 있다.

- "Your manager is your direct connection to your career; if they're not giving you good projects you might as well not work here." (엔지니어)
- "You want to advance and grow and not necessarily do test automation for 10 years. I think that's where they need to look out for you and make sure you are working on something that will advance your skills." (New / Engineer)
- "I ask a new hire to take difficult tasks on. By failing we are going to find out where you need the help and then you will go to person X and ask them for help. (Experienced / Team Lead)

위에서 언급된 첫 사례는 소프트웨어 개발분야에서 흔히 볼 수 있는 현상중의 하나인데, 많은 사람들이 일하고 싶어하는 마이크로소프트나 구글등에서 일하는 개발자들도 같이 일하던 팀의 매니저가 퇴사하여 벤쳐기업을 시작하는 경우 안정적인 위치를 과감하게 포기하고 같이 움직이는 경우를 흔히 보게 된다. 부하직원 및 동료들의 신뢰를 얻은 매니저만이 누릴 수 있는 축복이 아닐까 생각된다.

소프트웨어 매니저가 갖추어야 할 역량중에서 특별히 중요한 것은 "Clears path to execution"이라고 표현되었는데 실무자들이 가능한 방해받지 않고 제대로 일을 할 수 있는 환경을 마련해 주는 것이다. 이는 논문에서 "to shield the engineer from randomization, remove distractions and blockers, and help to resolve issues or conflicts"라고 정의되었는데 대표적인 사례로 소프트웨어 엔지니어의 다음과 같은 답을 소개하고 있다. 이와 함께 필요한 역량이 Upper Management로 표현되는 임원들과 개발팀간의 소통을 원활하게 조율하는 능력이다. 임원진을 비롯하여 고객으로부터 받는 많은 그리고 수시로 발생하는 요청사항을 어떤 것은 받아들이고, 어떤 것은 원만한 협상을 통하여 막아주어 개발팀의 업무 목표, 요구사항 또는 일정에 지나치게 부정적인 영향을 끼치기 않아야 한다. 그렇다고 매니저가 외부에서 발생하는 압력이나 변경을 발생하지 않도록 할 수 있는 것도 아니고 또 그런 목표를 가지고 업무에 임해서도 안된다. 그러나 가능하면 개발팀이 이러한 변화에 노출되는 일이 적도록 stakeholder와의 의견조율을 조기에 반영하고 서로 합의한 절차에 따라 적당한 선에서 합의를 이끌어 내는 soft skill이 필수적이다.

- "I had a manager, she kept the path clear for me to do my work, to go sit down and code for 10 hours. That was perfect." (엔지니어)
- "The operational space for engineers is that flow moment where they are deep into writing code. The last thing they need is some random person—business person, or the manager—going "hey, have you got a second?", you just killed half their day in that moment. Giving them the space to focus is important, just be the person that tells other people to go away. Defend their time." (Experienced / Upper Manager)
- "[...] as an Engineering Manager I often feel that my job is to shield the team from distractions, among other things, basically to get out of their way, keep the business out of their way, and let them execute against clearly communicated/understood/shared goals." (New / Manager)

특히 두 번째 사례에 언급된 "flow"는 개발자가 실무에 집중하고 몰입할 수 있는 환경을 만들어 주는 것으로 소프트웨어 개발의 특성을 생각하면 꼭 필요한 소양이다. 이를 위하여 일반적으로 회사에서는 집중근무제를 도입하여 개발팀의 회의도 애자일 방법론의 Daily Standup처럼 특정 시간에만 하고, 개발자들은 꼭 필요한 경우가 아니면 회의에 참석하지 않아도 의견을 전달할 수 있고 결정사항에 대해 팀 블로그등의 적절한 경로를 통해서 개발자들이 알 수 있는 방법을 마련해야 한다. 만일 개발 프로젝트에 대한 모든 결정내용을 단체 이메일이나 SNS를 통하여 모든 개발자들에게 통보를 한다면 당사자들이 정보를 전달받지 못했다는 변명을 할 수 없는 환경을 만들 수는 있어도 이 때문에 개발자들이 시도때도 없이 받게 되는 스팸메일에 가까운 과도한 이메일로 업무에 집중할 수 없게 될 것이고, 이는 생산성의 저하뿐만 아니라 개발자의 업무 만족도에서 심각하게 부정적인 영향을 미치게 될 것이다. 이를 견디기 힘들어 하는 개발자라면 다른 프로젝트 팀 또는 다른 회사로의 이직 또한 심각하게 고려할 것이다. 유능한 소프트웨어 개발자라면 누구나 확보하고 싶어하는 현실에서 편의주의로 또는 지나친 관리로 인한 부작용을 끝까지 참고 견디는 유능한 개발자는 별로 없을 것이다.

위에 소개된 두 논문의 진정한 가치는 탁월한 소프트웨어 개발자나 유능한 소프트웨어 엔지니어링 매니저가 갖추어야 할 소양이 무엇인지를 가르쳐 주는 것이 아니다. 실제 현장에서 동료들에게서 인정받고 따르는 인재들의 사례를 소개하는 실제 사례를 가능한 구체적으로 이해하는 것이 중요하다. 그리고 각자가 자신의 현재 위치에서 좀 더 열심히 노력해야 하는 분야가 무엇인지에 대한 우선순위를 정하고 구체적인 행동지침을 세우는 것이다.

그 외에도 구글사의 임직원들을 대상으로 설문조사를 한 사례보고[116]도 참고할 만하다. Project Oxygen에서는 훌륭한 매니저가 갖춰야 할 핵심역량 10가지를 다음과 같이 들고 있다.

116. https://rework.withgoogle.com/blog/the-evolution-of-project-oxygen/

1. Is a good coach
2. Empowers team and does not micromanage
3. Creates an inclusive team environment, showing concern for success and well-being
4. Is productive and results-oriented
5. Is a good communicator — listens and shares information
6. Supports career development and discusses performance
7. Has a clear vision/strategy for the team
8. Has key technical skills to help advise the team
9. Collaborates across Google
10. Is a strong decision maker

Microsoft사에서 원하는 뛰어난 Software Engineering Manager의 역량이나 구글에서 원하는 Manager Behavior가 달라야 할 이유가 없다. 사실 모든 소프웨어 개발조직에서는 위와 같은 소양을 갖춘 인재를 뽑고 싶어하고, 지금 같이 일하고 있는 개발자들이 이러한 매니저로 성장하기를 원한다. 건강한 생활습관도 마찬가지로, 빼어난 개발자와 탁월한 매니저가 되는 방법을 몰라서 실천하지 못하는 경우는 없다. 여러가지 핑계를 대고 하지 않을 뿐인 것이다. 실천하느냐 아니냐의 차이일 뿐이다.

이런 내용이 생각하기에 따라서는 소프트웨어공학의 영역에 속하지 않고 경영학 등의 도메인에 속한다고 볼 수도 있겠다. 그러나 높은 품질과 생산성을 추구하는 목표를 달성하는데 기여할 수 있다면 개발자 또는 매니저들이 꼭 알아야 하는 핵심역량이라고 생각한다. 마지막으로 애자일 기법으로 소프트웨어를 개발하는 것이 "주류"가 된 현실을 생각하면 위에서 소개한 리더쉽에 필요한 역량과 애자일 기법의 특성에 특화된 또 다른 요소가 있지 않을까 생각할 수 있다. 애자일 방법론의 핵심이 self-management 그리고 self-organization이기 때문이다. 그렇다면 애자일환경에서 유능한 리더는 팀원들이 각자의 리더쉽과 역량을 최대한으로 발휘할 수 있는 환경을 만들어주는 사림일 것이며, 필요하다면 적극적으로 참여하고 결정을 내릴 수 있는 판단력 또한 중요한 요소가 될 것이다. 애자일 환경에서 훌륭한 팀원이 반드시 훌륭한 리더의 역할을 수행한다고 단정할 수 없기 때문이다. Gren 등은 Agile coach 또는 Scrum Master등 애자일 리더의 역할을 하는 13명의 설문조사를 통해서 애자일환경에서 특별히 더 중요하게 생각하는 리더십의 특성을 연구한 논문[117]을 발표하였다. 핵심적인 결론을 다음과 같이 요약하고 있는데 소프트웨어 개발에 참여하는 모두가 생각해 볼 만한 가치가 있다.

- The ability to share responsibility and leadership work with other team members. (Dynamic Team Leadership)
- The ability to get team members from different functional silos to identify as members of a cross-functional team. (Social Identity)
- The ability to manage ongoing tension between the competing logics of the old, milestone-driven culture and the new agile culture. (Organizational Culture)

필요한 핵심역량을 Dynamic Team Leadership, Social Identity, Organizational Culture라는 그룹으로 나누어 아래의 그림처럼 설명하고 있는데 애자일 리더가 되고 싶은 모두에게 정독을 권한다.

117. Gren and Ralph, What Makes Effective Leadership in Agile Software Development Teams?, ICSE 2022

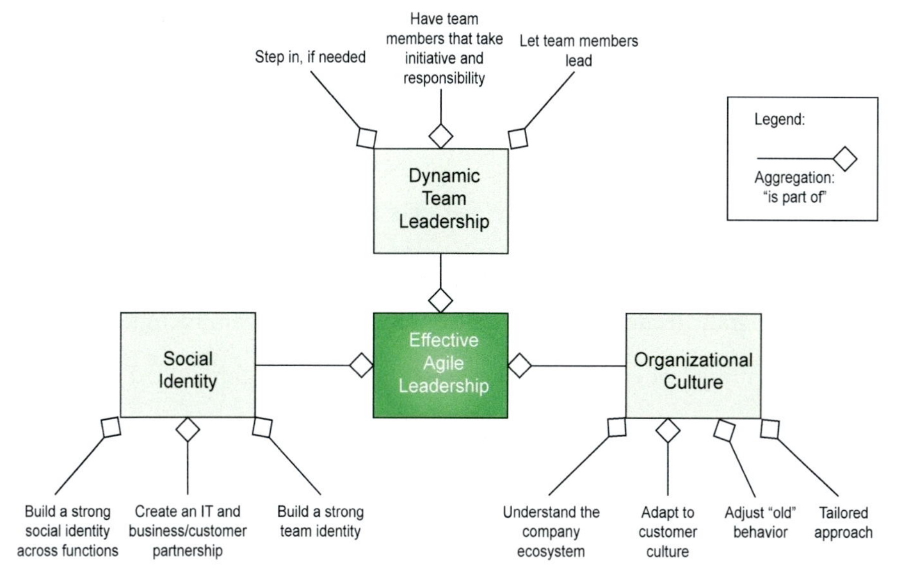

Components of effective leadership in agile software development teams

애자일 방법론의 핵심이 Self-Management, Self-Organization, Self-Motivated Teams 등의 단어로 주로 표현되는데 추상적인 개념은 누구나 쉽게 이해하고 공감하지만 구체적인 실천방법에 대해 묻는다면 쉽게 대답하기 어려운 질문일 것이다. Agile 개발팀의 리더십에 관한 설문조사를 통해 발표한 Gutierrez 등의 논문[118]은 소프트웨어공학 특히 프로젝트관리기법에서 흔히 소개되는 리더십의 유형에 대한 Goldman[119]의 연구결과를 인용하면서 리더의 유형을 다음의 6가지로 분류하였다: visionary leaders, coaching leaders, affiliative leaders, democratic leaders, pacesetting leaders, commanding leaders. 각 리더십의 특징을 요약하면 다음과 같다.

118. Gutierrez et al, Self-Managing: An Empirical Study of the Practice in Agile Teams, IEEE Software, Jan/Feb 2019

119. Goldman et al, Primal Leadership: Realizing the Power of Emotional Intelligence, Harvard Business School Press, 2002

- Visionary leaders encourage their team members to bring out the best in themselves
- Coaching leaders try to connect personal goals with values of the organization
- Affiliative leaders focus their efforts in the development of emotional connections and harmony when resolving conflicts
- Democratic leaders promote collaboration among team members
- Pacesetting leaders treat their teams as groups of highly skilled members
- Commanding leaders follow autocratic approaches

물론 모든 개발자나 매니저는 시간과 환경에 따라 하나 이상의 리더쉽 특징에 속하는 행동을 보이겠지만, 대개는 그 사람의 일반적인 리더쉽을 가장 잘 보여주는 대표적인 특징을 구분할 수 있을 것이다. Goldman 등의 연구는 Visionary leader부터 Democratic leader까지의 특징을 애자일 방법론에서 추구하는 Self-Management 개념에 잘 부합하는 리더쉽 스타일로, 그리고 Pacesetting과 Commanding leader를 "traditional"한 리더쉽으로 분류하고 있다.

Self-Management의 개념에 부합하는 리더쉽은 바람직하고 traditional 리더쉽은 배격하고 청산해야 하는 대상으로 삼아야 한다는 이야기가 아니다. 각각 다른 리더쉽 스타일은 장점도 있고 단점도 있을 것이다. 실제로 Gutierrez의 논문에서 247명의 애자일 팀의 개발자, Agile Coach, Scrum Master, 또는 Project Manager를 대상으로 설문조사를 해서 어떤 특성이 소속된 애자일팀의 리더쉽을 잘 나타내고 있는지를 분석한 자료가 아래 그림에 소개되어 있다. 이를 보면 두번째부터 다섯번째까지의 컬럼에 소개되는 Self-Management를 추구하는 리더쉽 스타일의 비중이 상대적으로 높지만 처음과 마지막에 나타나는 Traditional 리더쉽도 또한 혼재함을 알 수 있다. 이 자료를 보면서 각자가 나는 어떤 스타일의 리더쉽을 현재 가지고 있는지, 그리고 어떤 스타일의 리더쉽을 좀 더 갖추기 위해 노력하고자 하는지

등을 생각하는 계기로 삼으면 좋을 것이다.

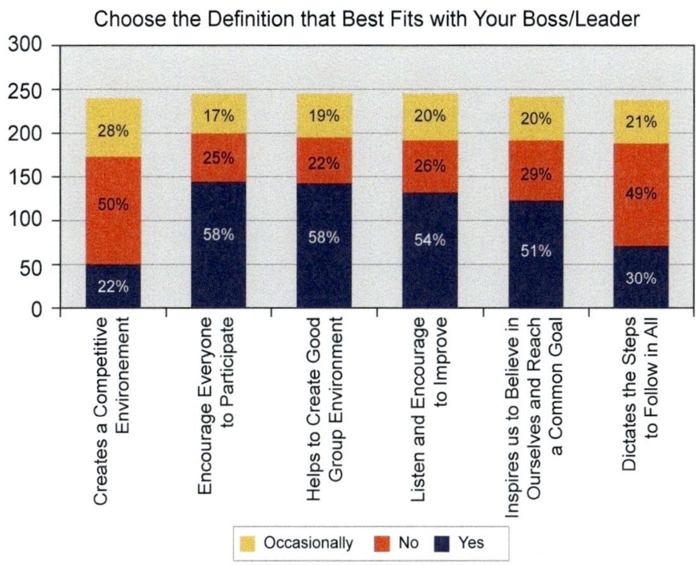

Answers to Daniel Goldman's questions

39

개발자가 새로운 팀에 잘 적응하려면 어떤 방법이 도움이 될까?

프로젝트 매니저가 해야 하는 일은 매우 다양하겠지만 핵심적인 것은 팀원들이 효율적으로 일을 할 수 있는 환경을 만들어 주는 것이다. 새로운 팀원이 팀에 잘 적응하고 생산적인 역할을 담당할 수 있도록 도와주는 것도 포함된다. 매니저의 입장에서는 썩 반가운 일은 아닐 수 있어도 프로젝트가 진행되는 동안에 어느 정도의 개발인력의 변동은 있을 수 밖에 없기 때문이다. 모든 프로젝트 매니저는 조직 내에서 개발능력이 뛰어난 개발자들이 자신이 매니저로 있는 팀에서 프로젝트의 처음부터 마지막까지 열심히 일해서 많은 성과를 내는 것을 바라겠지만, 그것은 비현실적인 바람일 뿐이다. 현실은 매니저가 프로젝트를 수행하는데 필요하다고 생각하는 적정인원보다 적은 숫자의 개발자만이 팀원으로 일할 것이며, 그 중에서도 일부는 프로젝트가 진행되는 동안에 여러가지 이유로 팀을 떠나게 될 수도 있고, 새로운 팀원이 프로젝트나 팀의 개발 문화도 잘 모르는 상태에서 기존의 팀원들과 같이 일을 해야 한다. 경우에 따라서는 이전까지 사용하던 것과는 다른 새로운 프로그래밍 언어로 개발해야 할 수도 있다. 개발에 사용하는 도구 또한 익숙하지 않을 수 있으며, 무엇보다도 개발과정에서 따라야 하는 여러가지 내규 또는 규약이 다를 수 있다.

Fred Brooks가 Mythical Man-Month라는 책에서 예리하게 지적했듯이 늦은 프로젝트에 개발자를 새로 투입하면 그 프로젝트의 개발속도는 더 늦어질 수 있다는 점을 생각하면 Onboarding이라는 단어가 의미하는 새로운 팀원이 잘 적응할 수 있도록 돕는 과정은 소프트웨어 개발의 생산성이나 품질에도 직접적이고 상당한 영향을 미치게 된다. Onboarding의 문제는 프로젝트 매니저만의 관심은 아닐 것이다. 새로운 팀에서 적응하면서 자신의 능력을 입증해야 하는 부담을 가진 개발자의 입장에서도 매우 중요한 문제인 것은 당연하다. 새로운 팀원이 개발경력이 많다면, 이전에 속했던 다른 팀에서도 Onboarding 경험이 있을 것이고 개인적으로는 어려움을 덜 겪을지도 모르겠다. 그러나 산업체 경력이 많지 않은 개발자에게는 아마도 심한 긴장과 스트레스를 수반하는 경험일 것은 분명하다.

Onboarding의 문제는 소프트웨어 개발조직에서만 일어나는 일이 아닌 것은 분명하다. 사회생활에서도 누구나 경험하는 일이다. 예를 들어서 결혼으로 가족의 범위가 확대되었을 때에도 Onboarding 과정을 거치게 된다. 태어나서 자라고 익숙한 환경과는 다른 가족의 문화에 적응하는 것이 쉬운 일은 아니기 때문이다. 이사해서 새로운 환경에 적응하는 것도 마찬가지이다. 그러므로 Onboarding 문제는 누구나 쉽게 이해하지만, 구체적인 실천 방법은 조직에 따라서 또는 개인에 따라 다양할 것이다.

새로운 팀원에게 처음부터 높은 생산성을 기대하거나 요구하는 것은 무리가 있겠지만 언젠가는 잘 적응할 테니 무작정 기다릴 수도 없으며, Onboarding 과정은 매니저의 역할이 "신입 팀원"보다 더 중요할 것은 당연하다. 회사의 규모에 따라 그리고 이직율에 따라 조금 차이는 있겠지만 거의 모든 소프트웨어 개발 조직은 Onboarding 문제를 늘 경험하고 있으며 조금이라도 더 효과적으로 이 과정을 관리하고 싶을 것이다. Ju 등이 ICSE에 2021년에 발표한 논문[120]은 Microsoft사의

120. Ju et al, A Case Study of Onboarding in Software Teams: Tasks and Strategies: Tasks and Strategies, ICSE 2021

Onboarding 경험과 교훈을 설명하고 있다. 마이크로소프트 미국 본사의 경우 10만명 이상의 인력이 일하고 있으며, 매년 수천명의 신입 사원이 각 개발조직에서 Onboarding 과정을 거친다고 한다. 설문조사를 통해서 32명의 신입 개발자와 15명의 매니저를 대상으로 Onboarding 과정을 어떻게 하는지 분석을 통하여 개선안을 제안하고 있는데 소프트웨어 개발자나 매니저가 참고할 만한 가치가 있다.

이 논문의 핵심적인 내용은 Onboarding 과정의 효율을 Learning, Confidence, 그리고 Socialization의 세가지 측면에서 분석하고 개발자들이나 매니저들의 경험을 정리한 것이다.

Topic	Experiences		Practices	
Learning	**E1.1**: Maintaining a documentation that is complete, clear, updated, and well organized is an effective way of facilitating learning for new members.	90%	**A1.1**: Create and/or maintain a new member-friendly documentation.	93%
	E1.2: Creating a safe and supportive environment where new members can ask questions freely is an effective way of facilitating learning for new members.	98%	Create a psychologically safe environment.	
	E1.3: Team meetings, such as daily stand-ups and sprint planning meetings, are useful opportunities for new members to learn the team's big picture.	78%	**A1.3**: Include new members in the relevant business and technical meetings.	76%
	E1.4: Explaining the team's big picture (such as visions, missions, and plan) is an effective way of facilitating learning for new members.	92%	**A1.4**: Run onboarding sessions in the first few days to explain the big picture to the new member.	89%
Confidence	**E2.1**: Enabling new members to deliver tasks frequently is an effective way of building up a new member's confidence.	88%	**A2.1**: Use a sequence of quick (proper to the new member's seniority) tasks for new members to on-board.	84%
	E2.2: Providing frequent positive confirmation and trust from the team is an effective way of building up a new member's confidence.	91%	**A2.2**: Set frequent checkpoints to give continuous positive confirmation to the new member.	92%
	E2.3: New members build up their confidence as they learn more about the team's landscape.	92%	**A2.3**: Set up dedicated learning time/sessions for new members.	81%
	E2.4: Explaining a task's big picture and clarifying the specifications is an effective way of building up confidence for new members.	86%	**A2.4**: Make sure the new member clearly understand the specifications of the task.	92%
	E2.5: Creating an environment where new members feel safe and supported is an effective way of building up confidence for new members.	95%	Create a psychologically safe environment.	
Socialization	**E3.1**: New members build up social connections with the team faster and easier when they can interact frequently with the manager and mentor.	80%	**A3.1**: Set up frequent one-on-one meetings with a new member in the first few weeks.	95%
	E3.2: Having a low-cost channel for new members to seek help from the team is an effective way of facilitating a new member to build up social connections with the team.	87%	**A3.2**: Use social events to create a safe environment for the new member.	92%
	E3.3: Assigning tasks that require the new member to collaborate with various team members is a effective technique to help new members to build social connections.	89%	**A3.3**: Assign tasks that require the new member to work with different people from the team.	86%

예를 들자면 E1.1의 경우는 설문에 응한 사람들 중 90%가 새로운 팀원이 적응하는데 활용할 수 있는 정보가 적힌 매뉴얼이 도움이 된다고 한 것이고, 실제로 93%의 매니저는 이러한 일이 실제로 활용되고 있다고 답한 것이다. 이러한 문서의 작성은 처음에는 경험이 많은 기존의 팀원이나 매니저가 작성하겠지만 지속적으로 수

정하고 보완되어야 하는 것은 너무도 당연하다. 얼마나 많은 조직이 실제로 적용하는지는 모르지만, 또 다른 아이디어는 이러한 문서의 수정 및 보완을 새로운 팀원으로 합류하여 약간의 시간이 지나서 적응과정을 거친 사람의 의견을 반영하는 것도 도움이 될 것이다. 새로운 팀에 합류하여 적응하느라 고생하는 팀원의 입장을 제일 잘 이해할 수 있는 위치에 있기 때문이다.

새로운 팀원이 자신감을 갖도록 도와주는 방법도 여러가지가 있는데, E2.1부터 E2.5에 예가 제시되어 있다. 내용이 어렵지는 않지만 약간 추상적인 면도 있으므로 구체적인 실천방법은 각 조직에서 정하기 나름일 것이고, 마이크로소프트사의 경험이 모든 조직에 도움이 되지 않을 수도 있을 것이다. 개발자 각자의 성격에 따라서도 구체적인 방법은 달라져야 할 것이다. 예를 들어서, E2.1에 제시된 대로 새로 합류한 개발자에게 본인이 달성한 성과에 대해 발표할 기회를 자주 만들어 준다면 자신감도 생기고 개발조직의 문화도 빠르게 배울 수 있는 장점이 있는 반면에, 내성적인 성격을 가진 개발자에게는 불필요하고 과도한 스트레스 요인이 될 수 있다는 점 또한 기억해야 한다.

이 표를 보면서 각자가 "나도 이전에는 신입사원으로" 새로운 환경에 적응하고 배우느라 고생했던 적이 있음을 기억하고 새로운 팀원이 가능한 빠른 시간에 팀에 잘 적응하고 생산적인 멤버가 될 수 있도록 배려할 수 있는 방법을 생각하는 자료로 활용하면 도움이 될 것이다.

새로운 팀원에게 처음에는 상대적으로 간단하고 난이도가 낮은 일들(예를 들어서 개발과정에서 필요한 문서의 작성이나 보완 또는 버그수정 등)을 수행하게 하고 점차 난이도가 높은 일들을 맡기는 방법을 Simple-Complex 방법론이라고 이 논문에서는 지칭하는데, 이러한 방법은 일반적인 내용이고 새로 합류한 팀원이 상대적으로 경력이 많지 않은 junior 개발자일 경우에 적절한 내용이다. 경험이 많은 senior 개발자도 이직하게 되면 Onboarding 경험을 해야 하는데, 이럴 때는 다른 방법이 필요할 것이다. 이런 경우에는 Priority-First 방법론을 사용할 수도 있는데 매니저의 판단에 가장 중요하고 우선순위가 높은 일을 맡기는 방법이다. 조직에 따라 약간의 차이는 있으나 전체적인 접근방법은 유사하다는 현실적인 가정하에 경험이 많은 고참 개발자라면 충분히 감당할 수 있고 본인의 역량을 보여줄 수 있을 것이다. 유사한 방법으로 Exploration-Based 방법론도 언급하고 있는데 아직 구체화 되어 있지 않은 일을 맡기는 것이다. 아직 개발의 구체적인 내용이 명확하게 정의되어 있지 않다면, 아직은 그렇게 까지 중요한 일은 아닐 수 있으니 새로운 팀원이 맡아도 위험부담이 그리 크지 않을 것이고(risk management 측면에서), 새로운 팀원의 입장에서도 새로운 관점에서 그리고 본인의 창의력을 마음껏 발휘하여 역량을 입증할 수 있는 기회가 될 수 있으므로 충분히 고려할 만 하다.

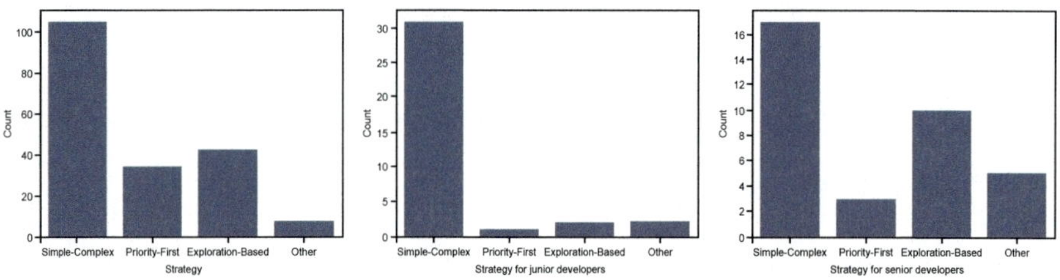

(a) Developer-reported onboarding strategies (N=188).

(b) Manager-reported onboarding strategies for junior developers(N=36).

(c) Manager-reported onboarding strategies for senior developers(N=35).

Survey results about onboarding strategies

마이크로소프트사의 경험도 이와 비슷한데, Simple-Complex 방법론이 Onboarding 과정에서 일반적으로 사용되고 특히 junior 개발자들의 경우에 그런 경향이 돋보이지만 senior 개발자의 경우에는 Simple-Complex 방법론도 사용되지만 Exploration-Based 방법론도 폭넓게 사용됨을 알 수 있다.

40

Software Engineering Best Practices and Worst Practices

다른 분야와 마찬가지로 소프트웨어공학에서도 Best Practice가 무엇인지를 다루는 논문도 많고 또한 실패 사례를 분석해서 배워야 할 교훈을 정리한 논문 또한 많이 있다. 또한 이론보다 사례분석 위주로 연구를 수행하는 분야가 Empirical Software Engineering이다. 소프트웨어공학에서는 사례중심의 Empirical Software Engineering의 연구가 활발하지 않은데, 가장 큰 이유는 연구자들이 실제로 산업체의 생생한 자료를 접할 수 있는 기회가 적기 때문이다. 회사는 경쟁력을 보호하기 위해서도 프로젝트 데이터를 공개하거나 공유하지 않는 것이 일반적이다. 그래도 소프트웨어 프로젝트의 성공과 실패에 적지 않은 영향을 준다고 생각되는 Best and worst practice를 분석하는 것이 효과적인 소프트웨어공학 학습인 것은 분명하다.

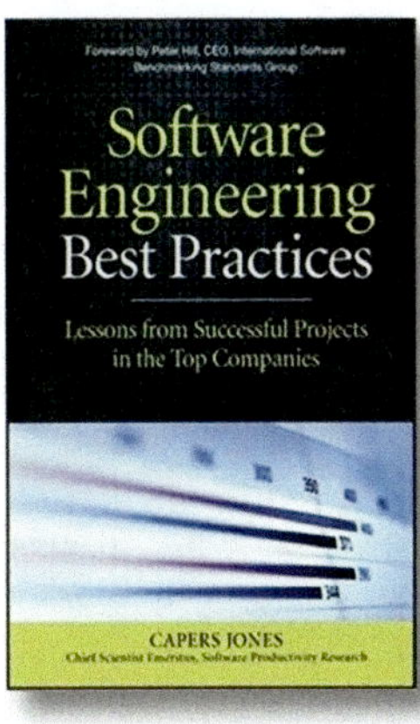

Software Engineering Best Practices이란 검색어를 입력하면 Capers Jones가 저술한 “Software Engineering Best Practices: Lessons from Successful Projects in the Top Companies”라는 긴 제목의 700페이지에 가까운 방대한

저서[121]가 검색결과의 최상위권에 나타날 것이다. 또한 많은 웹사이트에서도 유사한 내용을 다루고 있다. 물론 비슷한 제목의 책 또한 여러 권이 있다.

적절한 소프트웨어 개발기법은 프로젝트 환경에 따라서 다 다를 수밖에 없다. 각 조직의 개발성숙도나 "환경과 문화"에 따라서도 Best Practice는 다를 것은 분명하다. 개발조직의 크기도 Best Practice에 영향을 미친다. 조직의 규모가 상대적으로 작은 조직이라면 애자일 기법이 Best Practice로 선택될 가능성이 높지만 규모가 큰 조직에서의 애자일 기법의 적용은 또 다른 어려움을 수반할 것이기 때문이다. 적용되는 도메인에 따라서도 달라지고, 개발단계에 따라서도 다를 것이다. 전문가에 따라서 추천하는 Best Practice 또한 다를 수 있다. 그래서 거의 모든 소프트웨어공학에 대한 질문의 답은 "It depends."라는 두 단어가 항상 옳은 답이 되는 것이다. 개발자들은 소프트웨어공학의 한 가지 Best Practice에 대한 답을 기대하지 말고, 추천되는 기법을 이해하고, 내가 하려는 프로젝트에서는 어떤 Best Practice가 제일 효과적일지 고민해야 한다.

Capers Jones는 200여 가지의 Software Methods, Practices, and Results를 Best(14개), Very Good(56개), Good(41개), Fair(25개), Neutral(17개), Unsafe(16개), 그리고 마지막으로 Worst Practice(30개)로 의 7단계로 나누어 분류하고 추천하고 있다. 전체 내용의 요약에 해당하는 Chapter 1에서는 어떤 기준으로 Best 그리고 Worst Practice를 선정하였는지, 각 기법들을 10점에서 −10점까지의 범위에서 어떻게 정량적으로 평가하였는지 다루고 있다. Chapter 2에서는 Overview of 50 Software Best Practice에 대한 좀 더 자세한 소개를 하고 있다. 일부는 보기에 따라서는 소프트웨어공학의 기술적인 내용이 아닌 것처럼 생각될 수 있는 내용을 포함하고 있기도 하다. 예를 들어서, Minimizing harm from layoffs and downsizing,

121. 책의 원문을 PDF 파일로도 다운로드 받아서 읽을 수 있으니 참 편리한 세상이고, 연구하고 공부하려는 자세만 있다면 도움이 되는 정보는 정말로 넘치고 넘치는 참 좋은 세상이다.

Motivation and morale of technical staff, Motivation and morale of managers and executives, Selection and hiring of software personnel, Appraisals and career planning for software personnel 등의 내용은 컴퓨터공학 또는 소프트웨어공학의 분야가 아니라 심리학이나 경영학 등에서 다룰 법한 내용들이다. 그러나 이런 내용이 소프트웨어 개발에 미치는 영향이 지대하고 직접적이라는 점은 사실이다. 개발자가 조금만 성과가 부진해도 해고되는 환경이어서 마치 개발자의 목숨이 파리 목숨처럼 여겨지는 직장이 있다면 주인의식을 가지고 열심히 일할 개발자는 많지 않을 것이 당연하다.

이 책에서 소개된 50가지의 기법들은 소프트웨어 공학에서 다루는 핵심적인 소주제들을 다룬 것으로 볼 수 있으므로 정독할 만한 가치가 충분히 있으며, 나머지 내

	Methodology, Practice, Result	Average
	Best Practices	
1	Reusability(>85% zero-defect materials)	9.65
2	Defect potentials < 3.00 per function point	9.35
3	Defect removal efficiency > 95%	9.32
4	Personal Software Process(PSP)	9.25
5	Team Software Process(TSP)	9.18
6	Automated static analysis	9.17
7	Inspections(cod)	9.15
8	Measurement of defect removal efficiency	9.08
9	Hybrid(CMM + TSP/PSP + others)	9.06
10	Reusable feature certification	9.00
11	Reusable feature change controls	9.00
12	Reusable feature recall method	9.00
13	Reusable feature warranties	9.00
14	Reusable source code(zero defect)	9.00

Evaluation of Software Methods, Practices and Results

용들도 필요에 따라 읽을 것을 추천한다. 예를 들어서, 소프트웨어 개발자로만 활동하던 사람이 처음으로 소프트웨어 프로젝트의 책임을 맡게 되었다면, Chapter 6를 읽으면서 소프트웨어에 관한 한 일류기업들은 어떻게 프로젝트를 관리하는지 연구할 수 있을 것이다. 일류기업에서 시행하는 방법이니 무조건 똑같이 적용하는 것이 아니라, 어떤 효과를 기대하고 그런 결정을 했는지를 생각해 보면 지금 내가 수행하는 프로젝트를 어떻게 효과적으로 관리할 수 있을지에 대한 힌트를 얻게 될 것이다.

제일 먼저 Best Practice로 소개된 14개의 기법에 대해 공부해 보기로 하자. 이를 간단하게 설명해 보자면, 품질이 높은 소프트웨어의 재사용이 Best Practice 중에서도 가장 우수한 방법으로 추천되고 있는데, 이 책은 재사용을 효과적으로 실행하기 위한 구체적인 방법까지 제시하고 있지는 않다. 그러나 재사용은 소프트웨어 공학에서 오랫동안 연구되어 온 분야이며 최근에는 제품공학(Software Product Line Engineering) 방법론으로 연구되고 발전하고 있다. 그런데 재사용이 특정 기능을 수행하는 소프트웨어가 있다는 사실만으로 가능하거나 용이하지는 않은 것이 사실이다. 처음부터 재사용을 목표로 개발되는 소프트웨어는 요구공학 단계에서부터 재사용이 가능하도록 명세되고 설계되어야 한다. 마찬가지로 일반적인 소프트웨어보다도 더 철저하게 테스팅이 되어야 하므로 개발비용도 재사용을 목표로 하지 않는 소프트웨어보다 더 많이 드는 것이 당연하다. 일부 소프트웨어공학 연구자들은 재사용을 목표로 개발하는 경우 추가 비용이 30%에서 50%까지도 필요하다고 한다. 그러나 다른 측면에서 본다면 결함이 많은 모듈의 재사용은 바람직하지 않으며, 실제로 “Reusability(high defect volumes)”는 −9.17의 부정적인 평가와 함께 200개의 기법 중에서 195위의 Worst Practice로 분류되었다.

세부적인 순위를 검토하면 보기에 따라서는 실제로 도입하려고 생각하면 비현실적으로 보이거나 막연해 보이는 기법들도 포함되어 있고, 경우에 따라서는 Best Practice의 순위에도 이견이 있을 수 있다. 예를 들어서 14번째로 효과적인 방법으로 선정된 Best Practice인 재사용 가능한 무결함 소스코드 reusable source code(zero defect)는 어쩌면 Best Practice의 1위로 선정되어야만 할 것 같은 생각이 들 수도 있으나, 구체적인 순위는 그렇게까지 중요하지는 않다. 그러나 이런 방법이 일반적으로 Best Practice로 여겨진다는 것을 이해하고, 이런 기법들이 제공하는 효과는 무엇일지 생각해 보아야 한다. 그리고 지금 하고 있는 소프트웨어 개발 프로젝트에서는 이러한 기법들 중에서 어떤 것을 수행하고 있는지, 충실하게 수행하고 있는지, 만일 제대로 하지 못하고 있다면 어떻게 이런 방법을 도입할 수 있는지를 고민해야 한다.

6위에 선정된 Automated Static Analysis에 대해서는 많은 개발자들이 구체적인 내용도 모르기도 하지만 또한 도구에 대한 지나친 기대 및 사용의 불편함 때문에 기피하는 경향이 있는 것이 사실이다. 일단 자동화된 방법이기 때문에 도구가 분석을 자동화해준다는 점에서는 환영할 만한데, 정적분석도구로 발견할 수 있는 오류의 종류가 제한적이라는 점을 단점으로 흔히 지적한다. 예를 들어서 Astrée라는 도구는 C 언어로 구현된 코드에서 런타임 오류와 data races가 발생할 수 있는지를 발견해 주는 도구이다. 그리고 특정 조건이 만족되는지 여부(functional assertion)을 검증할 수 있는 기능 또한 포함하고 있다. 어떤 도구는 Buffer overflow 분석에 특화된 도구도 있고, 어떤 도구는 memory leak 탐지를 전문으로 하는 도구도 있다. 도구나 분석방법의 한계때문에 false alarm이 많은 것이 정적분석 기법의 단점으로 자주 지적된다.

이러한 도구들에 대한 개발자들의 일반적인 태도는 "기존의 정적분석도구들이 수행하는 각종 분석을 한 번에 쉽게 수행할 수 있는 도구가 있으면 사용하겠습니다"라든가 또는 "false alarm이 적은 도구라면 사용하겠습니다"라는 것이다. 이는 소프트웨어공학에서 흔히 이야기하는 Silver Bullet에 해당할 것이고, 한글로 굳이 번역하자면 "만능의 그리고 팔방미인처럼 다재다능하고 완벽한" 도구를 지칭하는데, 이런 도구는 이전에도 존재한 적이 없고, 앞으로도 없을 것으로 생각한다. 정적분석도구의 완벽하지 않은 점을 핑계로 사용하지 않는 것 보다는, 현실적으로 더 효과적인 대안이 무엇인지 생각해봐야 한다. 예를 들어서 Buffer overflow를 테스팅 기법으로 얼마나 효과적으로 발견할 수 있을 것인가? 다른 대안은 없는가? 등을 생각해보면 정적분석도구가 결과물로 생성하는 메시지에는 false alarm의 오류가 있을 수 있지만 그래도 유익하다는 것을 알 수 있다.

Best Practice의 상위에 있는 기법으로 눈에 뜨이는 것이 PSP, TSP라고 흔히 불리는 Personal Software Process, Team Software Process이다. 이는 SW-CMM에 이어 CMMI로 확장된 연구를 수행한 미국방성산하 연구소인 Software Engineering Institute(SEI)에서 연구된 것으로 CMMI는 조직의 성숙도를 측정하는 유용한 모델이라면 PSP와 TSP는 소프트웨어 개발자들이 어떻게 능률적이고 효과적으로 일을 할 수 있는지, 그리고 개발팀은 어떻게 해야 가장 효과적으로 그리고 유기적으로 협력할 수 있는지를 다루는 주제이다.

Capers Jones가 소개하는 Worst Practice는 다음과 같다.

	Methodology, Practice, Result	Average
	Worst Practices	
171	Friction/antagonism among team members	–6.00
172	Inadequate cost estimating methods	–6.04
173	Inadequate risk analysis	–6.17
174	Low-level languages(obsolete)	–6.25
175	Government mandates(short lead times)	–6.33
176	Inadequate testing	–6.38
177	Friction/antagonism among management	–6.50
178	Inadequate communications with stakeholders	–6.50
179	Inadequate measurement of quality	–6.50
180	Inadequate problem reports	–6.67
181	Error-prone modules in applications	–6.83
182	Friction/antagonism among stakeholders	–6.83

183	Failure to estimate requirements changes	–6.85
184	Inadequate defect tracking methods	–7.17
185	Rejection of estimates for business reasons	–7.33
186	Layoffs/loss of key personnel	–7.33
187	Inadequate inspections	–7.42
188	Inadequate security controls	–7.48
189	Excessive schedule pressure	–7.50
190	Inadequate progress tracking	–7.50
191	Litigation(noncompete violation)	–7.50
192	Inadequate cost tracking	–7.75
193	Litigation(breach of contract)	–8.00
194	Defect potentials > 6.00 per function point	–9.00
195	Reusability(high defect volumes)	–9.17
196	Defect removal efficiency < 85%	–9.18
197	Litigation(poor quality/damages)	–9.50
198	Litigation(security flaw damages)	–9.50
199	Litigation(patent violation)	–10.00
200	Litigation(intellectual property theft)	–10.00

193위부터 200위까지 포함된 litigation은 소프트웨어개발 프로젝트 과정에서 또는 만족할 수 없는 결과물로 인해서 법정에서 시비를 가리는 경우를 지칭하므로 너무 당연하다고 생각하고 고려하지 말기로 하자. 소프트웨어공학에 대한 전문지식이 전혀 없는 사람도 위에 언급된 사례들이 바람직하지 않다는 것은 쉽게 이해할 것이다. 소프트웨어 개발과정에서 핵심기술을 담당하는 인력이 이탈하는 경우(자의든 타의든) 프로젝트가 입는 타격은 너무도 분명하므로 (186번째에 소개된대로), 그 경우 또한 길게 설명하지 말도록 하자.

그러나 Worst practice로 소개된 다른 이슈들을 그냥 능력이 부족한 개발자들이 참여하는 프로젝트니까 실패하는 것이 당연하다고 쉽게 판단하지 말고, 지금 내가 하는 프로젝트에서 혹시라도 이런 Worst practice와 유사한 일이 벌어지고 있는지 곰곰히 생각해 보아야 한다. 그리고 생각보다 많은 프로젝트가 생각보다 해당 사향이 있음을 깨닫게 될 것이라고 믿는다. Inadequate progress tracking은 생각보다 많은 프로젝트에서 범하는 실수일 것으로 생각된다. 일반적으로 프로젝트의 진척도를 확인하기 위하여 각 모듈을 담당하는 개발자들에게 매주(또는 정기적으로 갖는 모임에서) 계획대로 잘 되어 가고 있는지, 별다른 문제는 없는지 질문한다면 문제가 발견되어도 아마도 늦게 발견될 가능성이 높을 것이다. 보통의 개발자라면 일이 잘 풀리지 않는 경우라도 조금만 더 노력을 하면 지금 막혀있는 문제가 풀릴 거라는 낙관적인 생각으로 문제의 심각성을 과소평가할 가능성이 많기 때문이다. 또는 인사고과 평가 등을 염려하여 개발과정에서 어려운 일이 생겨도 그 문제가 팀 전체의 문제로 인식되고, 다른 동료들도 문제로 인식하기 전까지는 문제를 숨기거나 축소하려고 할 수도 있기 때문이다.

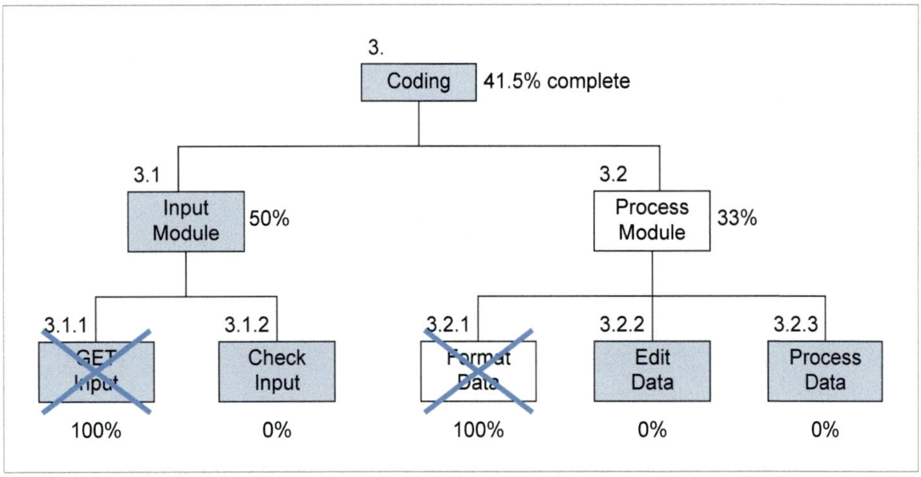

그리고 흔히 언급되는대로 소프트웨어 프로젝트는 특성상 95% 또는 98%까지의 완성도를 성취하는데는 상대적으로 많은 노력이 필요하지 않는데, 마지막 5% 또는 마지막 2%를 성취하는 것은 오랜 시간과 비용이 필요로 하는 작업이다. 그래서 수많은 프로젝트들이 마지막까지 해결되지 않는 소수의 이슈들 때문에 개발자들과 테스터들이 밤을 새면서 일하게 된다. 그래서 일부는 소프트웨어 프로젝트 관리기법으로 binary tracking 기법을 추천하는데 DeMarco가 제안했다고 알려진 이

기법은 소위 말하는 "95% complete syndrome"을 피하기 위한 것으로 어느 소프트웨어 모듈 또는 work package가 정해진 품질기준을 100% 통과하기 전까지는 진척도를 0%로 간주하는 것이다. 이 그림에 의하면 2개의 subsystem에서 총 5개의 work package가 개발되어야 하는데, 각 서브시스템의 완성도는 50%와 33%이므로, 전체 프로젝트의 완성도는 41.5%가 된다. Edit Data라는 work package의 개발을 담당하는 개발자가 판단할 때는 마지막으로 남아있는 한 가지의 "사소한" 이슈만을 해결하면 개발이 완료된다고 가정했을 때, 진척도를 0%로 간주하는 것은 너무도 가혹하고 형평에 맞지 않는다고 불평을 할 수도 있을 것이다. 그러나 이제까지의 경험으로 보면 프로젝트가 95%의 완성도에서 막히고 실패한 사례가 많았으므로 이렇게 엄격한 기준을 적용하는 것을 추천하는 것이다. 이러한 기법은 개발과정에서의 완성도를 정성적으로 (예를 들면, 상, 중, 하 등으로) 판단하거나, 완성도를 판단하는 기준이 개발자의 직관에 의존하는 것 보다 바람직하다.

또 하나 예제를 들자면, 171번에 언급된 개발팀원간의 유기적으로 그리고 능동적으로 협력하지 못하고 갈등과 반목하는 행위는 쉽게 눈에 보이지 않을 수도 있다. 예를 들어, 매주 갖는 검토회의에서도 그런 인간관계의 갈등은 쉽게 노출이 되지 않은 상태로 상당기간 지속될 수 있으므로, 유능한 관리자는 이런 현상을 조기에 발견하고 적절한 조치를 취할 것이다. 마찬가지로 180번에 언급된 개발팀 내에서의 여러 가지 고충이나 문제점을 제기하는 절차 또한 매우 중요한 역할을 한다. 일부 개발자들은 공개된 자리에서 문제점을 제기하는 것에 대해 아무런 거부감이 없고 당연히 공개된 자리에서 실명으로 문제제기를 하는 것이 옳다고 믿는 반면, 일부 개발자들은 그런 방법으로만 문제를 제기할 수 있다면 아예 이야기를 꺼내는 것 자체를 거부할 것이기 때문이다. 유능한 매니저라면 나름 프로젝트를 수행하는 과정에서 경험하게 되는 여러 가지 어려움이나 난관을 공유하고 극복할 수 있는 방안에 대해 원칙을 세우고 특별한 경우에는 예외를 인정하여 유연하게 대처할 것이다. 제일 중요한 것은 소프트웨어 개발을 성공적으로 마무리하는 것이기 때문이다.

기억해야 하는 또 다른 점은 Best Practice는 프로젝트의 크기나 복잡도 또는 도메인에 따라 달라질 수도 있다는 점이다. Best Practice가 모든 경우에 항상 Best practice일 수는 없는 것이다. 그렇다면 각종 Best Practice의 후보로 적용할 수 있는 기법은 매우 다양할텐데 어떤 방법이 어떤 경우에 — 작은 프로젝트 또는 큰 프로젝트 — 더 유용할지 고민해보는 것은 매우 유익한 소프트웨어공학 학습방법이 될 것이다. Jones가 저술한 책에서는 프로젝트의 크기에 따라서 다음과 같은 Best Practice를 추천하고 있다(책에서는 Top 30를 소개하고 있지만 여기서는 Top 10만을 보여주기로 한다. 나머지는 Jones의 저서를 참고할 것을 권한다). 이 자료에서는 애자일 기법을 사용한 개발은 1,000 기능점수 이하의 상대적으로 작은 프로젝트에서는 효과적이겠지만, 어느 정도 규모와 복잡도가 있는, 1,000에서 1,0000 기능점수 규모의 프로젝트에서는 애자일 기법을 적용하는 것이 기대보다 효과가 적을 수 있다는 점을 시사한다. 그렇다면 중간 규모의 또는 크고 복잡한 프로젝트에서는 어떤 이유로 애자일 기법의 장점이 상쇄되는 효과를 낳을 수 있는지를 고민하고, 더 많은 개발자들이 포함된 프로젝트 팀이 구성되어 운영할 때 어떻게 하면 프로젝트를 효과적으로 수행할 수 있을지를 고민해 보아야 한다.

Small(1,000 function points)	Large(10,000 function points)
1. Agile development	1. Reusability(> 85% zero-defect materials)
2. High-level languages(current)	2. Defect potentials <3.00 per function point
3. Extreme programming(XP)	3. Formal cost tracking reports
4. Personal Software Process(PSP)	4. Inspections(requirements)
5. Reusability(>85% zero-defect materials)	5. Formal security analysis
6. Automated static analysis	6. Measurement of defect removal efficiency
7. Time boxing	7. Team Software Process(TSP)
8. Reusable source code(zero defect)	8. Function point analysis(high speed)
9. Reusable feature warranties	9. Capability Maturity Model(CMMI Level 5)
10. Reusable feature certification	10. Automated security testing

Best Practices for 1,000-and 10,000-Function Point Software Projects

이러한 Best Practice 또는 Worst Practice에 포함된 기법의 이름만을 외우는 것은 소프트웨어공학 지식이 아니다. 이런 정보를 소프트웨어 개발과정에 긍정적으로 활용할 수 있는 능력 그것이 진정한 내공이고 소프트웨어공학의 살아있는 지식인 것이다.